"十四五"职业教育国家规划教材

高职学生核心素养培育系列教材·体育类

高等职业教育新形态一体化教材

高职体育

主编 梁培根

中国教育出版传媒集团

高等教育出版社·北京

前　言

　　党的二十大报告指出，教育是国之大计、党之大计。培养什么人、怎样培养人、为谁培养人是教育的根本问题。育人的根本在于立德。全面贯彻党的教育方针，落实立德树人根本任务，培养德智体美劳全面发展的社会主义建设者和接班人。

　　健康是人类永恒的话题，健康是人类共同追求的目标，健康是人类最大的幸福，健康是人的基本权利。增强体质，促进学生健康发展是我国高等学校体育的首要任务，是社会发展对职业人的基本要求。

　　2020年10月，中共中央办公厅、国务院办公厅印发了《关于全面加强和改进新时代学校体育工作的意见》（以下简称《意见》），《意见》指出学校体育是实现立德树人根本任务、提升学生综合素质的基础性工程，是加快推进教育现代化、建设教育强国和体育强国的重要工作，对于弘扬社会主义核心价值观，培养学生爱国主义、集体主义、社会主义精神和奋发向上、顽强拼搏的意志品质，实现以体育智、以体育心的目的具有独特功能。《意见》的第二部分专门提到"加强体育课程和教材体系建设""职业教育体育课程与职业技能培养相结合，培养身心健康的技术人才""学校体育教材体系建设要扎根中国、融通中外，充分体现思想性、教育性、创新性、实践性，根据学生年龄特点和身心发展规律，围绕课程目标和运动项目特点，精选教学素材，丰富教学资源"。这些要求说明党和政府对学校体育工作以及青少年学生身心健康的关心和重视。

　　各高职院校由于办学模式、办学特点和所处地域存在差异，所以其体育工作发展很不平衡，因此，加强高职院校体育课程建设，丰富体育课程内涵，促进教学质量提升，显得尤为重要。教材建设是课程建设的重要组成部分，是实施有效教学的理论依据和基础保障。教育部全国高等学校体育教学指导委员会委员、中国职业技术教育学会体育工作委员会资源与教材建设中心副主任、南京信息职业技术学院梁培根教授召集学校体育领域专家专门展开研讨，拟从课程建设、师资建设和教材建设入手，全面提升高职体育课程内涵。2020年12月，与高等教育出版社达成合作意向，共同开发具有职业特色的新形态一体化体育教材。同时成立了教材编写委员会，讨论确定了教材编写指导思想、编写原则、编写目录。

教材坚持以习近平新时代中国特色社会主义思想为指导，全面贯彻党的教育方针，以立德树人为根本，以社会主义核心价值观为引领，以服务学生全面发展、增强综合素质为目标，坚持"健康第一"的教育理念，推动青少年文化学习和体育锻炼协调发展，将深化学校体育改革作为实施素质教育的重要手段，以强化体育课和课外锻炼为基础，进一步丰富学校体育供给、加强师资队伍建设、深化协同机制、完善评价机制、强化资源保障，扎实提升体育教育的育人水平，帮助学生在体育锻炼中享受乐趣、增强体质、健全人格、锤炼意志，培养德智体美劳全面发展的社会主义建设者和接班人，为高技术技能人才培养提供助力。

教材编写遵循的原则是：体育知识和体育技能相结合，职业素养和体育素养相结合，现代性和传统性相结合，现实需要和未来发展需求相结合，实用性和通用性相结合，线上与线下内容相结合，并将思政内容贯穿于教材始终。经过编委会充分酝酿和讨论，将编写内容侧重于可读性强、教育性好，具有时代特征、职业特征的体育知识和技能，使之成为学生喜欢，教师好用的读本类体育教材。

本教材分四篇，共11章。第一篇为"运动与健康"，内容充分体现体育运动的知识性和实用性；第二篇为"职业体能"，内容充分体现了职业特色，就是将职业要求融入体育技能学习，通过技能学习及专门性练习，重点提升学生通用职业能力和素养；第三篇"现代运动项目"充分体现了休闲和娱乐的特点，发挥其趣味性、健身性、竞技性和文化性于一体的功能；第四篇"中国传统体育"内容，传承并弘扬了中华民族数千年体育与文化精髓。每篇篇名页后附思政园地栏目，通过体育事件、体育故事、体育视频的呈现，使学生在拓展体育知识的同时，接受爱国主义熏陶，激发民族自豪感。

本教材由孙麒麟担任主审；胡振浩、贾书申担任副主审；梁培根担任主编；王立君、王俪燕、高卫群、徐京朝、秦海担任副主编。本教材分为四篇，每篇又设主编和副主编。第一篇主编王立君，副主编冯伟，作者张素芹、林继强、雷勤圆、祁晓红；第二篇主编李伟，副主编蒋琴华，作者赵爽、黄昊；第三篇主编徐明胜，副主编朱文杰，作者王俪燕、孙开宏；第四篇主编许智勇，副主编徐京朝，作者刘建华、黄怡轩。

本书在编写思路、内容架构等方面有较大创新，且编写时间仓促，书中难免有不妥之处，敬请有关专家和广大读者批评指正。

《高职体育》编委会

2023年7月

目 录

第一篇 运动与健康

本篇导语：坚持健康第一的教育理念是新时代学校体育工作的重要指导思想。通过本章的学习，让学生了解运动安全与健康生活的辩证关系，了解不同类型的运动方式在健身活动中产生的作用，具备应用运动处方的能力，进而全面提高学生对身体健康的认知水平，激发学生提升全民族身体素质的责任感和使命感，助力健康中国和体育强国战略的实施。

"体育达人"钟南山

　　20世纪50年代，年仅20岁的钟南山就读于北京医学院，那时的他展现出了很强的身体天赋，由于在短跑项目上实力突出，还代表学校参加了市大学生运动会，并夺得了400米跑冠军。第二年，钟南山又在全运会上大放异彩，以破全国纪录的成绩获得了400米栏冠军。如今半个多世纪过去了，他创下的多个校纪录依然无人能够打破。

　　钟南山的妻子李少芬也是一位运动健将，甚至称得上是明星运动员。李少芬曾是女篮国家队的主力球员，由于技术全面、投篮精准，还曾被周总理安排前往苏联深造，回国后，李少芬帮助中国队拿到过多个冠军头衔，为国征战13年后光荣退役。她还担任过广东女篮教练和篮协副主席等职，是新中国篮球事业的先驱者之一了。

　　受到夫妻俩的耳濡目染，钟南山的儿女也对体育深爱有加，儿子钟帷德闲暇之余酷爱篮球，目前是所在单位的篮球队主力。女儿钟帷月更显专业，曾是国家游泳队成员，夺得过100米蝶泳世界冠军，还曾打破世界纪录。显然，钟家完全配得上体育和医学双重世家的身份，他们不仅潜心钻研医学，而且对体育爱得深沉，在田径、篮球和游泳项目上均取得过辉煌成绩。

　　钟南山从小热爱运动，篮球、羽毛球、健身、跑步可谓样样精通，参加工作60多年来，他从未放过任何一个锻炼身体的机会。为了提高国民身体素质和抵抗力，钟南山还曾呼吁：预防传染病，增强免疫力，必须加强锻炼，跑步、走路和游泳都是见效很快的方式，更重要的是，要务必长期坚持！

第一章　运动安全与健康生活

阅读提示：

○ 本章论述了运动与身心健康、环境安全及生活卫生的紧密联系，介绍了运动与营养摄取的关系，重点论述了常见运动损伤的预防与处理方法，以提高学生参与体育运动的科学性，引导学生树立正确的健康观、安全观，养成健康的生活方式。

第一节　运动安全与卫生健康

一、健康概述

人们关于健康的传统认知只限于生理健康，这种对健康的理解一直主导着人们的观念。其实，人体是一个复杂的系统，健康与否是受多种因素影响的。而现在，人们已普遍把心理健康也归入"健康"的范畴。世界卫生组织对健康的定义为"健康不仅是身体没有缺陷和疾病，而且是身体上、心理上和社会适应上的完好状态"。世界卫生组织提出，健康是一种生理、心理与社会适应都臻于完满的状态而不仅是没有疾病和摆脱虚弱的状态。世界卫生组织进一步指出健康的新概念：① 有充沛的精力，能从容不迫地担负日常工作和生活，而不感到疲劳和紧张；② 积极乐观，勇于承担责任，心胸开阔；③ 精神饱满，情绪稳定，善于休息，睡眠良好；④ 自我控制能力强，善于排除干扰；⑤ 应变能力强，能适应外界环境的各种变化；⑥ 体重得当，身材匀称；⑦ 牙齿清洁，无空洞，无痛感，无出血现象；⑧ 头发有光泽，无头屑；⑨ 反应敏锐，眼睛明亮，眼睑不发炎；⑩ 肌肉和皮肤富有弹性，步伐轻松自如。

二、运动与身心健康

（一）运动与身体健康

进入现代社会以来，由于科学技术（机械化、电气化、智能化）的飞速发展，人们在享受现代文明的同时，也丧失了许多宝贵的东西。其中最大的损失就是运动不足、身体机能退化。许多人的生产技能和生活技能也随之弱化，同时减弱的还有力量、速度、柔韧、灵敏、协调、平衡等人类生存必备的素质和对外界环境变化的适应能力，如在遇到火灾、洪水、突发事件和危险时，丧失了自救的能力。

经常玩电子游戏和上网，可能形成一种懒散的生活方式，严重危害人的身心健康。医学研究发现，现代生活综合征、办公室综合征、摩天大楼综合征、空调综合征、双休日综合征等形形色色、千奇百怪的与现代生活有关的病症都属于亚健康的范畴。具体症状集中表现为食欲不振、疲乏无力、失眠多梦、烦躁易怒、健忘、胸闷、头疼、头晕、反应迟钝、注意力不集中、记忆力下降、思维和想象能力降低、情绪消沉、容易沾染不良习惯等。据不完全统计，处于亚健康状态的人群比例在现代化城市中有逐年增长的趋势。实践证明，体育锻炼是解决亚健康问题最有效的手段之一。健身运动和体育娱乐活动不仅是治疗亚健康的较为积极、有效的手段，而且是最方便、最经济的手段。

1. 运动对骨骼、肌肉机能的良好影响

（1）有规律的体育运动，能够使骨骼变粗，骨密质增厚。实践证明，正常人的股骨承受300 kg的压力就会断裂，而经常参加锻炼的人的股骨可以承受350 kg的压力。

（2）运动能够使肌肉力量加强，使肌肉变得粗壮、结实、健美。例如，体操运动员上肢和胸部肌肉发达，胸廓呈圆柱形；游泳运动员身材高大，肌纤维细长，关节灵活，体态匀称。据统计，运动员的肌肉占体重的40%~50%，而一般人肌肉占体重的35%~40%。运动可以消除多余的脂肪，降低肥胖症和癌症的概率。

（3）运动可以提高人体的力量、速度、耐力、灵敏性、柔韧性、平衡性、反应速度等，增强活动能力，改善运动能力。

2. 运动对心血管系统的良好影响

（1）经常参加运动的人心脏的重量比一般人的心脏重100~150 g，心脏容量大240~250 mL。这些都是人体健康水平和活动能力的重要因素。

（2）经常参加运动能改善循环系统机能，使动脉血管壁的弹性增强，小动脉血管的紧张程度减弱，血流的外周阻力减小，还能加快静脉回流，有利于清除代谢物质。

（3）经常参加运动可以预防心脑血管疾病。病理学家通过对血管硬化病死体的解剖研究发现，从事脑力劳动的人，其动脉硬化发生率为14.5%，而体力劳动者仅为1.3%，说明体力劳动对预防动脉硬化起着重要作用。

（4）运动有助于预防冠心病。肥胖、高血压、高血脂等是引起冠心病的重要因素，这种病变造成血管管腔狭窄，产生冠状动脉循环障碍，使心肌血液供应不足，因而引起心脏病变。

（5）经常参加运动可以促进新陈代谢。大运动量活动时，出汗量随之增加，汗中的锌比铜多，因而有利于降低体内锌铜比，从而起到预防冠心病的作用。

（6）运动还可以预防高血压。研究表明，经常参加锻炼者比一般人的高血压发病率低。如果经常参加锻炼，身体能自动在血管内筑起一道防线，不断消除沉积脂肪，使血液循环畅通无阻。

3. 运动对神经系统的良好影响

长期进行有规律的运动的人，常表现为机体灵活、耳聪目明、精力充沛。经常参加运动可以促使大脑皮质的兴奋与抑制保持平衡，有利于及时消除脑细胞的疲劳。现在国际上广泛开展的健身跑活动，对于一些患有轻度神经性失眠者来说，能起到帮助他们快速进入睡眠的作用。国内外一些医学专家经常为身患轻微神经衰弱的病人开"运动处方"，以运动代替药物。结果也表明，经过较短暂"运动疗法"，有60%~85%的病人疗效显著。

4. 运动对呼吸系统及消化系统的良好影响

（1）运动过程中较深和较频繁地呼吸，能有效提高肺活量，激活更多的肺泡参与呼吸，从而提高肺的通气功能。经常运动的人，呼吸平稳、深沉、匀和、频率慢，安静时的呼吸频率为7~11次/min，没有参加锻炼的人呼吸频率为12~18次/min。

（2）通过运动时的呼吸作用可以消除呼吸道内的病原微生物，减少感染机会，预防呼吸道疾病。另外，对于患有气管炎和支气管哮喘等慢性疾病的患者来说，也可以通过运动改善呼吸系统功能，减弱症状避免病变。

（3）运动能提高迷走神经的紧张性，促进胃肠道运动和消化液的分泌，提高食欲和营养吸收能力。同时，经常参加运动能增强腹肌，强化消化道平滑肌，使腹腔内的消化器官保持正常位置，预防内脏下垂和便秘。

（二）运动与心理健康

现代社会，紧张的生活节奏造成的心理障碍已经成为一个重要的社会问题。在美国，患有心理疾病的人占全国人口总数的10%。在日本和韩国，每年会有不少人由于紧张的竞争和工作压力离家出走、自杀或被送入精神病疗养院，甚至"过劳死"。在我国，随着社会竞争的日益加剧，人们心理疾病的发病率呈上升趋势。据报道，在1 000万例心理疾病的分析报告中，有三分之二的青少年儿童患有不同程度的心理问题，或者在青少年时期患有精神疾病和心理障碍。有学者分析，社会的发展和各种现代思潮的影响是致使青少年患有精神疾病和心理障碍的重要原因。例如，激烈的竞争、学业和就业的压力、贫富差距的加大、大众传媒的影响、家庭破裂、单亲家庭环境和青春期发育的提前等。

常见的心理疾病包括焦虑症、抑郁症、强迫症、精神分裂症、情感性精神病等。这些心理疾病的发生与社会生活有着密切的关系。生活节奏的加快、生活空间的窄化、生活内容的丰富，再加上信息化的交流手段使人们的情感逐渐退化，于是，层出不穷的心理问题成为现代社会生活中必须面对的问题。

体育运动和身体娱乐是人们缓解紧张情绪，调整、顺应快节奏的生活的重要手段。科学实验和社会调查证明，跑步可减轻大学生考试前的紧张和焦虑状态；运动员和经常从事体育锻炼的人对社会生活节奏的改变有较强的适应性；经常参加运动的人相比常人有更强的自信、自制力、自我放松能力，更坚忍的意志，更敏锐的感知、集体意识和从容不迫的心理调节能力。

高职大学生心理健康评价标准可参考图1-1-1：

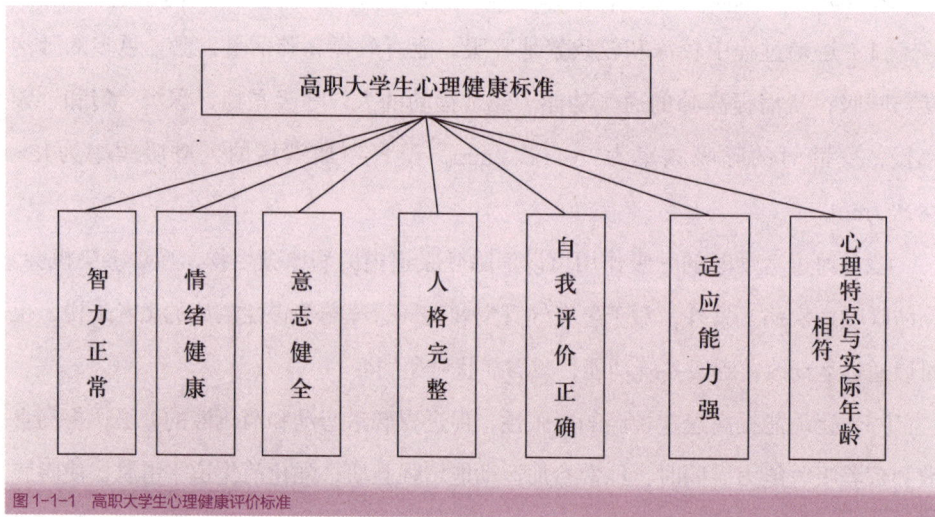

图1-1-1 高职大学生心理健康评价标准

运动对心理健康的作用主要体现在：

1. 调节心理应激水平

应激是指个体对应激源或刺激所做出的反应。积极的心理反应即大脑皮质觉醒水平提高，情绪紧张而亢奋、意识清醒、注意力集中、思维清晰、反应敏捷、行动果断，能够准确地评定应激源的性质，做出符合理智的判断和决定。

研究表明，体育运动对心理应激的影响如下：

（1）会促使大脑释放自然合成的镇静剂，会阻碍大脑中与应激有关的化学物的作用。

（2）能使人的头脑从担忧或其他紧张性的思维活动中解放出来。

（3）有规律的体育运动将形成快速的身体适应能力与积极的自我表象，它们都将提高人体对应激因素的抵抗力。这些都是应激心理反应向积极的心理反应发展的有利前提。

2. 改善情绪

通过参加体育运动特别是参加那些自己喜欢和擅长的运动项目，人们可以从中得到快乐。一些研究证明，经常进行体育活动的人，大脑会分泌一种可以支配人心理和行为的肽类。这种有魔力的肽类，具有振奋人心的作用。其中一种叫作"内腓肽"的物质，科学家称之为"快乐肽"，它能使人产生愉悦感。

因此，参加体育活动可以使人从中得到乐趣、振奋精神、陶冶情操，这种积极的情绪状态可以使人感到自信、自尊、自豪、自强，并使烦恼、不安、寂寞、自卑等不良情绪得以解除。

3. 发展智力

经常参加体育活动能改善人体中枢神经系统，使思维的灵活性、协调性、反应速度等得以改善和提高。经常参加体育运动，还能使人在空间、时间、运动感知能力方面得到发展，使本体感觉、重力感觉、触觉，以及速度、高度知觉等更加准确，从而提高大脑神经细胞工作的耐受能力。这在很大程度可以缓解和改善部分人的意志消沉，消除或减轻记忆模糊、朦胧、出现错觉和幻听等问题。

4. 培养意志力

在体育运动中，人们总是遇到各种各样的困难与障碍，其中有来自内心的，如紧张、害怕、失意、信心不足等情绪。也有来自外界的，如环境、气候、物质条件以及别人的干扰等。为实现获胜的目的，就必须发挥意志的作用，克服困难，消除障碍。良好的意志品质既是体育运动的动力条件，又是体育运动本身所追求的目标之一。体育运动中的意志品质主要表现为自觉性、果断性、自制性、坚韧性等几个方面。

5. 缓解疲劳

研究表明，运动能起到很好的缓解疲劳的作用。由于运动使血液循环加快，在单位时间内流经脑细胞的血液增多，能量物质的补充速度变快。并且，户外空气中氧气含量要高于室内，因此，通过血液循环，能使脑细胞获得更多的氧气，加快新陈代谢，加快疲劳的消除，使我们的大脑更清醒、更灵活，学习和工作效率提高。

（三）运动与社会适应

社会适应是指个体独立处理日常生活与承担社会责任时所表现的能力达到他的年龄与所处社会文化条件所期望的程度，是个体与所处的自然环境和社会环境之间的一种平衡状态。社会适应不仅表现在对自己、对他人、对家庭、对集体、对社会的态度上，而且还表现在与他人和社会建立联系的方式与程度及对各种事情的处理方式上。社会适应能力差的人常常因为人际关系的不和谐、人与人之间的感情不融洽而产生矛盾、冲突和仇视，彼此互相攻击，导致心理压力增大。如果持续出现焦虑、压抑、冷漠、愤怒等消极的情绪及内心体验，必将导致心理障碍，严重的会影响心理健康的发展。

人们渴望同他人有一种密切的关系，渴望自己在所属群体和家庭中有一个位置。体育运动能增加人与人之间接触和交往的机会。学校体育活动的特点是群体活动较多，更具有社会交往的特点，如体育课的学习与练习、集体项目的配合、课外体育运动、节假日的远足、春游、登山等活动，要求大家发扬团结合作、协调一致、相互帮助、彼此鼓励、竞争向上的精神才能达到预期目的。在体育锻炼中，参与者之间形成亲密的"战友"关系，原来陌生的、互不了解的人们成了朋友，已经认识的朋友间彼此更加了解，友谊更加长久。在体育运动中，通过与同学或他人的交往，可以忘却烦恼和痛苦，消除孤独感，提高自己的社会适应能力。

运动对社会适应的作用主要体现在：

1. 培养适应社会的参与意识和价值观念

随着社会的发展、生活水平的提高以及人对自身认识水平的不断加深，体育运动将逐渐成为人们的生活方式，成为人们生活中不可缺少的重要组成部分。人们在体育这个"社会"中不仅能获得身心的愉悦和健康，而且还能学习社会的价值观念和规范意识（如公平、公正原则，竞争与合作意识，遵守规则等），建立和谐的人际关系，培养适当的社会角色（如足球中对每个参加者进行的守门员、前锋、后卫等角色分工，各个角色的职责各不相同，拥有的义务和权利也各不相同），练就坚强的意志品质，培养积极的人生态度等。

在体育活动中建立的这些意识、习惯和能力，正是人们参与社会活动所必需的。人们越来越深刻地认识到，通过体育运动的游戏规则协作意识等给人们营造了一个全真模拟社会生活的良好氛围，在体育运动过程中，需要克制自己随意、无目的性的行为习惯，遵从一定的规则完成运动才能得到认可，这都需要参与者具有一定的参与意识和规则意识。另一方面，不同的体育项目要求参与者遵从不同的规则，团体项目与个人项目就表现出协作意识和自我努力的不同参与品质。这些品质的锻炼为人们置身社会生存环境中提供了必要的预演空间，为社会人的必需品质做准备。所以，参与体育运动也是为了更好地适应社会。

2. 培养适应社会的健康人格与人际关系

在培养人格方面，体育运动可以造就人们勇敢、果断、灵敏以及聪明、机智的品质。在体育中，人们的自尊、自强和自信等自我意识不断得到强化，人们认识了自己、了解了自己，进而不断地改造自己，使自己的个性不断得到发展。体育活动的团队目标使得人们在体育中的行为总是表现出理智、协助、奉献和责任；表现出愿意接受团队的约束、限制、督促与激励，表现出愿意与团队保持一致的团队精神。在体育活动中，人们经常获得同伴的赞誉和肯定，获得成功的喜悦和满足感，可以有许多机会发现自己在体力、技术、技能、意志、情感等方面的不足，同时也能发现自己个性中的优秀部分，在反复持续的努力中不断调整自我、超越自我，不断地向新的自我挑战。这种人的社会化过程使人们在体育活动中学会了适应社会、完善人格、勇于面对社会挑战的本领。

在人际关系培养上，共同的爱好、兴趣和价值认同使人们在体育活动中增加了彼此交往的机会，使人际间可以产生良性互动。在集体性活动中，由于人们体育兴趣和对体育价值认识的一致性使人们有一种"性格兴趣相投、谈得拢"和"我们有共同语言"的感觉，这种感觉可以有效地缩短人与人之间的心理距离，从而增强人际间的交往，建立良好的人际关系。此外，体育运动使人们从不同区域，从狭小的楼房走到了一起，使不同职业、不同阶层的人可以在一起直接地、面对面地交流、沟通和相互学习，这种直接的交流方式可以更有效地增进相互之间的了解。

3. 培养适应社会角色的能力

体育运动给人们分配"社会角色"，提供尝试社会角色的机会。所谓体育运动中的接受，也就是指在由体育运动结成的社会关系中所处的地位，这种地位有其权利、义务和相应的行为要求。在复杂的社会结构中，需要由多种拥有社会权利、义务和行为规范的人员组成。每个人若要在社会中生活，就必须凭借自己的知识和能力，在工作岗位上充当一个角色，各司其职地为社会公众服务。

体育运动的社会功能，就在于它能培养人们适应社会的能力，为之创造优越的环境与适宜的条件。其中，有许多特定的锻炼方式与组合，又为参与者提供了充当各种角色的机会。个人锻炼项目需要有独立"扮演"角色的能力，学会按科学规律制订锻炼计划、掌握运动负荷与评价锻炼的结果，拥有在遇到困难时寻求社会支持的能力。

集体锻炼项目需要具备"职责分担"的角色能力，既要充当集体项目中的支持元素，为集体锻炼的完成履行自己的角色权利与义务，同时也需要尽力展示自己的才华与能力，在竞争和合作中巩固自己的地位。在职责分担的磨合与较量过程中，极具优势和特长的角色还应勇于在集体项目中担当和发挥核心作用。

这表明，体育运动中的任何个体行为或集体行为都不可能完全脱离社会环境的制约，特别是在与群团组合的社会关系中，每个人都必须发挥所长为自己选择一个角色，并竭尽全力成为被公众和规则认可的角色。

三、运动与环境安全

（一）运动与自然环境安全

环境是客观存在于我们身体之外的各种物质条件的总和。人体与周围环境有密不可分的关系，周围环境的任何变化都会对体育锻炼产生影响。环境分为自然环境和社会环境，我们所说的运动环境是指自然环境和社会环境中体育活动环境。

自然环境是空气、水、气温、天气等自然界各种因素的总和。人人都喜欢在空气清新、环境优美、气温适宜、阳光和煦的环境中从事体育锻炼，这种环境可以使人心旷神怡、精神振奋。随着工业化、城市化的进程，我们的运动环境常被一氧化碳、二氧化硫或其他工业粉尘所污染，如果在这样的环境中从事体育锻炼，这些有害气体随人的呼吸进入体内，将会引起呼吸功能衰退和慢性支气管炎，危害我们的身体健康。体育锻炼时还应避开雾天和道路两旁、立交桥下，这些地方的空气中所含的汽车尾气、有害气体和粉尘比其他地方更多。所以，体育锻炼应选择远离污染、接近大自然的地方，如大海边、湖边、山脚下、树林覆盖面积比较多的地方。这些地方的空气中所含的负离子多，对增进健康、振奋精神有很大的益处。

1. 不要在恶劣的天气条件下进行体育锻炼

恶劣天气主要有大雪、冰冻、冰雹、高温、大风、雾霾、强降雨、雷电等，此时在户外锻炼有安全隐患。

2. 夏季运动应注意预防中暑

气温的高低对人体的体温调节和新陈代谢有很大影响，长时间在高温环境中锻炼身体，容易导致体温调节失控而中暑。中暑时轻则会出现头晕、头痛、恶心、皮肤发烫等症状，重则发高烧、血压下降，甚至导致死亡。如果出现上述症状，应立即停止锻炼，到阴凉通风处散热，补充清凉饮料，一般症状会自动消失。症状严重者要及时送往医院。

3. 冬季运动应注意预防感冒

冬季运动应注意保暖，衣服不能穿得太少。由于早晨室内外的温差比较大，从温暖的室内到气温较低的室外进行运动，如果人体不适应冷空气的刺激，容易引起感冒。

（二）运动与体育环境安全

体育环境安全是指体育设备、器材的安全保障以及体育安全文化，如体育安全管理体制和运行机制、体育活动安全规章制度等。随着阳光体育运动的开展，健康体育观念已深入人心，成为人们对现代体育的共识。我国高职院校以"健康第一"作为指导思想，培养学生的职业体育素质，使体育手段在全面实施职业素质教育中发挥重要作用，取得了令人瞩目的成就。然而，由于高职院校体育课程与其他类型院校不同，有着鲜明的职业性。为提高学生的职业适应性，除了与其他高校相同的常规体育教学与运动训练项目设置外，还设有职业体能训练项目。职业的特殊性要求职业体能训练的体育教学时数比例加大，随之而来的危险系数加大，预防伤害事故发生的任务也加重。如交通、地质院校的攀岩与越野训练；航海、航空院校的悬梯与滚轮练习等，学生伤害事故的发生率也随之增大。加上体育运动本身存在着一定的危险性，如集体项目的相互冲撞以及器械运动可能造成自己和他人的损伤等；尤其在课外体育活动中，学生经常处于无人保护的状态，也很可能造成各种损伤，练习一些危险系数大的动作时，更容易发生意外。此外，预防不力或保护措施不当等人为因素，也使得学生在学校从事体育活动时发生伤害的概率增高。学生在体育活动中的猝死、受伤、致残以及各种意外伤害时有发生，给学生本人以及家庭带来极大的痛苦，同时也给教育行政部门、学校及教师造成教学管理上的困惑和不安。因此，如何做好体育安全预防工作，建立健全高职院校体育安全保障措施，是每一位体育教育工作者都应思考的问题。

1. 建立健全高职院校体育安全保障措施的必要性

（1）有利于学校的发展。关心体育教学、体育活动的安全，保护师生在教学、体育活动等各种场合的安全与健康，成为当前高职院校体育安全教育的主要内容，建立健全高职院校体育安全保障措施也就成为新时期高职院校事业发展的客观需要和必然结果。

（2）有利于各项体育活动顺利开展。建立健全高职院校体育安全保障措施就是要不断提高师生的安全价值观，形成有利于安全的思维模式、精神风貌、职业行为规范、安全舆论和习惯，确保体育安全工作紧紧服务于教学、学习生活等。

（3）有利于构筑高职院校体育安全环境。借鉴职业安全健康管理体系的先进理念，建立健全高职院校体育安全保障措施，从环境安全入手，无论是体育器械的维护与保养，还是体育场地的布置，无论是体育场馆、设施安全警示牌的提示，还是体育安全文化的渲染，通过不断改进安全保障体系，为学生创造了一个安全的体育活动环境。

（4）有利于建立体育安全防范机制。事故的发生不仅给受害者本人及家庭带来无可挽回的损失，也给学校带来巨大的经济和声誉损失。建立健全高职院校体育安全保障措施能为高职院校建立一个有效的安全防范机制。首先，对高职体育活动中存在的危险因素进行辨识与风险评估，并根据评估结果制订防范目标与管理方案，明确实现目标的方法和时间表。其次，对各种体育活动及潜在的紧急情况进行过程控制、应急响应。最后，通过监测评价体系的实施效果，及时纠正运行过程中存在的问题，构筑防范风险的一道道防线，最终形成完整的策划—实施—检查—改进的循环管理的体育安全防范运行模式。

（5）有利于减少学生伤害事故的发生。对体育教学与训练、课外体育活动的指导等各环节中的计划、组织、实施、检查、监控等活动，进行有效的体育安全预防。有利于减少学生在体育运动中伤害事故的发生，有效预防风险。

（6）有利于加强安全文化建设。将过去体育安全消极预防的被动行为转变为教师人人参与的主动行为，从根本上实现安全管理模式从"事后查处"向"事先预防"的转变，为高职院校提供一条确保体育安全的有效途径，使体育安全工作有据可依、有章可循，克服了体育安全工作无能为力或无从下手的畏难和迷茫情绪。不仅提高了教师的社会责任心和处理事故的能力，一旦发生事故，也能按程序最快、最有效地处理，使事故伤害减少到最低，同时，学生积极参与预防、学习安全防范的方法后，自我保护的能力提高了，安全意识增强了，有利于形成人人关心安全、人人会预防的体育安全文化。

2. 建立健全高职院校体育安全保障措施的有效途径

（1）加强体育安全文化建设，营造良好的体育安全文化氛围。高职院校的体育安全文化包含三个层次：体育安全物质文化，体育安全管理文化，体育安全精神文化。体育安全物质文化，如体育设备、器材的安全措施；体育安全管理文化，如体育安全管理体制和运行机制、体育活动安全规章制度等；体育安全精神文化，如体育安全观念、意识、价值、习惯等。其中，体育安全精神文化是核心，必须建立完善的宣传教育机制，才能达到预期的效果。通过课堂教学、讲座、辩论、征文、案例等形式对大学生进行体育安全知识、安全防范方法的教育，增强大学生的体育安全意识，提高他们的体育安全文化素质。

（2）建立"学生健康预警档案"。建立健全高职院校体育安全保障措施，需要学校领导的高度重视，学校要在资金投入、设施建设、设备添置、宣传教育等方面给予支持。教师应建立"学生健康预警档案"，尽可能地把"安全事故"遏制在萌芽状态，减少"意外"的发生。

（3）建立体育安全运行机制，并确保有效运行。责任心和自身教学能力的提高是减少安全事故的重要因素。体育安全事故隐患的"查找—整改—持续完善"是体育安全的保障措施。必须做到分解放权、职责明确，目标清晰、有责有权，考核有据、服务到位。

健康发展和安全是两个同等重要的教育问题，也是体育教育工作者终身研究的课题。不能因为害怕伤害事故发生就放弃某些体育运动项目，也不能因为体育运动不可避免的发生体育伤害事故而放松安全防范意识。只有将两者很好地结合起来，处理好两者的关系，将体育健康教育与安全锻炼教育融于一体，才能既提高学生的职业体能素质，又增强学生安全意识和防范能力。

四、运动与生活卫生

（一）运动与物品卫生

运动物品是指从事体育锻炼者所需的运动服装、鞋袜等运动辅助物品，以及为保证安全锻炼而准备的个人防护用品。运动物品必须符合卫生和安全要求。运动服装是体育锻炼必备的物品，应具有美观大方、质地柔软及不易污损等性能，规格要合体，并以穿着舒适、便于活动为原则。夏季应突出服装的透气性和吸湿性，冬季应突出服装的保温性和透气性。

（二）运动与饮食卫生

饭前和饭后30 min不宜进行剧烈运动。运动时大量血液流入运动器官，胃肠器官的血液量相对减少，胃液分泌也减少，消化系统功能相对处于抑制状态。饭前如果进行了剧烈运动，不宜马上进食。这时，人体各器官还处在"运动状态"，运动后立即进餐，必然影响食物的消化和吸收，长此以往，会造成消化不良或其他消化道疾病。饭后立即进行剧烈运动，不仅易产生消化不良，还会引起腹痛、恶心等症状，也会造成胃下垂等疾病。

水在人的生命活动中具有重要作用，水占成人体重的60%~70%，人体与外界环境的物质交换中以水为最多。在运动时出汗多，体内缺少水分，必须及时补充，提倡少量多次补水方式，否则会影响人体正常生理机能活动。为此应注意，不宜一次性大量饮水，饮水过多，会使胃膨胀，妨碍膈肌活动，影响呼吸，使血液浓度稀释，血流量增大，增加心脏负担，这样既有碍健康，也不利于运动和生理机能的恢复。

（三）运动与生活作息

生活作息制度是指每天的工作、学习、休息、睡眠、饮食和体育锻炼等各项活动的安排。合理的、有规律的生活作息制度是保持身体健康，提高学习、工作效率的重要条件。如果每个人在每天的固定时间从事固定的活动，人体就会调整自己的生物钟以适应那种活动。比如我们一日三餐在固定的时间吃饭，人体就会产生固定的条件反射，消化器官就会定时分泌大量的消化液，保证消化过程更加有效地完成。如果我们每天在固定的时间从事体育锻炼和学习，大脑皮层支配运动和学习的部位在固定的时间就会兴奋起来，中枢神经就会交替兴奋和抑制运动器官和有关脑力活动的部位，使学习（脑力劳动）和体育锻炼（体力劳动）进行得更有效率。

人体的生物钟节奏，要求建立正常的作息制度。适应生物钟节奏的作息制度，可以对人体机能活动的变化产生好的影响。生活规律紊乱，对于人体机能活动的变化会产生有害的影响。作为作息制度组成部分的体育锻炼，也会形成生物钟节奏。这种节奏的形成，使人体到一定的时间就会产生需要锻炼身体的生理反应。如果不锻炼身体，就会感到不舒服，好像有一件重要的事情没有做，而坚持锻炼，身体就会产生很舒服的反应。

作息制度中的体育锻炼，包括早操、饭后和睡前的身体活动。早晨空气新鲜，起床后走出房间活动身体，呼吸新鲜空气，吐故纳新，消除一夜睡眠后人体组织中的"淤滞"现象，使身体的各个器官逐步动员起来，适应每天紧张的学习和工作。晨练的运动负荷比较小，对于呼吸系统和促进新陈代谢有较好的作用，锻炼的时间不宜太长，15~20 min即可。锻炼的内容可选用广播操、慢跑、太极拳、八段锦等运动项目。

饭后不宜立即做剧烈的身体活动，以保证有足够的血液供给消化系统，充分发挥消化系统的功能。但如果饭后整个有机体处于抑制状态，那也不能保持与提高消化系统的功能。因此，饭后稍事休息，可以采用散步的方法，达到健身的目的。

那些有规律、适度运动的人平均寿命比那些不运动的人寿命要长些。久坐的生活方式和吸烟、肥胖一样是现在主要致命疾病的诱因，这些疾病包括心血管疾病、某些癌症、卒中、糖尿病和高血压。长期不运动的人甚至更容易感冒。当人积极运动的时候，整个身体的健康状态都会随之改善。和不健康的人相比，身体健康的人能够享受的益处有：

（1）更平静、有益的睡眠。休息和睡眠通常在一段时间的身体活动后会自然发生，在休息的时候，身体会修复损伤，排除运动产生的废物，同时组建新的运动结构。

（2）改善身体形态。一个平衡的运动健身计划能够限制身体脂肪的产生，尤其是腹部的脂肪，同时还能维持和增加非脂肪组织，甚至在体重减轻的时候。所以，经常锻炼的人比平时不动的同样体重的人体形更好。

（3）骨密度增加。负重运动对于提高骨骼力量和防止由骨质疏松引起的骨质流失都有很大帮助。

（4）对于感冒和其他传染病的抵抗力增强。

（5）降低患某些癌症的风险。过少的体育活动会提高某些癌症30%～40%的发病率，如乳腺癌、结肠癌、肾肿瘤、胰腺癌和卵巢肿瘤等，同时也会对生活质量和癌症康复产生负面影响。

（6）获得更好的血液循环和心肺功能。体育活动能够挑战心肺功能，也会增强血液循环和呼吸系统。

（7）减低Ⅱ型糖尿病的风险。经常运动会提升葡萄糖的耐受力，而静止不动的生活习惯会使之恶化。养成健康锻炼的习惯后，很多患者对糖尿病药物的依赖会减少。

（8）降低胆囊疾病的发病率。经常运动会减少胆囊疾病的发病率。

（9）降低精神焦虑和抑郁的发生率。体育锻炼能够通过降低焦躁和抑郁来提高情绪和生活质量，而完成一项体能挑战的成就感也能提高自信心。

（10）更加长寿和更高的晚年生活质量。经常运动的人寿命更长，更健康，患痴呆症的概率也比不运动的人低。在晚年的时候，适度运动还能起到预防摔跤和在摔跤后减少伤害的作用。

运动是如何产生这么多益处的呢？有一部分要归功于肌内组织在工作中产生的一种类似于激素的信使分子。这种信使可以与身体的其他组织建立联系，尤其是脂肪组织，从而通过影响代谢来保护身体不受一些互相联系的疾病网络的危害，如肥胖症、心血管疾病、Ⅱ型糖尿病、癌症、痴呆症和骨质疏松。

第二节 运动与膳食营养

一、营养与营养素的概念

（一）营养的概念

营养指机体从外界吸取需要的物质来维持生长发育等生命活动的过程。

（二）营养素的概念

营养素指食物中含有的能维持人体正常生理功能、促进生长发育和健康的化学物质。营养素包括糖类、蛋白质、脂肪、维生素、水和矿物质。

二、运动与营养摄取

（一）运动与糖类

糖类是运动时的重要能量来源，中高强度运动的绝大部分能量来自糖有氧氧化和糖酵解的过程，大脑的能量亦主要来自糖类（血糖）；另外，糖类在维持人体免疫功能等方面发挥重要作用。不同运动项目随着运动强度和时间的变化，其糖类的代谢特点与需求量不尽相同。糖类储备不足或快速耗竭导致供能不足，易使运动性疲劳过早出现，从而降低运动能力。肌肉糖原再合成是运动后恢复的主要内容，因此，通过饮食或营养品增加运动前、中、后期糖类摄入量是改变运动能力和体能恢复的重要方法之一。我国居民所摄取的食物中糖类主要来自谷类和薯类。常见谷类有稻米、小麦、小米等；常见的薯类有马铃薯、甘薯等。

（二）运动与蛋白质

蛋白质是人体运动所需的重要营养素之一。骨骼肌蛋白质含量高低往往与体重和肌纤维大小成正比，并与运动能力密切相关，蛋白质分解代谢产物排出量常反映运动强度大小，运动后蛋白质合成能力与骨骼肌修复能力有关。另外，蛋白质也是参与氧化功能，尤其是在高强度运动后糖原耗尽，蛋白质特别是支链氨基酸是重要的能量来源，蛋白质还对运动系统的许多功能具有调节作用。不同的运动项目和运动强度对蛋白质的需求有所不同。

含蛋白质较多的食物：动物性食物中以蛋类（鸡、鸭、鹅、鹌鹑蛋）、瘦肉

（猪、羊、牛、家禽肉等）、乳类（羊、牛乳）、鱼类（淡水、海水）、虾（淡水、海水）等含量较丰富，植物性食物中以黄豆、蚕豆、花生、核桃、瓜子含量较多，米、麦中也有少量的蛋白质。

（三）运动与脂肪

脂肪也可提供身体肌肉运动所需的能量。脂肪也是身体能量的主要储存形式，这些脂肪来自超过能量需求的多余食物。脂肪热量高，体积小，运动可以增加机体对脂肪的氧化和利用，相应减少对糖和蛋白质的消耗。体内脂肪是长时间运动的主要能源，脂肪必须在供氧充足的情况下才能被氧化分解。故对于体内脂肪堆积过多所造成的肥胖，可选择耐力运动项目进行运动减脂。

含脂肪较多的食物：动物油，如猪油、牛油、奶油、鱼肝油；植物油，如菜油、花生油、豆油、芝麻油。最佳植物油是橄榄油。肉类、蛋、黄豆等也含有脂肪。

（四）运动与维生素

维生素是维持人体生命和正常功能不可缺少的营养素，维生素需求量与运动量、机能状态及营养水平有关。对经常进行体育锻炼或运动训练的人来说，维生素营养具有特殊的作用。由于运动时物质代谢加强，使维生素的需求量也随之增加。如果运动后不注意补充维生素，就可能会引起代谢紊乱而产生维生素不足的症状。所以在运动后，特别是在大运动量后，要及时、适量补充维生素。

维生素在体内不能合成，一般情况下储存量少，必须经常从食物中摄取。在食物供应充足的情况下，不必再从药物中补充维生素。食用新鲜蔬菜和水果是最简单而安全的补充维生素的方法，千万不要长期大剂量服用维生素保健品！

（五）运动与矿物质

矿物质的主要作用是构成肌体的组成成分和调节机体的生理功能，是维持正常代谢的重要物质。在高温下进行高强度运动时，人体会随汗液而流失大量钠、钙、钾和铁等矿物质，因此大运动量运动后应及时、适量补充矿物质。

人体必需的常量矿物质有钙、磷、镁、钠、钾、氯、硫，含钙量高的食物有奶制品、石螺、芥菜干等；含磷量高的食物有牛奶、熟芸豆、葵花子等；含镁量高的食物有菠菜、豆浆、酸奶等；含钠量高的食物有新鲜肉类、牛奶、扇贝、新鲜蔬菜等；含钾量高的食物有豆类、蔬菜、水果等；氯的主要来源是盐。

人体必需的微量矿物质有碘、铁、锌、硒、钼、氟、铬、铜、锰。这些微量元素对于维护人体的健康和生命至关重要。

（六）运动与水

水是机体的重要组成成分，是维持人体正常生理活动的重要物质。水参与体内许多代谢过程，食物的消化、吸收、运输以及排泄均须在水的参与下进行，水能保持腺体的正常分泌和体内一切化学反应的正常进行。剧烈运动时体热增加，尤其在高热环境下运动时产生热量更大，排汗是人体调节体热平衡的重要方式。在剧烈运动中或运动后，运动员都不应一次饮水过多，而应多次、少量地进行补水。

三、科学膳食与健康

（一）科学膳食的指导原则

2016年5月国家卫生和计划生育委员会发布《中国居民膳食指南（2016）》，中国营养学会推出修订版中国居民平衡膳食宝塔，这为人们改善膳食营养状况提供了坚实的理论基础和整体的指导原则，是科学膳食的理论依据，为日常的健康饮食提供了参考。

（二）膳食宝塔

膳食宝塔共分五层，包含我们每天应吃的主要食物种类。膳食宝塔各层面积大小不同，这在一定程度上反映各类食物在膳食中的地位和应占的比重（图1-2-1）。

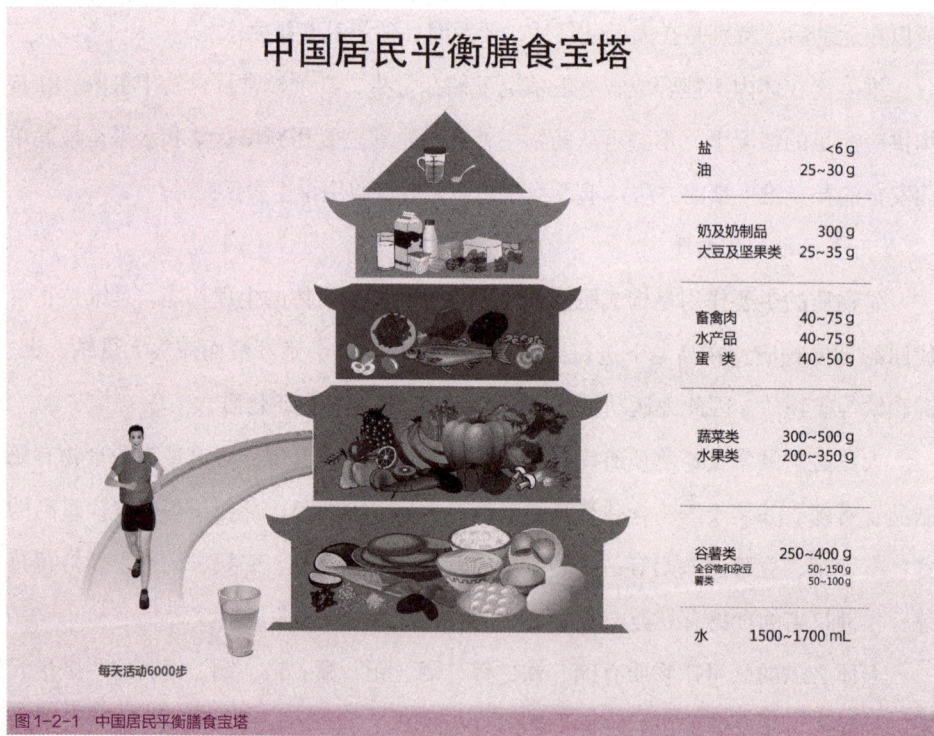

中国居民平衡膳食宝塔

盐	<6 g
油	25~30 g
奶及奶制品	300 g
大豆及坚果类	25~35 g
畜禽肉	40~75 g
水产品	40~75 g
蛋 类	40~50 g
蔬菜类	300~500 g
水果类	200~350 g
谷薯类	250~400 g
全谷物和杂豆	50~150 g
薯类	50~100 g
水	1500~1700 mL

每天活动6000步

图1-2-1　中国居民平衡膳食宝塔

第一层是谷薯类食物，成人每人每天平均摄入量为250~400 g。

第二层是蔬菜水果类食物，成人每人每天蔬菜摄入量为300~500 g，水果摄入量为200~350 g。

第三层是鱼、禽、肉、蛋等动物性食物，每人每天摄入量为120~200 g（鱼虾类40~75 g，畜禽肉40~75 g，蛋类40~50 g）。

第四层是奶类、豆类和坚果类食物，每人每天摄入量相当于鲜奶300 g的奶类及奶制品；大豆和坚果制品每日摄入25~30 g。

第五层是烹调油和食盐，每天烹调油摄入量25~30 g，食盐摄入量不超过6 g。

运动和饮水在膳食宝塔中也有，鼓励养成天天运动的习惯，坚持一周5次中等体力强度活动，每次30 min，成人每天主动进行相当于6 000步以上的身体活动，如跑步、骑车等。水是食物消化吸收和营养运输的载体，饮水不足会对身体健康带来危害，成年人每天饮水1 500~1 700 mL，在高温或强体力劳动的条件下，还需要适当增加。

第三节　运动性损伤的处理与预防

一、运动性疾病的处理与预防

（一）运动性晕厥

运动性晕厥是指在运动中，由于脑部突然供血不足而引起的一时性知觉丧失现象。

1. 原因

运动性晕厥由于剧烈活动或长时间运动，使大量血液积聚在下肢、回心血量减少而致，也和剧烈运动所引起的低血糖有关。

2. 症状

全身无力、头晕耳鸣、眼前发黑、面色苍白、失去知觉、突然晕倒、手足发凉、脉搏慢而弱、血压降低、呼吸缓慢等。

3. 处理与预防

处理方法：应立即使患者平卧，足略高于头部，并进行由小腿向大腿、心脏方向的按摩或拍击。同时用手指点压人中、合谷等穴位，必要时给氨水闻嗅。如发生呕吐，应将患者头部偏向一侧。如停止呼吸，应立即进行人工呼吸。轻度休克者，

肌肉痉挛的处理与预防

应由同伴搀扶慢慢行走一段时间，帮助其进行深呼吸，症状即可消失。

预防手段：平时要经常坚持体育锻炼，增强体质；久蹲后不要突然站立，不要带病参加剧烈运动；急跑后不要立即停下来；不要在饥饿情况下参加剧烈运动。

（二）低血糖症

正常人的血糖含量在80～120 mg/L，若低于正常值的50%～60%时，会出现一系列症状，称为低血糖。低血糖是在饥饿情况下，从事长跑、长距离自行车、长距离游泳等运动出现的症状。

1. 原因

运动前处于饥饿、过分紧张或有疾病等状态。长时间运动，消耗大量血糖，使糖代谢机能出现紊乱状态，运动时诱发低血糖症。

2. 症状

轻者感到饥饿、疲乏、头晕、心悸、面色苍白、出冷汗等。严重者出现低血糖休克症状，如神志不清、语言含糊、四肢发抖、烦躁至昏迷、脉搏快且弱、呼吸急促、瞳孔放大等。

3. 处理与预防

处理方法：症状轻者喝浓糖水或进食含糖类食物。平卧保暖休息，短时即可恢复。严重者若已昏迷，可先掐或针刺人中、合谷、涌泉、百会等穴位，并迅速静脉注射高浓度葡萄糖液。

预防手段：不要在饥饿的情况下参加紧张、剧烈的运动或长时间的运动。进行长时间或长距离的运动时，中途应当补充含糖、盐的饮料。有轻度症状时，应停止运动，迅速进食一些含糖食物或饮糖水。久病初愈及基础差者，应避免长时间的剧烈运动。

（三）运动性贫血

血液中红细胞数量与血红蛋白含量低于正常值，称为贫血。因运动引起的血红蛋白含量减少，称为运动性贫血。在正常情况下，该病的发病率女性高于男性。由于贫血，常引起多种不良的生理反应，危及健康。所以贫血的人常常害怕参与体育锻炼。

1. 原因

由于运动时，肌肉对蛋白质和铁的需求量增加，一旦需求量得不到满足时，即可引起运动性贫血。由于运动时，脾脏释放的溶血磷脂酰胆碱能使红细胞的脆性增加，加上运动时血液流动加速，易引起红细胞破裂，致使红细胞的新生与衰亡之间的平衡遭到破坏，从而导致运动性贫血。

2. 症状

运动性贫血发病缓慢，其症状表现有头晕、恶心、呕吐、气喘、体力下降，以及运动后心悸、心率加快、脸色苍白等。

3. 处理与预防

处理方法：如运动中出现头晕、恶心、呕吐等现象时，应适当减少运动量，必要时暂停运动，并补充富含蛋白质和铁的食物，口服硫酸亚铁，这对缺铁性贫血的治疗有明显效果。

预防手段：遵循循序渐进和个别对待原则，调整膳食。如运动时经常有头晕现象，应及时诊断医治，以便正常参加体育锻炼。

（四）运动性腹痛

1. 原因

腹痛是运动过程中较为常见的一种症状。在中长跑、马拉松、竞走、自行车、篮球等运动中发病率最高，其中有相当一部分人的发病原因属非病理性，而是与运动有关。简单地说，这是因为剧烈运动会引起胸膜腔内压、腹内压上升而影响到静脉血的回流量，进而引起内脏器官的活动发生紊乱，使呼吸肌、胃肠道产生痉挛引起腹痛。另外，大量进食后，马上进行剧烈运动最易引起运动性腹痛。

2. 症状

腹部突然出现刺痛、绞痛等疼痛症状。

3. 处理与预防

处理方法：运动中出现腹痛应减慢运动速度并降低运动强度，加深呼吸，调整呼吸和运动节奏，用手按压疼痛部位，或弯腰跑一段距离，一般疼痛感即可减轻或消失。若无效果或疼痛反而加重，就应停止运动，口服解痉药物（如颠茄片、阿托品等），针刺或手掐足三里、内关、三阴交等穴位或进行腹部散热。如仍无效，则需请医生诊治。

预防手段：进行运动时一定要遵循科学原理与规律，循序渐进，同时加强全面的身体锻炼，逐步提高身体机能水平。膳食安排要合理，饭后要过 1.5 h 左右才能进行剧烈运动，运动前不宜过饱过饥，也不要饮水太多。运动前要充分做好准备活动，运动中要注意呼吸节律，中长跑要合理分配速度。对于各种疾患引起的腹痛，应彻底治疗，疾病未痊愈之前，不宜参加剧烈运动。

（五）游泳性中耳炎

1. 原因

游泳性中耳炎主要是指人们在游泳后患上的中耳炎症，是因不清洁的池水进入耳中导致细菌感染而引发的。

2. 症状

游泳性中耳炎主要表现为耳道闭塞、听力减退、局部剧烈疼痛，常有发烧、恶心、呕吐、食欲不佳及便秘等症状，若鼓膜破裂常有黄色脓液自外耳道流出。急性炎症期若治疗不当，可转为慢性中耳炎。

3. 处理与预防

处理方法：卧床休息，多喝开水，吃流质食物，并及时请医生治疗，如口服磺胺类药物或注射抗生素等。若鼓膜已破裂，可用3%过氧化氢清洗脓液、外用消毒剂如石炭酸甘油等抗生素溶液滴耳，然后用消毒棉条填塞外耳道。此外，可在乳突部做热敷及红外线治疗等。

预防手段：选择池水符合卫生要求的泳池。游泳时必须注意正确呼吸，避免呛水。游泳前应进行体检，可用凡士林棉球或橡皮耳塞将耳朵塞好，以防池水进入耳内。预防感冒是预防中耳炎的积极措施，在上呼吸道感染、感冒或患有中耳炎时，暂停游泳。当外耳道进水后，不要随便挖耳，上岸后可采用同侧单足跳的方法将水倒出。还可采用吸引法，即将头偏向有水耳朵一侧，用手掌紧压在耳孔上，屏住呼吸，然后迅速提起手掌，即可将水吸出。

（六）中暑

1. 原因

在高温环境中运动时，由于大量排汗，使体内的水分和盐分大量流失，再加上血管扩张，血容量更显不足，从而引起体内物质循环的衰竭。

2. 症状

中暑时的症状是头痛、头晕、眼发黑、心慌、心跳、气喘、口渴、恶心、皮肤发烫、抽筋等，严重时会昏迷晕倒，不省人事。

3. 处理与预防

处理方法：中暑后，应该立即将患者平卧，置于阴凉处，用冷水毛巾敷在患者前额和"心口"处。体温过高时，可用酒精擦拭四肢，使其降温。并用手掐住患者人中、合谷等穴位，使患者尽快清醒。如仍不清醒，应请医生急救。

预防手段：尽量避免在高温环境下长时间、大运动量、大强度运动，运动过程中及时适量补充清水或含盐量0.1%~0.2%的淡盐水，如有中暑症状，应及时停止运动。

二、一般运动性损伤的急救处理办法

（一）擦伤

1. 原因与症状

机体表面与粗糙的物体相互摩擦而引起的皮肤表层损害。主要表现为表皮剥脱，有小出血点并有组织液渗出。伤口无感染则易干燥结痂而愈；伤口有感染，则局部可化脓，有分泌物。

2. 处理办法

对伤口进行局部处理。伤口中如嵌有沙石、灰土等应先冲洗干净，再用消毒棉球或纱布擦干。在伤口上涂上红药水或紫药水，不用包扎。

（二）裂伤、切伤、刺伤

1. 原因与症状

裂伤，指受钝物打击引起的皮肤和皮下组织撕裂，伤口边缘不整齐；切伤，是锐器切入皮肤所致。受伤边缘整齐，多呈直线形，出血较多；刺伤，是尖细锐物刺穿皮肤及皮下组织器官造成的损伤，伤口小而深。

2. 处理办法

这三种伤轻者可先用碘酒、酒精将伤口周围皮肤消毒，再用消毒纱布覆盖加压包扎。伤口较大、较深、污染较重者，应及时送医院由医务人员作清创术，清除污物异物、坏死组织，彻底止血，缝合伤口；口服或注射抗菌药物以预防感染。受伤更重者，应注射破伤风抗血清，预防破伤风。

（三）挫伤

1. 原因与症状

人体某部位遭受钝性暴力作用而引起该处深层组织的闭合性损伤。

2. 处理办法

挫伤后，立即局部冷敷和加压包扎，抬高患肢，以减轻疼痛感和出血。一天后，内部出血停止，可以进行按摩、热敷和理疗。受伤严重者，可服用治疗跌打损伤的药物和止痛药物。如果出现休克，立即将受伤者抬到床上平卧，解开领口、腰带；如伤者失去知觉，立即送医院急救。

（四）肌肉拉伤

1. 原因与症状

肌肉拉伤是指在外力的直接或间接作用下，使肌肉猛烈主动收缩或被动过度拉长时所引起的肌肉损伤。

2. 处理办法

肌肉拉伤在运动中较为常见。肌肉轻微拉伤或少量肌纤维撕裂者，应立即冷敷，局部加压包扎，并抬高患肢。疼痛重者可服止痛药，也可同时服用和外敷中草药。24 h 后，可进行热敷、理疗和按摩。肌肉大部或完全断裂者，经过加压包扎后，立即送医院做手术缝合。

（五）韧带扭伤

1. 原因与症状

关节中最易扭伤的部位是踝关节和膝关节韧带，其次是腕、肘、掌指、腰、肩关节韧带。因主动肌收缩过猛超过自身所能承担的能力，或被动肌受力牵伸超过弹性限度或因扭转、挤压关节发生超常范围活动所引起的急性腰扭伤或膝关节外侧副韧带、踝关节外侧韧带扭伤均属此列。

2. 处理办法

韧带扭伤或部分纤维撕裂，可按肌肉拉伤处理，即冷敷、敷药、压迫包扎、按摩、热敷、理疗等。韧带断裂，应尽快到医院进行缝合或固定处理，使断裂的韧带互相长拢。

（六）鼻出血

1. 原因与症状

运动中鼻部被撞击，可发生鼻黏膜破损引起鼻出血。

2. 处理办法

一旦鼻出血，立即用拇指和食指在鼻翼外面捏住鼻子，数分钟后，鼻血即可止住。有条件的可用消毒脱脂棉塞入鼻孔内，再用手捏住鼻子，也可用冷毛巾或冰袋冷敷额部。

（七）骨折

1. 原因与症状

骨折指由于外力作用，破坏了骨的完整性和连接性。骨折分为闭合性骨折和开放性骨折。其症状是伤者出现剧烈疼痛、肿胀、皮下瘀血、变形等情况，不能活动、站立和行走。严重的骨折常常伴随有出血和神经损伤，产生休克、发烧、口渴、便秘等全身症状。

2. 处理办法

发现骨折必须及时处置，要认真对待，利用一切可以利用的物件如木板、扁担、木棍等将骨折处固定。如果有休克，应先抗休克，然后处理骨折。如伤口出血，应先止血，再包扎固定。移动伤肢时，动作要轻，要适当牵引。四肢骨折固定时要露出指（趾）尖，以便观察血液循环情况。如发现指（趾）尖苍白、发冷麻木、疼痛、浮肿和呈青紫色症状时，应松开夹板重新固定，然后送医院处理。

（八）肌肉痉挛

1. 原因与症状

肌肉痉挛俗称"抽筋"，在对抗性激烈的运动或游泳等运动项目中，由于运动时间过长，强度过大，或由于大量出汗带走许多盐分，导致肌肉内环境发生改变；或肌肉受到寒冷的刺激，体温发生突然变化；或有时身体非常疲劳时，支配肌肉活动的精神调节机能失调，都会使肌肉发生痉挛。其症状是肌腹坚硬、隆起，相应关节活动受限，肌肉活动不听指挥，出现酸痛的感觉继而不能活动。

2. 处理办法

肌肉痉挛时，一般通过缓缓加力，连续牵引痉挛的肌肉，还可配合局部按摩，如揉、捏等。肌肉痉挛缓解后，不宜继续进行运动，应进行病因治疗（补充盐水、保暖、放松按摩等）。

（九）"极点"现象

1. 原因与症状

"极点"现象指进行长跑锻炼过程中感到胸部发闷、呼吸困难、两腿沉重、动作失调、速度明显减慢等，这是由于肌肉、呼吸、心脏等内脏器官所受的刺激既快又多，供氧不足，大脑运动中枢对这些刺激也一时应接不暇，致使指挥失灵，导致各器官活动的暂时失调所出现的异常反应。

2. 处理办法

出现"极点"现象，只要适当降低跑速，加深呼吸，调整跑的节奏，再坚持一段时间，胸闷、气急等不舒服感就会逐步消失，继而转入"第二次呼吸"。"第二次呼吸"是运动生理学上的专用名词，它表示度过"极点"后，全身又增添了力量，动作开始感到轻松，呼吸又逐渐均匀。

（十）脱臼

1. 原因与症状

脱臼也就是通常所讲的关节的脱位，这在临床当中是非常常见的，比较常见的关节脱位是肩关节脱位，当然也有的是踝关节脱位以及腕关节脱位等等。肩关节脱位以及其他关节的脱位常常是由于外伤引起的，比如高处坠落伤，严重的交通事故，摔倒之后也有可能会导致关节的脱位。关节脱位之后会引起局部的疼痛，肿胀以及功能障碍，患肢常常被固定在一个姿势当中，不能活动。

2. 处理办法

出现了脱位之后需要积极进行检查，大部分情况下需要在麻醉状态下进行手法复位，且越早越好。复位之后用石膏固定，如果不进行固定或者固定的时间太短很容易导致再次脱位，因为这个时候关节囊以及周围组织还没有完全恢复，局部的力量是比较差的，所以轻微的外力很容易导致再次发生脱位。

三、心肺复苏

（一）心肺复苏的概念及重要性

心肺复苏也叫心肺复苏术，是一种急救措施，它主要针对各种原因引起的心搏骤停进行抢救，目的是恢复患者自主呼吸和体内自主循环。人在晕厥休克之后，做心肺复苏是非常有必要的，但是心肺复苏也有一定的最佳时间，通常情况下在 4 min 之内进行心脏复苏抢救，效果最好。2020 年 8 月，中国红十字会总会和教育部联合印发《关于进一步加强和改进新时代学校红十字工作的通知》，将学生健康知识、急救知识，特别是心肺复苏知识纳入教育内容。

（二）心肺复苏的步骤与方法

心搏骤停一旦发生，如得不到及时地抢救，4~6 min 后会造成患者脑和其他重要器官组织的不可逆的损害，因此心搏骤停后的心肺复苏必须在现场立即进行，为进一步抢救直至挽回伤病员的生命赢得最宝贵的时间。

第一步：将病人平卧在平坦的地方，急救者一般站或跪在病人的右侧，左手放在病人的前额上用力向后压，右手指放在下颌沿，将头部向上向前抬起。

注意事项：让病人仰头，使病人的口腔、咽喉轴呈直线，防止舌头阻塞气道口，保持气道通畅。

第二步：口对口吹气，也就是人工呼吸。抢救者右手向下压颌部，撑开病人的口，左手拇指和食指捏住鼻孔，用双唇包封住病人的口外部，用中等的力量，按每

心肺复苏实操
示范

分钟12次、每次800 mL的吹气量，进行抢救。一次吹气后，抢救者抬头作一次深呼吸，同时松开左手。下次吹气按上一步骤继续进行，直至病人有自主呼吸为止。

注意事项：吹气量不宜过大，时间不宜过长，以免发生急性胃扩张。同时观察病人气道是否畅通，胸腔是否被吹起。

第三步：胸外心脏按压。抢救者在病人的右侧，左手掌根部置于病人胸前胸骨下段，右手掌压在左手背上，两手的手指翘起不接触病人的胸壁，伸直双臂，肘关节不弯曲，用双肩向下压而形成压力，将胸骨下压4~5 cm（小儿为1~2 cm）。

注意事项：按压部位不宜过低，以免损伤肝、胃等内脏。压力要适宜，过轻不足以推动血液循环；过重会使胸骨骨折，带来气胸、血胸。

第四步：第二、第三步骤应同时进行，按压30次之后做两次人工呼吸，通常一个抢救周期为三轮，即按压90次、人工呼吸6次。

注意事项：经过30 min的抢救，若病人瞳孔由大变小，能自主呼吸，心跳恢复，紫绀消退等，可认为复苏成功。

思考题

1. 运动对健康有哪些益处？
2. 简述平衡膳食宝塔的组成。
3. 简述一般运动性损伤的急救处理方法。

第二章

运动类型与运动处方

阅读提示:

○ 不同的运动类型和方式会产生不同的健身效果。本章重点介绍有氧运动和无氧运动的特点、锻炼方法,并针对锻炼者的年龄、性别、健康状况和锻炼经历的差异,用处方的形式规定适当的运动内容、锻炼方法和运动量,从而增强锻炼的有效性。

第一节 运动类型

一、有氧运动与无氧运动

（一）有氧运动

1. 有氧运动的概念及特点

有氧运动是指能增强体内氧气的吸入、运送及利用的耐久性运动。在有氧运动过程中,人体在氧气供应充分的情况下进行体育锻炼,人体吸入的氧气量与需求量达到生理上的平衡状态。

耐力素质的
生理学基础

有氧运动的特点是运动强度低,持续时间较长,是健身运动的基本方法。与有氧运动相对的是无氧运动,无氧运动的特点是运动强度高,持续时间短,是剧烈的竞技运动方式,不宜作为日常的健身运动方式,常在各种体育比赛中出现。常见的有氧运动包括慢跑、快走、滑冰、游泳、骑自行车、打太极拳、跳健身舞、跳绳、扭秧歌等。

2. 有氧运动的健身作用

有氧运动对心血管系统和心肺功能有积极的改善作用,并显著减少患相关疾病的危险。进行有氧运动时,由于肌肉收缩而需要大量营养物质和氧气,心脏的收缩次数便增加,而且每次输出的血液量也较平常多,同时,氧气的需求量亦增加,呼吸次数比正常多,肺部的收张程度也较大。所以,当运动持续、肌肉长时间收缩时,心肺就必须努力地给肌肉供应氧气,以运走肌肉中的代谢物。而这持续性的需求，可提高心肺的耐力，增强心肺功能，使人体可从事更长时间或更高强度的运动，而且不易疲劳。

有氧运动消耗体内脂肪。细胞燃料中脂肪是体内最大的能源贮备，也是运动中补充能量的一个重要来源。在较长时间低强度的有氧运动中，脂肪氧化供能超过糖的供能，同时脂肪供能的相对比例随运动时间延长而增长。这一过程可以有效防止脂肪在体内过多贮存。

有氧代谢运动可以促进胆固醇的代谢与分解，对预防动脉粥样硬化和冠心病有积极的作用。

有氧运动能有效提高肌肉耐力。肌肉耐力与氧供给能量有密切关系，毛细血管血液含氧量多时，肌肉对氧的利用率就高。有氧运动锻炼能增加毛细血管的数量和血液含氧量，因此，长期的有氧运动锻炼能提高肌肉耐力。有氧运动对呼吸循环系统功能刺激强，能有效地提高人体体能。

坚持不懈地进行有氧运动，使身体活动起来，机体呼吸、循环、消化、神经、内分泌、肌肉骨骼造血系统等身体器官得到自然的刺激，可促进青少年协调生长发育；可使中年人保持旺盛的精力，并发挥各器官的正常效能；可使老年人的体力衰退保持在最小限度内。总之，有氧运动锻炼对增进健康有巨大的作用。

3. 有氧运动的具体要求

（1）有氧运动的运动强度要求。有氧运动强度一般用靶心率表示。靶心率指运动时需要达到的目标心率，它是判断有氧运动强度和效果的重要依据和标准。有氧运动严格的界定标准需要通过血液生化检测的指标，如血乳酸的水平来判定。但在实践中，最简单的方法就是通过了解运动中的心率来判断。研究表明，有氧运动心率有一个特定的范围，而且在运动中，最好还要使心率维持在这个特定的范围内，并延续一定的时间，才能获得理想的锻炼效果。因为心率过慢，健身效果差；但心率过快，又存在对健康的威胁。只有在运动中维持适宜的心率，才能取得较好的健身效果。但每个人的健康和体质状态不同，健身运动时的有氧运动靶心率范围也就不同。

有氧运动靶心率具体的计算公式：

年轻人：（220－年龄）×85%。

中年人：（220－年龄）×70%。

老年人：（220－年龄）×60%。

根据上面的公式，可以得出，年轻人的有氧运动靶心率范围是160~170次/min，中年人的有氧运动靶心率范围是119~130次/min，老年人的有氧运动靶心率范围应该在102次/min以下。

自我感觉是掌握运动量和运动强度的重要指标，包括轻度呼吸急促，感到心跳加速、周身微热、面色微红、津津小汗，这表明运动适量；如果有明显的心慌、气短、心口发热、头晕、大汗、疲惫不堪，表明运动超限。如果你的运动始终保持在"面不改色心不跳"的程度，心率距靶心率相差太远，那就说明你的锻炼不可能达到增强体质和耐力的目的，还需要再"加点量"。

后发症状即运动过后的不适感觉，也是衡量运动量是否适宜的尺度。一般人在运动之后，会有周身轻度不适、疲倦、肌肉酸痛等感觉，休息后很快会消失，这是正常现象。如果症状明显，感觉疲惫不堪、肌肉疼痛，而且一两天不能消失，这说明中间代谢产物在细胞和血循环中堆积过多。这是无氧运动的后果，下次运动就需要减量了。

（2）有氧运动的时间要求。运动时间是指每次体育活动所持续的时间。运动时间的长短，要根据运动种类以及个人身体机能状况确定。每次锻炼时有效运动时间应在30~60 min，每次锻炼前后应有5~10 min的准备活动和整理活动。准备活动可以改善关节的活动幅度，降低肌肉韧带的黏滞性，提高心肺功能以适应将要开始的运动。整理活动则有助于调整心率和血压，使其恢复到接近安静时的水平，促进疲劳的消除。

运动时间过短对提高身体机能几乎无效果，而运动时间过长，易造成疲劳累积，不仅影响健身效果，而且可能引起伤害事故。研究发现，耐力运动产生健身效果的运动时间不能少于5 min，连续进行体育锻炼的时间不应超过60 min。

进行力量、速度项目锻炼，其运动持续时间应短，耐力性项目锻炼持续时间应稍长。运动强度越大，则持续运动时间越短；运动强度小，则持续运动时间也相对较长。

如果锻炼者属于经常参加体育锻炼的人，每次运动时间可为30~60 min。如果是初次参加体育活动者，建议按下列运动方式确定每次运动时间：第一周10~15 min，第二周15~20 min，第三周20~25 min，第四周及以后30~60 min。

（3）有氧运动的频度要求。运动频度是指单位时间内参加体育活动的次数。每周运动1次，运动效果不能累加，对增强体质作用不大，而且，每次运动后都有比较明显的肌肉酸痛症状和疲劳感受；每周运动2次，可以累加健身效果，且身体疲劳症状逐渐减轻；每周运动3次，运动健身效果明显，而且从事同样方式和强度的运动，无明显的疲劳感。如果增加到每周运动4~5次，健身效果也会提高。研究证实，如果终止体育锻炼，已经获得的健身效果会以获得时的1/3的速度慢慢消失，因此，体育锻炼要持之以恒。

对于有体育锻炼习惯的人员，每周锻炼频率应在3次以上。而对于初次参加体育锻炼的人来说，要按照下列运动频率安排体育锻炼：第一周1~2次，第二周2~3次，第三周及以后每周锻炼3次以上。

（二）无氧运动

1. 无氧运动的概念及特点

无氧运动是指在"缺氧"状态下的高速剧烈运动。在速度过快和爆发力过猛的运动中，人体的糖类和脂肪来不及经过氧化分解，只能通过无氧供能，导致体内产生过多的乳酸，致使肌肉疲劳酸痛。这类运动大部分是负荷强度高、瞬间性强的运动，所以很难长时间持续，而且疲劳消除的时间也长。

2. 无氧运动的健身作用

（1）提高身体免疫力。无氧运动是一种通过锻炼肌肉让身体变得更强壮的运动方式，它可以增加肌肉新陈代谢率，提高身体免疫力。

（2）降低了患病死亡的风险，无氧运动使肌肉收缩速度、力量均能提高，有效降低了因疾病死亡的风险，降低骨质疏松的概率，无氧运动对增加肌肉的耐力、提高速度贡献很大。

常见的无氧运动项目有：短跑、举重、投掷、跳高、跳远、拔河、俯卧撑、肌力训练等。

二、准备运动与放松运动

（一）准备运动

1. 准备运动的概念

准备运动是体育运动前进行的有意识、有目的的各种身体练习，它包括一般性准备运动和专项性准备运动，是使人体由相对静止状态过渡到紧张状态的活动。

准备运动的内容和时间的长短应根据锻炼的项目、内容、季节变化和身体条件来安排，一般使身体稍微发热，心率上升到110~160次/min为宜，使内脏器官、肢体的活动幅度和肌肉力量等方面达到适宜的工作状态。

2. 准备运动的意义

（1）准备运动可以使体温及肌肉温度升高，骨骼肌代谢加快，血流量和氧的运输量增加，使骨骼肌的反应速度加快，有利于防止肌肉痉挛。特别是在冬季锻炼和夏季游泳锻炼之前进行充分的准备活动更为重要。

（2）充分的准备运动可使机体达到运动锻炼前的最佳状态，如在进行力量锻炼前，心率必须达到110次/min左右，方可进行训练。否则肌肉力量不能充分调动，不能发挥其应有的水平，对机体十分不利。

（3）准备运动可使韧带和关节得到充分伸展、润滑。在运动中受伤的人中，有相当一部分人是由于没有做充分的准备运动。准备运动中的伸展可明显提高韧带的弹性，增加关节体液，有助于防止运动损伤。

（4）提高中枢神经系统的兴奋性，加强各系统、器官的机能活动。提高循环、呼吸等器官的机能活动能力，有利于克服内脏器官机能的生理惰性，使心肺功能水平满足身体对氧的需要，保障教学、训练正常完成。

3. 准备运动的方式

（1）一般性准备运动。主要包括队列及队形练习、徒手体操、轻器械操、韵律操、走及慢跑、伸展性练习、一般性游戏等。

（2）专门性准备运动。在进行运动难度、强度较大的练习之前，一般都应做些专门性的准备活动。例如：在短距离跑前做些小步跑、高抬腿跑、后蹬跑等跑的专门性练习。在跳跃项目锻炼前做一些单足跳、跨步跳及助跑起跑的练习。在投掷类项目锻炼前，做一些持器械助跑（滑步、旋转）练习。在球类项目锻炼前做一些熟悉球性的练习。

（二）放松运动

1. 放松运动概念

放松运动就是在运动结束后所做的一些轻度的或中等强度的运动。人体由紧张激烈的肌肉运动阶段逐渐过渡到相对安静的阶段，加速人体机能恢复的较轻松的身体练习，是消除疲劳，促进体力恢复的良好措施。

放松运动应着重于全身性放松，尽量采用轻松活泼柔和的练习方式，活动量减少，节奏逐步减慢，使呼吸频率和心率下降。

2. 放松运动的意义

（1）促进局部肌肉的血液循环，促进乳酸在骨骼肌和心肌内的氧化。在运动结束后，尤其是高强度的运动后，体内会积累大量的乳酸，而放松活动则可以使这些积存的乳酸得到一定量的分解，从而减小运动后身体的疼痛感。

（2）在放松活动中做一些深呼吸运动，可把体内的二氧化碳呼出，吸进大量的氧气，以补充紧张的肌肉活动后机体欠下不同程度的"氧债"，保证人体的需要。

（3）预防运动骤然停止可能引起的机体功能失调，使回心血量增加，血压升高，避免大脑因一时性贫血而出现的头晕或休克等现象

（4）放松运动的方式一般有走步、慢跑、伸展运动、放松舞蹈、动作和缓的游戏等。但起始的活动应和刚刚结束的运动相衔接，尤其是参加赛跑、滑冰、自行车等项比赛时，到达终点后必须再继续前进一段距离，逐渐减低速度，然后做腿部屈伸和呼吸等动作，促使下肢的血液能够很快地流回心脏，防止脑贫血的发生。一般说来，放松运动着重于深呼吸运动和较缓和的全身运动。

第二节　运动处方

一、运动处方概述

（一）什么是运动处方

运动处方是美国生理学家卡度维奇提出来的，最初是作为体育医疗的一种措施，近年来随着大众体育的开展，已发展为指导一般体育锻炼的原则和对锻炼者的医务监督手段。运动处方类似医生给病人开的医疗处方，按照锻炼者的年龄、性别、健康状况、身体机能水平和锻炼的经历，用处方的形式，规定适当的运动内容、锻炼方法和运动量。

（二）确立锻炼目标

确立锻炼目标对设计一份运动处方十分重要。目标可以使你清醒地把握自己，促使自己去实施锻炼的方案。当达到目标后，能增加你的成就感，提高你的自信心，从而激励你终身参加体育锻炼。

锻炼目标可分为短期（8~10周）、中期（18~20周）和长期（50周左右）目标，目标的实现可激励你继续进行锻炼。目标可随个体的需要和环境的变化而进行调整，但不应该频繁更改。

设置目标必须是具体的和现实的，应该是通过努力能达到的锻炼目标，切忌好高骛远，因为实现不了的目标会使人灰心丧气。

（三）选择锻炼模式

锻炼模式指个体进行锻炼时所从事的运动项目。应根据个人的需要和目标来选择锻炼方式。选择时应因人而异，要考虑到个体的年龄、性别、健康、体能和身体结构等状况。

为提高与健康有关的体能水平，每周锻炼应不少于3次。

运动强度是指锻炼时人体承受的生理负荷量。运动强度可分为大、中、小三级。测量心率是判断运动强度的标准方法。在运动处方中应规定运动强度应达到而不应超过的心率标准，心率标准应根据锻炼者的实际情况而有所不同。

选择适当的运动持续时间。运动持续时间是指用在主要锻炼内容的总时间，不包括准备活动和整理活动所花费的时间。运动持续时间在很大程度上取决于运动强度。运动强度愈低，持续时间则愈长，运动强度大时持续时间应稍短，才可产生良好的锻炼效果。研究表明，要有效地提高身体健康和体能水平，每次锻炼的时间不能少于30 min。

二、制订运动处方

（一）制订运动处方的步骤（图2-2-1）

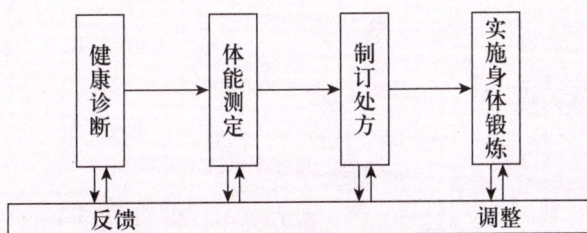

图 2-2-1 制订运动处方的步骤

（二）健康诊断和体能测定

制订运动处方之前，首先要对身体进行系统的健康检查，健康诊断之后进一步做体能测定，目前多采用12 min跑（或哈佛台阶试验）的方法来测定体能，见表2-2-1。根据健康诊断和体能测定的情况，开出处方，再按照处方进行实际锻炼。经过一个阶段的锻炼，然后再通过诊断和测定，以检查和评定锻炼的效果，为重新修订运动处方提供依据，使之更符合现阶段锻炼的实际要求。

国家学生体质
健康标准

表2-2-1 青少年12 min跑测验评价表 （单位：m）

体能等级	男生	女生
一级（优秀）	2 800以上	2 600以上
二级（良好）	2 400～2 799	2 200～2 599

体能等级	男生	女生
三级（一般）	2 000~2 399	1 800~2 199
四级（差）	1 600~1 999	1 500~1 799
五级（极差）	1 600以下	1 500以下

（三）运动处方的格式

运动处方可根据不同的需要制订成表格样式（表2-2-2）：

表2-2-2　常用的运动处方格式

姓　名	张晨
性　别	女
年　龄	21
职　业	学生
体育爱好	乒乓球、羽毛球
健康检查	良好，身高1.61 m，体重67 kg，体质中度超重，病史无特殊
运动负荷测定	台阶实验，安静脉搏76次/min，血压70/115 mmHg，肺活量2 750 mL
体能测定	力量-仰卧起坐23个/min，耐力800 m用时5 min 10 s
体质评定	健康状况，良：体重过重，心肺功能稍差
运动目的	减肥和健身
运动项目	乒乓球、健身跑、健美操、排球、篮球等
运动强度	由小逐渐加大，心率在靶心率范围，即140~170次/min
运动时间	12周（减少体重3~4 kg），每次40~60 min
运动频度	4~5次/周
注意事项	适当控制饮食，减少油脂、糖的摄入，可吃一定的蔬菜、水果，运动后相对控制水的摄入量，患病时应停止运动
自我监督	心率指数
处方者	年　月　日

三、常见运动处方介绍

（一）增肌类运动处方（表2-2-3）

表2-2-3 增肌类运动处方示例

运动目的	增强肌肉力量
运动项目	运动方式以力量练习为主，可以选择练习全民健身路径中的力量练习器械、哑铃、健身俱乐部各种力量练习器械等
运动强度	运动心率控制：130~150次/min，代谢强度：中到大；用力级别：70%~80%
运动时间	20次×3~5组
运动频度	每周2~3次
注意事项	防止过度疲劳，不要长时间憋气，呼吸与动作具有一定节奏，按照上肢到躯干到下肢的顺序，不专做同一部位的练习。适当控制饮食。有病发烧应停止运动

（二）减脂类运动处方（表2-2-4）

表2-2-4 减脂类运动处方示例

运动目的	改善身体体形，控制体重，减少脂肪
运动项目	主要以长时间、中低强度的有氧运动为主，如慢跑、快走等
运动强度	一般运动强度可达本人最大吸氧量的60%~70%，或最高心率的70%~80%
运动时间	每次运动时间不少于1 h，持续时间可视减脂要求而定。晚饭前2 h运动最佳
运动频度	一般每周锻炼4~5次为宜
注意事项	减脂运动不能急于求成，要持之以恒，运动强度不要太大，运动量由小到大，循序渐进，但运动时间要尽可能地长，运动应与饮食控制结合，停止运动要防止反弹，运动时要注意安全，防止运动损伤

（三）耐久力类运动处方（表2-2-5）

表2-2-5 耐久力类运动处方示例

运动目的	改善心肺功能，提高肌肉耐力，增强体质
运动项目	有氧慢跑、登山、练习全民健身路径中力量练习器械等。另外，传统体育和球类运动也可以提高肌肉耐力，如太极拳（剑）、木兰拳（剑）、篮球、足球、排球、乒乓球、羽毛球、网球等。还有健身走、跑台跑步、游泳和有氧体操（秧歌、健身操、舞蹈等）等
运动强度	前两周，起始运动强度为70%×（220-年龄）次/min，例如年龄是20岁，你的起始运动心率=70%×（220-20）=140次/min 第三周开始，基本运动时间每次60 min，运动强度85%×（220-年龄）次/min 第十三周开始，基本运动时间可减到50 min，运动强度保持75%~80%×（220-年龄）次/min
运动时间	身体健康且经常参加锻炼者，每次持续运动时间30~40 min 从未参加运动锻炼或者身体虚弱者，锻炼初级阶段，每次运动时间可以适当减少，当身体适应后再逐渐增加
运动频度	一般一周3次或者隔日一次30~60 min，其中达到适宜心率时间必须在30~40 min以上，40 min以上效果更好

（四）保健类运动处方（表2-2-6）

表2-2-6　保健类运动处方示例

运动目的	缓解精神压力，娱乐身心、提高健康水平
运动项目	健美操、瑜伽、有氧舞蹈、快步走、慢跑、练气功、太极拳、八段锦、太极剑、五禽戏、武术套路、木兰拳、木兰剑等
运动强度	最大心率＝220−年龄，锻炼应选择中等强度的运动：在运动中将心率维持在最高心率的60%~70%
运动时间	每次不少于30 min
运动频度	每周3~4次，或隔日一次即可
注意事项	在锻炼时监测自己的心率，坚持安全第一的原则。要充分做好准备活动，掌握好呼吸节奏。运动时要注意安全，避免意外受伤。遇感冒、发烧、腹泻、睡眠不足等特殊情况，需停止锻炼。运动健身需要与健康的饮食相结合，多吃蔬菜水果，少吃零食

（五）健心类运动处方（表2-2-7）

表2-2-7　健心类运动处方示例

运动目的	促进身心健康，提高社会适应能力
运动项目	根据自身情况，可以选择参加学校的足球、篮球、排球、乒乓球、网球、轮滑等社团，帮助自己逐步适应集体活动
运动强度	一般运动强度可达本人最大吸氧量的60%~70%，或最高心率的70%~80%
运动时间	每次运动时间不少于30 min
运动频度	一般每周锻炼3~4次为宜，3个月为一个周期，一般要坚持两个周期左右
注意事项	要持之以恒，运动强度不要太大，运动量由小到大，循序渐进，运动时要注意安全，防止运动损伤

思考题

1. 简述有氧运动和无氧运动的特点。

2. 尝试制订一份减脂类运动处方。

第二篇 职业体能

本篇导语：本篇重点介绍体能的含义、职业体能的分类和训练原则，以及基础体能的训练手段。加强针对走、跑、跳、投、支撑、悬垂、滚翻、攀爬等人类与生俱来的最基本运动方式的专门化训练，使学生掌握基本的体能训练方法，发展学生基础运动能力和职业体能。本篇还着重介绍了实用游泳及水上急救的知识和技能，提高学生生存避险能力。通过职业体能训练，学生能更从容地适应未来不同的职场环境，创造更加美好的生活，更好地服务社会，报效祖国。

"中国机长"刘传建

　　2018 年 5 月 14 日，四川航空一架客机在执飞重庆至拉萨的航线时，于 32 000 英尺（约 9 700 米）的巡航高度遇险，飞机驾驶舱挡风玻璃破碎，驾驶舱瞬间失压，副驾驶员受伤短暂失能，机长刘传建在万米高空氧气稀薄、气温骤降、自动驾驶系统解除的情况下，靠着惊人的毅力、充沛的体能和高超的驾驶技术，控制住严重受损的飞机，并安全备降成都双流机场，避免了一次重大飞行安全事故的发生，刘传建也成为当之无愧的"英雄机长"。

　　驾驶大型客机不仅要求驾驶员有精湛的飞行技术，还对驾驶员的体能有着严格要求。根据国际惯例，各国航空公司必须定期对驾驶员的各项身体指标进行严格考核，如有心脏病、高血压、视力减弱或心理疾病等隐患，是不能担任驾驶员职务的。跨国航线有时单次飞行长达 10 个小时以上，虽然现代客机拥有自动驾驶系统，但是也要求驾驶员必须时刻将注意力集中在仪表盘的各项数据上，一旦分神，就会造成严重后果，如"法航 447 空难"中，事故部分原因就是飞行员未能及时观察到飞机仪表盘的变化。当飞机在飞行过程中遭遇结构性损坏、系统失灵时，如辅助系统失效，需要驾驶员完全依靠自身力量在阻力巨大的情况下操纵飞机的刹车系统；在前文所述的川航事件中，飞机驾驶舱瞬间失压，在高空中氧气非常稀薄，氧气面罩又未能及时发挥作用，驾驶员就必须克服因缺氧带来的精神涣散、四肢无力、判断能力下降等困难，依靠自身毅力和平时的体能储备完成驾驶动作，稍有不慎后果将不堪设想。

　　体能对于空乘人员来说同样重要，虽然空乘人员的工作主要是在机舱内服务乘客，但是长途飞行中，空乘人员需要不停地站起、坐下、走动，来提供客舱服务；当有乘客在飞行途中突发状况时，需要提供一切可能的帮助，如果飞机在飞行途中遇险，还要协助机长处理危机、安抚乘客，引导乘客疏散。在川航事件中，空乘人员就曾在机舱内进行紧急处置，在飞机飞行姿态不稳，严重颠簸的情况下，安抚乘客情绪，确保乘客人身安全。

　　由此可见，即便是飞行员、空乘这样看似优雅轻松的技术型岗位，依然需要良好的体能条件作为职业的有力保障。

第三章 职业体能概述

阅读提示:

○ 随着科技的进步和社会的发展,社会分工呈现越来越精细化的趋势。每一种职业都有特定的工作姿态、劳动环境、劳动强度等,长时间高强度的工作,容易造成身心疲劳,职业病缠身。在校期间加强体育锻炼,能有效地增强学生的力量、速度耐力、柔韧灵敏等素质,使他们能更好地适应未来的工作;同时也为将来健康的生活,预防职业病的发生奠定良好的基础。本章重点阐述了体能的概念、职业体能的分类及训练原则。

第一节　体能的概念与内涵

一、体能的广义概念

从广义上讲,体能包括人的有形能力和无形能力。有形能力即身体能力,无形能力即心智能力,体能由身体结构、身体技能和智力意志三部分组成。从社会生活角度讲,体能是积极适应生活的身体能力、工作能力和抵抗疾病的生存适应能力。1964年东京奥运会期间,国际运动医学委员会成立了"国际体能标准化委员会",并制定了标准体能测试的6大内容(身体资源调查、运动经历调查、医学调查与测验、生理学测验、体格和身体组织测验、运动能力测验)。对此,拉森提出了构成体能的十大因素:防卫能力、肌力能力、肌爆发力、柔韧性、速度、敏捷性、协调性、平衡性、技巧性、心肺耐力。

二、体能的狭义概念

1984年中国出版的《体育词典》解释:"体能指人体各器官系统的机能在体育活动中表现出来的能力。包括力量、速度、灵敏、耐力和柔韧等基本的身体素质以及人体的基本活动能力(如走、跑、跳、投、攀爬、支撑和悬垂等)。"这种解释指出了体能是机能能力,但忽视了或者说没有强调这种机能能力不仅仅是在体育活动中才表现出来的，还有一些是在生活工作中表现出来的。竞技体育中的体能是指运动员在专项训练和比赛负荷下，最大限度地动员有机体各器官系统，克服疲劳、高质量完成专项训练和比赛的机能能力。而本书认为职业体能是指工作学习中有机体在长时间、高强度、短间歇的大负荷工作过程中，抵抗疲劳，提高工作效率和质量的能力，它可以增进健康和提高基本活动能力，也就是人体的综合免疫力。

三、体能训练的概念

体能训练也叫体力训练，是一种以发展机能潜力和与机能潜力有关的体能要素为目的的大负荷训练，是指对人体在艰苦环境中，长时间、高强度、大负荷持续工作能力的训练。体能训练突出对人体各器官和机能系统的超负荷适应训练，旨在产生体能和心理适应，以达到挖掘机能潜力，提高整体运动能力和培养顽强拼搏精神的目的。

四、体能对健康的作用

（1）促进大脑清醒，使思维敏捷：体能练习能使中枢神经系统及其主导部分大脑皮层的兴奋性增强，从而改善神经过程的均衡性和灵活性，提高大脑分析、综合能力。

（2）促进血液循环，增强心脏功能：体能练习能加速血液循环，增强心肌的收缩性，改善心血管系统功能。

（3）改善呼吸系统功能：经常运动能使呼吸肌发达，增大肺活量。

（4）促进骨骼、肌肉的生长发育：适当运动能为骨骼和肌肉提供足够的营养物质，促进骨骼、肌肉的生长发育。

（5）维持心理健康：运动能使人消除沮丧和消沉的情绪，使人维持心理健康。

第二节　职业体能内容及分类

一、职业体能释义

不同的职业对人体身体素质和心理素质有不同的要求。职业体能是指工作学习中有机体在长时间、高强度、短间歇的大负荷工作过程中，抵抗疲劳，提高工作效率和质量的能力。职业体能是经过特定的工作能力分析后所认定的从事某一职业所需具备的身体活动能力，包括重复性操作能力、背肌能承受静态力的能力、其他肌肉群能达到维持工作姿势要求的能力以及人体对湿热等工作环境的忍耐程度等能力。

本书职业体能的训练对象重点强调的是与职业及生活有关的身体素质。

二、职业体能内容

职业体能内容可归结于体能的基本要素，包括力量、速度、灵敏、耐力和柔韧等基本身体素质以及人体基本活动能力。人体基本活动能力训练将在第四章阐述。

1. 力量素质

力量素质是指人体神经肌肉系统在工作时克服或对抗阻力的能力。力量主要包括最大力量、速度力量及力量耐力。最大力量的发展多采用静力性练习、重复练习、不同强度练习、极限强度练习、极端用力的练习方法；速度力量综合了速度与力量的基本特征，主要表现为起动力、爆发力、反应力等；力量耐力可分为静力性力量耐力和动力性力量耐力，是力量和耐力相结合的综合性素质，对于职业人在长时间、大强度的职业劳动中保持充沛的体能具有良好的作用。

2. 速度素质

速度素质是指人快速运动或者移动的能力。速度素质分为反应速度、动作速度和位移速度。神经系统的反应能力、做动作的频率和动作幅度的大小是影响速度素质发展的主要因素。发展速度素质对于提高大脑皮质的反应能力和身体对外界信号所作出的快速应变能力具有重要的作用。

3. 耐力素质

耐力素质是指人坚持长时间运动的能力。人体在从事某一职业时，有时需要保持较长时间的身体活动，需要具备在持续身体活动过程中不断积累和提高抗疲劳水平的能力，这就要求人体必须具备良好的耐力素质。按人体的生理系统分类，耐力素质可分为肌肉耐力和心血管耐力。肌肉耐力也称为力量耐力，心血管耐力又分为有氧耐力和无氧耐力。

4. 柔韧素质

柔韧素质是指人体关节活动幅度的大小以及跨过关节的韧带、肌腱、肌肉、皮肤及其他组织的弹性和伸展能力。柔韧素质包括两个方面的含义：一是关节活动幅度的大小；二是跨过关节的肌肉、肌腱、韧带等软组织的伸展性。对于运动员来说，柔韧素质可分为一般性柔韧素质和专门性柔韧素质；对于从事某一职业的个体来说，柔韧素质极少有选择性，因此，同一身体部位所具备的柔韧素质在各种不同的身体活动中都可以表现出来，只是幅度大小不同而已。

5. 灵敏素质

灵敏素质是指在各种突发情况下，人体能够迅速、准确、协调地改变身体运动的空间位置和运动方向，以适应变化着的外部环境的能力。灵敏素质可分为一般灵敏素质和专项灵敏素质。灵敏素质良好的人，在面对各种纷繁复杂的局面时，能保持冷静的头脑，清晰的思维。在知识经济时代下，各种新的挑战、刺激接踵而来，灵敏素质较高的人更能适应这样的时代。

三、职业体能分类

本书根据学生所学专业对应今后可能从事的第一职业岗位对身体素质的要求，依据劳动和社会保障部认定的职业分类目录和教育部《普通高等学校高等职业教育（专科）专业目录》，结合各职业岗位劳动（工作）时的主要身体姿态进行分类，将高职院校学生职业体能分为以下四类：

（1）坐姿类。IT行业从业人员、会计、文秘、行政管理人员、银行柜员等。

（2）站姿类。超市收银员、营业员、酒店前堂接待人员、地铁站点工作人员、机场地勤人员、礼仪人员等。

（3）变姿类。推销员、导游、记者等。

（4）特殊岗位姿态类。空中乘务人员、航海人员、警察、安保人员、野外作业人员等。

第三节 职业体能训练原则

职业体能训练原则是依据运动的客观规律而确定的组织职业体能训练所必须遵循的基本准则，是职业体能训练活动客观规律的反映，对职业人在提高体能方面具有普遍意义。根据运动训练理论和体能训练的要求，职业体能训练要遵循以下原则：自觉积极性原则、系统训练原则、区别对待原则、适宜负荷原则、适时恢复原则等。

1. 自觉积极性原则

自觉积极性原则是职业体能训练的基本原则之一，是职业人自觉、主动并积极地学习体能训练的相关知识，制订体能训练计划，进行体能训练以提高职业体能训练的效果和身体对从事某一职业劳动强度的承受能力。

职业人在长期的从业过程中，常会感觉身体疲劳，甚至因长期的身体疲劳而产生职业倦怠感。从体能角度来说，职业人应充分认识到自己所需的职业体能对于从事本职业的重要性，并自主激发参与体能训练的动机，主动积极地学习职业体能的相关知识，自主进行科学的体能训练，确保以良好的状态面对工作和生活。

2. 系统训练原则

职业体能训练过程具有连续性和阶段性的特点，因此，职业体能训练过程就要求人们遵循认识客观事物的规律，持续地、循序渐进地组织训练过程，这就是职业体能训练的系统训练原则。这一原则指出，职业人只有长时间、持续地进行训练，才能提高体能训练水平；同时又强调在一般情况下，必须要循序渐进地，而不是突变式地增加训练负荷，才能取得理想的训练效果。

人认识客观事物的规律性、人体生物适应的长期性和阶段性以及运动训练效应的不稳定性，决定了在进行职业体能训练过程中要按阶段性特点组织训练。同时要保证训练过程的系统性，要使训练的各个阶段有机衔接。

3. 区别对待原则

区别对待原则是指在职业体能训练过程中，根据不同的职业人或不同的体能训练状态、不同的训练任务及不同的训练条件，都应有区别地组织安排各自相应的训练过程，选择相应的训练内容，给予相应的训练负荷标准。

提出区别对待原则的依据是基于职业体能的差异性、职业人个体的差异性及职业体能训练条件的可操作性。要贯彻区别对待原则，就要认真分析职业人的思想状况、健康状况、体能训练水平及身心发展过程中出现的各种特殊情况。充分考虑到体能训练的实际条件而合理地制订训练计划。

4. 适宜负荷原则

适宜负荷原则是指根据职业人的现实可能和人体机能的训练适应规律，以及提高职业人体能的需要，在训练中给予相应的负荷，以取得理想训练效果的训练原则。人体在训练中承受了一定的运动负荷后，必然会产生相应的训练效果，但并非只要施加了负荷，就一定会产生良好的训练效应，训练负荷的安排对训练效应的好坏有着重要的影响。因此，合理地安排训练负荷意义重大。

5. 适时恢复原则

适时恢复原则是指在职业体能过程中，及时消除运动训练带来的身体疲劳，并通过生物适应规律产生超量恢复，提高机体能力的训练原则。适时恢复原则是依据超量恢复规律和疲劳消除规律而提出的。认真贯彻这一规律，就要合理地制订训练计划，正确认识负荷与恢复的关系，正确分析疲劳产生的机理，准确判断疲劳程度，积极采取加速机体恢复的适宜措施。

思考题

1. 简述职业体能的概念。
2. 职业体能包括哪些内容？

第四章

基本活动能力训练

阅读提示:

○ 走与跑、跳跃与投掷、支撑与悬垂、平衡与翻滚以及实用游泳是人们在日常生活中最常用的发展体能的方法。它们是人与生俱来的、可持续发展的基本运动能力,也是保证人正常学习、生产生活的最基本身体素质。

○ 通过科学、合理、规范的练习,安全、均衡地发展学生的基础体能,可以使学生有充沛的精力从事日常学习(劳动)而不感疲劳,同时有额外精力享受课外体育、娱乐活动的乐趣,并具有适应突发状况的应激能力。

第一节 走与跑

一、走与跑的特点和锻炼价值

1. 走的特点与锻炼价值

"走"即步行,步行是唯一能终身坚持的锻炼方式,并且是一种安全、舒缓的运动。有节奏、有负荷的"走",对从事脑力劳动、长时间伏案学习的学生来说,是很有效的锻炼方法。根据负荷强度划分,"走"分为普通走、特殊形式走和竞走。从幼儿的学步到成人的散步与健身走,从日常生活中的走到战士的急行军走,都属于普通走。特殊形式的走,则是由于人的身体姿势、腿部动作、脚着地方法及前进方向不同而形成的走的特殊形式。

"走"对身心发展益处很多:

(1)步行是全身的运动,它不仅锻炼"腿"和"脚",而且也可使身体70%以上的肌肉得到锻炼。

(2)步行是一种缓和的运动,它可以消耗多余的热量,能保持较低的体重,增强心肺功能,有效减少心血管疾病的发生概率。

(3)步行可以怡情益智,消除忧虑紧张的不良情绪。

(4)步行运动简便,适合多年龄层次,旅游、登山活动等步行方式具有趣味性，可在健身的同时获得欢乐与知识。

2. 跑的特点与锻炼价值

"跑"在体育学上的定义是一种使身体快速位移的步伐，跑步时双脚交替触碰地面，其间有腾空。跑是一项全身运动，在跑的过程中，身体要消耗许多能量，这种能量消耗与跑的强度、持续时间和距离成正比。

长期坚持跑有以下好处：

（1）心肺功能全面提高。呼吸肌力量和耐力均得以增强，呼吸深度增加，肺活量增加，肺最大通气量提高；每搏输出量提高、心率降低、心力储备水平提高，安静时呼吸频率减少。

（2）心血管功能提高。使心腔增大，每搏输出量增加，心输出量增加，安静状态下心率减少（运动性心搏徐缓），血管弹性增强，外周（肌肉）毛细血管增多，从而使运动时肌肉所需氧气和代谢产物能及时地供给和排出。

（3）下肢肌肉力量增强。跑步强度负荷不同，相对应得到训练的部位也有所差异，短跑练习全身肌肉爆发力，长跑练习肌肉耐力。

（4）使大脑皮质、神经系统和感受器的机能得到提高，使人的反应敏捷，动作协调。

（5）练习长跑还有助于锻炼意志品质，培养毅力和吃苦耐劳的精神。

二、走与跑的锻炼方法和组织

（一）走的锻炼方法

1. 正确走姿及分类

正确的走姿：躯干正直，自然挺胸，头部与躯干保持一致，目视前方，两臂靠近体侧自然前后摆动；迈步时，膝关节和脚尖都正对前方，两脚内缘基本上沿一条直线向前迈步；脚着地时，以脚跟先着地并过渡到全脚掌；脚着地后，脚尖向前略偏外（图4-1-1）。

（1）普通走。每分钟100步左右，步幅70~80 cm，普通走是人体最基本、最经常的位移运动。

（2）休闲散步。散步是一种步伐轻松、步幅较小（50~60 cm）、步速较慢（25~30 m/min）、运动量较小的走步方法。

（3）长时间持续走或远足。用于发展耐力素质和提高

图4-1-1　正确走姿

走的能力，有益于培养顽强、坚韧不拔的意志品质。

（4）定时定量走。可根据自己的身体状况来确定走的时间及距离，自我调节，达到健身目的。比较适用于肥胖或心血管病患者及病后恢复者。

2. 走的辅助性训练

（1）足尖走。用于发展小腿腓肠肌、比目鱼肌，增强踝关节和足弓的力量（图4-1-2）。

（2）倒步走。走时要求躯干伸直，两手扶后背腰部，用足尖后退走。对增强腰背肌肉、治疗腰肌劳损有很好的疗效。练习时要注意安全，一定要在平坦道路上进行。

（3）足跟走。上体适当前倾，脚尖离地，两腿伸直用脚跟走动。脚跟走主要用于发展小腿三头肌和胫骨前肌（图4-1-3）。

（4）弓箭步走。上体正直，挺胸立腰，两手叉腰，腿向前迈成弓箭步，左右腿轮换练习。弓箭步走能全面发展下肢的屈肌和伸肌，增强下肢尤其是髋、膝、踝三处关节的力量（图4-1-4）。

图4-1-2 足尖走

图4-1-3 足跟走

图4-1-4 弓箭步走

（二）跑的锻炼方法

1. 正确跑姿及分类

正确的跑姿。跑是单脚支撑与腾空相交替、蹬与摆相配合、动作协调连贯的周期性运动。跑步过程中交替单脚站立，身体维持完美平衡。腾空落地时，膝盖微屈，前脚掌着地，头、肩膀、臀部与前脚掌处于一条直线上。身体像是被压缩的弹簧，发力、腾空、落地支撑，前进时，身体自由落下，双脚交替，转换支撑点。

（1）快速跑。快速跑是速度素质训练中典型的运动项目，它反映了人的反应速度、动作速度和位移速度的发展水平。快速跑要求起动迅速，重心稍高，腿的蹬摆快速有力，协调配合，动作放松，保持步频快，步幅大。

（2）协作跑。竞技跑大多体现个人的竞技运动水平。作为协作跑最高境界的接力跑，则体现的是个体间的协作能力，学生在密切配合下，接力棒快速从一个学生手里传到另一个学生手里，毫不减速地传递下去（4-1-5）。

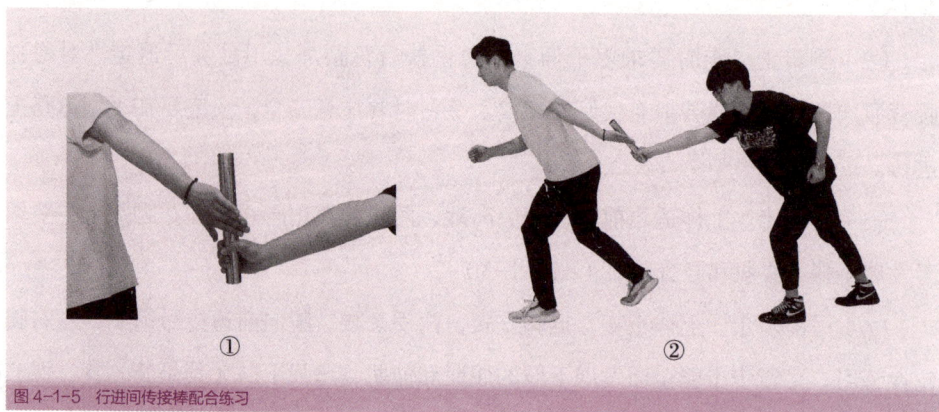

图 4-1-5　行进间传接棒配合练习

（3）障碍跑。障碍跑是人在快速跑动中，以踏上、钻过、绕过或跨过等方式通过障碍的一种跑进方式。跨栏是这种障碍跑的典型运动。跨越障碍物是人类在长期生产以及与大自然斗争中形成的一个基本活动技能，在生活、生产实践与军事活动中具有很强的实用价值。

2. 跑的辅助性训练

（1）原地站姿摆臂。练习者两腿前后开立，两臂屈肘成90°，按规定的摆臂次数进行大幅度的摆臂动作。前摆臂方向要向正前方，后摆臂方向是正后方。动作由慢到快。要求颈肩部肌肉放松，动作协调有力，身体姿态稳定，重复次数适量且动作不宜用力过猛，目的是体会如何协调摆臂发力。

（2）原地小步跑：练习者直立提踵，提高身体重心位置。左腿屈膝使脚离地，大腿下压使小腿顺势向下扒地，用前脚掌支撑全身。此时右腿前脚掌蹬离地面向后屈膝，大腿下压使小腿顺势向下扒地，用前脚掌支撑全身。两腿交替原地小步跑。多次重复上述动作。

（3）原地高抬腿跑。练习者直立提踵，提高身体重心位置。左大腿屈膝高抬与地面平行，同时右腿伸展髋、膝、踝关节，并蹬地，两臂协同摆动。左腿下压左脚扒地式落地之际，右大腿屈膝高抬与地面平行。两腿交替多次重复。

（4）抗阻力牵引跑。练习者腰系弹力带，在弹力带或其他阻力的拉动下，进行

原地小步跑

原地高抬腿

快速途中跑。练习者的步长加大和步频加快，要在牵引阻力的拉动下逐渐适应。在保持正确的途中跑技术动作的基础上，多次重复上述动作（图4-1-6）。

图 4-1-6　抗阻力牵引跑

三、走与跑的负荷和注意事项

1. "走"的练习负荷及要求

健身走练习的运动量要循序渐进。健康的成年人每天以走1万步为宜，包括各种类型的走。注意走时快慢交替，运动量大小适中，循序渐进。运动负荷与走的距离、速度和方式有关，距离长、速度快，消耗的能量就多，负荷就大。上坡走、登山和上楼梯等方式的走，运动负荷相应增加。

不同年龄和健康状况的人步速不同。一般来说，人行走的速度约为60 m/min。以健身为目的的健身走，速度就要快一些，以适宜的运动负荷行走是取得理想健身效果的关键，一般用每分钟脉搏数来衡量负荷是否合适，以每分钟脉搏控制在120~140次为宜。每天步行3 km以上，持续行走30 min左右效果最佳。

2. "走"练习的注意事项

（1）运动时应穿透气性好的平底鞋，并最好穿棉袜。

（2）做好准备活动和放松活动。

（3）练习时注意安全，在平整的道路上活动。

（4）练习时应注意及时补充水分。

3. "跑"的练习负荷及要求

奔跑时，体内的代谢过程非常剧烈，快速跑的持续时间虽短，但身体需氧（如按1 min计算快速跑的需氧量为35~40 L）远远超过人体摄取氧气的最大能力（氧极限）。普通学生心血管系统、呼吸系统与神经系统均未达到要求，不宜进行最大强度的无氧代谢练习。为此，在快速跑内容的选用与练习的安排上，距离不宜较长，强度不宜太大，重复次数不可过多。根据学生的生理特点，应注重培养学生正确的快速跑姿势，侧重发展学生的快速反应能力和位移速度。

面对教学对象身体素质的差异，可根据学生的体质、体能水平，进行健康水平分组教学，分别提出发展目标与负荷目标，通过定时跑、定距跑、自然地形跑，提高学生耐久跑的发展水平，培养学生吃苦耐劳的意志品质。遵循循序渐进、因人而异的原则，耐久跑的距离、时间、速度等要因人而异，就全体学生而言，以健身跑（适宜负荷的慢跑）为宜。每次慢跑持续时间25 min左右，每周完成2~3次练习，循序渐进、量力而行。

4. "跑" 练习的注意事项

（1）做好充分的准备活动，多做些跑的专门练习，负荷安排应循序渐进。

（2）在每次快跑之后，切不可马上停下，要进行放松减速跑，以培养放松跑的能力。

（3）每次锻炼结束前要进行肌肉的放松和恢复整理活动。

（4）开始时先单独一个人跑，因为如果有几个人一起跑，中途会不由自主地产生竞争心理，容易以超过自己体力的水准来做不合理的跑步动作，跑步时应量力而行。

（5）空腹时和刚吃完饭时不要进行慢跑，正确的方法是用餐后休息30 min至1 h后再去慢跑。

（6）慢跑时最好穿运动鞋，鞋底以有弹性而厚最为理想，以减轻脚和膝关节的负担。

第二节　跳跃与投掷

一、跳跃与投掷的特点和锻炼价值

1. 跳跃的特点和锻炼价值

跳跃是人体在神经系统的支配下，通过特定的动作，使身体向前或向上、原地或行进间、单脚或双脚、单次或多次跳起的运动方式。从中反映的人的爆发力、协调性、速度和力量，统称为弹跳素质。

跳跃是人体的基本运动形式，田径运动中的跳跃项目，是人的各种跳跃形式及能力的典型表现。进行跳跃练习，对发展青少年力量、速度、灵敏性、协调性、柔韧性等身体素质有积极的促进作用，尤其对发展腿部力量、提高爆发力和弹跳能力有直接的作用。经常进行跳跃练习，可以有效地提高神经反应系统的灵活性和支配肌肉收缩与放松的能力，能改善位觉器官和前庭器官的机能，提高平衡与协调能力。通过练习，可以有效地发展腿部力量，特别是爆发力；可以提高下肢的柔韧性和运动幅度；连续跳跃则对发展呼吸、循环等内脏器官的功能有积极的作用。

2. 投掷的特点和锻炼价值

投掷是人体运用自身的能力，通过一定的运动形式，将手持的规定器械抛射得尽可能远的运动项目。经常进行投掷运动的人可以增强上下肢力量和爆发力，改善身体的协调用力能力，对于全面发展腰、腹、背、腿的肌肉力量具有积极的作用，能使人拥有一个强壮的体格和健美的体形，同时促进冷静、果断品质的形成。投掷运动主要项目有推铅球、掷铁饼、掷标枪和掷链球。

经常参加投掷练习，首先对发展上肢、躯干和腿部力量有积极的作用，可以有效地发展力量素质，特别是爆发力，同时投掷对骨骼的发育、韧带的完善也有着良好的促进作用。其次，由于投掷练习的多样性和复杂性，运动条件反射复杂，对神经系统的分化抑制有很高的要求。故而，经常进行投掷练习，尤其是投准练习，有助于提高神经系统支配肌肉的能力，可以提高动作的协调性和投掷的准确性。再次，投掷活动均是上肢围绕肩关节进行的各种投、抛、掷等形式的活动，对肩带肌肉力量、肩关节的柔韧性和活动幅度有较高要求，进行投掷练习可以加强肩带肌力量，扩大上肢的活动幅度。最后，投掷练习可以全面促进青少年骨骼肌肉的锻炼和完善，发展肌肉力量和质量，形成健壮的骨骼和肌肉，有助于塑造健美的体形。

二、跳跃与投掷的锻炼方法和组织

（一）跳跃的锻炼方法和组织

1. 原地跳跃锻炼方法

（1）立定跳远：两脚原地开立，协调预摆几次，两臂伸展，两腿用力蹬伸，然后收腹举腿前伸落地（图4-2-1）。

（2）原地弓步跳。弓步站立，两臂向前上方摆起，支撑腿同时用力蹬地向上方跳起，两腿迅速空中交叉成弓步落地；连续练习。

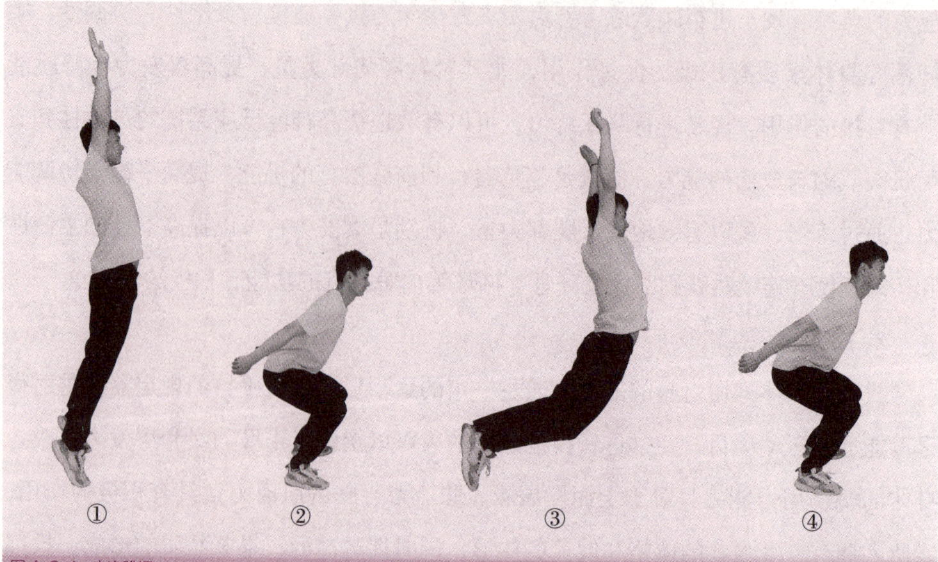

图 4-2-1 立定跳远

2. 原地跳跃障碍练习

（1）原地立定跳跳过橡皮筋。橡皮筋两端固定，高度为30 cm左右，距橡皮筋60 cm处站立，立定跳远时尽量使两腿向胸前靠，同时使两腿尽量越过橡皮筋。

（2）双腿跳上跳箱后向前跳跃落沙坑：跳箱高30~50 cm，距沙坑1~2 m。双腿跳上跳箱然后继续用力蹬伸，向前跳落沙坑。

3. 行进间跳跃练习

单足跳

向前单足换腿跳

团身跳

（1）向前单足跳。左腿（或右腿）连续向前大幅度的单足跳跃，两臂前后配合摆动。练习时左右腿交换数次。

（2）向前单足换腿跳。左腿单腿向前跳一次，接着右腿上步交换单腿向前跳一次，依次轮换进行。

（3）跨步跳。腿积极前摆、蹬地，在空中形成大跨步，并保持片刻停留时间，接着前摆腿迅速落地，为下一次起跳做准备（图4-2-2）。

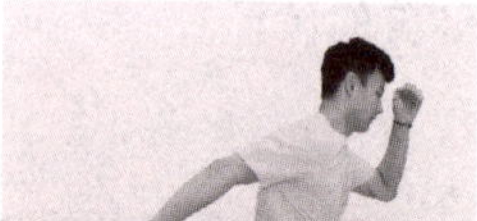

图 4-2-2 跨步跳

（4）团身收腹跳。原地半蹲跳起，两腿并拢，屈膝团身大腿尽量触及胸部，两臂协调配合摆动。

（二）投掷的锻炼方法与组织

人的投掷动作方式很多，有肩上和肩下的、单臂和双臂的、投远和投准的，以及多种推、抛、投、撇、扔等动作形式，田径运动中的铅球、铁饼、标枪和链球是这些投掷方式的典型表现形式。在教学中安排一些源于人体自然运动和日常生活的生活化、趣味化的练习内容和手段，有助于激发学生的学习兴趣，培养他们的健身意识，提高教学与锻炼效果。

1. 投远练习

投远练习时要想投得远，无论采用什么技术，其动作方式都应当是：通过助跑、滑步、旋转等方式进行"预加速"，使器械具有一定的运动初速度；在最后用力前形成良好的超越器械姿势，加大工作距离，为最后用力中提高器械的出手速度打好基础；在最后用力中，下肢以蹬、转等方式首先发力，然后通过腰、髋部的转动和躯干的伸展使动能和力量向上转移；最后以上肢的快速发力将器械投出。

采用抛、推、投等不同姿势的练习方法均可以组织成投远游戏或进行投远比赛。为使器械（实心球、软式排球、垒球）投掷得远，将投掷能力与投掷技术有机结合是十分必要的。

2. 投准练习

投准是投掷能力的另一种表现形式。根据目标的大小、高低、远近、固定或移动等，选择合适的投掷动作和力度，以击准目标。投准动作的基本要求是通过助跑或其他形式的"预加速"，使器械初步具有一定的运动速度；通过身体大肌肉群的工作，使器械向投掷目标方向加速运动；最后通过小肌肉群的精细动作（通过手臂、手腕、手指的动作）将器械向目标准确投出。投准能力是在大量重复练习的基础上培养起来的，只有通过不断地重复练习，才能建立稳定的动作定型，培养精细的投掷技巧，提高投准能力。

投准练习有：抛地滚球击准，用实心球做类似保龄球抛球动作等，投击相距8~12 m远的目标。可以小组练习比赛，每组人数相等，每人5球，依次投击目标，击中一次得1分，未中得0分，以最后组内成员累积分为该组的最终得分。

三、跳跃与投掷的负荷和注意事项

1. 跳跃练习的负荷

跳跃练习主要发展下肢肌肉力量，练习的负荷应根据不同的时期和不同的练习对象进行安排。一般每个练习内容练习5~15次，可根据具体情况适当增加或减少。进行障碍练习时，练习的负荷应根据障碍的设置情况以及练习难度而定。障碍多而高度高，练习的次数应适当减少，反之则相反。

每个练习内容一般安排15次左右，每次练习2~4组，组与组之间安排一定的休息时间，安排练习量和练习强度的同时必须考虑练习内容的难度。每次练习选择3~5个跳跃内容，按照一定的强度和量的要求进行练习。可以采用难度较小的跳跃练习内容，增加跳跃时间和练习的量，用来发展力量耐力。

2. 跳跃练习的注意事项

原地跳跃练习必须注意起跳时两腿向前用力动作以及两腿用力过程中髋、膝、踝三关节的伸展程度，加强两腿和两臂的协调配合。跳跃练习时可采用多种练习方法改变用力蹬伸的难度，进一步改进技术，如由低处向高处跳或由高处向低处跳。跳跃练习时尽可能强调收腹举腿动作，使两腿尽量地远离身体重心，获得最大的前伸距离。

跳跃练习时为了达到较好的落地效果，可以在落地处放置一些标志物，如白石粉、红绳，尽量要求学生落地时两脚触及标志物。运用障碍进行跳跃练习时，尽量使学生有一个心理适应过程，避免一开始练习要求过高而使学生产生较大的心理负担。应根据学生的具体情况选择障碍高度和距离，能力较差的学生在刚开始练习时，障碍高度可以适当调低。随着训练水平的提高、技术熟练程度的加强，可适当增加障碍高度和障碍距离，同时进一步改变练习的要求，诸如改变练习的方向和练习的难度，提高练习效果。

3. 投掷练习的负荷

在一堂课上，可选择3~5个练习手段，每个手段练习3~5组，每组练习10~15次，并与跑、跳练习结合进行。心率控制在120~160次/min，练习强度控制在70%~80%。

各种抛球的练习内容很多，教师在安排上应考虑到学生的实际情况，按循序渐进的原则进行。可以单手和双手交替进行，原地和运动中抛球轮换使用。每一个方法练习10次左右，必须使身体承受一定的负荷量，才能提高锻炼效果。

4. 投掷练习的注意事项

在进行各种抛球练习时，宜以实心球为主，个别练习可采用铅球。因抛球动作的方向难以控制，易发生伤害事故。教师在选择器械时应考虑这类不安全因素。练习时要先做好充分准备，把各关节肌肉活动开，然后根据实际情况选择练习方法，确定练习次数，避免伤害事故。

在练习过程中教师不要过多强调动作的质量，要让学生在抛球练习中寻求乐趣，一旦有了兴趣，自然能达到锻炼身体的目的。各种抛球练习，不要仅局限于手臂的动作，而应考虑到全身各部位肌肉协调用力。通过全面的协调用力，使身体的各部位肌肉得到全面锻炼。

每一练习应首先理解动作要领，然后根据要领和要求合理练习，并注意练习时快速的用力过程，充分体会爆发用力。进行投掷练习时，不宜单纯追求远度，应使学生体会正确的投掷用力顺序和用力方法，切忌因盲目追求成绩而影响技术动作的准确。

第三节　支撑与悬垂

一、支撑和悬垂的特点和锻炼价值

1. 支撑的特点与锻炼价值

支撑能力是反映人的上肢力量的一项重要机能指标，是指人体肩轴高于器械轴并对握点产生压力的一种静止动作。提高支撑能力可以在提高上肢力量的基础上增强上肢灵活性。支撑动作对于人体上肢力量要求较高，对胸肩部肌群、手臂肱三头肌、背阔肌斜方肌等后背肌群都有很好的锻炼效果，对人体力量素质的提高具有促进作用。

2. 悬垂的特点与锻炼价值

悬垂能力也是反映人的上肢力量的一个重要指标，或者说是更能反映上肢静力性耐力的一种动作。大学生体质锻炼标准中曾有一个测试项目"单杠屈臂悬垂"，用来测试大学生的上肢力量，但动作未免有些"残酷"，因此被后来的动力性较强的引体向上替代。

悬垂是体操动作之一，指人体肩轴低于器械轴并对握点产生拉力的一种静止动作。只用手悬垂于器械的，称"单纯悬垂"，如单杠上的悬垂。手和身体的一部分同时悬垂于器械或接触地面的，称"混合悬垂"，如单挂膝悬垂，它是器械体操练习的基本动作之一。

悬垂动作在日常生活中应用广泛，在攀岩、登山、各种大型的户外体育竞赛和拓展训练等，随处可见悬垂动作的身影。因此，掌握一些练习方法，提高自己的上肢悬垂能力，就能为自己今后在竞赛场上一展身手奠定基础。本节重点介绍有关悬垂能力的项目和练习方法。

二、支撑和悬垂的锻炼方法和组织

（一）支撑的锻炼方法和组织

1. 双杠的支撑动作练习

（1）双杠支撑移动。双杠杠端跳上成支撑，双手依次前进至另一端跳下。熟练后可进行后退的练习。

动作提示：两臂伸直，身体垂直向下，两腿并拢，靠身体的摆动和肩带、掌根的力量前进。

拓展练习：动作熟练后，可在前进或后退至杠端时，转体继续练习。

（2）双臂屈伸。跳上成支撑，身体挺直，屈臂，然后伸直，连续做多次。

动作提示：刚开始练习时，屈臂的幅度可以小一点，随着力量的提高，屈臂幅度可逐渐增大，做的次数也可以逐步增多。

拓展练习：在学会了支撑摆动后，可在摆动中练习上肢的屈伸动作。

2. 俯卧撑练习

俯卧撑按身体姿势可分为高姿、中姿、低姿三种姿势。

（1）高姿俯卧撑：指在做练习时，练习者的身体姿势是脚低手高，动作难度较低，适合力量较弱的同学练习（图4-3-1）。

图 4-3-1 高姿俯卧撑

（2）中姿俯卧撑（又称标准俯卧撑或水平俯卧撑）：指在做练习时，练习者的脚和手保持在一个水平面上。难度适中，适合大多数同学练习（图4-3-2）。

（3）低姿俯卧撑：指在做练习时，练习者的脚高手低，动作难度较大，适合力量达到一定水平后练习（图4-3-3）。

图 4-3-2 中姿俯卧撑

图 4-3-3 低姿俯卧撑

3. 倒立练习

动作要领：直立，两臂前上举，肩角拉开，接着上体前屈，两手向前撑地（比肩稍宽），含胸梗头，一腿蹬地，另一腿后摆。当摆动腿摆至垂直上方时，蹬地腿向摆动腿并拢，顶肩立腰，成倒立姿势（图4-3-4）。

练习提示：倒立过程中，一定要顶肩立腰，蹬摆腿时记住发力点在脚上，而不是臀部。成倒立姿势后，如重心向前时，手指要用力顶住，同时稍抬头拉肩。如重心向后时，掌根用力，稍提肩。

练习步骤：

倒立第一阶段：半倒立。练习者在俯卧撑的基础上，逐步把双腿抬高，脚面放在双杠或者肋木、墙面或同伴的双肩上，整个身体像半倒立一样（图4-3-5）。

倒立第二阶段：在半倒立的基础上，继续抬高双脚，直至接近倒立。

倒立第三阶段：摆倒立。正对墙壁或同学做蹬地摆腿成手倒立后再落下来（还原成开始姿势），连续进行，着重体验顶肩和下肢蹬摆。

倒立第四阶段：扶倒立和靠倒立（图4-3-6）。扶倒立指对墙摆成手倒立姿势后，另一个同学扶持其双腿，不让他倒下来，成倒立状态静止一定的时间，体会扶持倒立时的身体感觉。靠倒立，方法几乎同扶倒立动作，但同伴不必扶持，全凭自己控制身体靠住墙或者靠住同伴身体停留一定时间。

摆倒立

扶倒立

图4-3-4 倒立

图4-3-5 半倒立

图4-3-6 靠倒立

（二）悬垂的锻炼方法和组织

1. 单杠的素质练习

（1）引体向上。引体向上是以自身力量克服自身重量的悬垂力量练习。它对发展上肢悬垂力量、肩带力量和握力有重要作用。要求练习者跳起双手正握杠，两手握距宽于肩宽悬垂；两臂同时用力引体，上拉到下颌超过横杠上缘为完成一次。

（2）屈臂悬垂。练习者站于凳上，两臂全屈反握横杠，两手与肩同宽，使横杠位于颌下，然后双脚离凳做静止用力的悬垂姿势，但下颌不得挂在杠上，垂悬时间

引体向上

屈臂悬垂

越长越好。练习2~4次。

（3）悬垂举腿。两手正握单杠，身体垂直杠下，用力向上收腹举腿（直腿），至力所能及的最高点后，慢慢放下，连续进行多次。

（4）屈腿悬垂举腿。正握杠，收腹屈腿前举，大小腿折叠，膝关节尽量靠向胸口，再缓缓放下，重复完成多次。

2. 爬绳

爬绳的方法一般有两种：

（1）手足并用。即双手握绳直臂悬垂，然后收腹屈腿夹绳，两腿蹬直，同时屈臂引体上升。夹绳的方法可以以一脚的脚背外侧和另一脚的脚跟外侧夹住绳（脚跟在上），同时两胫部和两膝部的内侧也紧紧夹住吊绳；还可以以一脚的脚背和另一脚的脚掌夹绳，胫和膝部的用力方法及姿势同上。

（2）只用上肢。即双手握绳，两腿悬空，双臂用力向上引体，借助惯性，双手及时交替向上换握，使身体不断上升。爬绳下降时可用两腿夹绳，不要快速下滑，以防擦破手掌，也不要离地很高时松手跳下，以免摔伤。

3. 攀岩

攀岩被称为"岩壁上的芭蕾"，可分为速度攀岩和难度攀岩两种，又能根据其保护方式的不同和是否使用保护器械等分为其他几种不同的种类，这里就不再一一介绍。

攀岩是一项全身性的活动，对发展上肢攀爬能力、下肢力量和全身的协调能力大有好处，同时，也能发展人的大脑灵活性，考验人的意志品质。当然参加这项运动，还需要一定的冒险精神。

三、支撑和悬垂的负荷和注意事项

1. 支撑和悬垂的负荷

（1）支撑和悬垂动作大多是依靠身体自重练习，对学生尤其是女生的力量素质要求较高，所以在练习过程中多采用辅助练习法，并随时降低动作的负荷。

（2）每个练习动作在每节课时中应至少练习4组，每节课应选取3~4个动作进行练习，组间间隙不少于2 min，动作之间的间隙可穿插教师讲解，应不少于5 min，课堂练习密度不宜过大。

（3）支撑与悬垂动作的练习应选择有氧练习区间的强度（最高心率的60%~80%）。

2. 支撑和悬垂的注意事项

（1）坚持"安全第一"的原则，练习应量力而行，切不可因强度过大而受伤。

（2）在练习前一定要检查器械，确保器械安全，避免意外发生。

（3）练习强度应遵循"循序渐进"的原则，强度由小到大，动作难度由简单到复杂。

（4）分组练习时，教师和学生应随时辅助、保护练习者，在保证安全的前提下，可及时指出每位学生动作存在的问题。

第四节　平衡与滚翻

一、平衡与滚翻的特点和锻炼价值

1. 平衡的特点和锻炼价值

平衡能力（下肢平衡）是人体重要的生理机能，是维持人体姿势的能力，特别是在较小的支撑面上控制身体重心的能力。平衡能力是人体维持站立、行走以及协调地完成各种动作的重要保障。对于体育运动而言，平衡能力是人体完成各种动作的基础保障之一，尤其是在那些强调保持身体姿势和动作协调的项目中，较强的平衡能力是运动员发挥训练水平、完成技术动作的基本要求。

影响人平衡能力的因素除了遗传以外，还有年龄、视觉、前庭器官功能、肌肉本体感觉和肌肉力量等。随着年龄的增长，在最初范围内，平衡能力是不断增强的，但到一定年龄后，平衡能力反而会变差。运动训练可以提高前庭系统的稳定性、肌肉本体感觉的敏感性和大脑皮质的分析综合功能，改善身体的姿势控制能力，提高人体对身体姿态变化时的调节能力，从而提高人的平衡能力。

2. 翻滚的特点和锻炼价值

滚翻是竞技体操动作的基本术语之一，指身体的某些部位依次支撑地面或器械，并使支撑点经过头部的翻转动作。从方向上有向前、向后、向侧滚翻，从动作形式上有团身、屈体和直体滚翻。滚翻是技巧运动的最基本动作之一，也是生活中一种遇到危险时的自我保护的方法，碰到危险时能及时、灵敏地进行翻滚则能有效地保护自己，避免受到伤害。比如走路、跑步或者运动时，不小心摔倒或者被绊倒，如果能及时作出相应的滚翻动作就能把伤害程度降到最低。

通过本节的学习，理解滚翻的动作要求与自身保护的关系，体验多种滚翻技巧，提高身体的灵活性和自我保护能力。

二、平衡与滚翻的锻炼方法和组织

（一）平衡的锻炼方法和组织

1. 静态平衡

静态平衡能力是指维持人体重心与姿势相对静止的平衡能力。静态姿势（直立不动姿势）是指人在站立时尽量保持不动，但事实上人在静止站立时身体重心始终绕自己的平衡点不停地晃动。常见的静态平衡姿势有如下三种：

（1）俯平衡。通常也称燕式平衡。指一腿站立，上体前倾至水平部位，另一腿后举至极限，同时两臂侧举。

（2）侧平衡。指一腿站立，上体侧倒至水平部位，另一腿侧举，举腿的同侧臂同时上举，另一臂置于背后。

（3）仰平衡。指一腿站立，上体后倒至水平部位，另一腿前举，同时两臂侧举。

2. 动态平衡

动态平衡能力指在运动的状态下，对人体重心和姿势的调整和控制能力。如行走、走平衡木、走钢丝、上下楼梯等。人体动态姿势平衡功能涉及感受器的敏感性、感受信息传入通路、中枢的整合和神经——骨骼肌传出通路等部分的综合性能。人体维持动态平衡的部位主要以踝关节为主，如以髋关节为主维持平衡则人体容易摔倒。

站立动作：单脚站立，前脚掌站立，平衡板上站立。

走的训练动作：蒙眼走，倒走，走平衡木。

（二）滚翻的锻炼方法和组织

滚翻类：前滚翻、后滚翻、侧滚翻这类的动作比较简单，是中小学体育课程教学内容之一。

手翻类：头手翻、前手翻、后手翻、侧手翻这类动作有一定的难度，具备了一定的身体条件，掌握了一定的技巧，也是能够完成的。

空翻类：前空翻、后空翻、侧空翻这类动作难度比较大，多出现在竞技体操比赛中。

练习这些动作需要较好的柔韧素质，还要求有一定的腰腹部力量和腿部力量（多指爆发力）。翻滚运动难度较大，若有不当容易受伤，所以初学者要循序渐进地练习，不可急于求成。初学者也不能有恐惧心理，要克服心中恐惧，这是成功做出动作的一个重要因素。

1. 前滚翻

动作过程：蹲撑，两腿蹬直，同时屈臂、低头、含胸、提臀，头的后部、肩、背、臀部依次着垫前滚，当背着垫时，双手迅速抱腿跟上上体，向前滚动成蹲立姿势（图4-4-1）。为了体会动作要领，可将垫子铺在斜度为10°～15°的坡地上，由高处向低处滚翻。

图4-4-1 前滚翻

2. 后滚翻

动作过程：蹲撑，双手推地，梗头含胸，上体后倒，臀、背、肩依次着垫，同时快速收腹提膝，双手迅速置于肩上，当着地点滚至颈部时，双手在肩上快速推垫，脚主动着垫，成蹲立姿势（图4-4-2）。为了体会动作要领，可将垫子铺在斜度为10°～15°的坡地上，由高处向低处滚翻。

图4-4-2 后滚翻

三、平衡与滚翻的负荷和注意事项

1. 平衡和滚翻的负荷

（1）平衡和滚翻动作大多是依靠身体灵活性进行练习，对学生尤其是女生的力量和柔韧素质要求较高，所以在练习过程中应注意对关节和软组织的保护。

（2）每个练习动作在每节课时中应至少练习4组，每节课应选取3~4个动作进行练习，组间间隙不少于2 min，动作之间的间隙可穿插教师讲解，讲解时间应不少于5 min，课堂训练密度不宜过大。

（3）平衡和滚翻动作的练习应选择有氧区间的强度（最高心率的60%~80%）。

2. 平衡和滚翻的注意事项

（1）练习应量力而行，切不可因动作幅度过大而受伤，在运动前学生应做好充分的热身活动。

（2）在练习前一定要检查场地安全、器械安全，确保所有练习能够安全进行，避免意外发生。

（3）练习强度应遵循"循序渐进"的原则，动作难度由简单到复杂。

（4）练习时，教师和学生应随时辅助、保护练习者，在保证安全的前提下，可及时指出每位学生动作存在的问题。

第五节 实用游泳

实用游泳是指在生产、生活以及军事方面实用性比较高的游泳技能，既有其专门的技术动作与方法，也可采用竞技游泳的技能作为手段。一般生活中所指的游泳就是实用游泳。

一、基本技能

实用游泳主要包括踩水、反蛙泳、抬头蛙泳、侧泳、潜泳、水上救护、武装泅渡等。相对竞技游泳的泳姿与技术要求，实用游泳的动作方法较简单实用，个性化强，统一规范性程度低。

（一）导入练习

1. 池边玩水练习

坐于池边，双脚在水中拨水、打水，水下洗脸，扶栏杆吐气等。练习涉水时水位由浅入深，距离由短到长，速度由慢到快，再入水中睁开眼睛，逐步对水的浮力、压力、阻力有一定程度的适应。

2. 头浸水闭气练习

练习者把整个头部慢慢浸入水中，直至完全入水。闭气持续时间从几秒逐步增加到十多秒，直至 20~30 s。在练习几次以后，可以两三个人进行水中闭气时间长短比赛。

3. 呼吸练习

抬头出水，嘴刚露出水面时吸气，吸气时要把嘴张大，每次都要把气吸足，抬头时稍收下颌；吸足后立即把头没入水中，然后嘴在水中吐气，吐气时应保持自己可控制吐气的速度，可采取从牙缝里呼气或像吐泡泡那样的方式；水中稍闭气后再抬头出水面做短促、有力地深吸气。如此吸气、闭气、吐气循环进行，改变平时在空气中用鼻子吸气的习惯，尽量用嘴呼吸。练习的节奏不要太强，以自然形成水面上吸气、水中呼气的习惯，避免呛水。

4. 水中行走

水中行走练习的目的是初步体会并适应水的浮力和阻力，掌握在水中站立、行走并维持身体平衡的方法。根据对水环境的适应情况不同，可以先向前、向后迈步行走或扶着池壁向左、向右迈步行走，走时步子不宜太大，速度不宜太快，身体重心的移动要与腿的动作协调一致。然后双手在水中拨水向前行走，双手向前拨水后退行走，双手向侧拨水多方向行走。在行走时，身体基本平稳，体感自如，就可以练习扶池边跳跃或者徒手向前高抬腿跳跃。

5. 漂浮

漂浮练习关系到人体在水中的位置感觉、体位感觉等，所以漂浮对初学者来说是关键一环。按照对水性的不同熟悉程度，可以分别依次进行三种漂浮练习。

一是抱膝卷体漂浮，练习者站在水中，先用嘴吸足气，接着低头团身屈膝，双手紧抱小腿，不一会儿人体就会浮于水中，最好能睁眼辨认方向。站立时动作要慢，双手下压和伸腿同时进行，当双脚尚未站稳时，不要擦脸上的水珠，不要急于站起来，以免失去重心使身体向前倒下。

二是俯卧展体漂浮，练习者在齐胸深的水中，用嘴吸足气，手臂自然向前或向两侧伸展，身体俯卧于水中，同时手脚并拢，头浸入水中，展体浮于水面。由俯卧还原站立时，双臂下压、收腿、团身，双腿伸直，脚着池底。

三是俯卧蹬离池壁与水中滑行，练习者在水中滑行时，脸部要完全置于水中，使手臂、头部处于一条直线，这对保持身体的流线型非常有利。

在多次能够熟练完成俯卧蹬离池壁与水中滑行动作以后，实际上就已经基本适应了水环境，并且能够在水中自如地活动了，也就具备了进一步学习各种游泳动作的条件。

（二）技能方法

1. 反蛙泳

反蛙泳就是身体翻转过来的蛙泳，也叫蛙式仰泳（图4-5-1）。游反蛙泳时，身体仰卧水中，两腿同时做蛙泳腿的蹬夹动作，两臂同时经空中前摆入水，然后在体侧同时向后划水。一次划臂配合一次蹬腿，使身体前进，形似蛙泳。反蛙泳呼吸自然，动作自如，节省体力，容易学习和掌握，具有很高的实用价值，在水中拖运物品、抢救溺水者时常采用这项游泳技术。

图4-5-1　反蛙泳

反蛙泳的学习要点：

（1）腿的动作中，收腿、翻脚、蹬夹三个环节是紧紧相连的。收腿尚未完成就开始翻脚，在翻脚的开始阶段继续完成收腿；翻脚尚未完成即开始蹬夹，在蹬夹的开始阶段继续完成翻脚。整个动作要连贯，中间不能有明显的停顿。尤其应注意的是，在收腿、翻脚、蹬腿的全过程中，膝关节不能露出水面。

（2）两臂动作是两臂自然伸直提出水面，并放松地沿体侧的垂直面经空中向前摆动。两臂摆过脸部上方时开始内旋，使小指侧转向下，然后两臂伸直在肩前同时入水，两臂划至大腿旁后进入滑行阶段。

（3）手臂与腿的动作配合方式是，两臂提出水面经空中前移时，做收腿和翻脚的动作；两臂摆至头前即将入水时，两腿开始向后蹬夹；蹬夹结束两腿伸直并拢时，两臂在体侧向后划水；划水结束后，两臂贴于体侧，身体自然伸直向前滑行。

（4）脸部始终露在水面上，一般是在空中移臂时吸气，臂入水后稍闭气，臂划水时用口、鼻均匀地呼气。

2. 侧泳

侧泳是侧卧在水中游进的姿势，在民间比较常见。游进时身体侧卧水中（或左或右），两臂做交替的划水（一臂作类似爬泳、另一臂类似蛙泳的划水）动作，两腿做剪式蹬夹动作，两臂交替划一次（图4-5-2），两腿蹬夹一次。一般用于武装泅渡、水中救护、水中拖带物品等活动。

图4-5-2 侧泳

侧泳的学习要点：

（1）两腿的动作不对称，在上面腿的大腿和小腿都向前收，脚勾起来，用脚掌向后对准蹬水方向。在下面的腿不收大腿，脚绷直，用脚背和小腿前面向后对准蹬水方向。收腿完成后，上面的腿向后蹬，下面的腿向后剪夹水，两腿互相配合完成蹬剪腿动作。

（2）两臂的动作也不对称，上面的手臂划水和空中移臂与爬泳划水相似，下面手臂的划水和移臂动作都在水下进行，类似蛙泳划水，但划水动作在靠近胸部的斜下方进行，且划水路线较长，到腹下结束，开始收手前伸。

（3）手臂和腿的动作配合是两臂划水交替进行，上面手臂划水时，下面手臂前伸，同时，腿做蹬剪动作；上面手臂移臂时，下面手臂划水，并开始收腿。

3. 潜泳

潜泳多用于水下打捞或水中救生，指不戴器具与装备在水下憋气游进的技术。潜泳根据动作方式不同分为蛙式潜泳（动作类似蛙泳）和爬式潜泳（用蛙泳划臂爬泳打腿），而根据目的不同又可分为潜深和潜远两种技术。

潜深的目的是向水下潜到一定的深度，主要用于打捞或救生。潜深可腿朝下脸朝上进行，也可头朝下腿朝上进行。腿朝下潜深时，先利用手臂向下划水和腿向下蹬使上体跃出水面，再利用身体的重力落入水中，两臂由下向上推水帮助身体下沉。头朝下潜深时，借助两臂向上划水使身体翻转，两腿向上蹬帮助身体下沉。

潜远最常见的技术是蛙式潜泳，腿部动作与蛙泳相似，只是大腿收的幅度小一些，以减少阻力。两臂划水的动作类似蝶泳划水动作，划水结束后，手和臂贴紧身体向前移。移臂开始时收腿，移臂到头部位置夹水，划水时腿不动（图4-5-3）。

图4-5-3 蛙式潜泳

潜泳的学习要点：

（1）潜远时不要盲目闭气，没有经过专门训练的人一次不要潜太远，否则容易发生危险。

（2）潜深时，没有经过专业训练的人向下潜水不宜过深，一般不宜超过10 m，否则由于水的压力可能导致头痛、耳痛等不适感觉。当出现耳痛时，可做吞咽动作缓解疼痛。

4. 踩水

踩水是较简单的一种游泳技术。借助两腿的蹬水和两臂的划水动作使人体在水中垂直浮动。踩水时，两腿同时做类似蛙泳的向下蹬水动作，两臂在胸前做横向划水动作，也可采用两腿交替蹬踩和两臂上下压水的方式。一般用于持物过河、水上侦察、水中救生等活动。游泳者都应该学会踩水动作，以便在发生意外时能够顺利呼救、处理简单情况、暂做休息和等待救援。

踩水的练习要点：

（1）两腿的动作可同时进行，也可交替进行。若同时蹬水，与蛙泳腿的动作相似，但方向以向下为主，两大腿动作幅度较小，在两腿未完全蹬直时就开始收腿，动作比较连贯，没有蛙泳腿的停顿滑行阶段。两腿交替蹬水使身体在水中保持比较平稳的姿势，不会有大的起伏。先屈右膝，右小腿和右脚向外翻，用右小腿内侧和右脚掌向侧下夹水，不等腿完全蹬直就开始向后上方收小腿，同时左腿蹬夹水，两腿交替进行。

（2）手臂根据需要可做单臂划水、双臂同时划水或双臂交替划水动作。手臂在胸前平屈，手心向下，肘关节略弯曲，手和前臂在胸前做向外和向内的横"8"字形拨水动作。动作幅度不要太大，向外拨水时掌心朝向外下，向内拨水时掌心向内下。

5. 长游

长游是游泳的一种方式，是在江、河、湖、海等天然水域进行的长时间、长距离游泳。大多为集体组织，也可个别进行。组织长游，应预先了解水情和气候条件，采取安全保护措施。

6. 武装泅渡

武装泅渡也是实用游泳的种类之一，是单人或成队携带武器装备渡过江河的游泳方式，主要采用蛙泳和侧泳的方式，以利于保持身体平衡、观察水面动静，并使游动声响小。必要时可利用气袋、竹筒、木筏等漂浮物游进。泅渡前要整理服装与装备，做到衣裤不兜水，随身装备不松散。

7. 水中救生

水中救生是援救溺水者的应急措施，有间接救生和直接救生两种。前者利用救生圈、救生竿、绳索等救生设备进行，后者由救生员入水，运用救生技术将溺水者拖带上岸。如溺水者出现呛水、休克等状况，应立即帮助其清除口鼻内异物，排除呼吸道及腹内积水，做人工呼吸与其他护理工作。

二、水上救生救护

（一）水中防护与自救

日常生活或者游泳锻炼中，为了防止发生溺水事故，需要掌握水中防护与自救的一些方法与技巧。

（1）特殊疾病患者不宜游泳。对于一些容易出现突发性休克的患者，如严重的癫痫病、心脏病患者等，不宜进入游泳池，更不宜进入公开水域游泳。

（2）溺水的自救。若不慎落入水中，假如掌握踩水等实用游泳技能，就无须心慌，可冷静采用相关动作进入安全区域；但如果没有掌握实用游泳技术，则需要立即呼救。

（3）游泳场所的自我安全防护。下水前要做好充分的准备活动。水温过低、身体不适或疲劳、空腹、饭后或剧烈运动后，都不宜立即下水。在人多的游泳场合，不要跳水，或者相互追逐打闹。不要潜水时间过长，如果在公开水域潜水，一定要有人在水面上照应。

（4）水中抽筋的处理。游泳时疲劳、寒冷或者过度紧张都可能引起痉挛（抽筋）。一旦出现抽筋，首先需要克服紧张害怕的心理，保持冷静，尽量使抽筋部位伸展，同时尽量用健肢划水和踩水离开深水区域进入安全地带。伸展的办法是，如果脚趾抽筋，用手将抽筋的脚趾用力上下拧动；如果小腿肌肉抽筋，用一手拉住脚趾，使脚尖勾起，另一手揉捏抽筋处的肌肉；大腿抽筋时，如果是股四头肌抽筋，身体应成仰浮姿势，然后屈膝团身，两手抱住小腿或脚背处向后拉，脚跟尽量靠近臀部，使抽筋肌肉伸直；如果是股二头肌抽筋，身体仰浮，然后一手抓住踝关节，另一手压住膝关节，尽量向面部方向拉，并在抽筋部位用力揉捏，直到恢复为止；手指抽筋时，先用力握拳，再迅速用力张开，并向后压，反复多次，直至复原。

（5）水中突发情况处理。游泳时，由于水情不熟，落入危险区域，首先应保持冷静，用合理的实用游泳技能脱离危险区。如果落入漩涡中，应持平卧姿势，逆漩涡而游出危险区。如果游泳时出现呛水，应保持镇定，尽量平稳呼吸，切忌因慌乱而再次呛水。

（二）水上救护与溺水急救

游泳救护主要包括间接救护和直接救护两种救护形式。

1. 间接救护

间接救护是救护者利用救生器材，对神志比较清醒的溺水者施行救护的一种技术，救生器材包括救生圈、竹竿、木板、轮胎、泡沫块、绳子、救生衣、救生浮标等（图4-5-4、图4-5-5）。

图4-5-4 救生圈

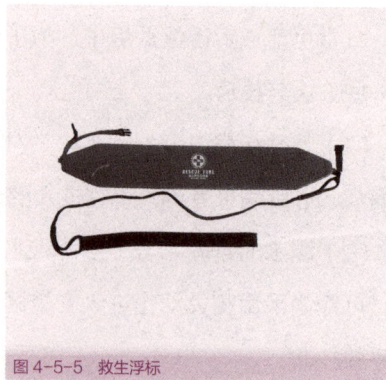

图4-5-5 救生浮标

2. 直接救护

直接救护是救护者不借助任何救生器材，徒手对溺水者施救的一种方法。施行直接救护时，溺水者一般处在神志不清或者危急状态，自身没有能力进行自我救护或接受间接救护。直接救护包括入水前观察、入水、接近溺者、水中解脱、拖运、上岸以及岸上急救等过程。

（1）入水前的观察。救护人员在入水前应观察好溺水者的被淹地点、浮沉情况，要辨别溺水者是昏迷下沉，还是在水中挣扎，要明确溺水者与自己的方位，观察周围的环境，选择与溺水者最近点下水。

（2）入水。经过观察后，从岸边跳入水中准备救护的过程，称为入水。在熟悉的水域或游泳池，可采用鱼跃式出发动作，直接潜入水中，加快游进速度，争取时间。在不熟悉的水域，可采用"八一"跨步式入水动作。当身体接近水面时，两腿夹水，手臂迅速压水，观察目标。

（3）游近溺水者。如溺水者在静水中，救护人员可以直接游向溺水者；如溺水者落在急流的江河中，救护人员应从溺水者斜前方入水施救。

（4）水中解脱。水中解脱是救护者在接近或寻找溺水者时被溺水者抱住后施行解脱并有效控制溺水者的一项专门技术。解脱方法通常有虎口解脱法、托肘解脱法、推扭解脱法、扳指解脱法和外撑解脱法。

（5）拖运。拖运是指救护者采用侧泳或反蛙泳进行水上运送溺水者的一项技术。救护者和被救者口、鼻要露出水面，保证双方的正常呼吸。

（6）上岸。遇到处于昏迷状态的溺水者，先将其拖运到岸边，然后再将他送上岸以便抢救。

（7）岸上急救。将溺水者救上岸以后，首先要观察溺水者的病状，然后再决定如何急救。轻度溺水者，可让其吐水、保暖、休息。对昏迷、呼吸微弱或窒息者要做心脏按压或人工呼吸，同时要打电话叫救护车。

（8）溺水者被救上岸后，心脏如果还在跳动而无呼吸，应立刻进行人工呼吸。在进行人工呼吸前，要先清除溺水者口鼻内污物，设法张开溺水者口腔，有活动假牙要取出，以免掉入气管内，造成呼吸道不通畅。解开溺水者衣、带进行控水，呼吸道中水排出后，方能进行人工呼吸。控水的方法是：救护者一腿跪地，另一腿屈膝，将溺水者腹部放在屈膝的大腿上，一手扶着溺水者的头，另一手压溺水者背部，把水排出。排出水后，应立即进行人工呼吸。使溺水者仰卧，救护者在其身边，用一手捏住溺水者的鼻子，另一手托着他的下颌，深吸一口气，然后进行嘴对嘴吹气（可在溺水者嘴上垫一层薄纱布），吹完一口气后，离开溺水者的嘴，同时松开捏鼻子的手。要反复进行，每分钟做14~20次，速度由慢到快。

如果溺水者失去知觉，应将心脏按压和人工呼吸结合起来同时进行。心脏按压法包括俯卧压背法、仰卧举臂压胸法、侧卧压胸法和胸外心脏按压法等。

三、竞技游泳

竞技游泳主要包括蛙泳、自由泳、蝶泳、仰泳四种泳姿，各种泳姿的技术要求不同，学习的方法与步骤也有一定的差异。

（一）蛙泳

蛙泳是早在19世纪初就在游泳比赛中被采用的一种姿势，是一种模仿青蛙游泳的动作。蛙泳时，游泳者可以方便地观察到前方是否有障碍物，避免撞上。蛙泳较省力，易持久，所以它不仅是竞技游泳姿势之一，也常用于渔猎、泅渡、救护、水上搬运等实际生活中。

蛙泳是身体俯卧水中，两肩与水面平行，依靠两臂对称向后划水、两腿对称向后蹬水而向前游进的姿势。蛙泳的特点是身体姿势比较平稳，游进时省力，容易学，呼吸方便，能适应长时间、远距离的游泳。

1. 腿部动作

蛙泳的腿部蹬水动作是推动身体前进的主要动力，整个动作分为收腿、翻脚、蹬水和滑行四个连贯动作。

（1）陆上蹬腿练习。为了使初学者认识蛙泳腿部动作的特点，应该在陆上长板凳或跳台上进行蹬腿练习。俯卧，膝和小腿伸出长凳或跳台的一端，练习蛙泳腿部收翻、蹬夹动作。这个练习初学者可以在同学或者老师的帮助下进行，注意体会"慢收翻、快蹬夹"的要点。

（2）手扶水槽蹬腿。双手握池槽，身体俯卧在水中，头抬出水面，两腿反复练习收翻、蹬夹的动作，练习时要求抬头不宜过高，反复练习。

（3）水中扶板练习。学习者双手握浮板，深吸一口气后将头埋入水中完成"收翻蹬夹"动作。蹬夹腿向外要有力，蹬夹完后双腿一定要夹紧，并让身体以流线型向前滑行一段距离。在较熟练掌握该技术后，可以尝试在水中慢慢吐气，蹬夹完后可抬头吸气，继续下个动作周期的练习。

（4）闭气滑行腿部练习。在蹬底或蹬边滑行的基础上练习腿部动作，可以结合呼吸进行练习。

2. 手臂动作

划臂动作是影响速度快慢、抬头吸气的重要因素，是掌握蛙泳节奏的基础。整个动作可分为抓水、划水、收手、伸臂等连贯而循环往复的过程。

（1）陆上练习"划夹伸"动作。上体前倾，模仿蛙泳臂划水动作，体会慢抓水、快划水、收肘伸臂等动作。

（2）水中原地划水练习。站立于齐胸口的水中练习"划夹伸"动作，也可在划水时带动身体向前迈步。

（3）结合蹬池壁向前滑，要求腿夹紧，头埋于水中，体会划臂时水对身体的反作用力，同时进一步巩固把头埋于水中的能力，并逐步尝试结合呼吸的练习。

3. 腿、臂和呼吸配合动作练习

蛙泳不仅要有正确的手臂和腿部动作，更重要的是手臂和腿的动作要协调配合。

（1）陆上腿臂配合模仿练习。在陆上站立，两臂上举，两脚开立与肩同宽，做模仿手臂与腿的配合动作练习，划臂时腿不动，收手时单腿收腿后翻脚，臂向上伸时蹬脚。两腿轮换进行练习。

（2）陆上腿臂呼吸完整配合模仿练习。同上练习，注意配合呼吸进行。

（3）水中滑行腿臂配合练习。在水中蹬底或者蹬壁后闭气进行腿臂配合练习。

（4）完整动作简化练习。在水中滑行时，做两臂划水动作，抬头吸气，划臂后低头呼气接前伸臂，一个完整动作包括2次蹬夹腿、1次划臂、1次呼吸。

（5）完整动作体验。在同学或教师指导下逐步纠正错误动作，直至动作完善。

（二）自由泳

自由泳也被称作爬泳。自由泳的动作结构合理、省力、阻力小，是当前速度最快的一种游泳姿势。在不规定姿势的自由泳比赛中，运动员都选用速度最快的爬泳，由此，自由泳多指爬泳，自由泳也就成为游泳比赛中运用最多的项目。游自由泳时运动员俯卧水中，两腿交替上下打腿，两臂轮流划水，动作很像爬行。自由泳需要掌握腿、臂、臂腿配合以及呼吸完整配合等动作。

自由泳

1. 腿部动作

自由泳腿部动作虽有一定的推进力，但主要起平衡作用，保持身体的稳定和协调双臂做有力地划水。要求两腿自然并拢，脚稍内旋，踝关节放松，以髋关节为轴，由大腿带动小腿和脚掌，两腿交替做鞭打水的动作。

（1）陆地模仿练习，一般采用下列两种练习方法：

坐姿打水：坐在池边或地上，两手后撑，两腿伸直，腿内旋使脚尖相对，两脚跟分开成八字，脚尖略向下压，两腿放松，以髋为轴，大腿带动小腿，上下交替打水。

卧姿打水：俯卧在凳上，做两腿上下交替打水，要求同上。

（2）水中练习，可以分别采用下列方法：

俯卧打水：手握池槽，或由同伴托其腹部，成水平姿势，两腿伸直，做直腿或屈腿打水。

仰卧打水：仰卧姿势，手握池槽，或由同伴帮助托其背部，做两腿交替打水，注意下肢不要露出水面。

扶板打水：练习时两臂伸直，放松扶板，肩浸水中，手不要用力压板，正常呼吸。

滑行打水：练习时要求闭气，两臂伸直并拢，头夹于两臂之间。

2. 臂部动作

自由泳臂部动作是推动身体前进的主要动力。一个周期可分为入水、抱水、划水、出水和空中移臂几个不可分割的阶段。臂部动作的练习必须按照自由泳的臂部用力顺序和两臂协调配合的方式进行，同时还需要配合呼吸。

（1）陆上模仿练习。两脚开立，上体前屈，做臂划水的模仿练习。练习几次后，可结合呼吸动作的配合，转头吸气。注意转头时机是手划至脸下就开始，如果手已经划到后面了再转头就太晚了。

（2）水中练习，可以按照下列顺序进行。站立水中，上体前倾，肩浸入水，做臂划水，边做边走，同时仅转动头部呼吸；蹬边滑行后闭气，做两臂配合动作；腿夹水，蹬边滑行后，做两臂划水，结合转头呼吸。

3. 臂、腿和呼吸完整配合技术

自由泳的呼吸与臂、腿配合，初学者一般采用6∶2∶1的方法，即打腿6次、划臂2次、呼吸1次，这种配合方法易保持平衡和协调掌握自由泳技术。所有练习也要保持这个比例。

（1）站立水中，上体前倾做划臂与呼吸配合的练习，借助用力划水的惯性向前移动，然后蹬离池底，两腿打水形成完整配合。

（2）蹬底或者蹬边滑行打水漂浮5~10 m，做自由泳臂划水与呼吸配合练习。

（三）仰泳

仰泳是在蛙泳之后产生的。人们发现在长距离游泳过程中只要把身体仰卧在水中，手臂和腿稍加动作就可以自然漂浮在水面，向前前进，并可以借此在水中

仰泳

休息。

仰泳是身体成仰卧姿势的游泳。由于仰泳头部、特别是嘴露出水面，方便呼吸，同时躺在水面上比较省力，因此在日常锻炼中深受中老年人和体质较弱者喜爱。

仰泳的动作结构和自由泳基本相似，因此在练习的方法上，一般也与自由泳相近。但由于仰泳的呼吸相对简单，因此可以相对简化学习步骤。

练习方法：

（1）陆上仰卧池边或者长凳上，做两腿打水模仿练习。

（2）在上面练习的基础上，增加两臂划水并配合呼吸的练习，呼吸、手臂、腿的动作节奏仍然采用6∶2∶1，即打腿6次、划臂2次、呼吸1次。

（3）在水中深吸气后，头和上体慢慢后仰，在同伴的帮助下，两手反握池槽，腰部挺直做漂浮踢水练习。

（4）蹬底或蹬边滑行后，做仰卧漂浮练习，逐步加入打水动作。

（5）在仰卧打水的基础上，配合两臂做滑水动作，再配合有节奏的呼吸。

（四）蝶泳

蝶泳在4种竞技游泳姿势中是最年轻的项目。蝶泳出现在1933年，美国人亨利·米尔斯在布鲁克林青年总会比赛中，首先采用两臂从空中移向前方，脚做蛙泳蹬水的动作。直到1952年第15届奥运会后，才将蛙泳和蝶泳分开，正式确立了蝶泳项目。

蝶泳也称为海豚泳，它是由蛙泳演变而来的一种泳姿，游进时因两臂的动作形似蝴蝶展翅而得名。这个泳式技术较复杂，游起来较费力，学习时，一般都安排在其他三种泳式以后进行。

蝶泳时身体俯卧在水中，躯干与腿配合有节奏地做上下鞭打动作，游进时两臂和两腿动作对称，即两腿上下同时打水两次，两臂同时划水一次。躯干和腿的波动是蝶泳的基础。这样的动作结构表明蝶泳的学习不仅要求手臂、躯干、两腿以及呼吸动作的正确，更需要各方面正确动作的协调配合。

练习方法：

（1）原地站立，两臂上举伸直，腰腹前后摆动，模仿海豚波浪动作，挺、屈、提、伸4个动作要连贯。

（2）俯卧，手扶池边或池槽，两腿并拢同时做上下打水练习，体会腰部发力，腿部有节奏地上下摆动，呈鞭状打水。向上动作不要用力过大，向下压水时要

蝶泳

用力。

（3）手扶泳板做蝶泳打水动作。

（4）蹬边滑行后做蝶泳打水动作。

（5）水中站立，上体前倾，做蝶泳划水的模仿练习。

（6）划水练习带动身体前行，配合有节奏的呼吸。

（7）做 2 次打水、1 次划水、1 次呼吸相配合的完整蝶泳练习。

思考题

1. 简述跳跃与投掷的特点和锻炼价值。

2. 简述支撑和悬垂的负荷和注意事项。

3. 如何进行水上救护？

第五章 职业类型与体能训练

阅读提示:

○ 现代科学技术在社会生活中的应用,使人们的生活方式发生了极大的变化,繁重的体力劳动大大减少,脑力劳动的比重逐步增加。在动作技能上,过去大幅度、高强度的劳动动作,被由小肌肉群参加的小动作取代。本章介绍坐姿类职业、站姿类职业、变姿类职业及特殊职业等职业生理负荷特征和体能锻炼方法,以及相应疾病的预防和运动疗法。

第一节 坐姿类职业体能训练

在现代社会中,随着经济和科技的发展,社会分工呈现出精细化的趋势。就坐姿类的职业来说,主要以财务工作人员、文秘及大部分办公室白领为代表,此类工作以脑力劳动为主、以伏案久坐为主要的身体姿势。研究表明,坐姿类的职业人每天久坐时间可达6小时以上。坐姿是一种静态姿势,长时间在静止状态下工作,易引起体能下降、身体疲劳,容易引起机体许多功能和结构的改变,产生如颈椎病等职业病,从而损害健康导致工作效率降低。

一、坐姿类职业生理负荷特征

(一)坐姿时解剖学特征

1. 头颈部

人在长期伏案工作时,头部主要呈前倾状态。坐位时颈部肌肉受力与颈部大小有关,颈部受力随角度增加而增大,颈部损伤患病率随颈角增加而升高。如长时间低头工作,势必会造成颈部受力过大而导致颈部病变。所以,在坐姿工作时,颈部保持前倾角度为0°~10°较为合适。

2. 胸部

人在长时间的静坐过程中,常常低头含胸,胸廓得不到充分扩张,长此以往,一方面会影响肺的通气功能,另一方面会使胸廓变形,导致驼背等不良身体形态的出现。

3. 手腕部

在现代社会中,一般伏案型的工作主要以自动化办公为主,计算机是主要的办公工具,长时间从事计算机操作,手指、手腕经常要重复用力或反复弯曲、伸展,操作键盘打字时,手指击键速度有时高达100次/min及以上,在这样的工作强度中,频繁收缩活动的小肌群能量消耗不高却容易疲劳,甚至因长时间用力压迫腕管内神经而导致腕管综合征。

4. 背部

人体在长时间坐着工作时,背部一般成弓起向前微倾的状态。长时间保持这种姿势工作,不同的脊椎骨角度和脊椎间盘高度的活动对背部(背阔肌)所施加的压力是不均匀的。背部的伸肌在一天的运动中几乎没有主动用力的动作,大多数时间处在被动拉长中。相对其他肌群,背部肌群工作时间最长,所以也容易疲劳,这种疲劳容易引起小肌肉纤维损伤,从而造成背部肌肉群的多种不良反应,如酸、胀、痛等感受。

5. 腰部

人体在坐姿时腰脊承受着上身的重量。腰肌和腹肌像一个夹板,保持一定的张力以稳定腰椎,工作姿势对腰肌受力有很大的影响。有研究表明,腰部受力与躯干倾斜角度大小关系密切,躯干倾斜角度小则受力小。电脑操作者一般习惯将电脑屏幕置于右前方或左前方,导致工作时呈侧身或扭腰等不良姿势。为了维持身体平衡,腰部的某一处肌肉就需要特别用力,以致受力肌容易疲劳。

(二)坐姿时的生理学特征

1. 血液循环

血液周流全身,向全身输送氧和营养物质,以保证生命活动的正常运行。血液循环的动力器官是心脏,而心脏位于胸腔中,心脏向心脏以下的部位输送营养物质和氧气可借助地心引力的力量而比较顺利,但心脏以下的部位血液要返回心脏,就必须克服地心引力的影响,所以相对比较困难,由此造成心脏部位以下的静脉回心血流受阻。长期久坐的人,下肢特别是足背会发生浮肿,还会使直肠、肛管静脉回流受阻,因静脉扩张而发生痔疮。同时,位于心脏以上的部位,特别是大脑的血液供应,须克服地心引力把血液泵入大脑。如果心脏功能不良,则脑血供应不畅通,容易出现头昏、眼花、嗜睡,使工作效率低,失误率增加。

久坐时，心脏工作量减少，长期下去可使心脏功能日益减退，心肌渐趋衰弱。世界卫生组织明确指出，久坐是促发冠心病的重要因素。医学专家调查发现，司机的冠心病发病率比售票员高30%。据研究，坐位时，心脏功能（心率、心输出量、每搏输出量）处于相对较低的水平。

2. 肺通气功能

坐位伏案，胸廓得不到充分扩张，从而影响肺的通气功能。研究表明，坐位伏案对静息时通气量的影响不大，但是从提高体能和健康水平的角度出发，坐位伏案劳动（工作）的人，应加强扩胸动作的练习，以利肺的充分扩张，加强通气和换气的功能，使氧饱和度始终保持在96%~98%。

3. 骨骼肌

骨骼肌是维持各种姿势的基础，维持坐位姿势的肌肉肌纤维长时间处于一定的静力性工作状态（即等长收缩状态）。虽然依靠中枢神经系统的调节，肌纤维的紧张活动可以交替进行，但这种调节交替是相对少而慢的。在坐位姿势劳动（工作）时，肌纤维的紧张性收缩也限制了肌肉的血液供应，以致肌肉获取的氧和营养物质相对减少，而肌肉的代谢废物也不易排出，久之就会引起肌肉僵硬、酸疼，甚至发生肌肉萎缩。坐姿工作2 h以上，即可产生肌肉疲劳感，使工作效率有所下降。所以，医学专家指出，每坐一两个小时，起来走动10 min，对身体有益。

4. 眼的负荷

在现代办公条件下，长时间对着电脑工作，眨眼次数明显减少（由日常每分钟22次左右锐减到4~5次），眼睛特别容易干涩。盯着电脑屏幕，其闪烁会使眼睛不断进行调节，致使睫状肌易疲劳。此外，电脑屏幕也是个强发光体，同时电脑页面内容繁多，使得用电脑时视觉负担很重，常常使眼睛发胀。

眼睛长期超负荷工作，将会导致视力下降，发生眼部炎症（如角膜炎），同时还易导致身心疲劳。

二、坐姿类职业体能锻炼方法

从事不同的职业需要不同类型的体能。坐位姿势是一种静态姿势，维持该姿势的肌纤维长时间处于一定的静力性紧张状态，坐姿时腰背部肌肉是主要的受力肌。有目的地锻炼坐姿，可使机体各部位的主要受力肌群增强肌肉弹性，改善组织，促进血液循环，增强新陈代谢，防止或降低组织。针对坐姿类工作对体能的要求，应主要发展以下部位肌肉群的力量和耐力：

（一）颈肩部肌群力量练习

1. 屈伸探肩

目的：主要发展胸锁乳突肌和斜方肌的力量。

动作方法：坐、立均可，上背挺直，双手叉腰，双眼正视前方。头缓缓地向左偏，努力接近左肩，保持6~8 s，还原；以相同的姿势换方向做，还原（图5-1-1）。

①   ②   ③

图 5-1-1 屈伸探肩

2. 肩绕环

目的：发展斜方肌的力量。

动作方法：坐、立均可，上背挺直，双手叉腰，双眼正视前方。双肩经前方向后展，做以肩关节为中心的绕环动作。

（二）腰背部肌群力量练习

1. 体后屈伸

目的：主要发展伸展躯干和伸髋的肌肉力量。

动作方法：俯卧在垫子或长凳上，两臂前伸，两腿并拢伸直。两臂和两腿同时向上抬起，腹部与坐垫成背弓，然后积极还原，连续练习（图5-1-2）。

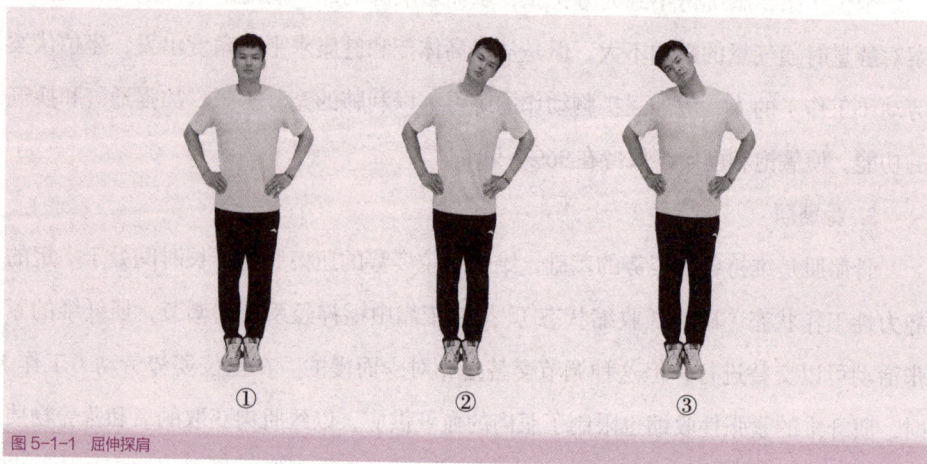

①   ②

图 5-1-2 体后屈伸

2. 俯立划船

目的：主要发展背阔肌上、中部以及斜方肌、三角肌的力量。

动作方法：上体前屈近90°，抬头，正握杠铃。然后两臂从垂直姿势开始，屈臂将杠铃拉近小腹后还原，再连续练习。上拉时注意肘靠近体侧，上体固定，不屈腕（图5-1-3）。

俯立划船
（正面）

俯立划船
（侧面）

图5-1-3 俯立划船

（三）腕部肌群力量练习

1. 屈伸腕动态练习

目的：主要发展前臂伸肌和屈肌的力量。

动作方法：立正，一手持哑铃，掌朝上。另一手微托持哑铃手肘关节，靠于腰部，手紧握哑铃以2 s一次的频率做屈伸腕运动。

2. 屈伸腕静态练习

目的：主要发展前臂伸肌和屈肌的力量。

动作方法：立正，一手持哑铃，掌心朝上。另一手微托持哑铃手肘关节，靠于腰部，手紧握哑铃充分屈腕静止15 s，休息5 s，再充分立腕静止15 s。（图5-1-4）

屈伸腕动态
练习

图5-1-4 屈伸腕静态练习

3. "8"字绕环

目的：主要发展肱桡肌的力量。

动作方法：立正，一手握持哑铃（男生可以双手持哑铃），掌心朝上、持哑铃手做8字绕环运动。（图5-1-5）

腕部8字绕环

图5-1-5 "8"字绕环

三、坐姿类职业性疾病的预防和运动疗法

（一）颈椎病

颈椎病，也称颈椎综合征，主要是因人体颈椎间盘逐渐发生退行性变化，颈椎骨质增生，或颈椎正常生理曲线发生改变，刺激、压迫颈部脊髓、神经根、交感神经而造成其结构和功能损伤所引起的一组综合性病变。它可以发生在任何年龄阶段，临床表现为颈、肩臂、肩胛及胸前区疼痛，手臂麻木，肌肉萎缩，甚至四肢瘫痪，严重者肢体酸软无力，甚至出现大小便失禁及瘫痪等症状。

颈椎病主要是由于颈椎骨质增生或韧带变性，压迫神经血管而产生的功能和结构上的损害。它是一种老年人的常见病和多发病，但是发病年龄却呈现出越来越年轻化的趋势。

1. 颈椎病的预防

长期伏案是颈椎病的重要诱因。长期伏案作业人员需注意：工作学习时要调整好座椅的高度，尽可能保持自然的端坐位，定时改变头部体位，不定时地抬头远眺，加强肩颈部的肌肉力量练习。平时保证有好的坐姿、站姿、走姿，使整个脊柱处在一个正常的活动范围内。另外，平时的体育锻炼中，需要注意做好准备活动，避免颈部突然大幅度前屈后伸和左右旋转，造成颈部意外伤害。工作学习之余，可以做做简单可行的颈部保健操，放松颈部肌肉。

2. 颈椎病的体育运动疗法

常见的颈椎病自我保健康复疗法有：颈部自我保健操、颈部放松操、颈部康复操、颈部力量训练、颈部哑铃医疗体操等。患者可以根据自己的具体情况选择适合自己的疗法进行康复、保健理疗。下面列出几种常见且易于操作的治疗方法：

（1）太极拳练习法。

（2）原地慢跑练习法。

（3）瑜伽练习法。

（4）探戈舞练习法。

（5）颈部运动练习法。

（6）胸锁乳突肌动作练习法。

（7）旋颈拍肩动作练习法。

在站立时，人体上身应昂头挺胸、直背收腹，双臂肌肉呈紧张状稍向后垂直，双腿应尽量靠拢，臀部上提，身体重心落在脚尖处，脚后跟稍抬起。抬头略往后仰的姿势符合脊柱的生理状态，这个动作既是人体生理特点的需要，也是预防颈椎病的基本动作和调理方式。

（二）腰椎间盘突出症

腰椎间盘突出症又称腰椎纤维环破裂症，是指始发于椎间盘的损伤、破裂，在突出或退行性病变的基础上，产生的椎间盘和相应椎间关节及其附属组织的一系列病理变化，由此引起腰伴随下肢放射性疼痛的临床症候群。90%以上的患者会出现腰背疼痛，主要是下腰部及腰骶部持久性的疼痛，严重者卧床不起，翻身困难。还有病人会有坐骨神经痛，疼痛症状是由腰骶部、臀后部、大腿外侧部、小腿外侧至足跟部或足背部出现放射性刺痛。

引发腰椎间盘突出症的原因主要为：内在因素是腰椎间盘的退行性病变；外在因素是外伤、劳损。由于内外因素的作用，椎间盘的纤维环破裂，髓核组织从破裂处突出，使周边的神经、骨髓等受刺激或压迫，产生腰疼、一侧或两侧下肢疼痛或麻木等症状。

1. 腰椎间盘突出症的预防

由于腰椎间盘突出症在短时间内难以根治，因此需要制订一个长期的预防保健方案，包括患者的生活起居、基本的身体姿态、运动锻炼、饮食宜忌等，如果能够持之以恒地实施这些预防保健方案，就可以积极主动地预防疾病。

2. 腰椎间盘突出症的体育运动疗法

早晨刷完牙后，可以做标准的站立姿势（站姿正确，可使脊柱体保持动态平衡，有效降低脑疲劳的程度），做清嗓子干咳，并尽量深咳，反复几次；还可以配合着"咳"嗓子，发出重的"嗯"声，以脊柱整体合力带动全身发力，头向后仰，提肛吸气，胸腹连动。同时还可以做提脚后跟动作，再配合双手反掌向上。这个动作可以较好地贯通人体末梢终端和脊柱，促进脉通、血通、气通、脊通。当然还有以下方法可以缓解或治疗此类症状：

（1）游泳练习法。

（2）慢跑练习法。

（3）跳绳练习法。

（4）爬楼练习法。

（5）倒退走练习法。

（6）交谊舞练习法。

（7）腰背肌锻炼练习法。

（8）瑜伽练习法。

（三）腕管综合征

人们每天坐在电脑前，敲打键盘，轻点鼠标，往往就能够完成工作和娱乐生活，看似简单又轻松，其实背后却隐藏着健康隐患，因为长期频繁的点击鼠标，容易导致一种手部疾病的出现，就是腕管综合征，大家可以通过一些日常的锻炼方法来缓解腕管综合征的症状。腕管综合征是腕部正中神经受到卡压而引起的一种神经病症。主要症状为食指中指疼痛、麻木和拇指肌肉乏力，一般以夜间发作较重，最终可能导致神经受损和手部肌肉萎缩。

腕部的腕骨和腕横韧带共同组成了一个管状结构，即腕管。当正中神经穿过腕管时，往往会受到卡压而导致一定程度的感觉神经和运动神经功能的障碍。

1. 腕管综合征的预防

平时要养成良好的坐姿，应使手与手腕保持正确姿势。如操作电脑时保持手腕伸直，不要弯曲，但也不要过度伸直，与肘关节保持90°角；坐姿时，背部应挺直并紧靠椅背，不要交叉双腿。另外还需注意的是，工作满1 h后，要让手和眼睛适当放松或休息，并做到每天打字不超过5 h。

2. 腕管综合征的运动疗法

腕管综合征首先一定要明确病情变化，其次就是一定要让手腕有充分休息的时间，要合理安排锻炼的时间，减少损伤的恶化，具体方法如下：

（1）腕关节的活动度练习，一般分为前、后、左、右进行两手相互间的训练，节奏保持缓慢。

（2）腕关节的拉伸训练，以另一个手扶住患侧手，进行相应的前伸和后屈的训练。

（3）屈肌肌腱的滑动练习，可以用五个手指撑起一个橡皮筋，然后不断地张开收缩。

（4）腕关节的弯屈练习，可以手拿一瓶水，进行腕关节的弯屈练习。

（5）腕关节的背伸练习，可以自己站在桌子旁边，将手腕掌侧朝桌子进行相应的锻炼。

（6）适当的握力练习。

（四）肩周炎

肩周炎，全称肩关节周围炎，又称"五十肩"（50岁左右人常见）、"漏肩风"（风寒侵蚀肩部，气血运行不畅所致）、"肩凝症"（肩关节活动障碍，肩部像被冻结）。其主要临床特征为肩臂疼痛和活动受限。肩周炎是肩关节周围肌肉、肌腱、韧带和滑囊等软组织的慢性无菌性炎症，是一种多部位、多滑囊的病变。

造成肩周炎的原因复杂而多样，归结起来主要有：工作姿势单调，尤其是脑力劳动者长期伏案作业，易引起肩部筋膜劳损；运动锻炼前准备活动不充分或过度体力劳动也会使得肩、颈部的软组织出现不同程度的创伤性炎症，如突然的弹跳、挥臂等；长期缺乏体育锻炼也会使得肩部的肌肉和肌腱耐受力差，尤其是遇到风寒、雨淋、晚间着凉、冷气吹拂等风寒侵袭时易导致病变；另外，睡姿不当也会引起肩酸背痛。也有资料表明，肩周炎的发病与老、静、伤、寒四要素有关。

1. 肩周炎的预防

肩周炎不是严重的病症，但其病程较长，给患者的工作、生活、学习带来一定的影响。因此，除了积极的治疗外，还需采取积极主动的预防措施预防肩周炎的发生，如平时积极参加体育锻炼，注意日常的饮食起居调理等。

2. 肩周炎的体育运动疗法

适宜肩周炎患者的体育康复疗法很多，患者需要根据自己的年龄、病情、体力等具体情况选择适宜的运动项目和康复治疗法。当然，疗法的选择需要根据病情的不同因时而异。在肩周炎的疼痛期，除了采取必要的药物治疗、针灸理疗等方法治疗，也可同时自行选择运动幅度较小的锻炼方法，如肩关节的徒手运动等；患者慢慢适应后，可逐渐加大运动量，以达到舒筋通络、消除疼痛、预防功能性障碍的目的。恢复期则应选择运动强度稍大的训练方式，如肩颈操、八段锦等，以舒缓肩颈的肌肉、韧带粘连，发展肩带肌群力量，增强肩关节周围肌腱、韧带的弹性，恢复肩关节的活动度。下面列出几种常见、易于操作的治疗方法：

（1）穴位按摩疗法。

（2）旋摩肩周练习法。

（3）扩胸分肩练习法。

（4）两手抱头练习法。

（5）前后摆臂练习法。

（6）患肢画圆练习法。

（7）背后拉毛巾练习法。

以上几种疗法都有舒筋活血、消肿止痛、强化肩周关节功能的作用，患者可根据自己的病情进展，有针对性地治疗。单侧肢的运动模式会加重脊柱体的不对称、不平衡现象，因此在进行功能训练和康复时，需要注意加强双侧肢体的练习，练习的组数、强度和密度均需保持一致。

第二节　站姿类职业体能训练

现代社会职业分类精细，有些职业需要长时间站立工作，如教师、迎宾小姐、售货员、烹饪师、护士等职业岗位，均需要在工作期间长时间站立。站姿也是一种静力性工作，分为立正式站立（如解放军站岗）和任意式站立（如超市的收银员）。立正式站立是一种强度极大的静力性工作，而任意式站立，因在一定程度上可以活动身体某些部位，并有机会在较小范围内做一些移动性活动，所以相对于立正姿势而言，其静力负荷的劳动强度较小。职场站姿绝大多数属于任意式站立。

一、站姿类职业生理负荷特征

（一）站姿时解剖学特征

1. 腰腹部

自然站立时，躯干部位的重量经过腰椎向下传导，需要腰部肌肉力量予以支撑，以保持腰椎的正常生理前凸。腹肌力量较弱的人，如肥胖者，特别是腹部肥胖者，由于大量脂肪组织堆积在腹部，肌肉组织相对较少，且比较松弛，因而对腹部的支撑较弱，进而加重了腰部肌肉的负荷，肚子越往前凸，腰部肌肉的负担便越大，久而久之就可造成腰部肌肉紧张。

2. 脊椎

脊椎的负荷为某段以上的体重、肌肉张力和外在负重的总和。不同部位的脊椎节段承担着不同的负荷。由于腰椎处于脊柱的较低位，因而负荷相当大。

当人体处于静态任意式站位时，因为要维持正常的站姿，即保持躯干的相对竖直，腰椎相对静态坐位时只能有很小程度的前屈或后伸。但站姿时，脊柱能保持自然弯曲度。挺腹是人们常见的站姿，此时腰椎处于向后伸拉状态，腰椎将承受很大的压力负荷。据报道，站立时，腰部肌肉张力始终维持在 $6.5\sim11.6$ kg，而且第三、四腰椎间盘的压力达到 $8.9\sim12.3$ kg，而且得不到缓解，因此患背痛的概率比较高，且随着工龄的延长，这种症状的出现频率也相应增高。另据报道，静态站立时最佳姿势是适度前屈位，这可以在站直的前提下收小腹，通过骨盆与腹背肌肉的整体调整缓解脊椎压力。

3. 下肢

人体某种姿势的维持，均需要一定的肌张力。人体走动或站立时，小腿肌肉等紧张收缩，以维持身体姿势并保持身体平衡。但长时间保持站立不动，会影响下肢血液循环，导致下肢肿胀，甚至静脉曲张。

人体在正常的站姿下，全身的体重均匀地从脊柱、骨盆传向下肢，再由两下肢传至两脚，因此人类的两脚具有负载体重的重要功能。另外，从解剖学观点来看，成年人共有206块骨头，其中两脚就占了52块，俨然是全身的支柱。但长时间站立工作以及过度负重，如搬运重物、长途步行和负重逐日增加等，可诱发平足症。

（二）站姿时的生理学特征

1. 血液循环

站姿也是一种静力性工作姿势，对血液流动的影响与坐姿相同。但维持站姿比维持坐姿时肌肉的静力性张力更大，即有更多的肌纤维处于静力性等长收缩状态，肌张力一般超过该肌肉最大随意收缩范围的15%~20%。研究表明，一旦肌张力超过最大随意收缩范围的15%，很容易导致肌肉疲劳。

直立体位时，因血液的流体静力学作用，血液滞留在心脏高度以下的血管中，由于静脉管壁薄而易于扩张，使其容积大为增加，滞留了大量的血液，致使静脉回流量下降。故长时间站立，血液回心受阻，易出现脚背浮肿、趾关节炎或静脉曲张等症状。发病一般为6~8年，妇女更容易发生。位于心脏以上部位的颈、脑部也易供血不足，而出现头痛、头晕等症状。

2. 骨骼肌肉

人体的肌肉在平时会需要一定的张力以维持一定的身体姿势。站立时，大腿、小腿、腰背部、臀部的肌肉处于等张收缩状态，比坐姿时有更多的肌纤维参与静力性工作且维持相对较高的紧张性。尽管静力性工作能量消耗水平不高，氧需要量通常不超过1 L/min，但很容易产生腰背部和下肢疲劳。

从事站立型职业，身体常处于站姿状态，对下肢力量与耐力要求较高，为此在体育锻炼中应以发展下肢和腰腹肌肉的力量为主，并练习一些形体操、健美操，使之形成合理的站立姿势与优美的形态。

二、站姿类职业体能锻炼方法

（一）下肢肌肉力量练习

1. 深蹲

目的：主要发展大腿肌群和臀大肌力量。

动作方法：把杠铃担负在颈后肩上，屈膝下蹲到大腿与地面平行或稍低，大腿和臀部用力，两脚蹬地使身体恢复到直立，重复练习一定的次数和组数（图5-2-1）。

图 5-2-1 深蹲

2. 踏板弓箭步

目地：主要发展股四头肌、股二头肌和小腿肌群的力量。

动作方法：身体直立，面对踏板，右腿屈膝成弓箭步踏踏板，左腿伸直；双腿同时用力跳起，空中交叉落下时左腿屈膝成弓箭步踏踏板，右腿伸直。两臂自然摆动。同时两手叉腰。交换腿连续做（图 5-2-2）。

图 5-2-2 踏板弓箭步

3. 踮脚跳跃

目的：主要发展小腿腓肠肌、比目肌和股四头肌的力量，对提高身体平衡能力也有一定的价值。

动作方法：两脚并拢站立，两膝微屈，双脚前脚掌原地向上纵跳，膝盖伸直，下落时，先前脚掌着地，然后全脚掌着地，再踮脚起跳（图 5-2-3）。

图 5-2-3 踮脚跳跃

（二）腰腹部肌肉力量练习

1. 仰卧起坐

目的：主要发展腹直肌力量。

动作方法：仰卧于垫子上，两小腿弯曲，两脚固定，双手交叉抱于头后。腹肌收缩使额头向膝部靠拢直至接触膝盖。然后还原，重复此动作一定的次数和组数（图 5-2-4）。

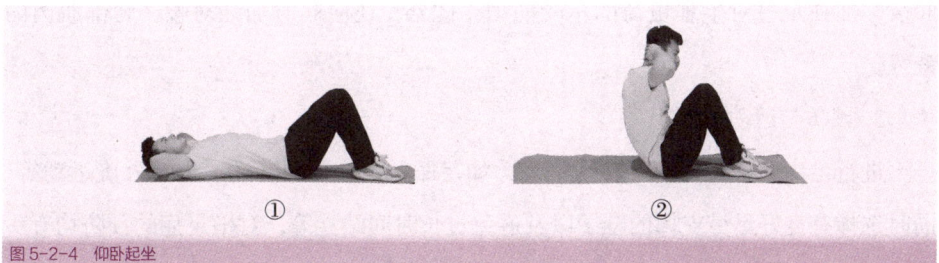

图 5-2-4 仰卧起坐

2. 直脚上举

目的：主要发展腹直肌、髂腰肌的力量。

动作方法：仰卧于垫子上，两腿并拢伸直，两手放于体侧。双腿直脚并拢靠腹部的力量将脚慢慢举起，保持躯干与大腿成 120° 左右的夹角，静止 5~10 s，然后还原（图 5-2-5）。

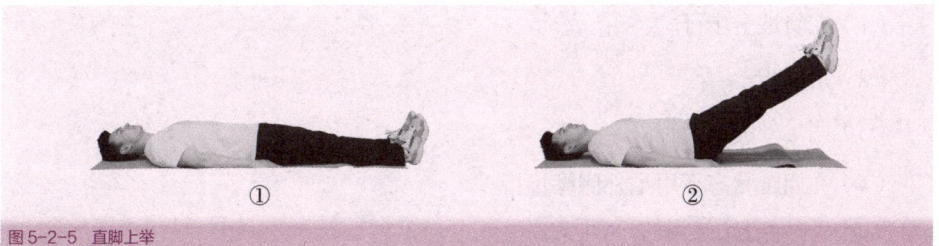

图 5-2-5 直脚上举

三、站姿类职业性疾病的预防和运动疗法

（一）扁平足

1. 扁平足简介

足弓是人脚的重要结构。有了足弓，使脚底的人体工学结构富有弹性。既可吸收地面对脚的冲击力量，又可锁定中足关节，使脚变得坚硬，更好地推动人体活动。扁平足又称平足症，指足弓低平或消失，足外翻，站立、行走的时候足弓塌陷，引起足部疼痛的一种畸形足。很多平足者特别是儿童平足没有症状，也不需要治疗，只有少部分儿童平足可能会逐渐引起整个身体体态的变化，有一部分平足可能诱发足部骨结构异常，如垂直距骨、跗骨联合等。在成人平足中，50岁以上的女性较多。成人平足初发时，足在非负重状态下足弓存在，负重后足弓即消失。此时由于关节的活动性尚存在，称为可复性平足或柔性平足。如果出现关节病变、活动受限，畸形不能复位，就称为僵硬性平足。

2. 运动疗法的作用

通过运动疗法，可以改善小腿、踝、足部的血液循环，增强胫骨前肌、腓肠肌、胫骨后肌、屈指长肌及足部肌肉韧带的力量与弹性，以维持足弓的正常生理曲度，加强足弓对生理负荷的承受能力。此外，还应同时加强对腰、腿部肌肉的锻炼。

3. 预防与运动疗法

进行足内肌、足外肌的功能锻炼，如足跖行走、跖屈运动、提踵外旋运动等，同时选择有良好足弓支撑的鞋子以及避免过长时间站立等，对平足症的预防均有一定意义。

防治扁平足的主要方法是做矫正体操。矫正体操的重点是锻炼胫骨前肌、腓骨长肌、胫骨后肌、屈指长肌及足部肌，如足尖走、足跟走、足外侧走、踢毽子等练习，以及坐位时进行足内翻、足趾屈伸和分开并拢、足趾夹物等练习。每日锻炼1~2次，每次20~30 min。

下面介绍一套立位矫正体操：

（1）在斜坡上步行。

（2）足尖步。

（3）用足外侧缘步行。

（4）在屈趾状态下用足外侧缘步行。

（5）在鹅卵石、沙滩或凹凸不平的路上行走。

注意事项：

（1）痉挛性平底足有明显疼痛时，不宜做操。

（2）有些患者不仅足部肌肉软弱，而且臀肌、股四头肌，甚至腹肌和背肌也较软弱，这时应配合进行下肢和躯干运动，相应的训练这些部位的肌肉。

（二）下肢静脉曲张

1. 下肢静脉曲张简介

下肢静脉曲张是指下肢浅静脉系统处于伸长、蜿蜒而曲张的状态。下肢静脉曲张是一种常见疾病，尤其多见于从事持久体力劳动或站立工作的人员。主要表现为下肢大隐静脉扩张，伸长，迂曲，产生患肢酸胀，乏力，沉重等症状，严重者常伴有小腿溃疡或浅静脉炎等并发症。患者多为运动员、教师等长期站立的人，站立的时候，血液要从最远端的地方返回心脏，如果静脉功能不全，静脉会发生扩张、曲张，导致下肢静脉高压。

下肢静脉曲张虽然不疼不痒，不会威胁生命，但是如果治疗不及时，可能会引起小腿溃疡、静脉血栓等严重后果。

2. 运动疗法的作用

从血流动力学的角度进行观察，在体育锻炼过程中，通过肌肉规律性的收缩，可以使深部静脉血液回流加速，皮下静脉的压力可能较静止时还低。运动可增加足踝关节的柔软度，而足踝关节的柔软度有助于减缓下肢静脉曲张。可见，体育锻炼有助于预防和改善下肢静脉曲张症状。

3. 预防与运动疗法

（1）平时多做双腿上下摆动或蹬夹练习，多做腿部按摩。

（2）站立时，不要总用两条腿一起支撑全身重量，可有所侧重，让两条腿轮换休息。站立时，要经常踮起脚来，让脚后跟一起一落活动，或经常进行下蹲练习。上述动作都能引起小腿肌肉强烈收缩，减少静脉血液积聚。

（3）推拉小腿。下肢静脉曲张患者坐在床边双腿放在矮凳上，先按摩左腿，左手掌贴在小腿外侧，右掌贴在小腿内侧，从膝盖开始双掌夹住左侧小腿下推，推至踝部即往回拉，一推一拉反复推摩100次，右腿锻炼方法同上。

（4）平推小腿。下肢静脉曲张患者四指并拢，拇指分开，用手掌平推小腿血管曲张处，来回推移30次。

（5）按捏脚趾。下肢静脉曲张患者用一只手捏住患腿的五个脚趾，来回按捏30次。

（6）按摩足底。下肢静脉曲张患者用一只手掌按摩足底部，以涌泉穴（屈足趾，足底前三分之一凹陷处）为中心反复点揉100次。

（7）屈抱两腿。下肢静脉曲张患者靠墙站立，先左腿屈膝抬起，双手向前抱膝，再右腿屈膝抬起抱膝，两腿交替，各抱20次。

（8）两腿前踢。下肢静脉曲张患者站立，两手叉腰，先用左腿向前踢，继而用右腿向前踢，两腿交替，各踢20次。

（9）甩动两腿。下肢静脉曲张患者站立，双手扶着椅背，右足独立，左腿抬起，前后左右大幅度摆动，先前后，再左右各20次，换右足依前同样甩动各20次。

（10）两脚蹬车。下肢静脉曲张患者仰卧床上，两足抬起像蹬自行车一样，共交替做约50组。

（11）踮脚尖走路。下肢静脉曲张患者站立，双腿并拢双手扶椅背，用脚尖支撑身体，再来回走动约30步。

（12）快速步行。静脉曲张的患者，如果能坚持每天快速步行4次，每次10 min，就可以有效地治疗这种病。在快速步行时，腓肠肌的收缩运动加强，有利于下肢静脉血液的回流。快速步行后，最好能将脚抬高躺下休息，脚高于身体平面，躺10 min左右即可。

（13）爬行运动。下肢静脉曲张患者爬行运动简单易行，对血液回流有较好作用，同时对提升上下肢、脊柱、腰、心脏功能都有帮助。练习时要循序渐进，距离由短到长，速度由慢到快，还要注意时间的安排，不要在饭前饭后爬，以免影响消化。

以上内容讲述的是下肢静脉曲张患者的运动疗法，对于下肢静脉曲张患者是可以缓解疼痛的症状的，而且还能帮助患者慢慢地治疗静脉曲张，下肢静脉曲张患者应坚持锻炼。

（三）下背痛

1. 下背痛简介

下背痛顾名思义就是指下背部的疼痛，通常是指背部肋骨下缘以下的部位疼痛，由于症状易发于第四和第五腰椎或第五腰椎和第一骶椎间，也有不少人称之为"腰痛"，是现代人主要的文明病之一。

下背痛并非单一的疾病，而是一个由多重原因引起的症状。大部分的下背痛找不到明确的病因，但绝大多数应和肌肉拉伤、扭伤有关。肥胖、抽烟、怀孕时增重、压力、身体状况不佳、坐姿不良、睡觉姿势不良也可能造成下背痛。

2. 运动疗法的作用

运动疗法对缩短病程，减少慢性下背痛的发病率，改善脊椎功能有重要作用。

（1）加强背部的力量及增加躯体的柔韧性来预防损伤和降低疼痛的严重程度。

（2）促进心血管的健康，增加脊柱、肌肉、关节、椎间盘的供血，从而减小损伤和增强修复功能。

（3）情绪的好转可以改变痛觉的敏感性。

3. 预防与运动疗法

脊柱核心稳定性训练对于下背痛有很好的预防作用，训练目的是增强脊柱局部稳定肌肌力，改善腰椎稳定性。以下介绍部分脊柱核心稳定性训练方法：

（1）骨盆倾斜运动。患者仰卧位，背部垫枕，腰椎平放于床面上，治疗师协助患者逐渐前倾骨盆；或呈俯卧位，协助患者骨盆前后倾。

（2）腰椎中立位控制。仰卧位，一手触摸髂前上棘内侧的下腹部，一手置于腰骶部，维持脊柱中立位，此时腹横肌与多裂肌联合收缩，并维持此姿势。

（3）多裂肌训练。患者取膝手跪位，同时抬高一侧下肢和对侧上肢与躯干呈同一水平面，并维持；放松并在对侧重复此动作；也可俯卧于训练球上，缓慢抬高一侧上肢或下肢使之与躯干呈同一水平面并维持。

（4）桥式运动。俯卧位，以肩和双足为支撑点，抬起背部、臀部和下肢，使髋、膝、肩呈一直线，垂直抬起上肢，并维持；可逐渐屈膝以增加难度；也可俯卧位，屈膝，以双肘和膝为支撑点，将髋抬离床面，保持腹横肌收缩，使膝、髋、肩呈一直线，维持一段时间。可重复动作。

（5）侧桥运动。侧卧，单侧肘部支撑，髋部伸直位，双膝并拢屈曲，对侧上肢放于髋上方，保持腹横肌收缩，将髋部抬离床面，使髋、膝、肩、颈呈一直线，维持一段时间。缓慢放松。对侧重复。在此基础上，可以足、肘支撑抬起髋部以增加难度。

第三节　变姿类职业体能训练

一、变姿类职业生理负荷特点

变姿类职业从业人员，静力性工作与动力性工作交替进行，所以这类人群劳动（工作）时的解剖学、生理学负荷特征与坐姿、站姿类职业有许多相同之处，但又不完全等同。因为这类工作姿势变化没有一定的规律，有些工种（如园艺工作者）姿势变化频率快，肌肉交替休息不易疲劳；有些工种（如机械工）工作时需要一定静力紧张的负荷，因此某处肌肉一直处于紧张收缩的状态，很容易造成肌肉紧张、僵硬。变姿类职业工种繁多，因此要针对不同的工种进行区别分析。

变姿类岗位职工在高温、高湿、高寒、辐射和噪声等恶劣环境下工作，工业自动化程度相对低，体力消耗大，且存在不良姿势、过度用力和骨骼振动等诸多职业性疾患危险因素。因此，这类职业对人体健康提出了特殊要求：不但需要具备良好的心肺功能，同时也需要身体各部位具备良好的协调性和灵活性。这就要求选择健身项目或开展针对性的体能训练时，应考虑发展身体各部位的素质，使全身各部位都得到运动，以适应工作的需要。

二、变姿类职业体能锻炼方法

（一）增强心肺功能的练习方法

在现场作业时，要求心脏功能随工作强度的改变而适当地调整，以满足工作的需要。对建筑工作一线的技术人员心肺功能调研发现，有些员工在烈日下工作，常出现因心脏功能不能适应高温环境而昏厥的现象。因此，对室外工作的人员加强心肺功能的训练是必要的。

在选择运动项目进行锻炼时，可考虑健美操、游泳、跳绳、越野、健身跑等项目。

（二）提高肌肉耐力的练习方法

肌肉耐力是肌肉长时间维持工作的能力。高抬举作业，如手举焊枪、紧固螺丝和打孔等，需要保持长时间的肌肉收缩状态，如果肌肉耐力差，则会导致工作效率降低，甚至出现工伤事故。提高肌肉耐力的练习应采用小负荷、重复多次的练习方法。

（三）抗热、抗寒、抗风雨、抗辐射能力的练习方法

室外工作时，夏天的火热，冬天的寒冷，风雨霜雪等都可引起人体免疫能力的降低，导致机体不适，进而引起疾病。对此，应加强有氧运动，以提高免疫力。同时，可参加定向越野、野外素质拓展等项目，以提高抗疲劳能力、野外生存能力和环境适应能力等。

（四）提高平衡能力的练习方法

有效的平衡，有赖于身体关节的柔韧性、躯干主要肌肉的力量以及良好的肌肉

协调性。这对于高空作业者，像高空建筑工、高层清洁工（蜘蛛人）等，是必须具备的能力。因此，在选择体能训练或运动项目时，应考虑发展稳定性、下肢肌肉静力性耐力、灵敏性。下面重点介绍提高平衡能力的几种方法。

1. 燕式平衡

目的：增强小腿、后背和腹部主要肌肉工作的稳定性。

动作方法：由站立开始，左脚向前迈一步，上体前倾，右腿后上举高于头，抬头挺胸，两臂侧举成燕式平衡。做动作时支撑腿要伸直，两腿交替进行（图5-3-1）。

2. 静止拱桥

目的：增强后背和腹部主要肌肉工作的稳定性。

动作方法：屈腿平躺，腿着地，手臂放在体侧，脊柱位于中间位置，臀部、大腿和躯干肌肉用力提起骨盆，直到肩膀与膝盖成直线，然后身体缓慢下降，还原（图5-3-2）。

图 5-3-1　燕式平衡

图 5-3-2　静止拱桥

三、变姿类职业性疾病的预防和运动疗法

（一）胃肠疾病

1. 胃肠疾病简介

人体与自然界的气候变化息息相关，特别是胃肠道与外界气候变化的关系更为密切。胃肠病，肠黏膜和胃黏膜发炎，有多种引发因素，而患了该病，会出现多种症状，如恶心、呕吐、腹泻等，还可能有发热、失水等严重症状，应及早治疗。

现代医学认为，过度精神刺激，忧郁焦虑等精神因素，使大脑皮质兴奋与抑制过程的平衡失调，自主神经功能紊乱，导致胃壁血管痉挛收缩，胃黏膜缺血，营养不良，日久则发生炎性病变。

2. 运动疗法的作用

运动对增强消化系统功能有非常好的作用，它能够加强胃肠道蠕动，促进消化液的分泌，加强胃肠的消化和吸收功能。运动还可以增加呼吸的深度与频率，促使膈肌上下移动和腹肌较大幅度地活动，从而对胃肠道起到较好的按摩作用，改善胃肠道的血液循环，加强胃肠道黏膜的防御机制，尤其对于促进消化性溃疡的愈合有积极的作用。

体育锻炼还能够增强全身肌肉的力量，包括增强腹肌和消化道平滑肌的力量，这有助于消化器官保持在正常的位置上，所以体育锻炼也是治疗内脏下垂的重要手段。

3. 预防和运动疗法

作为有效的辅助疗法手段，胃病患者可以参加的运动包括：气功、太极拳、步行、慢跑、骑自行车等。

在锻炼的过程中，应逐渐增加运动量，由少到多，长期坚持，持之以恒。如采用速度缓慢、全身放松的步行方式，运动时间每次20~30 min，运动脉搏控制在110次/min左右。可以选择在风景优美的环境步行2 km左右，有助于调节中枢神经系统，改善全身及胃肠功能，对消除腹胀、嗳气、促进溃疡愈合有一定作用。随着病情好转，可适当加大运动量，运动时脉搏可以达到130~140次/min。每天最好坚持运动20~40 min。

急性肠胃炎、胃出血、腹部疼痛者不宜参加运动，待病情好转后再进行适当运动。

有胃痛困扰的人平常除了注重饮食保健外最好还要养成运动习惯，一个星期中尽量抽出2~3天来运动。因为运动可以促进血液循环和新陈代谢，帮助胃肠蠕动、增强力量，消除精神压力等，一些运动姿势还可以预防和缓解胃部不适。

（二）失眠

1. 失眠病因

失眠常见病症是入睡困难、睡眠质量下降和睡眠时间减少，记忆力、注意力下降等。现代临床医学对失眠的认识存在局限性，但是，医学家已经开始根据临床研究，给失眠进行定义。2012年中华医学会神经病学分会睡眠障碍学组根据现有的医学证据，制定了《中国成人失眠诊断与治疗指南》，其中失眠是指患者对睡眠时间和（或）质量不满足并影响日间社会功能的一种主观体验。

失眠按病因可划分为原发性和继发性两类。

（1）原发性失眠。通常缺少明确病因，或在排除可能引起失眠的病因后仍遗留失眠症状，主要包括心理生理性失眠、特发性失眠和主观性失眠3种类型。原发性失眠的诊断缺乏特异性指标，主要是一种排除性诊断。当可能引起失眠的病因被排除或治愈以后，仍遗留失眠症状时即可考虑为原发性失眠。心理生理性失眠在临床上发现其病因都可以溯源为某一个或一系列事件对患者大脑边缘系统功能稳定性的影响，边缘系统功能的稳定性失衡最终导致了大脑睡眠功能的紊乱，发生失眠。

（2）继发性失眠。包括由于躯体疾病、精神障碍、药物滥用等引起的失眠，以及与睡眠呼吸紊乱、睡眠运动障碍等相关的失眠。失眠常与其他疾病同时发生，有时很难确定这些疾病与失眠之间的因果关系，故近年来提出共病性失眠的概念，用以描述那些同时伴随其他疾病的失眠。

2. 运动疗法的作用

运动是针对失眠有效的非药物干预、治疗方法之一，在国内外都很受推崇。现在很多传统的运动项目已用于改善睡眠质量，如我国的太极拳、武术、八段锦，国外的瑜伽、冥思等。国内外研究证实这些运动项目对睡眠有一定的改善作用，尤其是对老年失眠患者，因运动具有健康、安全、易掌握、经济易行等优点被接受和推广。老年人适宜利用简单、易于学习的锻炼方法来改善睡眠质量，如中国传统气功八段锦。

3. 预防和运动疗法

运动可以有效改善失眠的问题，不过大家在采用运动疗法治疗失眠之前最好去医院做相应的检查，排除器质性病变的病因。如果失眠是因为高血压、脑血管病变、心律失常等多种疾病引起的，就不能盲目进行运动，以免加重疾病症状。在身体比较健康的情况下可以通过运动疗法来治疗失眠问题，但是晚上睡觉前两个小时一定不能进行剧烈运动，避免起到适得其反的作用。失眠的常见运动疗法有以下几种：

（1）中等强度运动。白天可以适当进行一些中等强度运动，包括篮球，排球，乒乓球，高尔夫球，游泳，跑步，健美操等。大家可以根据个人的兴趣爱好和身体条件来选择适合自己的运动项目，长期坚持下来就能有效改善失眠的问题。

（2）打太极拳。太极拳是一类非常有利于身心健康的健身运动，只要能够长期坚持，不仅具有很好的健身作用，还能起到调节精神状态和改善睡眠的功效。

（3）练气功。练气功能够起到精神放松和集中注意力的作用，这样就能增强自身的自我控制能力和忍耐力。而且还能让自己的情绪安定下来，从而起到改善失眠的作用。

（三）脑疲劳

1. 脑疲劳简介

在持续较长或强度过大的脑力劳动过程中，脑细胞代谢产生的自由基、乳酸等许多有害物质大量淤积，阻塞了大脑的营养通道，造成血氧含量降低，血液循环不畅，在脑部营养和能量极度消耗的同时又阻碍了营养物质的有效吸收和利用，最终导致"大脑新皮质"与"大脑边缘系统"和"间脑"之间的平衡关系遭到损害，脑细胞活力受到抑制，出现因信息流的增大和紊乱等造成的慢性疲劳综合征。

实际上，脑疲劳这种现象早已有之。脑疲劳是一种亚健康状态，尤以脑力劳动者和在校学生为甚。据专家调查分析，在我国青少年群体当中，至少有50%的人存在着不同程度的脑疲劳。令人忧虑的是，这种现象还有逐步蔓延、上升的趋势，应当引起广大家长与教师的高度重视。脑疲劳的产生，可来自身、心这两个方面。从身体的角度来看，有两个原因：一是用脑过度，导致物极必反，久而久之，大脑容易疲劳而恢复却十分缓慢；二是护体不当，五脏六腑、四肢百骸的疾病严重影响了脑功能的正常发挥，比如颈部气血不畅，便会造成营养物质的输送困难。

2. 运动疗法的作用

缺乏体育锻炼会影响大脑功能。因为运动过少，易使血液在内脏器官瘀滞，脑细胞得不到充足的氧气供应和血液供应，易出现疲劳，感到头昏脑涨，大脑反应慢，工作效率降低。如果每天进行体育锻炼，可促进血液循环，增强呼吸运动，增加氧的消耗，促进新陈代谢，增强体质，促进健康。运动对大脑有以下好处：

（1）缓解脑疲劳。体育活动时，与肌肉有关的脑细胞处于兴奋状态，使大脑皮质管理思维的部分得到了休息，有利于缓解脑疲劳。运动还可以锻炼神经系统对疲劳的耐受能力和对外界环境的适应能力。

（2）延缓大脑衰老。锻炼有助于推迟和减轻随衰老过程发展而出现的大脑迟钝、记忆力下降等。

（3）心情愉快。体育锻炼可以使心情愉快，而愉快的情绪对消除大脑和身体疲劳，恢复脑的工作效率起着良好作用。

（4）思维敏捷。经常参加体育锻炼，可提高神经细胞的反应性和灵活性，使思维敏捷、大脑的指挥功能熟练和稳定，动作迅速灵活。

（5）精力旺盛。体育锻炼可引起肌肉收缩，肌肉收缩会产生一种信号，通过脊神经上行传导到脑干网状结构，再到大脑皮质，引起神经兴奋。肌肉收缩不断产生一种良性有节奏的刺激，使大脑皮质经常接受这种良性的有节奏的信号（皮质活动常取决于皮质下的神经冲动），这就大大地提高了大脑皮质细胞的活动能力，使人更加富有活力。

（6）镇静。运动锻炼能消除身体上的疲劳和懒惰感，还能使体内产生内啡肽。内啡肽具有镇静作用，使人感到放松和平静。

（7）促进睡眠。每天适量的运动，可以促进睡眠，增加机体的免疫能力，增强心肌和肌肉的功能，加快血液流速，从而大大地改善脑、心脏和全身的血液循环，促进消化器官功能，使体质健壮，精力充沛。神经衰弱的病人在进行运动治疗时，要注意遵循持之以恒、适量适度、脑力和体力并用的原则。

3. 预防与运动疗法

生活中，睡觉常被人们当作缓解疲劳的良方，很多脑力劳动者更是把"美美睡上一觉"视为给大脑充电的"法宝"。然而，专家指出，适当多做有氧运动才是缓解大脑疲劳的最有效方法，过多睡眠不仅不能使大脑焕发活力，反而可能降低思维能力，不利于大脑正常工作。

长时间用脑会引起大脑血氧供应不足，使人出现头昏脑胀、记忆力下降、注意力难以集中、食欲不振、周身不适等。如果靠增加睡眠的方法试图消除脑疲劳，过多的睡眠反而会降低机体新陈代谢率，使全身肌肉松弛，让人感到慵懒倦怠，思维能力降低，并不利于缓解脑疲劳。研究显示，保证晚11时至次日早6时或7时的7~8 h睡眠，对脑组织及全身健康最有利。

研究表明，慢跑、游泳、做体操、跳绳、打乒乓球、打羽毛球、快走等中低强度的有氧运动，对促进全身血液循环，改善新陈代谢，增加血液含氧量，提高大脑血氧供应，有明显效果，可有效缓解脑疲劳。长期坐办公室的脑力劳动者，刚开始进行有氧运动时，应注意循序渐进，逐渐增加运动量，给机体一个适应过程，以运动时心率接近靶心率（170－年龄）的运动量为宜。

第四节　特殊职业体能训练

随着社会的发展，分工越来越精细，特殊职业种类也不断增加。本节中的特殊职业主要根据工作时空、工作风险的特殊性来界定，比如空中乘务员、航海人员和处理突发事件的职业如警察、消防人员和安保人员等。因篇幅限制，本节主要介绍空乘人员的职业体能训练。

一、耐力素质训练方法

耐力素质是指机体在一定时间内保持特定强度负荷或动作质量的能力。保持特定运动强度或动作质量是耐力水平的体现。耐力水平的提高表现为更长时间保持特定强度或动作质量，或在一定时间内承受更高强度的能力。对于职业人员来说，我们所说的耐力是指人体在长时间工作时克服疲劳的能力。推荐的一些锻炼方法有：

（1）各种形式的长时间跑，如持续跑、变速跑、越野跑、法特莱克跑等。

（2）长时间的有氧运动如自行车、登山、游泳、滑冰等。

（3）一定时间的球类运动或比赛。

（4）长时间的游戏及循环练习。

二、力量素质训练方法

力量素质是指人的机体或机体的某一部分肌肉工作（收缩和舒张）时克服内外阻力的能力。外部阻力是指物体的重量、支撑反作用力、摩擦力以及空气或水的阻力等。力量素质对空乘人员工作效率的影响极大。空乘人员在工作期间要求身体姿势和动作要极其标准，对身体特定肌肉种类及发力特点有特殊职业要求。从空乘人员工作特点视角可以将身体姿势分为站姿、坐姿、走姿、蹲姿，身体动作可以分为上肢动作、躯干动作、下肢动作、整体动作。空乘人员肌肉发力性质主要是静力性力量和动力性力量。

1. 静力性力量的练习方法

静力性力量练习的主要特点是肢体不产生明显的位移，肌肉收缩产生张力，但一般不发生长度的变化。完成静力性练习时，因工作的肌肉一直处于紧张收缩状态，会影响其血液循环，疲劳出现较早。

静力性力量练习的一般方法是以最大用力来维持某一动作，主要是注意掌握持续时间的长短。主要练习方法如下：

（1）对抗性静力练习。

（2）负重静力练习。

（3）动静结合练习。

2. 动力性力量练习方法

动力性力量指肌肉作非等长收缩时产生的力量。动力性力量练习又分为：

（1）最大力量练习。最大力量是用最大力量克服阻力的能力。如举起杠铃的最大重量。发展最大力量的方法主要是采用克服大阻力（最大力量的80%以上强度）、重复次数少的练习。

（2）速度力量练习。速度力量又称爆发力，它是在最短时间内发挥最大力量的能力。速度力量锻炼的特点是适当减少阻力（最大力量的60%~70%），用最快的速度完成动作。如跳远、立定跳远练习。

（3）绝对力量练习。绝对力量的练习一般采用附加重量（次极限重量）或最大重量（极限重量）的重物。如卧推杠铃、深蹲和半蹲杠铃。

（4）相对力量练习。相对力量要求练习者具有较大克服自身体重的能力。练习的主要方法有体操、短跑、武术、摔跤、拳击等。

（5）速度力量练习。速度力量的练习一般以中等或中小负荷为主，重复次数较少，以最快速度完成动作，这种练习效果最好。

（6）力量耐力练习。力量耐力是指长时间克服阻力的能力。它要求既要克服一定的阻力（约50%的强度），又能坚持较长时间，以达到一定的疲劳感觉为宜。如俯卧撑、仰卧起坐等。

三、速度素质训练方法

速度素质是指人体快速运动的能力。快速运动反映机体运动的加速度和获得最大速度的能力。空乘岗位对速度素质的要求是简洁、迅速、高标准地完成相关工作。在具体工作中，空乘人员既需要反应速度，同时还需要动作速度和位移速度。主要练习方法有：

（1）信号刺激法。利用突然发出的信号提高人体对简单信号的反应能力。如以站、坐、跪、卧姿准备，看教师手势向各个方向起动等练习。

（2）反口令练习法。根据信号复杂程度的变化，作出相反的应答动作。

（3）"米"字形快速往返移动。

（4）上下坡练习等。

四、抗眩晕能力训练方法

眩晕是一种运动时产生的幻觉，是平衡系统功能障碍出现的复杂症状，而身体不稳则是平衡障碍的一种主观体验，它涉及耳科、内科、神经科、骨科和眼科等多种学科。在维持人体平衡的过程中，主要受到前庭系统、视觉系统、本体感觉三个系统的交互影响，其中起着重要作用的是存在于内耳的前庭系统。对于空乘人员来说，由于工作时处于空中密闭的客舱里面，工作环境中存在气压变化，时间也比较长，容易导致变压性眩晕。变压性眩晕是一种急性发作性眩晕，在外界压力突然变化且中耳腔内形成相对高压的情况下发生。多发生于飞行员、空乘人员、船员、潜水员等从事特殊职业的人群中。抗眩晕能力主要是指身体的前庭感受器官应对旋转、晃动的能力。通过针对性的练习可以适当增强空乘人员身体的抗眩晕能力，减缓由于所处空间的快速旋转或晃动引发的头晕、头痛、恶心、呕吐等不适感觉。以下介绍几种练习方法：

（1）连续前滚翻、后滚翻。

（2）仰卧左右侧滚翻。

（3）坐转：双腿屈膝，两手平举向前，然后开转。

（4）原地跳转360°。

（5）闭目旋转直线走。

（6）单足站立，反复下蹲起立。

（7）走平衡木。

（8）荡秋千。

思考题

1. 简述坐姿类职业体能锻炼方法。

2. 简述站姿类职业体能锻炼方法。

3. 简述变姿类职业体能锻炼方法。

第三篇　现代运动项目

本篇导语：体育比赛和训练，可以培养队员团结战斗的集体主义精神，培养"胜不骄、败不馁"良好品质，弘扬"无私奉献、团结协作、艰苦奋斗、自强不息"的精神。本篇介绍球类运动、健身健美运动、休闲运动等三个章节十八个运动项目的起源、发展、特点及规则等基本概况，同时，图文并茂地呈现了部分运动项目基本技战术以及练习方法。帮助学生在校期间学会1~2项专项运动技能，提升体质健康水平，促进学生终身体育习惯的养成。学习运动技能还有助于培养学生的规则意识、团队意识，提高学生的审美素养，增强学生调控情绪及抗挫折的能力。

"女排精神"永驻

2016 年里约热内卢奥运会上,当朱婷最后以一记重扣造成对方打手出界,围坐电视机旁的亿万国人顿时热血沸腾、欢呼雀跃。中国女排奇迹般地战胜了夺冠热门、上届冠军、东道主巴西女排,以一场酣畅淋漓的胜利,再次迈上最高领奖台,重温了昔日的辉煌,唤醒了国人深埋心底的荣耀。刹那间,"女排精神"再次横扫各大媒体,成了中国体坛的热门话题。那么,"女排精神"到底是什么?

20 世纪 70 年代末,国人意识到了自己运动竞技水平与世界的差距,充满了彷徨和失落。正是这个时候,时任女排主教练的袁伟民对女排进行了"魔鬼"训练。当时训练条件十分简陋,没有球网,就用竹竿代替;没有创可贴,就用胶布粘贴。女排姑娘们在地上摸爬打滚,摔得遍体鳞伤。在经历了严格而又残酷的训练后,中国女排终于在短时间内突飞猛进,脱颖而出。从 1981 年到 1986 年,中国女排囊括了代表世界最高水平的三个大型排球比赛(世界杯、世锦赛和奥运会)冠军,并创下世界排球史上第一个"五连冠",开创了我国大球翻身的新篇章,奏响了时代的主旋律,成为中华民族的精神象征。

1981 年的那个夜晚,当中国女排首次夺得世界冠军后,北大学子由衷地喊出"团结起来,振兴中华"的时代最强音。时值改革开放大潮兴起,女排姑娘的拼搏精神激励着各行各业,使更多的中国人通过女排精神,真实地体会到一种从未有过的自豪感,在全社会掀起了一股学习中国女排的热潮。实际上,"女排精神"所蕴含的刻苦奋斗、不畏强敌、奋力拼搏的精神,从一开始就超出了体育竞技的范畴,而对各行各业的劳动者起着激励、感召和促进作用。

第六章　球类运动

阅读提示:

○ 通过学习本章内容，使学生了解足球、篮球、排球、乒乓球、羽毛球、网球等球类项目的起源、发展现状及基础理论知识，掌握各项目的基本技术和战术，有助于提高学生的专项运动技能水平，促进学生终身锻炼习惯的养成；有助于培养学生的规则意识、合作意识、公平竞争意识等良好的体育道德品质，促进学生养成积极乐观的生活态度，提高学生顽强拼搏的信念和挑战自我的勇气。

第一节　足球

一、足球运动概述

足球运动是一项以脚为主控制和支配球，两支球队按照一定规则在同一块长方形场地上进行进攻与防守的体育运动。足球运动参与者众多，普及广泛，影响力大，有"世界第一运动"的美誉，是全球体育界内最具影响力的单项体育运动之一。2014年11月24日，我国国务院召开全国青少年校园足球工作电视电话会议，明确以教育部为主导，不断完善政策，形成校园足球激励机制。足球将纳入学生综合素质评价内容和体育课程教学体系，目的在于进一步普及和推广校园足球运动，增进青少年体质健康，提高我国足球运动水平。

（一）足球运动的起源与发展

足球运动是一项古老的体育活动，源远流长。它最早起源于我国古代的一种球类游戏"蹴鞠"，又称为"蹋鞠"，"蹴"和"蹋"都是踢的意思，"鞠"是球名。"蹴鞠"一词最早记载在《史记·苏秦列传》里，汉代刘向《别录》中也有记载。到了唐宋时期，"蹴鞠"活动已十分盛行，后来经过阿拉伯人传到欧洲，发展成现代足球。

1863年10月26日，英国人在伦敦成立了世界上第一个足球运动组织——英国足球协会，并统一了足球规则，人们称这一天为现代足球的诞生日。从1900年的第2届奥运会开始，足球被列为奥运会正式比赛项目。1904年5月21日，国际足球联合会（简称"国际足联"）在巴黎成立。1930年起，每4年举办一次世界足球锦标赛（又称世界杯足球赛）。

（二）足球运动的特点与价值

1. 足球运动特点

（1）整体性。足球比赛每队由11人上场参赛。场上的11人思想统一，行动一致，攻则全动，守则全防，整体参战的意识较强。

（2）大局性。足球比赛场地大，人数多。巧妙的传切，流畅的配合，单刀突入，层层突破。通过有效的大空间转移，调动对方以期达到找出漏洞或撕开防线的目的。足球比赛对抗强度大，攻防转换快，如何合理地分配体能、适当地轮换球员也是需要全盘考虑的要素。

（3）技术精细性。足球讲求个人技术细腻到位，动作时机得当，有时很短的时间差或几步的距离都会形成突破、妙传甚至进球！

（4）对抗性。比赛中双方为争夺球的控制权，展开短兵相接的争斗，尤其是在两个罚球区附近，时间、空间的争夺更是异常激烈，扣人心弦。一场高水平的比赛，双方因争夺和冲撞倒地次数多达200次以上，可见足球运动对抗之激烈。

（5）多变性。足球运动是一项技术上多彩多姿、战术上变幻莫测、胜负结局难以预测的非周期性运动项目，比赛中技术和战术的运用会受到对方直接的干扰、限制和抵抗，必须根据临场具体情况而灵活机动地加以选择和发挥。

2. 足球运动价值

（1）强身健体，成效显著。研究发现，经常踢球者能减少体内脂肪含量，增加肌肉质量，保持体形健美。

（2）规则简练，通俗易行。足球运动竞赛规则比较简练，对器材设备要求也不高。大众足球运动的比赛时间、参赛人数、场地和器材也不受严格限制，是十分易于开展的群众性的体育运动项目。

（3）锤炼意志，增强团队意识。足球运动能够培养勇敢顽强、机智果断、坚韧不拔的意志品质和团结协作的交流沟通能力。

二、技术练习

足球运动的技术，是指运动员在从事足球活动和比赛中，有目的、有意识地运用脚和规则允许的身体各个部位去合理支配球的动作方法的总称。足球基本技术包括传球、接控球、射门、运球、头顶球、抢截球、守门员技术。

（一）传球与接控球

传球是球队保持控球权的主要手段。在学习和掌握传球技术时，应正确地把握助跑、触球部位和随前摆动3个环节。传球主要技术有脚弓内侧传球、脚背内侧传球（图6-1-1）、脚背外侧传球和脚背正面传球等。

图6-1-1 传球

接控球是在原地或跑动中利用规则，有目的地运用身体的各种部位，减弱球的冲力或采用推、拨动作使球保持在自己控制范围内的连续触球动作。接控球只是达到下一目的的手段，应迅速连接射门、传球和运球的动作。接控球所用的主要部位有脚弓内侧、脚背正面、脚背外侧等。

1. 接控球注意事项

（1）尽快移动身体至球的运行路线上。

（2）迅速选定接控部位。

（3）接控球时有两种方式：一种是切压式，以这种方式接控球时，一般是利用接控部位与地面挤压球；另一种接控球方式是缓冲式，触球部位在受到撞击的瞬间回收，以此缓冲来球力量。

2. 传球、接控球的练习方法

（1）熟悉动作方法和要领，做各种传、接的无球模仿练习。

（2）一人用脚底踩在球的后上部，另一人做跨一步和助跑触球练习，练习触球的部位和支撑脚的选位。

（3）两人面对面踢、接由正面或侧面来的地滚球。

（4）迎面前后跑动传、接球。

足球传控球

（5）"之"字形交叉跑动接传球。

（6）三人一组三角传球、接球。

（7）三人一组跑动传球、接球。

（8）三人一组成三点一线循环练习。A传球给B，B接球转身传给C，C再回传给B，B接球后转身再传给A。

（9）积极对抗练习。A给跑上接控球的B传球后，迅速逼上B，B和C形成二对一的局面并设法突破A的防守。

（10）自抛接空中球练习。

（11）两人对抛互接空中球。

（12）两人对面互踢定位球，练习接空中球。

（13）两人对面左右移动传、接空中球。

（14）三人三角互传、接空中球。

（二）射门

比赛中运用技术、战术的最终目的是射门得分。临门一脚，能否将球攻进对方球门，是胜负的关键。射门时，要根据不同的来球方向和位置，选择合理的射门方式。射门主要采用脚弓内侧、脚背内侧、脚背外侧、脚背正面、头顶球等部位。

射门练习的主要方法有：

（1）A和B分别站在球门的两边，控球队员A把球向前推拨一步后射门。若守门员接住球，就转身把球传给另一边队员，由B练习射门。

（2）B接A的传球后迅速转身并射门，然后A到B的位置，接C的传球后练习射门。

（3）A从边路传中，B中路插上，在跑动中接A的横传球射门。

（4）A给B传球后要迅速前跑并接B的回传球，B在传球后要即刻对A逼近，形成一对一防守，A应视情况射门或突破。

（5）A从中路定点传球，B和C两侧包抄射门。

（6）A传球于边路，B接球后运球至端线附近并向罚球点传球，A、C分别从近、远点插上射门。

（7）A居中，B、C各站两侧。B从边路传球给A，接球后向前运球，B、C从两侧插入，接A传球射门。

（三）运球

运球是个人控制球的一个主要手段，是在运动中用脚的推、拨、扣等动作，使球保持在自己控制范围内的连续触球动作。可采用直线运球或曲线运球方式达到自己的运球目的，也可在运球中结合假动作而突然起动、急停、转身、变速等摆脱防守。运球的主要技术有脚背外侧运球、脚背内侧运球和脚背正面运球等（图6-1-2）。

图6-1-2 运球

运球练习的主要方法有：

（1）直线行走中，连续做脚内侧扣球、脚外侧拨球练习。

（2）慢跑中用各种脚法直线运球。

（3）快速直线带球做急停急转。

（4）沿中圈线按顺、逆时针方向做两脚不同部位的带球练习。

（5）"8"字路线带球。

（6）曲线变速变向带球。

（7）带球绕障碍物。

（8）每人一球，在区域内自由运球，听到鸣哨声，做一个运球变向假动作。

（9）两名队员一组，两人各站一边，中间放置一个标志，控球队员向标志运球，到达后做运球假动作并超越标志，快速运球至同伴处，同伴再以相同方式反方向运回。

（10）两人一组，A运球，B于A身后跟随行进，A采用脚内侧或脚外侧扣球转身后，加速运球摆脱B。

（11）踩停转身，用右脚踩停球，转身180°并用左脚外侧快速把球运走。

（四）头顶球

进攻时，头顶球用于传球或攻门，要求准确性；防守时，头顶球要有力量、有远度。头顶球分为原地头顶球和跳起头顶球两种（图6-1-3）。

足球头顶球

图6-1-3 头顶球

头顶球的主要练习方法有：

（1）做各种头顶球的模仿练习。

（2）顶吊球练习。

（3）自抛自顶练习或自己连续顶球练习。

（4）从两人对面抛顶练习过渡到两人对顶。

（5）3人一组，2人抛球，另一队员左右移动做顶球练习。

（6）接边路传球头顶球射门。

（7）头顶远距离高空球。

（五）抢截球

抢截球是转守为攻的积极手段，是防守技术的综合体现，主要有正面抢截球、侧面抢截球和铲球等技术动作（图6-1-4）。

足球抢截球

图6-1-4 抢截球

抢截球练习方法主要有：

（1）一人向前带球，另一人做正面抢球练习。

（2）两人并肩走动或慢跑，并做合理冲撞。

（3）一人带球前进，另一人在侧面做冲撞抢球。

（4）向前或向后抛球后，追上去做铲球练习。

（5）正面或侧面抢截球或铲球。

（六）守门员

守门员是全队的最后一道防线，他可用身体的各个部位阻止对方将球射入本方球门。守门员接球最主要的技术包括接地滚球、接平直球、接高球和扑球（图6-1-5）等。在接球时，应注意以下几点：

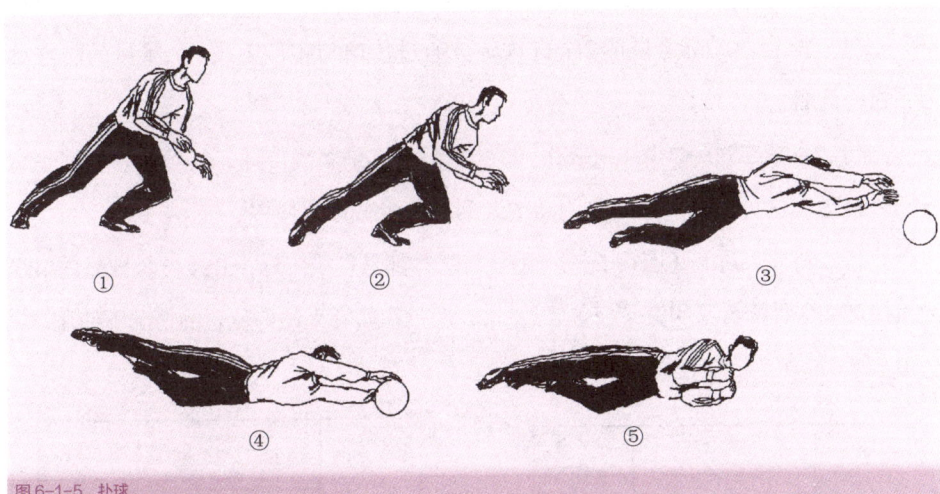

图6-1-5 扑球

守门员技术

（1）位置选择。位置的选择应根据对方的射门地点和球飞行的方向来判定。

（2）准备姿势和移动。向左右调整位置的移动，一般采用侧滑步和交叉步。一般在接两侧高球或扑接球时，为了便于蹬地跃起，多采用交叉步。

常用的守门员练习方法包括：

（1）从无球过渡到有球的原地、左右交叉步、左右滑步接球。

（2）自抛后自接或击打球。

（3）两人一组，接定点定方向用手或脚的射门。

（4）两人一组，接定点不定方向用手或脚的射门。

（5）接或击打边路、正面、斜线传球。

（6）一对一对抗性练习。

（7）手抛球或脚踢球练习。

三、战术应用

足球战术是比赛中队员个人技术的合理运用和全队队员之间相互配合、协同行动的组织形式。它是在比赛过程中，为了战胜对手，根据主客观情况所采取的个人行动和集体配合方法的综合体现。

（一）进攻战术

进攻战术是个人进攻战术和集体进攻战术的总称。个人进攻战术最基本的有摆脱与跑位、运球过人和传球等。这里主要介绍集体进攻战术。

1. 局部进攻

比赛中，在局部区域进行的2人以上的战术配合行动一般有以下几种。

二过一配合：局部区域的2个进攻队员通过传球与跑位突破1个队员的防守称为二过一配合。

斜传、直插二过一（图6-1-6）：⑩号与⑦号都是斜线传球；⑪号与⑧号都是直线插入接球。这种配合一般是在跑动中遇到迎面抢截球时使用。

直传、斜插二过一（图6-1-7）：⑩号与⑦号都是直线传球；⑪号与⑧号都是斜线插入接球。这种配合又叫交叉换位二过一，一般是在防守人站好位置的情况下使用。

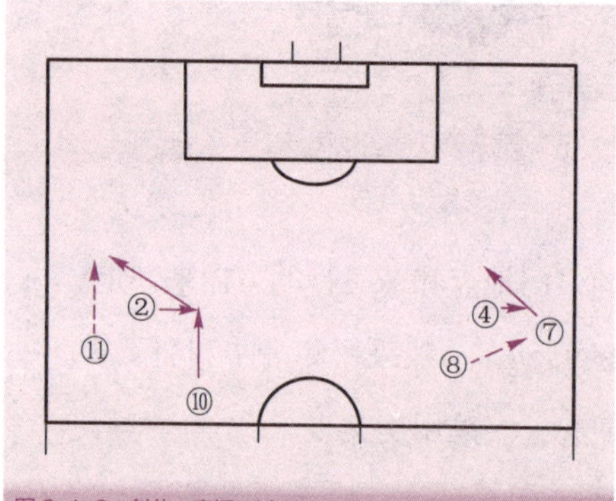

图6-1-6 斜传、直插二过一

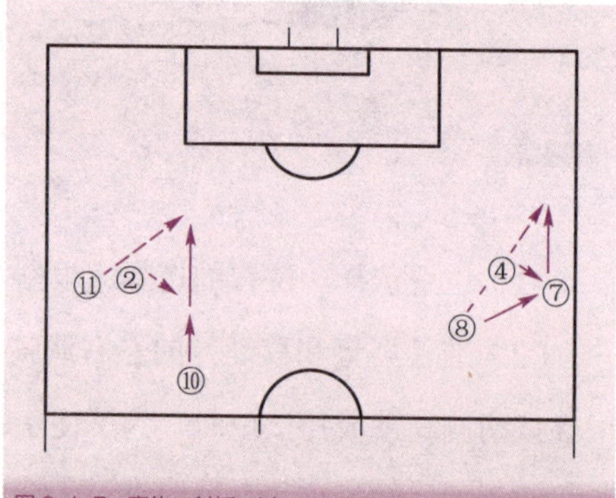

图6-1-7 直传、斜插二过一

三过二配合：比赛中，局部地区经常出现三过二的配合，它实际上仍是二过一配合的变形，只是在二过一的配合中有另一个进攻队员参加了活动。在二过一的基础上都可以根据具体情况转移球给第3个队员，攻击对方球门。

2. 全队进攻

全队进攻指在局部进攻的基础上，涉及全队的战术行动。

足球进攻战术

（1）边路进攻。在对方半场两侧地区发展的进攻称为边路进攻。一般防守在边路区域布兵较弱，利用天然空隙进攻，把中间防守引向边路，扩大攻击面，拉开防线，再抓住中间暴露的空隙进攻。

（2）中路进攻。中路进攻是在场地中间区域发动的进攻。采用中路进攻时，会对对方防守队员造成较大的威胁。但要选用本方攻击能力强、身材高大、技术全面、战术意识好的队员充当尖刀和突击手。罚球区前的区域射门角度大，可集中优势兵力，一旦突破成功，进球机会多，对进攻取胜极为有利。

（二）防守战术

一个队失去了对球的控制，便是防守的开始，一旦重新获得了球就是防守的结束。防守也包括个人和集体两种战术，个人战术最基本的是选位与盯人、补位和抢截球。这里重点介绍集体防守战术的人盯人防守、区域防守和混合防守3种战术。

（1）人盯人防守是每一个防守队员专门盯住一个进攻队员，封锁和限制他的活动，使其传球和接球发生困难，是一种积极主动的防守战术。它的优点是任务明确，但要求防守队员的体力、技术、战术意识和战斗经验都要有较高的水平，否则防守阵线会被对方打乱，反而使防守处于被动局面。

（2）区域防守是指每个队员负责防守一个区域，只要有对方队员跑入本区域内就进行积极防守。这种防守具有分工明确、相互便于补位、防止门前出现危险区的优点，但由于不是主动盯人，易造成对方以多打少使防守处于被动局面。

（3）混合防守是人盯人防守和区域防守相结合的防守方法。这种防守具备人盯人防守和区域防守两者的长处，弥补了两者的不足。混合防守要求对有球队员要紧逼，对距球近和有可能接球的队员也要紧逼，对距球远的队员可采用区域防守。对特别有威胁的队员，可由专人盯防。

（三）其他战术

1. 任意球战术

任意球有直接任意球和间接任意球两种。在罚球区附近的任意球攻守配合的方法有：

（1）直接射门。在罚直接任意球时，当守方的人墙有漏洞或守门员站的位置不当，攻方主罚队员可考虑直接射门。

（2）配合射门（图6-1-8）。⑩号向前跑去，好像要射门，但越过球向人墙后插上，以吸引防守队员的注意力。这时⑧号突然将球横传给后面插上的⑨号，由⑨号射门。⑧号也可以传给插上的⑩号射门。

（3）防守配合。无论是直接任意球还是间接任意球，前锋和前卫都应迅速回防。对一个有威胁的任意球的防守，最重要的是组织好人墙。一般人墙由1到5人组成，可封住射门的近角，守门员站在射门的远角。除此以外，其他队员还要盯住对方任何一名可能对球门构成威胁的队员。

2. 角球战术

发角球的进攻配合主要有两种：一是直接发到球门区，二是运用短传配合的方法。

直接发到球门区的方法，一般由技术较好的队员罚角球，把球传到远端球门柱附近。其他前锋队员在发球时交叉换位跑动，选择好位置，以便抢点射门。

在身材、顶球能力比对方差时，多采用短传配合的方法（图6-1-9）。⑦号用地滚球将球传给快速摆脱迎上接球的⑩号，⑩号直接回传给突然插上的②号射门。

图6-1-8 配合射门

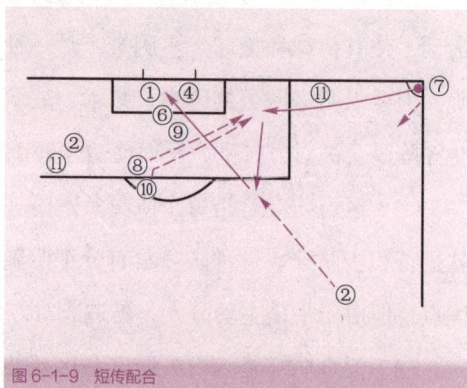

图6-1-9 短传配合

3. 掷界外球战术

最简单的配合是接球队员直接将球踢还给掷球队员，由掷球队员处理球。或者将球掷给正向进攻方向跑动的队员，由接球队员跑向空当接球。

在接近对方端线掷界外球时，可直接掷向罚球区，形成射门机会。

4. 中圈开球战术

在对方思想不集中，队形站位不当，有较大的空当时，进攻队可采用突然袭击的方法（图6-1-10）。⑨号开球传给⑧号，⑧号

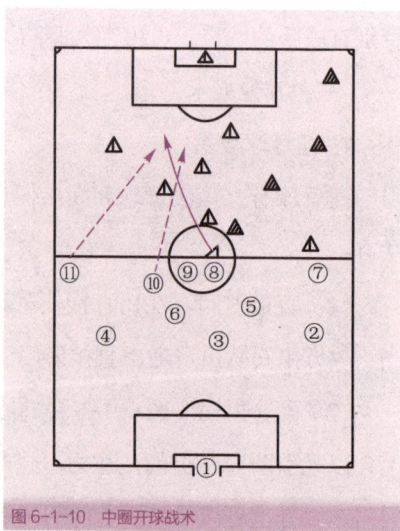

图6-1-10 中圈开球战术

立即传给已插到对方门前空当的⑩号，由⑩号运球射门。

利用短传先将球控制好，其他队员积极跑位，选好接球机会，快速向对方门前推进。

四、足球比赛欣赏

学生需参加5人制或11人制足球教学比赛，由学生组织比赛并担任裁判工作，体验足球技战术应用，了解比赛规则，熟悉裁判法。

（一）11人制足球比赛规则

1. 场地（图6-1-11）

正式比赛场地应为长方形，其长度不得大于120 m或少于90 m，宽度不得大于90 m或少于45 m（国际比赛的球场长度不得大于110 m或少于100 m，宽度不得大于75 m或少于64 m）。在任何情况下，长度必须超过宽度。

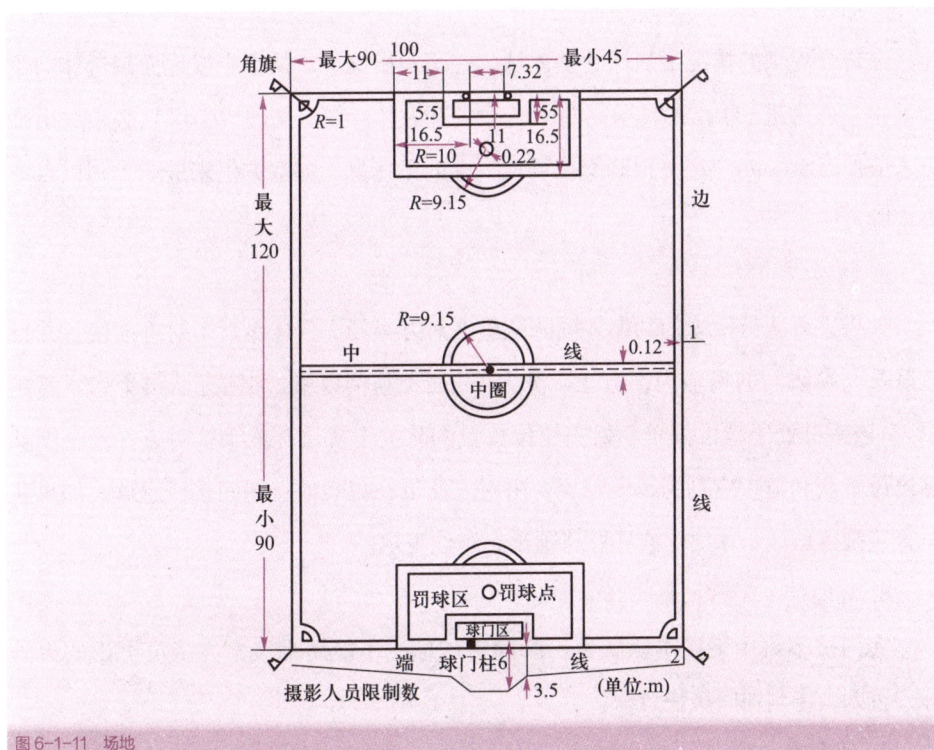

图6-1-11 场地

2. 球

球的圆周长不得大于70 cm或少于68 cm。球的重量，在比赛开始时不得大于450 g或少于410 g。充气后其压力应保持0.6～1.1个大气压力（海平面上），即相当于600～1 100 g/cm^2。

3. 比赛队员人数

场上队员不得多于11人，其中有一名守门员。任何一个队少于7人时，该场比赛无效。每场比赛，每队最多可替补3名队员，其中1人必须为守门员（现部分比赛试行最多换人3次，最多换5人的新规则）。被替补下场的队员不得再次参加比赛。非正式比赛中经比赛双方商定，替补队员可多于3名。

4. 比赛时间

比赛分为上下两个半场，每半场45 min，全场比赛90 min，除经过裁判员同意，半场之间的休息时间不得超过15 min。比赛开始的时间，不是以裁判鸣哨为准，而是从开球后，球向前滚动一周时算起。

5. 比赛开始

开球队员触球后，比赛即为开始。其他队员触球之前，开球队员不得再次触球。

6. 计分方法

在符合规则的情况下，球的整体从门柱间及横梁下，从空中或地面越过球门线及其垂直面为进1球，在一场比赛中进球多者为胜。如全场踢成平局且必须决出胜负，应加时30 min，15 min时交换场地，中间不休息。如双方仍未进球，则以点球决定胜负。

7. 越位

如果进攻队员传球的刹那，同队队员在对方半场，较球更近于对方端线，并且该队员与端线间的场地内，防守队员少于2名（与倒数第2名防守队员平齐不算越位），该队员处于越位位置。处在越位位置的队员干扰比赛或干扰对方，或企图从越位位置获利益，应判罚越位犯规，由对方队员在犯规地点踢间接任意球。如果队员直接接得角球、球门球或界外球则没有越位犯规。

8. 守门员

守门员不得用手接本队队员用脚回传的球，不得用手接本方队员掷出的界外球，否则，将判罚间接任意球。

9. 任意球

任意球分为直接任意球（踢球队员可以直接射入对方球门得分）和间接任意球（踢球队员不能直接射门得分，除非球进入球门前被其他队员触及）。

（1）有以下行为可判罚直接任意球。

踢或企图踢对方队员。

绊摔或企图绊摔对方队员。

跳向对方队员或猛烈地或带有危险性地冲撞对方队员。

从背后冲撞对方队员。

打或企图打对方队员或向对方队员吐唾沫。

拉扯对方队员或推对方队员。

用手或臂部携带、击或推球。

（2）有以下行为可判罚间接任意球。

危险动作（动作目的是为了获得球或处理球，但动作方式有可能伤害对方队员或自己）。

目的不在踢球，球又未在其控制范围以内时，作所谓合理冲撞。

队员不去踢球而故意阻挡对方或冲撞守门员。

越位或守门员违例。

10. 罚点球

当守方队员在本方罚球区内故意踢、绊摔对方队员，跳向对方队员，猛烈地或带有危险性地冲撞对方队员，抑或企图打对方队员，向对方队员吐唾沫，拉扯、推对方队员，除守门员以外的队员手触球等，应判罚点球。

罚点球时，由主踢队员从罚球点踢出，除主罚队员和对方守门员外，其他队员均应在场内该罚球区外，并至少距罚球点9.15 m。

11. 掷界外球

凡球的整体不论在地面或空中越出边线时，由出界前最后触球队员的对方队员在球出界处掷界外球，球可掷向场内任何方向。掷球时，掷球队员必须面向球场，双脚均应有一部分站立边线上或边线外，用双手将球从头后经头顶掷入场内，球进场为比赛开始。掷球队员在球未经其他队员触及前，不得再次触球。掷界外球不能直接得分。

12. 球门球

当球的整体不论在空中或地面越出两门柱空间以外的端线、而最后触球者为攻方队员时，由守方队员将球放在球门区内任何地点，直接踢出罚球区恢复比赛。踢球门球时，不得由守门员用手接住后再踢出。球未踢出罚球区，应重踢。踢球门球的队员在未经其他队员触及前，不得再次触球。踢球门球不得直接得分。踢球门球时，对方队员应站在罚球区外。

13. 角球

当球的整体不论在空中或地面越出两门柱的空间以外的端线，而最后踢或触球者为守方队员时，由攻方队员将球放在离球出界处较近的角球区内踢角球。踢角球时，不得移动旗杆。踢角球可直接得分。守方队员在球未滚动至与球的圆周相等的距离时，不得进入距球9.15 m的范围内。踢角球队员在球未经其他队员触及前，不得再次触球。

（二）足球重要赛事

1. 世界杯足球赛

国际足球联合会世界杯比赛，简称世界杯，是由国际足球联合会统一领导和组织的世界性足球比赛。每届比赛从预赛到决赛前后历时3年，参加预选赛的国家已近200个。它是世界上规模最大、影响最大、水平最高的足球比赛，也是世界上观众最多的体育比赛项目之一，每4年举行一次。2001年10月7日，中国男子足球队在世界杯预选赛中提前获得小组第一，以6胜1平1负的战绩首次跻身世界杯决赛圈。

2. 奥运会足球赛

1896年在希腊举行的第1届奥林匹克运动会上，足球是表演赛的项目。从1900年第2届奥运会起，足球被列为正式比赛项目。当时国际奥林匹克委员会章程规定，只有业余的足球运动员才能参加奥运会的比赛。1979年又补充规定，欧洲和南美国家，凡参加过世界杯赛的运动员，一律不能参加奥运会足球赛，其他国家的运动员不受此限制。1988年汉城奥运会允许职业运动员参加，但规定欧洲和南美国家，凡参加过世界杯赛的运动员，一律不能参加奥运会足球赛。1989年国际足联在此基础上又做了如下规定：允许参加过世界杯赛的职业运动员参赛，奥运会足球运动员年龄限制在23岁以下，每队允许有3名超龄球员。1988年，中国国奥队经过分组预赛，进入汉城奥运会决赛圈。2008年中国国奥队作为东道主直接进入北京奥运会足球决赛圈。

3. 欧洲杯

欧洲足球锦标赛，简称"欧洲杯"，是一项由欧洲足球协会联盟举办，欧洲足协成员国间参加的最高级别国家级足球赛事。1960年举行第1届，其后每四年举行一届。欧洲足球锦标赛共分为预选赛和决赛两个阶段进行，除当届赛事主办方可以自动进入决赛外，其他欧洲足联成员队必须参加预选赛。

4. 美洲杯

美洲杯足球赛诞生于1916年，是美洲也是全世界历史最悠久的洲际足球赛事。当时正值阿根廷独立100周年之际，在阿根廷总统伊里戈延的倡议下，设立了这一赛事。美洲杯足球赛由南美洲国家组队参加，部分南美洲外国家会受邀参加。比赛由南美足协主办，通常每两年举行一届，但相隔的时间常常出现变化。

5. 中国足球协会超级联赛

中国足球协会超级联赛是由中国足球协会组织的，中国最优秀的职业足球俱乐部参加的全国最高水平的足球职业联赛，简称为中超联赛，冠军将获得火神杯。该联赛开始于2004年，前身为中国足球原甲级A组联赛。目前共有16支球队参赛。曾获得8次冠军的广州恒大淘宝队，代表中国夺得过2次亚足联冠军联赛冠军。

第二节　篮球

一、篮球运动概述

（一）篮球运动的起源与发展

篮球运动是1891年由美国马萨诸塞州斯普林菲尔德市基督教青年会训练学校的体育教师詹姆斯·奈史密斯博士发明的。

1915年，美国制定了全国统一的篮球竞赛规则，并翻译成多种文字，向全世界发行。1932年，刚诞生的国际篮球联合会（简称国际篮联）以美国大学使用的篮球规则为基础，制定了第一部世界统一的竞赛规则。

1896年，篮球运动传入中国。2002年中国运动员姚明以选秀状元的身份进入NBA（美国职业篮球联赛）。

20世纪80年代以后，特别是以美国职业篮球运动员进入奥运会为标志，世界篮球运动的发展进入了一个新阶段。世界篮球运动发展的"高、快、准、变、全"的总趋势在延续的同时，被赋予了新的内涵与意义。

篮球运动的"高"，不仅是运动员整体身体平均高度的增长，还表现为高大队员能将惊人的弹跳力、敏捷的奔跑移动以及无与伦比的技术和技巧融于一身，进行绝妙的表演。

篮球运动"快"的意识表现为：第一，继续加快进攻速度，主动争取时间，增加攻击次数；第二，继续强调提高攻守转换速度；第三，继续提高运用技术和战术间衔接的速率，加快转换战术变化的节奏。

篮球运动发展趋势的"准"主要表现为：第一，以3分球为重点的投篮准确性继续提高；第二，在强调攻守平衡的同时，更要求运动员具有应对严密防守体系的多样化得分能力；第三，强调全队整体配合、立体作战的进攻成功率。

现代篮球运动"全"的特点主要体现在：第一，运动员素质更全面；第二，更重视运动员身体、技能、职能等全面综合素质水平的提高；第三，对教练员来说，必须高度重视并能善于科学地培养运动员具有以上诸多能力，并对其全面利用，同时反映教练员的全面才华和综合水平。

（二）篮球运动的特点与价值

1. 竞争性与健身性

篮球运动是在狭小的场地范围内进行的快速、凶悍的近身运动，需要有聪颖的智慧、充沛的体能、剽悍的作风和顽强的意志，极具竞争性。其过程既锻炼了人的走、跑、跳、投等多种基本活动能力，又发展了人体的力量、速度、耐力、灵敏、协调等各种运动素质。这种全身各部位、各器官系统协同参与的运动，可以有效促进人体的全面发展。

2. 娱乐性与休闲性

无论何年龄、何性别、何等技术水平、从事何种职业的人，都能够从游戏或比赛的过程中体验到理解与支持、关怀与帮助、合作与尊重、成就与荣誉，由此，社会生活中的疲倦与烦恼、负担与压力，在活动过程中都可以得到化解与消减，从而使活动的过程与结果都具有了休闲价值。

3. 技能的迁移性与适应性

篮球运动是在多样化的技能组合过程中进行的，游戏和比赛的情境变化无常、转换频繁，要求参与者不断提高技术水平以适应比赛的需要，这种不断参与的练习与比赛过程，对于人的学习能力和适应能力是一种良好的锻炼，从而使其成为人们内在素质的重要方面。这种素质不仅有利于学习其他体育运动技能，而且能够广泛迁移到我们的日常生活与工作中，对于学习和掌握其他各种劳动技能都有促进作用。

4. 集体性与交往性

篮球运动的活动形式是以两队成员相互协同、彼此攻守对抗的形式进行的，需要和谐互助的团队协作精神，以统一的战术理念与行动步调，争取比赛的胜利。而作为对手，同样始终处于特殊形式的身体交流与对抗中，场上是对手，场下是朋友，抑或今天是对手，明天又成为队友。这种活动过程中的交往，不仅有利于提高参与者的交往能力和社会适应能力，同时也可以造就更丰富的社会人脉资源，拓展体育运动的社会价值。

5. 艺术性与增智性

篮球比赛中，良好的身体条件、熟练的技术以及精湛的战术配合固然是争取胜利的基本条件，但比赛中教练员的计谋、队员的临场机智往往使比赛的结果存在着不确定性，从而使比赛更具有艺术性特征。同样，在不断出现的需要随机应变的比赛中，参与者的观察能力、分析问题与解决问题的能力、创新意识等智能素质也得到提高。众多的事实证明，篮球运动参加者往往在各行各业的社会生活中表现出良好的智力素质。

二、技术练习

篮球的技术分进攻与防守两大部分，进攻技术包括传、接球，运球，投篮，持球突破等；防守技术包括防守对手，抢、打、断球等。无论进攻与防守技术，都包含移动、抢篮板技术。

（一）移动

移动是比赛队员为改变位置、方向、速度和争取高度所采用的各种脚步动作的总称。篮球比赛中常用的移动技术包括基本站立姿势、起动、跑、跳、急停、转身、滑步、跨步、后撤步、交叉步、攻击步、前后绕步、碎步等（图6-2-1）。

图6-2-1 移动

移动是篮球比赛中运用最多的基本动作，是每个篮球运动参与者提高篮球运动技术水平所必须掌握并不断提高的技能。常用的练习方法有以下几种：

（1）小步跑、前后踢腿跑、高抬腿跑、加速跑、变速跑、交叉步跑、后退跑。

（2）原地向上双脚跳，原地跳起空中转体90°～540°。

（3）行进间单脚跳、双脚跳。

（4）以篮球场的线为标志做急停、转身、跨步、跳步、撤步动作练习。

（5）利用标志杆做加速跑、后退跑、侧滑步。

（6）交叉步跑、后撤步、侧滑步。

（7）侧身跑、急停、变向跑。

（8）快跑、急停、转身、变向跑。

（二）传、接球

传、接球是篮球比赛中相互联系、相互作用、组织进攻、实施战术的纽带。篮球比赛常用的传球方法包括双手胸前传接球（图6-2-2）、单手肩上传接球以及双手击地传接球、单手体侧传球等。

图6-2-2 传球

篮球传接球可以采用以下方法进行练习：

（1）原地迎面各种传接球。

（2）三角、五角原地传接球。

（3）2人近距离原地传球、1人防守练习。

（4）全场2、3人行进间传接球。

（5）三传二防传接球游戏，即由3个人成三角站位用各种方法传接球，中间1人防守，球若被防守队员接触，则由失误队员换防。

（三）运球

运球是持球队员在原地或移动中，用手连续按拍从地面反弹起来的球的动作。基本的运球技术包括高运球、低运球、变速运球、变向运球以及运球转身等（图6-2-3）。

低运球

图 6-2-3 运球

高运球

跨下运球

反向跨下运球

体前变向运球

　　运球是篮球最基本的技术之一，是进行篮球比赛的基础，也是衡量一个人篮球技术水平的重要标准。只有通过多种形式的反复练习，才能熟练掌握运球技能。一般可以采用以下练习方法：

　　（1）持球听信号，做变速、变向、换手、前后进退等各种姿势的运球。

　　（2）顺着边线、端线直线运球，采用高低运球结合、左右手变换、端线慢边线快等变化方式。

　　（3）以罚球线、中线、端线为标志线，进行往返运球比赛。

　　（4）设障碍做变向、换手运球以及运球转身练习。

　　（5）队员分布在球场内，由运球队员追赶同伴，用另一只手触及同伴，然后由同伴继续运球追逐。

　　（6）多人集中在罚球区运球，在控制好自己球的同时破坏他人的运球。

　　（7）在一定区域内，部分队员持球运球，部分队员无球；游戏开始后，无球队员力图用合理的防守动作抢下运球队员的球，然后继续运球，一定时间后听信号停止，有球者为胜。

　　（四）投篮

　　在篮球比赛中，常用的投篮方式包括原地双手胸前投篮、原地单手肩上投篮

原地单手肩上
投篮（背面）

原地单手肩上
投篮（侧面）

原地单手肩上
投篮（正面）

（图6-2-4）、行进间投篮以及跳起单手肩上投篮等（即跳投）。无论哪种投篮方式，在学习和练习时一般需要着眼于持球方法、瞄准点、球的出手、飞行弧线、球的碰板部位等方面把握动作要点。

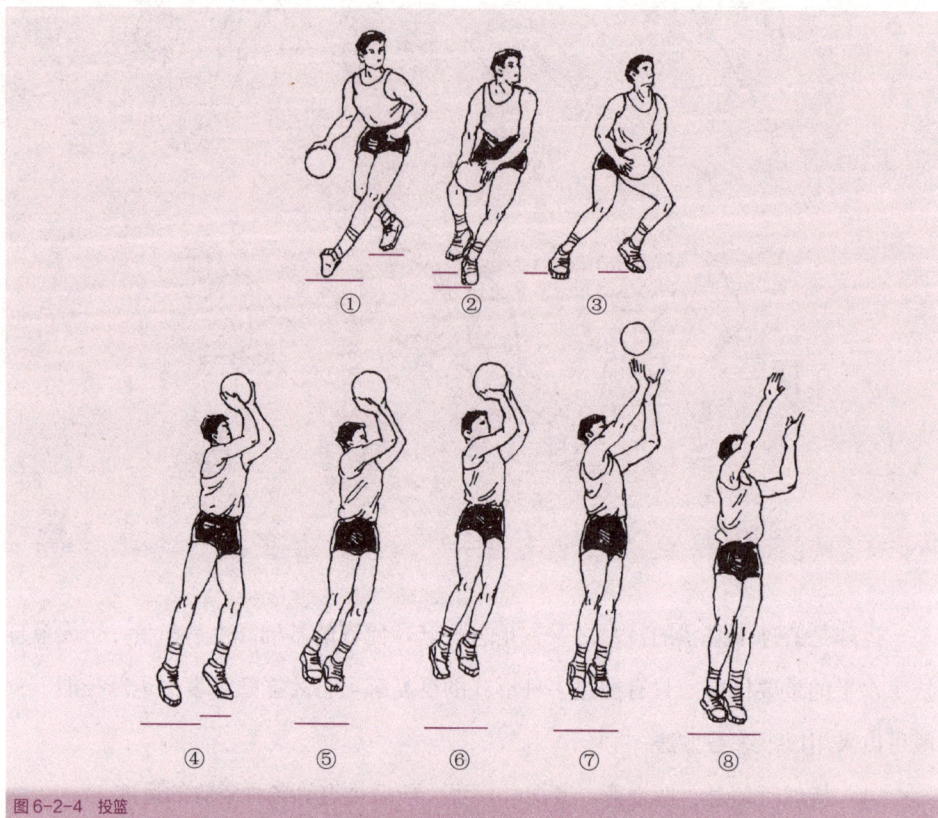

图6-2-4 投篮

投篮练习常用的方法包括：

（1）对墙投球。练习者站在距离墙（或者篮板）3~5 m的不同点上，对墙上高3 m左右不同的标志投球。

（2）原地对投。练习者两人相对间隔5~6 m，做投篮完整动作，突出手腕前屈和拨指动作。

（3）不同点投篮。围绕罚球区外设定不同的5个投篮点，练习者在一个点投中后一次下移至后一个点，连进连投，最先完成所有点练习者为胜。

（4）行进间投篮练习1。练习者在跑动中从同伴手中拿球，做跨步投篮练习。

（5）行进间投篮练习2。练习者在慢运球中做行进间单手投篮，熟练后逐步加快运球行进速度。

（6）行进间投篮练习3。练习者在跑动中接同伴传球做行进间单手投篮。

（7）跳投模仿练习。练习者原地或者向前跨一步起跳，做跳投的徒手模仿练习，或者对着墙上高 3 m 左右的标志跳投。

（8）原地跳投。练习者在罚球线附近原地跳起投篮。

（9）急停跳投。练习者运球急停跳投或者接同伴传球后急停跳投。

（10）两人 1 对 1 单打练习。在半场对抗中，持球队员根据防守情况选择跳投或者行进间投篮。

（五）持球突破

持球突破（图 6-2-5）是持球队员运用脚步动作和运球技术快速超越对手的进攻技术。良好的突破技术，既能得分，又能吸引防守队员，为同伴创造机会，或者造成对方犯规。一般常用的持球突破包括交叉步突破和同侧步突破两种。

图 6-2-5 持球突破

持球突破可采用以下练习方法：

（1）徒手模仿练习。练习者在无防守的条件下做交叉步或者同侧步突破练习，体会用力顺序和方法。

（2）一攻一防练习。甲做持球突破，乙防守，完成一个完整的动作后交换，防守者可以先消极防守，便于持球者体会突破动作。

（3）突破固定障碍上篮。设置一个固定障碍，或者一人定位防守，练习者依次突破防守后持球上篮。

（4）急停接球突破投篮练习。在罚球线外侧设置一障碍，练习者跑到障碍前急停，接球，瞄篮虚晃后作交叉步或同侧步运球上篮。

（六）抢篮板球

抢篮板球就是比赛中双方队员在空中争夺投篮未中的球，包括抢进攻篮板球和抢防守篮板球两种。

抢篮板球练习可采用以下方法：

（1）自抛自抢。练习者将球向自己头上方抛起，跳到最高点手臂伸直，用单手或双手把球接下，体会抢位、起跳、抢球时机、空中动作和落地姿势。

（2）占位练习。甲、乙两人相距1 m左右，丙将球在两人之间抛起，甲、乙两人占位争抢。

（3）小组运动中抢篮板球：5~8人一组，围绕罚球圈慢跑，1人持球，突然投篮，其余队员迅速争抢篮板。

（4）3对3抢篮板球练习：甲方在外围传球、投篮，乙方防守，甲方投篮后，乙方队员练习主动挡人占位抢篮板球，甲方队员练习摆脱防守冲抢篮板球，一定次数后攻守轮换。

（七）防守

防守就是防守队员合理利用脚步移动，积极抢占有利位置，同时利用身体动作，阻挠和破坏对手的进攻，以争夺控制球权为目的的技术动作。一般防守包括防守有球队员和防守无球队员两种。

防守可以采用以下练习方法：

（1）模仿练习。两人一组，甲做变向跑、变速跑、转身、跳起等动作，乙紧跟着做同样的动作，不让甲摆脱开。

（2）防徒手突破。两人相距1 m相对站立，甲徒手做向左右突破的跨步动作，乙运用撤步堵截甲的突破路线。

（3）防有球队员。一人持球，原地做突破动作，一人练习抢、打动作。

（4）断球练习。两人传接球，一人防守做断球练习。

（5）半场攻防练习。两人对抗，一人运球突破或投篮，另一人练习防突、防投的上步、扬手及撤步等动作。

三、战术应用

战术是比赛中充分发挥队员技术并根据对方具体情况使队员之间协同配合的组织形式，目的是为了制约对方，掌握比赛的主动权，争取比赛的胜利。

（一）进攻战术基础配合

进攻战术基础配合是二三名进攻队员通过相互协同、创造进攻机会的简单配合。

1. 传切配合

传切配合是利用传球和切入组成的简单配合。

一传一切（图6-2-6）：有球队员④将球传给⑤后，立即摆脱❹的防守向篮下切入，接⑤的回传球投篮。

空切（图6-2-7）：无球队员⑥摆脱❻的防守后向篮下空隙区域切入接⑤的传球投篮。

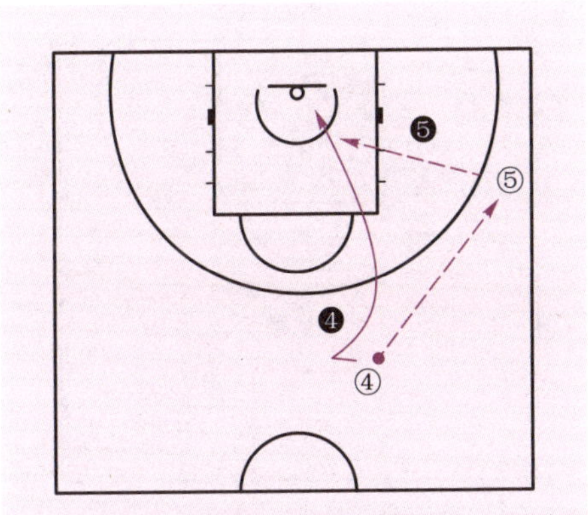

图6-2-6 一传一切

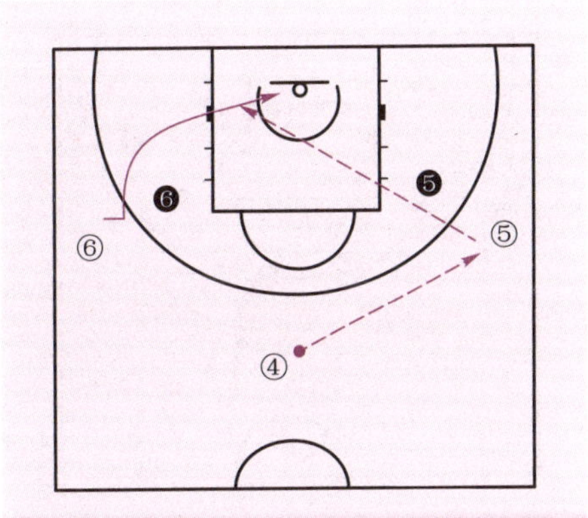

图6-2-7 空切

2. 掩护配合

掩护配合是进攻队员以合理的动作，用身体挡住同伴的防守者的移动路线，使同伴借以摆脱其防守的配合方法。

侧掩护（图6-2-8）：④持球，⑤跑到防守者❹的侧后面，用身体挡住❹的移动路线，使④摆脱防守运球上篮。

反掩护：如图6-2-9所示，如果⑤做掩护时对方换防，④就不向篮下突破，而适当向外拉开运球。⑤此时利用后转身把❹挡在身后而向篮下切入接❹的传球投篮。

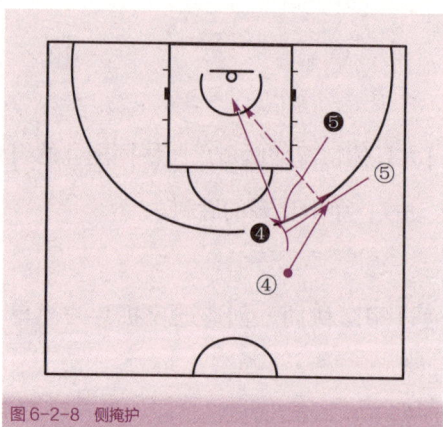

图6-2-8 侧掩护

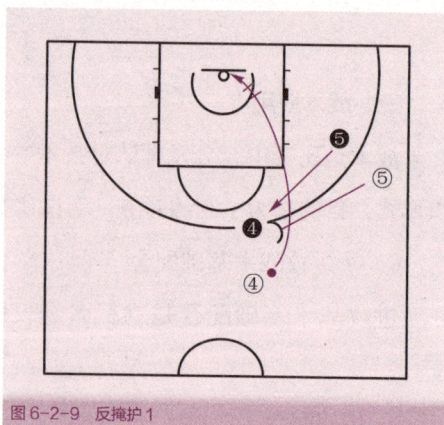

图6-2-9 反掩护1

图6-2-10所示，④将球传给⑤后，向相反方向跑动，给无球队员⑥做掩护，使⑥得以摆脱防守接⑤的传球投篮。

图6-2-11所示，如果对方❻和❹换防，⑤不要向篮下切入，而向外做要球动作。此时④应及时把❻挡在身后，利用后转身切向篮下接⑤的传球投篮。

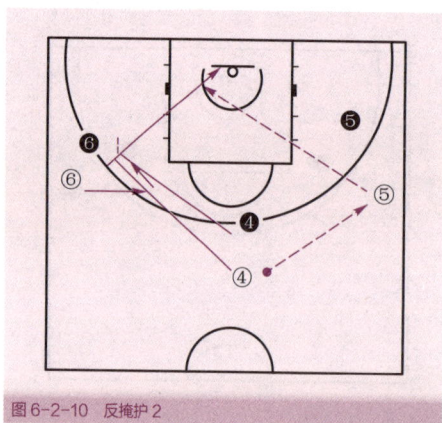

图6-2-10 反掩护2

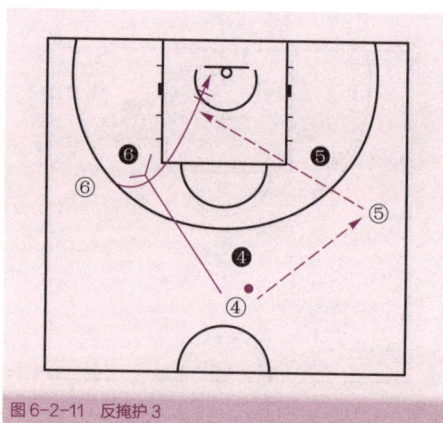

图6-2-11 反掩护3

定位掩护（图6-2-12）：⑤传球给④后做从底线切入的假动作，当把❺带到⑥的身旁时，利用⑥的定位掩护摆脱❺的防守篮下。⑥根据⑤的移动方向和位置可上一步或撤一步把❺挡住。④接球后可做投篮假动作，调节配合时间，再将球传给⑤。

3. 突分配合

突分配合是持球队员利用突破技术打乱对方防御部署，给同伴创造空位，并及时传球给空位队员的简单配合。

图6-2-13所示，⑤从防守者的左侧突破，吸引❼、❺"关门"防守，此时⑦借机向空位移动，接⑤的传球投篮。

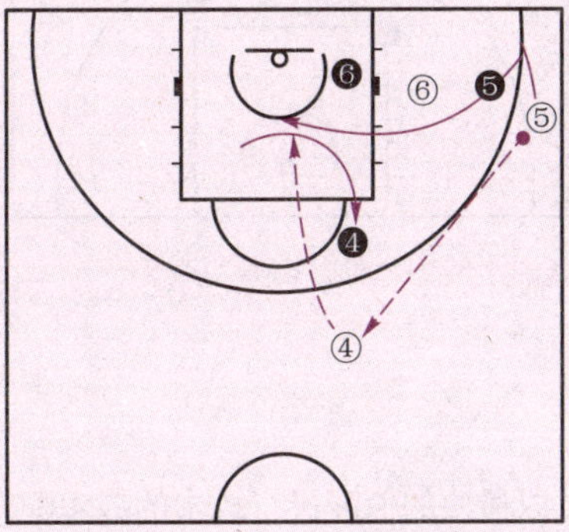

图6-2-12 定位掩护

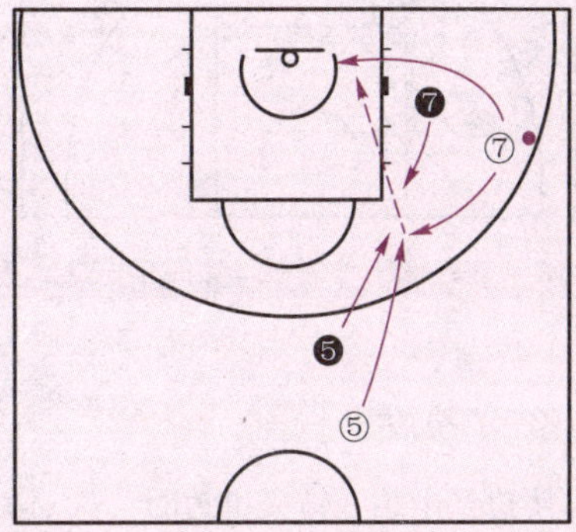

图6-2-13 突分配合

（二）防守战术基础配合

防守战术基础配合是二三名防守队员采用协同防守的配合方法。

（1）挤过（图6-2-14）：当进攻队员④给⑤作掩护时，防守者❺觉察后，在④接近自己的同时，运用横跨步从进攻队员⑤和④之间挤过继续防守⑤。

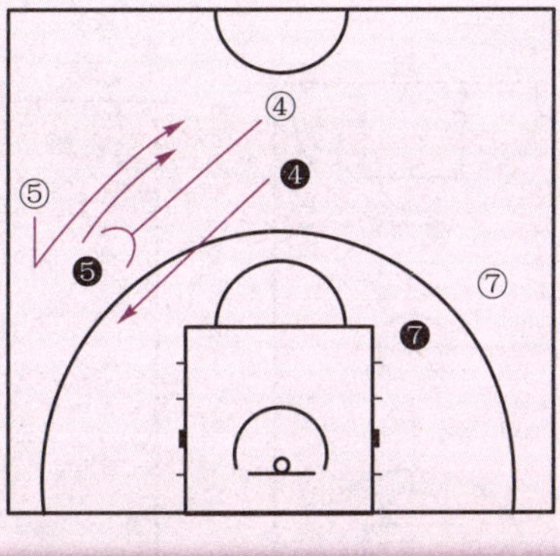

图6-2-14 挤过

（2）交换防守（图6-2-15）：进攻队员④持球，⑤给④作掩护，④要在掩护后运球切入，此时防守队员❺应及时预示❹交换防守。换防后❺防④，❹防⑤。

（3）关门（图6-2-16）：当④运球突破时，❹随之移动。临近的防守队员❺迅速向❹靠近，❺和❹形成"两扇门"共同堵住④的突破路线。

图6-2-15 交换防守　图6-2-16 关门

（三）快攻

快攻是由防守转入进攻时，趁对方立足未稳，以最快的速度进行攻击的战术配合。

1. 快攻的组织方法

锋线队员看到同队队员获球后，要迅速沿边线向前场底线移动。获球队员应首先将球传给快下底线的队员，如无机会则应及时将球传给接应队员（图6-2-17）。

接应队员由中路或边路快速运球或传球推进前场（图6-2-18），后续队员要快速跟进，争取造成以多攻少的局势。

二攻一配合示例（图6-2-19）：根据防守队员的防守位置，进攻队员要拉开横、纵向距离，利用快速传球和运球突破进攻篮下，尽可能减少传球次数。

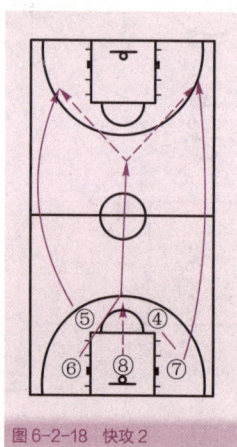

图6-2-17 快攻1　图6-2-18 快攻2　图6-2-19 二攻一配合

三攻二配合示例：防守队员平行站位时（图6-2-20），可采用中路突破，有补防则分球；防守队员重叠站位时（图6-2-21），球要尽快转移至边路突破，有补防则分球。

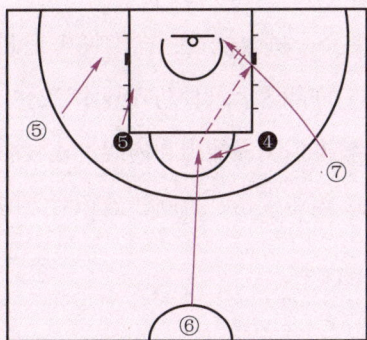

图 6-2-20　三攻二配合 1

图 6-2-21　三攻二配合 2

2. 快攻发动时机

（1）抢到防守篮板球时。

（2）中、后场跳球时。

（3）抢断获球时。

（4）对方投球中篮时。

（四）防守快攻

防守快攻是为了制约对方的反击速度，为本队整体防守争取时间，力争变被动为主动。

防守快攻的组织方法，优势在于：

（1）提高进攻成功率：积极拼抢篮板球，提高进攻成功率，应特别注意减少传接球失误，不给对方造成抢断反击的机会。当投篮后，有组织地拼抢前场篮板球，争取二次进攻机会，以减少对方发动快攻的机会。

（2）堵截快攻一传接应：当对方获球时，临近的防守队员要及时封阻传球，拖延其传球时间。其他防守队员应及时堵截接应，卡防快下的进攻队员，争取对控制球队员形成夹击，造成其传球失误。

（3）提高以少防多的能力：当形成以少防多的局面时，防守队员要沉着冷静，边退边守，主防篮下。

一防二时，要求防守队员准确地判断对方的进攻意图，及时果断地抢断球，并重点防守其中一个主要攻击对手，迫使对方技术稍差的队员难以控制球，形成对防守有利的局面。

二防二时，防守队员要积极移动，互相补位，迫使对方在传球、运球中失误或延误时间，争取同伴回防，形成整体防守。

（五）半场人盯人防守

半场人盯人防守是每个防守队员盯住对手中一个进攻队员，在半场内控制其行动，并协助同伴完成全队防守任务的一种集体防守战术。这种防守战术，分工明确，针对性强，能够有效地制约中、远距离投篮较准但突破能力和内线进攻较弱的队，并可以根据进攻队的特点，扩大或缩小防区，组织夹击、抢断，破坏对方的习惯打法。

半场人盯人防守的原则与方法：

（1）根据队员个人身材高矮和防守能力，选择防守对象。在退守中，尽快找到自己的对手。

（2）当对手进入甲区（图6-2-22）后，应立即紧逼，特别是当对手有球时，一定要控制其运球速度，防止突破。其他防守队员均应错位防守（图6-2-23），不让对手轻易接球，并积极抢断球，做到"人球兼顾，以人为主"。

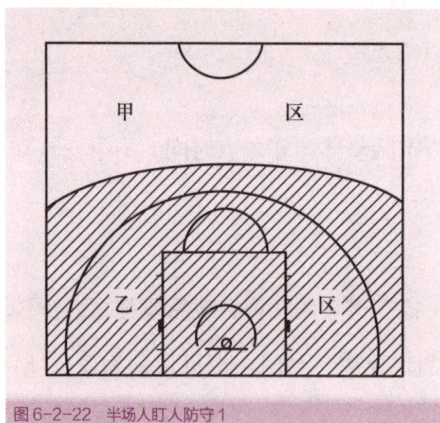

图6-2-22 半场人盯人防守1

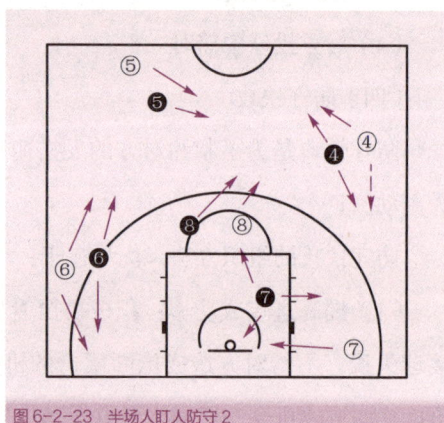

图6-2-23 半场人盯人防守2

（3）在乙区内防守无球队员时，应尽量采用侧前或绕前防守，封锁接球路线；离球远侧的防守队员要注意回缩篮下，及时补防或抢断球，做到"近球者紧，远球者松"。如图6-2-24所示：⑦在45°角处接球时❼在紧逼，不让他突破，阻挠其投篮和传球；❹在紧逼④的同时，要注意⑦从内侧突破，以便及时后撤关门；❺对⑤的防守稍放松，但要防止他插向篮下；❽绕前防守中锋⑧，防止接球；❻回缩篮下，协防❽，并防止⑥横切。

（4）当对方组织战术配合时，防守同伴之间应运用堵截、挤过、换人等方法，破坏其传切、掩护等配合。

（5）当进攻队员在边角停球时，防守队员应积极组织夹击，造成对方失误。如

图6-2-25所示：⑥在边角停球；❺放弃对⑤的防守，与❻一起在场角对⑥进行夹击；❹向⑤移动防其接球；❼向限制区横移防止④纵切；❽向篮下移动准备断球。

图6-2-24 半场人盯人防守3

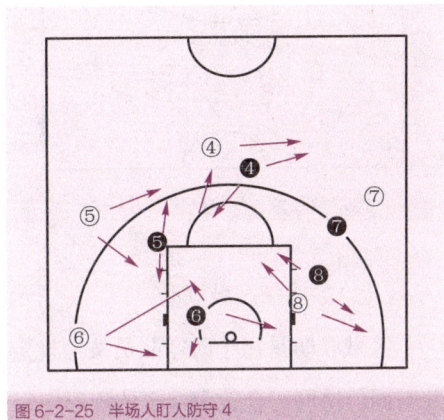

图6-2-25 半场人盯人防守4

（六）进攻半场人盯人防守

在进攻半场人盯人防守时，应根据人盯人防守的特点，结合双方队员的身体条件和技术特长，合理制定进攻战术。

1. 进攻半场人盯人防守原则

针对人盯人防守范围大、不便于协防的特点，加强突破和内线进攻。

打破锋、卫界线，运用策应、空切和连续掩护，有目的地组织人、球转移，穿插换位，造成防守漏洞。

内、外线进攻相结合，扩大攻击区，增加攻击点，针对防守薄弱环节，明确主攻方向。

组织拼抢前场篮板球，明确职责与配合方法，保持战术队形的攻守平衡。

2. 进攻半场人盯人防守战术

示例1（图6-2-26）：进攻队员④控制球；⑧上移给⑦做掩护；⑦摆脱防守切入篮下；⑧掩护后向罚球区移动，④可将球传给⑦或⑧进行投篮或策应；与此同时，⑤下移给⑥做掩护；⑥摆脱防守上移要球；⑤掩护后切入篮下；此时⑥和⑤均可接⑧的传球投篮；投篮时除④外，其他队员冲抢篮板球。

示例2（图6-2-27）：⑤将球传给④，同时⑦利用⑧的定位掩护切入篮下接球投篮；如没机会，④立即将球传给拉边策应的⑧，同时⑦给⑥做掩护，⑥借以摆脱防守向底线移动；⑦掩护后向限制区内移动，⑥和⑦均可接⑧的传球投篮。

图 6-2-26 进攻半场人盯人防守 1

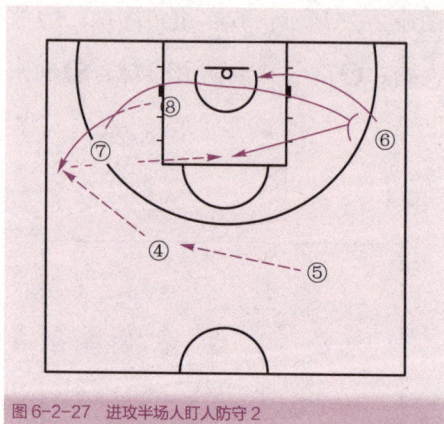

图 6-2-27 进攻半场人盯人防守 2

（七）2-1-2区域联防

区域联防是每个防守队员按照规定区域，严密防守进入该区域的任何进攻队员，并与同伴协同配合，用一定的阵形把每个区域都联合起来的一种集体防守战术。

"2-1-2"区域联防（图6-2-28），区域分工明确，队形分布均匀，能够有效地对付突破能力强、内线威胁大，但中、远距离投篮不准的队伍。防守中可以相对减少犯规，有效地控制篮板球和发动快攻。

1. "2-1-2"区域联防的移动配合

示例1（图6-2-29）：⑤正面持球，❺上防盯人；❹向内移动协防⑤的突破；❽在限制区内居中，主防中锋⑧，兼顾补位；❻稍上移防⑥，兼顾篮下；❼向篮下收缩协防中锋，兼顾本区内的⑦。

图 6-2-28 "2-1-2"区域联防

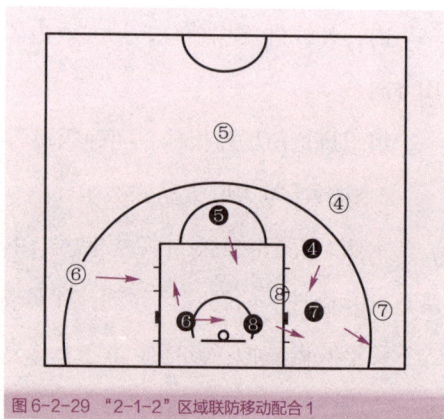

图 6-2-29 "2-1-2"区域联防移动配合 1

示例2（图6-2-30）：④在45°角外持球，❹上防盯人；❺向限制区回缩，协防④的突破；❽贴近⑧防守，兼防⑦溜底；❼上移协防中锋⑧，兼防⑦接球；❻主防篮下，防止⑥横切。

示例3（图6-2-31）：⑦在底角接球，❼回防盯人；❹回缩协防中锋⑧；❼位于⑧近球一侧做侧前防守；❼回缩限制区内准备补位，兼防⑤背后切入；❼主防篮下，防止⑥横切。

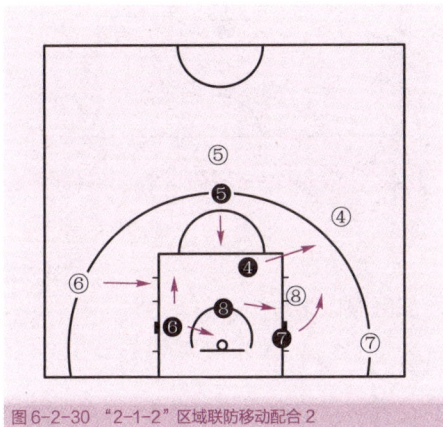

图6-2-30 "2-1-2"区域联防移动配合2

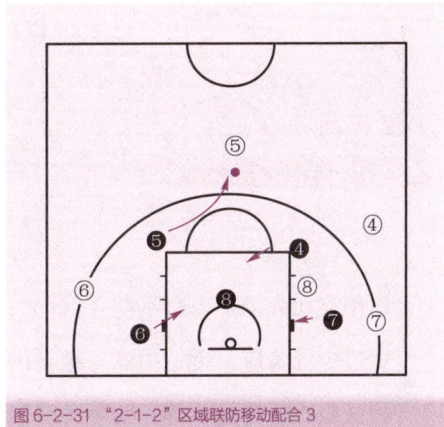

图6-2-31 "2-1-2"区域联防移动配合3

2. 区域联防的基本原则

运用联防时，5名队员必须协同一致，随球的转移合理选位。

当外围进攻队员有球时，本区的防守队员要逼近，按照人盯人的要求防其投篮、传球或突破。其他防区的防守队员要向有球一侧收缩协防，并挥臂干扰传球。

近球区的防守队员运用阻截、"关门"和补位等方式封锁限制区。远球区的防守队员要加强篮下的防守，抢断传球，防止进攻队员背插和溜底。

对于防区之间的薄弱地区，要分工明确，互相补位。当局部地区出现以少防多的局面时，要先防有球者兼顾无球者，主防内线兼顾外线。对于有直接威胁的对手，要及时越区补防。

当对方投篮出手后，要积极组织拼抢篮板球，以便发动快攻。

（八）进攻"2-1-2"区域联防

进攻区域联防时，应根据联防的特点和规律，结合本队的实际情况，组成有针对性的进攻战术。

1. 针对"2-1-2"区域联防的原则

针对"2-1-2"区域联防的弱区，采用"1-3-1"进攻队形落位（图6-2-32）。

通过快速传球，调动防守频繁移动，造成防守漏洞，加强中、远距离投篮（图6-2-33）。

图 6-2-32 "1-3-1"进攻队形落位

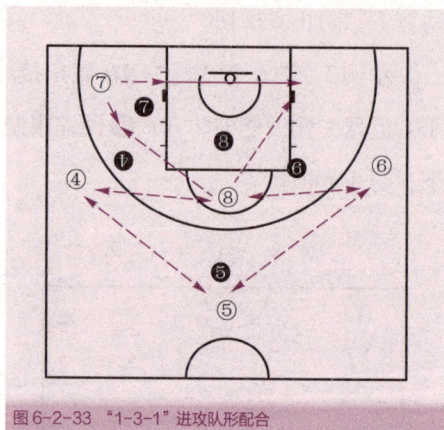

图 6-2-33 "1-3-1"进攻队形配合

运用空切和掩护，打乱防守队形，造成局部区域以多攻少。

通过中锋策应，创造内、外结合的进攻机会。

积极组织拼抢篮板球，明确各自职责与配合方法，保持攻守平衡。

2. 进攻"2-1-2"区域联防战术

示例1（图6-2-34）：中锋⑧在罚球区处接到球，可以跳起投篮或突破上篮；与此同时⑦溜底线，④切入左侧空区，⑦和④均可接⑧的策应传球投篮或抢篮板球。

示例2（图6-2-35）：⑤传球给④的同时，⑥通过⑧的定位掩护纵切篮下，接④的传球投篮；如无机会，⑧掩护后横移接④的传球投篮或传给④和⑦投篮；除⑤以外，其他队员冲抢篮板球。

图 6-2-34 进攻"2-1-2"区域联防1

图 6-2-35 进攻"2-1-2"区域联防2

四、篮球比赛欣赏

学生需参加3人制或5人制篮球教学比赛，由学生组织比赛并担任裁判工作，体验篮球技战术应用，了解比赛规则，熟悉裁判法。

（一）篮球比赛规则

1. 场地设备

篮球场是一个长方形、无障碍的场地。球场尺寸为长28 m，宽15 m，球场的丈量从界线的内沿量起。篮圈的内径最小为45 cm，最大为45.7 cm，其距离地面的高度为3.05 m。篮球的外壳由皮革、橡胶或合成物质制成。球的圆周长不得小于74.9 cm，不得大于78 cm；重量不得少于567 g，不得多于650 g。充气后，使球从1.80 m的高度（从球的底部量起）落到球场的地面上，反弹起来的高度不得低于1.20 m，也不得高于1.40 m（从球的顶部量起）。

2. 比赛通则

每场比赛由两个队参加，允许使用0、00和1~99的号码，每队出场5名队员，如果某队在场上准备比赛的队员不满5名时，比赛不能开始。

比赛由4节组成，每节12 min，部分比赛每节为10 min。第1节和第2节、第3节和第4节之间的休息时间为2 min；第2节和第3节之间的休息时间为15 min。如果第4节终了时得分相等，要延长5 min作为决胜期继续比赛，必要时可以延长几个决胜期，直到分出胜负为止。

（1）每队上半时可准予2次暂停，下半时可准予3次暂停，第四节的最后2 min每队最多只能暂停2次，如第四节最后2 min还未请求下半时的第一次暂停，则记录员应将记录表暂停部分第一格用双横线划掉。

（2）以准予暂停的时间为准。例如第四节还剩2分05秒请求暂停，但准予暂停时时间还剩1分58秒，则暂停时间从还剩1分58秒时开始计算。

特殊情况下可以允许替换罚球：若出现队员受伤（流血，开放性伤口），受伤队员允许被替换，这包括：

① 罚球队员本身的替换。

② 非罚球队员的替换。

以上两种替换，对方队可请求同等数量的替换。

3. 违例

在比赛中出现违反规则的行为但未造成犯规的统称为违例。一旦出现违例，由对方在就近的边线外掷界外球重新进入比赛。

（1）带球走违例。持球队员双脚着地接到球，可以用任一脚作中枢脚。一脚抬起的一刹那，另一脚就成为中枢脚。在传球或投篮中，中枢脚可以抬起，但在球离手前不可以落回地面；运球开始时，在球离手前中枢脚不可以抬起。违反这两条规定任一条即为带球走违例。

（2）两次运球违例。队员第一次运球结束后不得再次运球，否则即为两次运球违例。

（3）脚踢球违例。脚踢球就是用膝、膝以下任何部位或脚去击球或拦阻球。如果这种行为是故意时即是违例。

（4）球回后场违例。控制球的队员在前场使球进入后场后，球又被该队队员首先触及即为球回后场违例。

（5）球出界违例。当球触及界外的队员或任何其他人员，界线上、界线上方或界线外的地面或人、物体，篮板的支柱或背面，即为球出界。

（6）掷界外球违例。掷界外球队员在可处理球时，5 s未将球掷出；掷球时脚踏过界线；执行掷球入界的队员在球触及另一队员前，在场上触及球；掷出的界外球碰篮板背面、支柱、天花板、卡在篮圈支颈上或者直接中篮；球飞过或滚过场内，没有触及任何队员，落入另一界线外；球先触及界外地面，后弹入场内等，均为违例。

（7）3秒违例。某队控制球且球在该队前场的条件下，同队队员在对方限制区内停留的时间超过3 s，为3秒违例。

（8）5秒违例。掷界外球时，5 s内未将球掷出；当被严密防守（在正常的一步之内）的持球队员没有能够在5 s内传、投、滚或运球；罚球时，裁判员递交球后，罚球队员未能在5秒内将球投出。以上3种情况均为5秒违例。

（9）8秒违例。一个队从后场控制一个活球开始，必须在8 s内使球进入前场，否则判8秒违例。

（10）24秒违例。一个队在场上控制活球开始后，没有能够在24秒内投篮出手，即违例。某队进攻，球因任何原因触及对方篮圈后，如果再次获得控制球的球队仍然是该队，则进攻计时钟应复位到14秒。

（11）干扰球违例。投篮的球在篮圈水平面上方下落飞向球篮过程中，双方队员不得触球，否则判违例。进攻队员干扰球违例，球成死球，不能得分；防守队员干扰球违例，无论球是否入篮，均判进球得分。

4. 犯规

犯规是违反规则的行为，含与对方队员的身体接触或违反体育道德的举止。

（1）侵人犯规。侵人犯规是在活球、球进入比赛状态或死球时涉及与对方队员接触的队员犯规。队员不准通过伸展臂、肩、髋、膝、脚或弯曲身体成不正常姿势以阻挡、拉、推、撞、绊等动作来阻碍对方行进，也不允许使用任何粗野动作，否则即为侵人犯规，包括以下几种：

阻挡：指阻止对方队员行进的身体接触。

撞人：指持球或不持球的队员推动或移动对方队员躯干的身体接触。

从背后防守：指防守队员从对方队员的背后与其发生的身体接触。

用手拦阻：指防守队员在防守状态中用手接触对方队员，或是阻碍其行动或是帮助防守队员来防守对手的动作。

拉人：指干扰对方队员移动而发生的身体接触。

非法用手：发生在队员试图用手抢球接触了对方队员时，如果仅仅接触了对方队员持球的手，则被认为是附带的接触。

推人：指用身体的任何部位强行移动或试图移动已经或没有控制球的对方队员时发生的身体接触。

非法掩护：指试图非法拖延或阻止非控制球的对手到达希望到达的场上位置。

对于侵人犯规，在所有情况下都要登记犯规队员一次侵人犯规。此外，如果对没有做投篮动作的队员犯规，由非犯规队在距发生犯规地点最近的界外掷界外球重新开始比赛；如果对正在做投篮动作的队员犯规，如果投中篮，要计得分并判给一次罚球，如果2分或3分投篮没有成功，则判给两次或三次罚球。

（2）双方犯规。双方犯规是指两名对抗的队员大约同时互相犯规的情况。

出现双方犯规，登记每位犯规队员一次侵人犯规；不判给罚球，比赛应继续进行。

（3）违反体育道德的犯规。裁判员认为队员蓄意地对持球或不持球的对方队员造成侵人犯规为违反体育道德的犯规。

违反体育道德犯规，要登记犯规队员一次违反体育道德的犯规；要判给非犯规队罚球再加一次球权（即两罚一掷）；如果被犯规的队员正在做投篮动作，如投中，要判得分并再判给一次罚球；如果被犯规的队员正在做投篮动作，投篮未得分，则根据投篮的地点判给两次或三次罚球。罚球后，无论最后一次罚球成功与否，均由罚球队的任一队员在记录台对面边线的中点处掷界外球。

（4）取消比赛资格的犯规。十分恶劣的、不道德的犯规是取消比赛资格的犯规。

对于取消比赛资格的犯规，要登记犯规队员一次取消比赛资格的犯规；犯规队员被取消比赛资格；要判给非犯规队相应的罚球或随后的球权。

（5）技术犯规。队员的技术犯规是指所有除与对方队员接触以外的队员犯规。包括：同裁判员、到场的技术代表、记录员、助理记录员、计时员、30秒钟计时员或对方队员讲话或接触没有礼貌；使用很可能引起冒犯或煽动观众的言语或举动；戏弄对方或在对方眼睛附近摇手妨碍他的视觉；妨碍迅速地掷界外球以延误比赛；没有报告记录员和主裁判员擅自更换比赛号码；没有报告记录员以及没有得到裁判员招呼的替补队员进入场地；离开场地去获得不正当的利益；队员抓住篮圈并把整个身体的重量悬挂在篮圈上（为保护自身或他人除外）。教练员、助理教练员、替补队员和随队人员等场外人员出现相关行为也判技术犯规。

对于技术犯规要登记违犯者一次技术犯规并判给对方队员一罚一掷，由队长指定罚球队员。

5. 同积分球队之间的排名顺序确定

（1）同积分球队之间的胜负关系（如遇三个或三个以上的队积分相同，则需要另外制表也就是大积分相同的球队之间再算小积分）。

（2）同积分球队之间的净胜分（原先是得失分率）。

（3）同积分球队之间的总得分（原先直接考虑组内得失分率）。

（4）同积分球队组内的净胜分。

（5）同积分球队组内的总得分。

在以上方法都决定不了胜负的情况下，最后采用抽签决定胜负。

（二）篮球重要赛事

1. 世界篮球锦标赛

世界篮球锦标赛是国际篮联主办的最重要的世界性篮球比赛，男子从1950年开始，女子从1953年开始，男、女比赛分别举行。间隔时间一般为4年一届。从1986年起，男子和女子的比赛都在同一年进行，也都按照4年一届的周期举行。

2. 美国男子篮球职业联赛

美国男子篮球职业联赛就是我们常说的NBA，是美国第一大职业篮球赛事，是世界篮球技术最高水平的赛事，其中产生了迈克尔·乔丹、威尔特·张伯伦、科比·布莱恩特、姚明等世界巨星。

3. 奥运会篮球比赛

1936年，在第11届柏林奥运会上，男子篮球被列为奥运会的正式比赛项目。而女子篮球，直到1976年的第21届蒙特利尔奥运会才成为正式的比赛项目。我国女子篮球队曾在1992年第25届巴塞罗那奥运会上获得亚军。1992年奥运会放开了对篮球职业运动员限制后，NBA球星首次参赛并赢得了"梦之队"的美誉。

4. 中国男子篮球职业联赛

中国男子篮球职业联赛，简称中职篮（CBA），是由中国篮球协会主办的跨年度主客场制篮球联赛，是代表中国最高水平等级的篮球联赛。外籍球员由俱乐部自主挑选聘用，按有关规定规则，代表所属球队参赛。CBA联赛自每年的10月或11月开始至次年的4月左右结束。诞生了如姚明、王治郅、易建联等著名球星。

第三节　排球

一、排球运动概述

（一）排球运动的起源和发展

排球运动起源于美国，1895年美国马萨诸塞州基督教青年会干事威廉·摩根首创了排球运动。当时网球和篮球已盛行，摩根先生用网球网挂在篮球场中间，用篮球内胆在网上来回推打。1896年他将此游戏在基督教青年会上进行了表演和介绍，同时美国人戴特博士建议将这项运动定名为"Volleyball"，即"空中飞球"。1905年，此项运动传入中国。根据球在空中被来回拍击和参加者成排站位这两个特点，我国将这项运动形式称之为"排球"。

1947年在巴黎召开了由17个国家排协代表参加的大会，正式成立国际排球联合会（简称国际排联），法国人鲍尔·利伯被选为主席。国际排联于1949年在布拉格举办了第1届世界男子排球锦标赛，1952年在莫斯科举办了第1届女子排球锦标赛，1964年在东京奥运会上排球被定为奥运会项目，1965年在华沙举办了第1届男子世界杯排球赛，1973年在乌拉圭举办了第1届女子世界杯排球赛。至此，形成排球锦标赛、世界杯排球赛、奥运会排球赛3项健全的世界大赛制度，各项赛事每隔4年举办1届。

1953年，中国排球协会成立，1954年被国际排联接纳为正式会员。1979年，中国男女排球队双双获得亚洲锦标赛冠军。1981年，中国女排在第3届世界杯比赛中，一路过关斩将，最终以7战7胜的成绩首次荣获世界冠军。当年全国因此掀起了学习女排精神的热潮，而中国女排也是一鼓作气，接连获得1982年世界锦标赛、1984年洛杉矶奥运会、1985年世界杯、1986年世界锦标赛的冠军，这就是至今仍为国人津津乐道的"五连冠"伟业。2016年里约奥运会女排决赛，中国女排在先失一局的情况下连扳三局，时隔12年再次获得奥运冠军，这也是她们第三次获得奥运会金牌。

目前，国际排联已成为拥有200多个国家和地区会员的、世界上最大的单项体育运动联合会之一。排球运动已成为当今世界上仅次于足球的广为普及的球类运动项目，深受各国人民的喜爱。

（二）排球运动的特点与价值

1. 排球运动的多样性和群众性

排球场地设施简单，比赛规则容易掌握。既可在球场上比赛和训练，亦可以在空地、沙滩、草地上进行活动。同时沙滩排球、软式排球、气排球等还丰富了排球运动的内容，其运动量可大可小，适合不同年龄、不同性别、不同体质、不同训练程度的人参与。

2. 排球运动的健身和健心功能

排球运动从单个动作的练习，到小范围的游戏，直至大运动量的训练和剧烈的比赛，无不是在身体运动的过程中进行的，这一过程既锻炼了人的走、跑、跳等多种基本活动能力，又发展了人体的力量、速度、耐力、灵敏、协调等各种运动素质。一场激烈的比赛使人全身心投入，从而忘却自己心理上的紧张与烦恼，使心情变得愉快，精神压力得到缓解，进而使自己拥有最佳的心态，更具活力，而且还能培养机智、果断、沉着、冷静等心理素质。

3. 激烈的对抗性和严密的集体性

排球比赛中，双方的攻防转换始终在激烈的对抗中进行。高水平比赛中，对抗的焦点在网上的扣、拦技术上。排球比赛是集体比赛项目，除发球外，都是在集体配合中进行的。没有严密的集体配合，再好的个人技术也难以发挥，更无法发挥战术的作用。参与者在比赛中既可以体验到成功的乐趣、失败的沮丧、关怀的温暖和理解的动力，又可以提高社会交往能力和社会适应能力，同时也能够在比赛中体会到团队合作精神的重要性。

4. 轻松的娱乐性和高雅的休闲性

排球运动不拘泥于形式，可支网相斗，亦可围圈嬉戏，只要有一块空地就可以尽情享受运动的乐趣。排球比赛是隔网进行，没有身体接触，安全儒雅，是人们理想的休闲娱乐活动。

二、技术练习

排球的基本技术是指运动员在规则允许的条件下运用的各种合理的技术动作。它包括准备姿势、移动、发球、垫球、传球、扣球和拦网。

（一）准备姿势与移动

准备姿势是高质量完成各项技术动作的基础，包括稍蹲、半蹲和低蹲；移动是为了迅速到位，保持人与球的位置关系，以便接球到位，同时也是为了迅速占据场上合理位置，包括起动、并步与滑步、跨步、交叉步、跑步、综合步伐等（图6-3-1）。

图 6-3-1 排球移动步伐

移动是排球比赛中运用最多的技术，是每个排球运动参与者提高排球运动技术水平必须掌握的基本技术，常用的练习方法有以下几种：

（1）原地或在慢跑中听到信号后立即做半蹲准备姿势。

（2）绕场走步、慢跑，听到信号后立即做准备姿势，或者转体180°、360°做准备姿势。

（3）看手势分别做并步、跨步、交叉步等步伐练习。

（4）面对进攻线站在中线上，做向前移动双手摸进攻线的动作和向后移动双手摸中线练习，若干次为一组。

（二）垫球

垫球是手臂插入球的下部，利用来球的反弹力向上击球的技术动作。包括正面双手垫球（图6-3-2）、体侧垫球、背向垫球。

图 6-3-2 垫球

单人垫球（有球）练习方法视频

垫球（无球）连贯动作

垫球技术的关键是：两手掌根靠紧，手指重叠后两手掌互握，两拇指朝前，两臂自然伸直，手腕下压两臂外翻，手腕关节以上形成一个平面。击球点在胸前一臂距离，用前臂腕关节以上10 cm左右、桡骨内侧平面触球。击球时，两臂夹紧插入球下，蹬腿抬体，重心随之前移，含胸收肩、压腕、抬臂等动作要协调一致。

排球的垫球可以采用以下几种练习方法：

（1）两人一组，一人持球于腹前固定球，另一人将手臂插入球下做垫固定球练习。

（2）一人一球做连续向上自垫练习。

（3）两人相距5 m，一人抛球一人垫球练习。

（4）两人相距5 m，做连续对垫练习。

（5）两人相距5 m，一人向两侧抛球，另一人练习垫发球，一定次数后交换。

（6）三人成三角形互垫练习。

（7）两人相距9 m，一人发球，另一人练习垫发球，一定次数后交换。

（8）两人相距5 m，做传、扣、垫的练习。

（三）发球

发球是在本方端线后将球抛起，用一只手将球击出进而开始比赛的过程。发球有正面下手发球、侧面下手发球、正面上手发球（图6-3-3）、上手发飘球、跳发球等。

图6-3-3　发球

发球练习可采用以下几种方法：

（1）一人一球，练习发球技术的抛球，抛出球的高度、位置稳定。

（2）练习发球的挥臂动作，体会挥臂击球和协调用力的动作要领。

（3）两人面对面站立，相隔6~9 m练习发球，也可以近距离隔网发球。

（4）练习站在端线后的发球过网，体会发球时的全身协调动作和正确用力。

（5）要求落点的发球练习。

（6）要求具有攻击性的发球练习。

（7）发球练习比赛。

（8）结合接发球、垫球的发球练习。

（四）传球

传球是利用手指、手腕和全身的协调力量，通过手指击球，将来球传递出去的技术动作。传球是排球运动的基本技术之一，主要用于衔接防守和进攻。传球的种类很多，向前传球是传球的基础动作，传球前要求传球者必须及时移动到适当位置，保持人与球的合适位置。传球有正面双手传球（图6-3-4）、背传球等。

图6-3-4 传球

传球是排球运动中比较重要的技术之一，在比赛中起着纽带作用。一般采用以下几种练习方法：

（1）一人一球，将球向上抛起1 m左右高度，用上手传球手形将下落的球接住，检查传球手形是否正确。

（2）一人持球于头前，另一人做传固定球的练习。

（3）一人一球，距墙1 m，做近距离对墙传球练习。

（4）一人一球做连续向上自传球练习，传球高度约30 cm，然后逐渐增加传球高度。

（5）两人相距4 m站立，一人抛球，另一人练习传球，一定次数后两人交换练

单人传球（有球）练习方法

两人传球（有球）练习方法

正面双手传球（无球）练习方法

习，先原地传球后移动传球。

（6）两人相距3~5 m对传球，传球距离由近至远。

（7）三人成三角形站立的传球练习。

（8）三人一组，甲、乙两人面对面站立，丙站在两人中间，甲传球给丙，丙背传给乙，然后转身面对乙，把乙传来的球背传给甲；依次连续进行，一段时间后可交换位置练习。

（五）扣球

扣球（图6-3-5）是跳起在空中将高于球网上沿的球击入对方场区的技术动作。扣球是排球的基本技术之一，也是攻击性最强的进攻手段。扣球是在二传配合的基础上，完成进攻战术的关键一环，是得分的重要手段。如能熟练地掌握多种扣球技术，就能较好地掌握比赛的主动权，为取得胜利奠定良好的基础。

扣球（无球）
连贯动作

图6-3-5 扣球

扣球（有球）
练习方法

扣球一般采用以下练习方法：

（1）听口令或看手势做助跑起跳的练习，要注意助跑的步幅与节奏。

（2）从4号位进攻线后，向网前做助跑起跳练习。

（3）一人固定球，一人助跑几步起跳扣球练习。

（4）一人一球，距墙5 m，将球抛起后原地对墙扣球。

（5）一人一球，距墙6~7 m将球抛起后把球扣向前下方的地面上，当球从墙上反弹回来后，再把球扣向前下方的地面上，依次连续进行。

（6）一人站在网前的高台上，单手持球于球网上沿扣固定球。

（7）一人传球，一人助跑起跳扣球练习。

（8）利用不同网高进行扣球练习。

（六）拦网

拦网是运动员在球网上沿的空中阻拦对方击球的技术动作。成功的拦网可以直接拦死或拦回对方的扣球，直接得分或使本方由被动变为主动，削弱对方的进攻力量，减轻本方防守的压力。此外，有效的拦网还可以给对方心理造成很大的压力。拦网有单人拦网、双人拦网和集体拦网。

拦网可采用以下几种练习方法：

（1）徒手原地和移动拦网动作练习。

（2）网前做原地起跳徒手拦网动作，或两人一组，隔网相对，做并步、交叉步、跑步徒手拦网动作，要求移动迅速，两人密切配合。

（3）结合扣球的单人和双人拦网练习。

（4）结合比赛中的各种进攻战术进行拦网。

三、战术应用

排球战术是指运动员在比赛的攻防过程中，根据排球运动的规律以及双方的具体情况和临场局面的发展变化，运用合理的技术，组织有预见性和针对性的配合行动。了解一些常用战术并应用到日常的排球锻炼中，会使比赛更有趣味、更加激烈，参与者能感觉到同伴之间的默契配合带来的成就感和愉悦感。

排球战术包括个人战术和集体战术。

个人战术即个人根据场上的情况有目的地运用技术的过程，分为发球、一传、二传、扣球、拦网、后排防守6项个人战术。

集体战术包括接发球及其进攻、接扣球及其进攻、接拦回球及其进攻、接传垫球及其进攻。进攻时的阵容配备、进攻阵型，接扣球双人拦网时的防守战术又是集体战术里的基本要素。

1. 阵容配备

阵容配备是根据本队队员的特点以及全队战术要求合理安排场上位置，其目的在于最大限度地发挥每个队员的特点和作用，合理地使用队员。配备的组织形式有"二四""五一""三三"3种。

"二四"配备。这种配备在水平一般的球队中常被采用。它把两个二传队员安排在对称位置上（图6-3-6），其余位置安排进攻队员。这样在前后排都能保持一个二传队员和两个进攻队员，便于组织起各种各样的进攻战术。如二传有攻击力，各位置也可采用插上战术，以增强进攻威力。

"五一"配备。这种配备可加强拦网和进攻力量，当全队队员技术均较全面时可采用。这种阵形如图所示（图6-3-7），二传手在前排时可采用"中、边一二"战术，或"两次球"战术，二传手在后排时，则采用"插上"战术。

"三三"配备。一个进攻队员间隔一个传球队员，如图所示（图6-3-8），这样在任何轮次上前后排都保持一至两个二传队员和进攻队员，便于组织"插上"和"二次球"战术，也便于转为"中、边一二"的进攻战术。

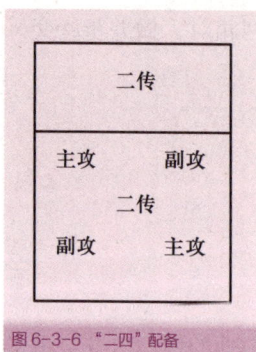

图6-3-6 "二四"配备

图6-3-7 "五一"配备

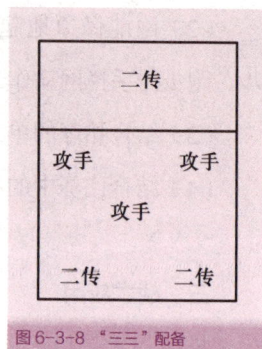

图6-3-8 "三三"配备

2. 进攻阵型

进攻阵型就是进攻时采用的队形，它的战术形式有"中一二"进攻、"边一二"进攻、"插上"3种。

（1）"中一二"进攻战术（图6-3-9）。接发球时把球垫或传给前排3号位队员，由3号位队员作二传，将球传给4号位或2号位两个前排队员进行扣球进攻。这种进攻形式具有容易组成、分工明确、战术变化较少、攻击性和突然性较小的特点。"中一二"进攻战术所需要掌握的技术有：接发球一传技术、二传技术和4号位、2号位扣一般高球技术。

（2）"边一二"进攻战术（图6-3-10）。由2号位队员做二传，将球传给3号位或4号位队员进行扣球进攻。这种进攻形式可组织"快球掩护拉开""前交叉""快球掩护夹塞""短平快掩护拉开"等战术变化。

（3）"插上"进攻战术。这是在对方发球后，一个后排队员不接发球，及时插到前排网边做二传，组织前排3名队员进攻的战术配合。插上进攻战术形式的最大

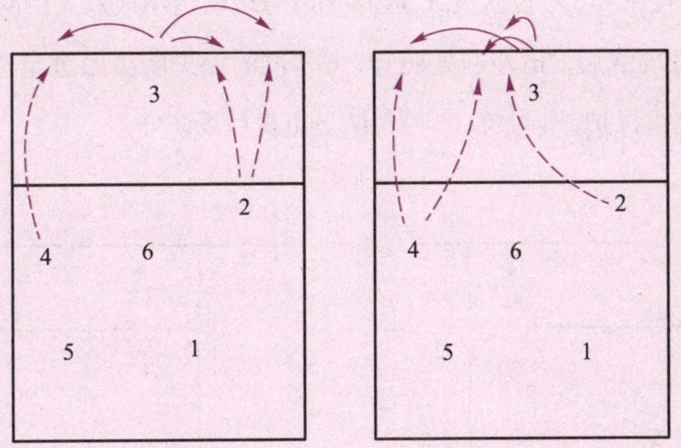

图6-3-9 "中一二"进攻战术

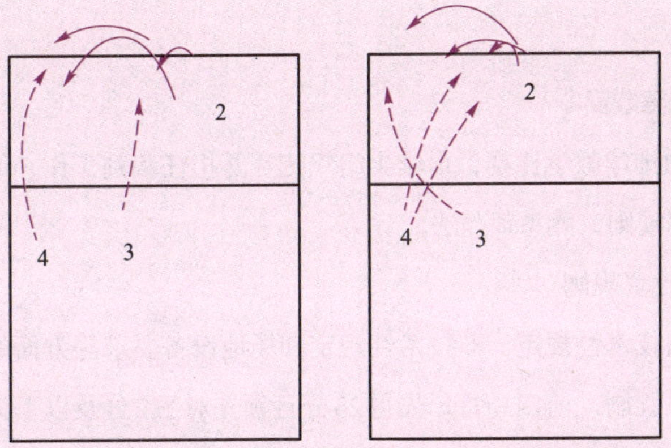

图6-3-10 "边一二"进攻战术

特点是能保持前排3人进攻。进攻时能充分利用球网的长度，发挥每个队员的特点，能组成以快球战术为核心的跑动配合，形成多种战术变化。例如前交叉、后交叉、夹塞、梯次、背溜、假交叉等。这些战术使进攻的突然性增大，突破点多，常使对方难以组织起有效的防守。

3. 双人拦网时的防守战术

排球比赛中经常使用的防守战术中，以双人拦网的防守战术最为常见。

（1）双人拦网的"边跟进"战术（图6-3-11）。当对方在其4号位进攻时，前排2号位和3号位队员组成双人拦网；对方在3号位进攻时，则由前排3号位和2号位或4号位队员组成双人拦网；对方在其2号位进攻时，则由4号位队员阻拦，与球相近一侧的队员配合组成双人拦网，后排的1号位与5号位队员则伺机跟进到进攻线附近形成保护。

（2）双人拦网的"心跟进"战术（图6-3-12）。当对方在其4号位或2号位进攻时，本方前排2号位和3号位队员或3号位和4号位队员组成双人拦网，4号位或2号位队员后撤至进攻线后1 m左右处防守，6号位的保护队员跟进至进攻线附近，在拦网队员身后进行保护，1号位、5号位队员负责后场防守。

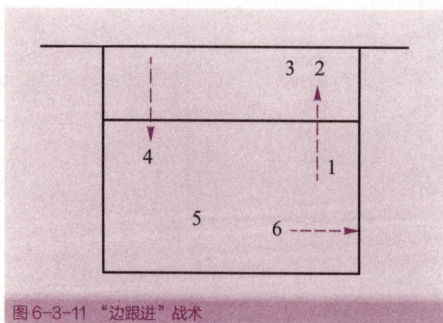

图6-3-11 "边跟进"战术

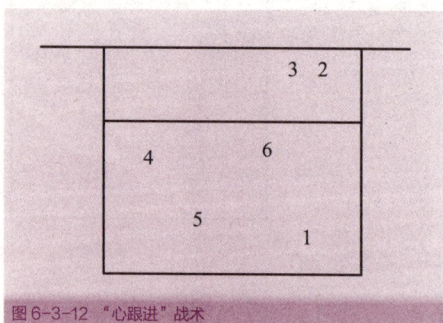

图6-3-12 "心跟进"战术

四、排球比赛欣赏

学生需参加排球教学比赛，由学生组织比赛并担任裁判工作，体验排球技战术应用，了解比赛规则，熟悉裁判法。

（一）排球比赛规则

排球规则由技术性规定、非技术性规定和场地设备要求等方面的内容组成。比赛采用为五局三胜制，前四局每局先得25分且领先对手2分及以上为胜，第五局先得15分且领先对手2分及以上为胜。当出现24平或14平时，要继续比赛至任一队领先2分才能取胜。

排球球场呈长方形（长18 m、宽9 m），中间隔有高网（成年男子网高2.43 m，成年女子网高2.24 m），比赛双方（每方上场6人）各占球场的一方，双方球员隔网把球从网上打来打去。排球运动使用的球，用羊皮或人造革做壳，橡胶做胆，国际标准用球周长65~67 cm，重量260~280 g，大小比足球稍小。

得一分、胜一局、赢一场：球成功地落在对方场区、对方犯规或对方受到判罚即得1分；每一局先得到25（第五局为15分）且领先对方2分及以上为胜一局；先胜3局的一方赢得该场次比赛胜利。

发球：后排右边的队员在发球区内将球击出而进入比赛的行动是发球。

界外球：指球接触地面的部分完全在界线以外；球触及场外物体、天花板或非比赛成员等；球触及标志杆、网绳、网柱或球网标志杆以外部分。

比赛中的击球：比赛队必须在其本场地内及其空间进行比赛，但允许队员越出无障碍区进行救球。

4次击球：一个队连续4次击球，拦网时击球不算。

过中线：球员的双脚或单脚的全部触及对方场区。

持球：球被接住或抛出，而不是被弹击出。

连击：一名队员连续击球2次，或球连续触及他身体的不同部位。

借助击球：队员在比赛场地内借助同伴或任何物体的支持进行击球。

触网：队员在比赛状态下身体触及球网的行为。

进攻性击球：除发球和拦网外，所有直接向对方的击球都是进攻性击球。

后排进攻违例：后排队员在前场区完成进攻性击球，并且击球时球的整体高于球网上沿。

拦发球：拦击在前场区内高于球网上沿的对方发球完成进攻性击球。

拦网：队员靠近球网在高于球网处阻挡对方来球的行动，与触球点是否高于球网无关，只有前排队员可以完成拦网，触球时身体必须有一部分高于球网上沿。

暂停和换人：每局比赛中，每队最多可以请求两次暂停（每次30 s）和6人次换人（一对一）。

技术暂停：正式比赛第1~4局中，每局另外有两次时间各为60 s的技术暂停，每当领先队得分达到8分和16分时自动执行。

不良行为及判罚：按等级轻重依次分为粗鲁行为、不同程度的冒犯行为、侵犯行为。根据行为轻重可给予警告、对方得1分、驱逐出场、取消比赛资格四种不同程度的判罚。

（二）排球运动员的场上角色

为了战术的需要，排球比赛中场上队员有一个相对明确的分工。主要有：二传手、接应二传手、主攻手、副攻手、自由防守人。

二传：二传是一支球队里的灵魂、大脑，是组织进攻的关键人物。二传需要具备良好的心理素质、细腻的手上技术和快速的脚下移动。一个出色的二传还必须具备跳传的能力，这样能尽可能快地组织快攻。同时，在一传不到位的情况下，二传的调整传球显得尤为关键。因此，通常球队对二传的要求是非常高的，如果二传在对抗中不能冷静地分配球，那么攻手阵线就相当于一盘散沙，无法形成有威胁的进攻。我国的孙晋芳、杨锡兰、冯坤、沈富麟以及美国的鲍尔等都是世界著名的二传手。

接应二传：在"五一配备"中，由于只有一名二传，因此二传的对角是弥补另外一个二传位置的接应二传。在今天的排球比赛里，接应的作用已经从辅助二传传球，转变为一个队最主要的进攻得分点，成了与主攻共同负担球队进攻的一个主要火力点，而其本来辅助传球的工作被弱化甚至消失。现代排球要求接应二传在二号位前后排的位置保持强大的进攻能力以及拦网能力。我国的周苏红，巴西女排的谢拉·卡斯特罗，美国男排的克莱·斯坦利都是优秀的接应二传。

副攻：副攻的主要职能是拦网，其次才是快球和掩护。因此副攻往往是队内身材最高的球员，主要活动区域在3号位附近。副攻主要有两个职责：一个是防守时参与对对方所有进攻的拦网，所以要求副攻要有很好的预判、移动和空中拦截能力；另一个是进攻时吸引对方拦网，利用快速多变的战术进攻，起到掩护和改变进攻节奏的作用，为己方进攻创造条件。比如我国的赵蕊蕊、汪嘉伟等都是优秀的副攻手。

主攻：主攻是一支球队里的重炮手，也是主要得分手。主攻主要职责有两个：一是防守时参与接发球；另一个是进攻时处理4号位的强攻球、调整球，所以对主攻手的手法要求比较高。我国的郎平、古巴的路易斯、巴西的吉尔伯特等都是排球历史上著名的主攻手。

自由人：自由人是1996年世界女排大奖赛中第一次采用的，主要目的在于加强攻守平衡。自由人穿着和本队其他球员不同颜色的服装，他们可以在死球状态下任意替换场上后排队员而不需要经过裁判的同意。自由人主要负责后排大范围的接发球和防守，尽可能减少其他队员的防守压力。我国的张娜，日本的佐野优子都是非常出色的自由人。

（三）排球重要赛事

1. 世界排球锦标赛

世界排球锦标赛是由国际排球联合会主办的国际排球比赛，是排球界最早的、规模最大的世界性比赛，每4年举行1届，受到各国普遍重视。原与奥运会同年举行，1962年起改为在奥运会后第二年举行（女子第5届除外），冠军获得者可直接参加下届奥运会。

2. 世界杯排球赛

世界杯排球赛的前身是"三大洲"（亚、欧、美）排球赛，1964年国际排联将其更名为"世界杯"排球赛，是国际排联的三大赛事之一。1965年9月在波兰举行首届世界杯男子排球赛，1973年在乌拉圭举办了第一届世界杯女子排球赛。世界杯是由全球高水平的男、女球队参加的国际性排球比赛，每4年举办一次。自从1991年起，世界杯赛被改在奥运会的前一年举行，相当于是奥运会的资格赛，获得前3

名的队伍有资格直接进入奥运会。

3. 奥运会排球比赛

奥运会排球比赛是国际排联的三大赛事之一，1957年国际奥委会将排球列为奥运会项目，承认国际排联为领导世界排球运动的唯一组织。1964年，排球运动首次亮相日本东京奥运会赛场，有10支男队和6支女队参加了比赛。1996年沙滩排球也被列为奥运会比赛项目。

4. 世界女排大奖赛

世界女排大奖赛是国际排球联合会举办的一年一度的大型世界级排球比赛，创立于1993年，以分站赛事成绩决定参加总决赛（决赛周）的名单，总决赛优胜者便是整个赛事的总冠军。世界女排大奖赛的地位虽不及三个4年一度举行的世界大赛（世界杯排球赛、世界排球锦标赛、奥运会），但奖金远胜世界大赛，是纯粹的商业性比赛。

5. 世界男排联赛

世界男排联赛是国际排联组织的商业性质的国际比赛，开始于1990年，目的是扩大排球在全球的影响力，参赛队为五大洲的国家队，比赛一般在夏季进行，为时一至两个月。比赛先进行主客场小组赛，然后排名较高的参赛队在一个国家进行总决赛，决出冠军。

（四）其他几种排球形式

1. 气排球

气排球运动是一项集运动、休闲、娱乐为一体的群众性体育项目，作为一项新兴的体育运动项目，如今已经受到越来越多老年朋友的青睐。气排球由软塑料制成，比赛用球重约120 g，比普通排球轻100~150 g；圆周74~76 cm，比普通排球圆周长15~18 cm；比赛场地13.4 m×6.1 m（采用羽毛球场地即可），比普通场地长宽各少5 m和3 m；比赛网高男子2.1 m，女子1.90 m，混合赛2.00 m。参赛队员5人，球的颜色为黄色，其打法和记分方法与竞技排球基本相同。

2. 软式排球

软式排球是日本在20世纪80年代末推出的。软式排球的设计与开展主要以中、老年和儿童为对象。软式排球具有重量轻、体积大、制造材料柔软、不伤手指等特点。因此，软式排球是深受广大体育爱好者欢迎的一项健身运动。

3. 坐式排球

坐式排球是专为双下肢残疾的人设计的一种坐地面打的排球活动，为残奥会项目。比赛场地10 m×6 m，进攻线距中线2 m，男子网高1.15 m，女子网高1.05 m，网宽0.8 m。比赛采用6人制排球规则，只是增加了比赛中击球时击球员臀部不得离地这一规定。1994年9月在北京第6届远南伤残人运动会上，我国首次举行了坐式排球比赛。

4. 沙滩排球简介

沙滩排球起源于20世纪20年代的美国，大多数人认为美国加利福尼亚的莫尼卡是沙滩排球的发源地。当时人们玩沙滩排球只是将之作为在海滩上休闲的一种娱乐活动。

1927年沙滩排球开始穿越大西洋传入欧洲，先入法国，成为当时法国"裸体主义者"的主要活动项目之一，之后进入捷克斯洛伐克，并逐渐风靡美洲的巴西、阿根廷以及大洋洲的澳大利亚和新西兰。1987年，国际排联不仅将沙滩排球列为其正式竞技比赛项目，而且还确定了世界沙滩排球锦标赛、世界沙滩排球大满贯赛和世界沙滩排球巡回赛作为最高等级的3大赛事。1988年国际排联正式成立了世界沙滩排球联合会，并开始筹备世界沙滩排球系列大赛。在国际排联及各个会员协会的不懈努力下，沙滩排球运动在近十多年来得到了广泛的普及和迅猛的发展。沙滩排球比赛更加频繁，国际排联组织的系列大奖赛每年18站，比赛总奖金高达550万美元。目前，除了国际排联正式的比赛以外，不少国家都有不同水平的沙滩排球赛事。

1993年9月24日，沙滩排球被确定为奥运会的正式比赛项目。首届奥运会沙滩排球赛于1996年7月23—28日在亚特兰大沙滩上举行。以后的历届奥运会上，沙滩排球以其独特的魅力备受球迷和体育爱好者的喜爱，被誉为"21世纪最杰出的运动项目之一"。

第四节　乒乓球

一、乒乓球运动概述

（一）乒乓球运动起源与发展

乒乓球运动于19世纪末起源于英国，流行于欧洲，最早叫"Table Tennis"（桌上网球）。大约在1890年，有一位叫詹姆斯·吉布的英格兰人偶然发现了一种用赛璐珞制成的球弹力很强，对它稍加改进后作为乒乓球的用球，在英国和世界各地推广起来。由于拍与球撞击时发出"乒"而落台时发出"乓"的声音，在桌子上打来打去发出了"乒乒乓乓"的声音，英国一家体育用品公司首先用"Ping-Pong"一词作为广告上的名称，乒乓球从此得名。

1900年英国成立了乒乓球协会。同年12月，在伦敦的皇后大厅举行了英国第一次大型乒乓球赛。参加者300余人，开创了乒乓球正式比赛的历史。20世纪20年代，为更好地推动此项运动开展，英国乒乓球协会制定了世界上最早的乒乓球比赛规则。1988年的汉城奥运会，乒乓球被列入奥运会的正式比赛项目，大大推动了世界乒乓球运动的发展。

我国乒乓球运动是在1916年开展起来的，早期只有上海、北京、天津、广州几个大城市开展。1918年，上海率先成立全市的乒乓球联合会，随之不少球队纷纷建立。同一年，全国乒乓球联合会在上海诞生，中国乒乓球运动从此得到了初步的发展，中华全国乒乓球协会随之成立。

中华人民共和国成立后，我国的乒乓球运动得到了飞速发展。20世纪50年代，我国大力开展了群众性乒乓球运动，民间的乒乓球技术水平得到了很大提高，1959年容国团在第25届世界乒乓球锦标赛中，为中国夺得了第一个世界乒乓球冠军。1961年我国主办了第26届世界乒乓球锦标赛。在这届比赛中我国运动员力争上游，一举夺取了3项冠军，包括争夺最激烈的男子团体冠军奖杯——斯韦思林杯。从此，我国乒乓球运动走到了世界前列。1971年，脱离两届世锦赛的中国运动员重返赛场，参加了第31届世锦赛，重新夺回了斯韦思林杯，同时夺得了女单、女双和混双冠军。在此期间，中美两国开展了著名的"乒乓外交"，运动员的互访打开了两国人民友好往来的大门。

20世纪90年代世界乒坛向着多元化方向发展，世界各国向我们发起了挑战。中国队痛定思痛，认真总结经验教训，抓管理，树信心，搞技术创新，加快对新人的培养。在第42届世乒赛上，中国队重新夺得女团、男双、女双和混双4项冠军和男团亚军。队伍终于走出低谷，为中国乒乓球再创辉煌打下基础。此后，中国队始终站在世界乒坛的最顶峰，在以后的历届世乒赛和奥运会上，中国队成绩辉煌，乒乓球真正成为长盛不衰的"国球"。

（二）乒乓球运动的特点与价值

乒乓球运动普及程度很高，是深受大众喜爱的体育运动项目之一。乒乓球具有广泛的适应性、娱乐性和趣味性，同时具有较高的健身价值。

1. 可以有效地提高人的身体素质

长期参加乒乓球运动，随着技术水平的不断提高，运动量也不断加大，能相应地提高人们的速度素质、力量素质和身体的灵敏性、协调性。

2. 可以调节改善神经系统灵活性

打乒乓球时，球在空中飞行的速度是很快的，正手攻球打出的球只需0.15 s就可到达对方台面。在这样短暂的时间内，要求运动员对高速运动的来球方向、旋转、力量、落点等进行全面观察，迅速作出判断，并及时采取对策，迅速移动步伐，调整击球的位置与拍面角度，进行合理的还击，而这一切活动都是在大脑指挥下进行的，经常从事乒乓球练习，可大大提高神经系统灵活性。

3. 可以改善心血管系统和呼吸系统的功能

经常参加乒乓球运动，能使心血管系统的结构和机能得到改善，心肌变得发达有力，心血容量加大，每搏输出量增多，从而提高心脏工作效率，有利于促进新陈代谢，提高整个身体机能水平。

4. 可以锻炼心理素质

和其他运动项目一样，乒乓球比赛中成功和失败的条件经常转换，参赛者情绪状态也非常复杂，参赛者经受这些变幻莫测、胜负难料的激烈竞争的锻炼，体验了种种情绪，同时，在比赛中要提前对对方战术意图进行揣摩，调整自己的战术应用，因此使练习者的心理素质得到了很好的锻炼。

二、技术练习

乒乓球基本技术包括握拍、站位与基本姿势、基本步伐、发球、接发球、推挡球、攻球、搓球、弧圈球、削球等。技术是战术的基础，基本技术掌握得越全面、正确、实用，战术的运用就会更灵活多变，就能得心应手，就会取得较好的效果。

（一）握拍法

乒乓球的握拍方法基本上分为直握拍法和横握拍法（图6-4-1）。

直握拍法：以食指第二关节和拇指第一关节扣压拍面，虎口贴住拍柄，其他三指自然弯曲重叠，中指第一关节顶在中线外。

横握拍法：虎口贴住拍肩，中指、无名指、小指握住拍板，拇指放在正面，食指自然伸直置于背面。

握拍

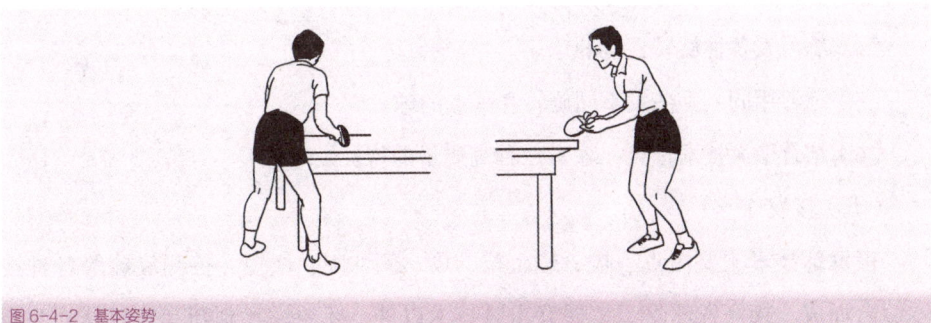
图 6-4-1　握拍法

（二）基本站位和基本姿势

（1）基本站位。乒乓球的基本站位大致分为快攻类、弧圈类、削攻类3种。站位应根据不同类型的打法特点、个人的身高和技术特长来决定。

快攻类：左推右攻打法基本站位在近台，距台30~40 cm，偏左。两面攻打法基本站位在近台，距台40~50 cm，中间略偏左。

弧圈类：以弧圈球打法为主的基本站位在中台，距台50 cm左右，偏左。两面拉站位中间略偏左。

削攻类：横拍攻削结合打法基本站位在中台附近，以削为主配合反攻打法的基本站位也在中台附近，约距台1 m左右。

（2）基本姿势。两脚平行站立，距离比肩略宽，身体保持平稳，重心置于两脚之间。双脚微微提踵，前脚掌内侧着地，两膝微屈、内扣，上体略前倾。执拍手自然弯曲，直握拍肘部略外张，手腕放松，球拍置于腹前右侧20~30 cm。横握拍肘部向下，前臂自然平举。不执拍手臂自然弯曲置于腹前左侧。两眼密切注视对方，准备还击来球（图6-4-2）。

图 6-4-2　基本姿势

（三）基本步伐

打乒乓球的基本步伐有：单步、跨步、跳步、并步、交叉步、小碎步。

打乒乓球的步伐可采用以下练习方法：

（1）徒手模仿各种步伐的移动练习。

（2）手法结合各种步伐进行徒手练习。

（3）单球进行各种步伐练习。

（4）多球进行各种步伐练习。

（四）发球

发球是一项重要的基本技术，它由抛球和挥拍触球两个部分组成（图6-4-3）。根据落点、旋转、性质等不同分若干种发球。常见的发球有：平击球、急球、正反手发侧下旋球与不转球、正反手发侧上旋球、高抛发球、下蹲发球等。

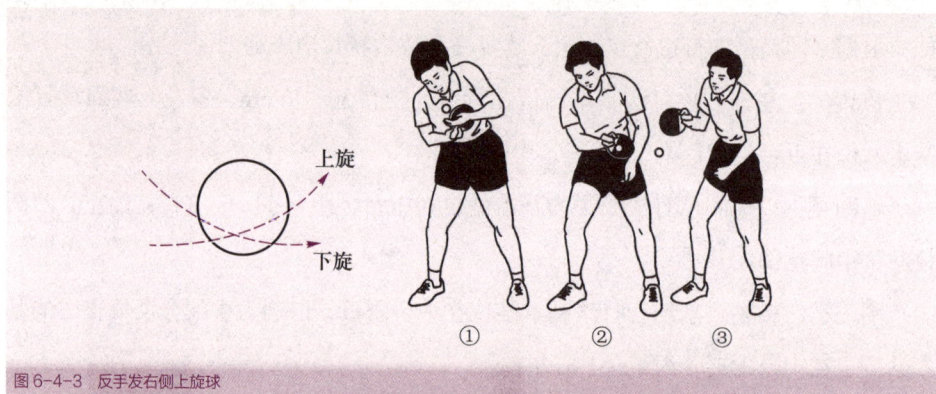

图6-4-3　反手发右侧上旋球

发球技术可以通过以下几种方法来练习：

（1）徒手作发球前的预备姿势，模仿抛球及发球的动作。

（2）台前用多球进行发球练习。

（3）先练习发斜线球，后练习发直线球；先练习发不定点球，后练习发定点球。

（4）练习发各种旋转性能的球。

（5）练习用同一手法发不同旋转和落点的球。

（6）结合个人技术特点，练1~2种高质量的特长发球。

（五）接发球

接发球技术主要由点、拨、搓、拉、攻、侧、削、摆短、拉侧旋球等各种技术综合而成。接好发球除了掌握好击球技术以外，还要注意判断和步伐移动两个要点。

（1）判断。

① 站位的判断：接球者根据发球者的站位来决定位置。如对方在球台的右角用正手发球，接球者应站在中间偏右。如对方在左角用反手或侧身用正手发球，接球者应站在中间偏左。考虑到对方可以发长球或短球，所以站位不宜太近或太远，一般离台30~40 cm为宜。接发球时，要等到对方把球发出后再做接球动作，不宜过早地做动作。身体重心不要过低，应在两脚之间，持拍手放在台面同一高度，以便对付长球或短球。

② 来球落点的判断：根据对方发球时挥臂动作的大小和身体的转动方向判断。挥臂动作大，力量重，多为长球；挥臂动作小，力量轻，多为短球。身体转动方向是指对方击球瞬间，身体朝向的那一面，这一面基本上就是发球的方向。对方发斜线球时，拍形向侧偏斜，发直线球时，拍面向前。

③ 来球旋转的判断：可根据来球的速度、飞行弧线、摩擦力及落台后的力量来判断。如来球的速度较快，飞行弧线较高，落台后有一定的前冲力，一般是上旋或不转球。如来球速度较慢，飞行弧线较低，前冲力小则是下旋球。

（2）步伐移动。在对对方的发球作出明确的判断后，就要用快速的步伐，移动到适合的位置，准备击球。从判断到步伐移动这段时间非常短暂。因此，接发球者的步伐要灵活、正确，重心交换要快，才能应付各种各样的发球，为击球做好充分的准备。

接发球技术采用以下几种方法进行练习：

专门练习点、拨、搓、拉、攻、侧、削、摆短、拉侧旋球等技术。

进行固定旋转、固定落点、固定长短的多球练习。

（六）推挡球

推挡球是我国直拍快攻打法的基本技术之一。它具有站位近、动作小、速度快、变化多等特点。推挡球可分为挡球、减力挡、快推、加力推、推挤和推下旋球等技术动作（图6-4-4）。

推挡技术的练习方法：

（1）做徒手的模仿练习，体会动作要领。

（2）对墙做推挡练习。

（3）自己把球抛到本方台面上进行推挡练习。

（4）陪练者把球供到练习者反手位，练习者连续推挡，落点不限。

反手推挡

左推右攻

图 6-4-4　加力推与减力挡

（5）陪练者发平击球到练习者左半台的不同落点，练习者在移动中做推挡练习。

（6）两人在台上对推，不限落点，只要求动作正确，球过网。

（7）两人在台上先推中线，再推直线和斜线，逐渐加快速度，体会快速推挡动作。

（8）推不同落点。

（9）推、攻结合练习，陪练者攻球，练习者推挡，先定点再有规律地变化落点，最后不定点推挡。

（七）攻球

攻球主要分为正手攻球和反手攻球（直拍横打）（图6-4-5、图6-4-6），包括快点、快带、快拉、快攻、快拨、突击、扣杀、杀高球和中远台对攻等各种技术。各种技术的特点不同，所起的作用和运用的方法也不一样。

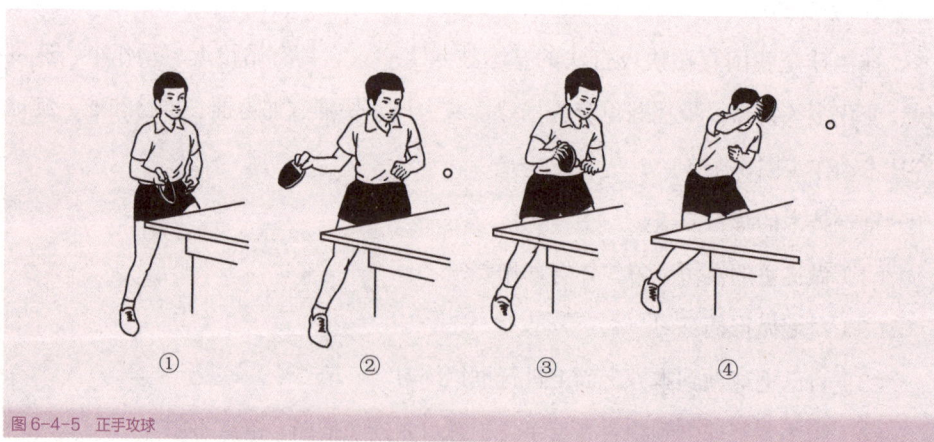

正手攻球

图6-4-5　正手攻球

图6-4-6 反手攻球

练习攻球技术时可采用下列步骤：

（1）反复徒手挥拍练习，并结合步伐练习。

（2）一人发球一人练习攻球。

（3）多球训练：供球者先发定点球，练习者连续正手攻球，体会动作的正确性；再供落点有变化的球，练习者在移动中正手攻球；最后供落点无规律变化的球，练习者经判断后再移动步伐正手攻球。

（八）搓球

搓球是近台还击下旋球的一种基本技术，也是削攻类打法的入门技术。搓球站位近、动作小，回球多在台内，具有稳健、变化多的特点，可用来接发球和对付台内短球和下旋球，或作为过渡球，积极为转入进攻创造有利条件。搓球技术可分为慢搓、快搓、搓不转球、搓侧旋球等技术。

搓球技术可以采用下列练习方法：

（1）徒手模仿搓球动作。

（2）练习者自己向球台抛球，待球弹起后将球搓过网。

（3）陪练者用多球发下旋球，练习者将球搓回对方球台。

（九）弧圈球

弧圈球是一种强烈的上旋球，具有球速快、稳定性高、攻击性强等特点，是当今世界乒坛上的一种主要打法，为世界各国运动员广泛采用。弧圈球可分为加转弧圈球、前冲弧圈球、侧旋弧圈球、假弧圈球等（图6-4-7）。

弧圈球技术练习方法：

（1）徒手模仿拉弧圈球动作。

（2）陪练者用多球发中路出台的下旋球，练习者连续拉弧圈球。

搓球

搓球起板

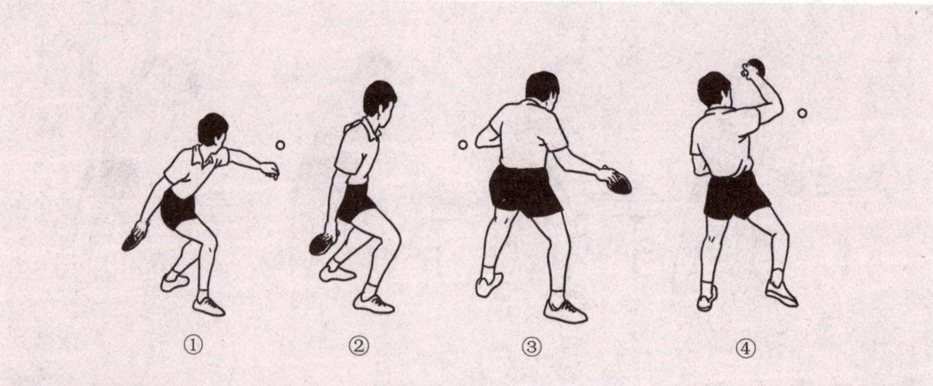

图6-4-7 加转弧圈球

（3）陪练者推挡，或正手攻，或削球，练习者连续拉弧圈球。

三、战术应用

战术是以技术为基础的。一个运动员基本技术越全面、越扎实，战术运用就越灵活、越多变。战术的不断变化和发展，反过来又能促进技术的不断提高、发展和创新。

（一）发球抢攻战术

发球抢攻是我国直板快攻打法的"撒手锏"，是力争主动、先发制人的主要战术。各种类型打法的运动员都普遍采用发球抢攻来抢占每个回合的上风。这一技术主要是以旋转、线路、落点、速度不同的发球来增加对方回球的难度，降低其回球质量，以争取主动。

（二）接发球战术

接发球水平的高低可以直接反映运动员的实战能力以及对各项基本技术的应用程度。事实上，接发球者只是暂时处在被控制状态，如果你破坏了发球者的抢攻意图或者为他制造了障碍，减弱了对方抢攻的质量，也就意味着你已经脱离了被控制状态，变被动为主动了。常用的接发球战术有接发球抢攻、控制接发球的落点、正手侧身接发球等。

（三）搓攻战术

搓攻战术是进攻型打法的辅助战术之一，主要利用搓球旋转的变化和落点的变化为抢攻创造机会，这一战术在基层比赛中被普遍采用。搓攻战术也是削球型打法争取主动的主要战术之一。常用的搓球战术有慢搓与快搓结合、转与不转结合、搓球变线等。

（四）对攻战术

对攻战术是进攻型打法在相持阶段常用的一项重要战术。快攻类打法主要依靠反手推挡（或反手攻球）和正手攻球（或正手拉弧圈球）的技术，充分发挥快速多变的特点来调动对方。常用的对攻战术有紧逼对方反手，伺机抢攻或侧身抢攻、抢拉；压左突右；调右压左；攻两大角；攻追身球等。

四、乒乓球比赛欣赏

学生需参加乒乓球单打或双打教学比赛，由学生组织比赛并担任裁判工作，体验乒乓球技战术应用，了解比赛规则，熟悉裁判法。

（一）比赛装置

（1）球台。乒乓球球台长2.74 m，宽1.525 m，高76 cm。比赛台面不包括与球台台面垂直的侧面；台面应呈均匀的暗色，无光泽，沿每个2.74 m的比赛台面边缘各有一条2 cm宽的白色边线，沿每个1.525 m的比赛台面边缘各有一条2 cm宽的白色端线。双打时，各台区应由一条3 mm宽的白色中线划分为两个相等的"半区"。中线与边线平行，应视为右半区的一部分。

（2）球网。球网装置包括球网、悬网绳、网柱及将它们固定在球台上的夹钳部分；球网应悬挂在一根绳子上，绳子两端系在高15.25 cm的直立网柱上，网柱外缘离开边线外缘的距离为15.25 cm；整个球网的顶端距离比赛台面15.25 cm。

（3）球。球直径为40 mm；球重2.7 g；应用赛璐珞或类似的材料制成，呈白色或橙色，且无光泽。

（4）球拍。球拍的大小、形状和重量不限，但底板应平整、坚硬。

用来击球的拍面应用一层颗粒向外的普通颗粒胶覆盖，连同黏合剂厚度不超过2 mm；或用颗粒向内或向外的海绵胶覆盖，连同黏合剂，厚度不超过4 mm。

"普通颗粒胶"是一层无泡沫的天然橡胶或合成橡胶，其颗粒必须以每平方厘米不少于10颗、不多于50颗的平均密度分布整个表面。

"海绵胶"即在一层泡沫橡胶上覆盖一层普通颗粒胶，普遍颗粒胶的厚度不超过2 mm。

球拍两面不论是否有覆盖物，必须无光泽，且一面为鲜红色，另一面为黑色。拍身边缘上的包边应无光泽，不得呈白色。

运动员需要更换球拍时，必须向对方和裁判员展示他将要使用的球拍，并允许他们检查。

（二）规则

乒乓球比赛一般采用7局4胜或5局3胜制，在一局比赛中，先得11分的一方为胜方，10平后，先多得2分的一方为胜方。

1. 合法发球

发球时，球应放在不执拍手的手掌上，手掌张开伸平。球应是静止的，处于发球方的端线之后、比赛台面的水平面之上。

发球员须用手把球几乎垂直地向上抛起，不得使球旋转，并使球在离开不执拍手的手掌之后上升不少于16 cm，球从下降到被击出前不能碰到任何物体。

当球从抛起的最高点下降时，发球员方可击球，使球首先触及本方台区，然后越过或绕过球网装置，再触及接发球员的台区。在双打中，球应先后触及发球员和接发球员的右半区。

从抛球前球静止的最后一瞬间到击球时，球和球拍应在比赛台面的水平面之上。

击球时，球应在发球方的端线之后，但不能超过发球员身体（手臂、头或腿除外）离端线最远的部分。

运动员发球时，应让裁判员或副裁判员看清他是否按照合法发球的规定发球。

运动员因身体伤病而不能严格遵守合法发球的某些规定时，可由裁判员作出免予执行的决定，但须在赛前向裁判员说明。

2. 合法还击

对方发球或还击后，本方运动员必须击球，使球直接越过或绕过球网装置，或触及球网装置后，再触及对方台区。

3. 重发球

如果发球员发出的球，在越过或绕过球网装置时，触及球网装置，此后成为合法发球或被接发球员或其同伴阻挡，需重发。

如果接发球员或接发球方未准备好时球已发出，而且接发球员或接发球方没有企图击球时，需重发。

由于发生了运动员无法控制的干扰，而使运动员未能合法发球、合法还击或遵守规则时，需重发。

4. 得一分

除被判重发球的回合，下列情况运动员得1分：

对方运动员未能合法发球。

对方运动员未能合法还击。

运动员在发球或还击后，对方运动员在击球前，球触及了除球网装置以外的任何东西。

对方击球后，该球没有触及本方台区而越过本方端线。

对方阻挡。

对方连击。

对方用不符合规则的拍面击球。

对方运动员或他穿戴的任何东西使球台移动。

对方运动员或他穿戴的任何东西触及球网装置。

对方运动员不执拍手触及比赛台面。

双打时，对方运动员击球次序错误。

5. 轮换发球法

如果一局比赛进行到 10 min 仍未结束（双方都已获得至少 9 分时除外），或者在此之前任何时间应双方运动员要求，应实行轮换发球法。

当时限到时，球仍处于比赛状态，裁判员应立即暂停比赛，由被暂停回合的发球员发球，继续比赛。

当时限到时，球未处于比赛状态，应由前一回合的接发球员发球，继续比赛。

此后，每个运动员都轮发一分球，直至该局结束。如果接发球方进行了 13 次合法还击，则判发球方失一分。

轮换发球法一经实行，或一局比赛进行了 10 min 后，该场比赛剩余的各局必须实行轮换发球法。

（三）重大赛事

当今乒乓球运动重大赛事有世界乒乓球锦标赛、奥运会乒乓球比赛、乒乓球世界杯赛和国际乒乓球联合会职业巡回赛总决赛。

第五节　羽毛球

一、羽毛球运动概述

（一）羽毛球运动的起源与发展

18 世纪时，在印度的普那城，出现类似今日羽毛球活动的游戏。19 世纪 60 年代，一批退役的英国军官把这种称为"普那游戏"的活动带回了英国。

1877年第一个成文的羽毛球竞赛规则在英国出台。

1893年，英国各羽毛球俱乐部组成了世界上第一个羽毛球协会。

1934年，国际羽毛球联合会成立，总部设在伦敦。1939年，国际羽毛球联合会通过了各会员国共同遵守的《羽毛球竞赛规则》。

1920年，羽毛球运动传入我国。近代一批有志于报效祖国的赤子回国，并从欧洲带回了先进的羽毛球技术。20世纪70年代我国羽毛球队已跻身于世界强队之列。1981年5月，国际羽毛球联合会（简称"国际羽联"）重新恢复了中国在国际羽联的合法席位，从此揭开了国际羽坛历史上新的一页。我国运动员怀着为国争光的雄心壮志，吸取了国外的一些先进的运动训练方法，勤学苦练，自觉地贯彻了"从难、从严、从实战出发"，中国羽毛球选手进入了称雄世界的辉煌时代。

1992年巴塞罗那奥运会，羽毛球被列为正式比赛项目，世界羽毛球运动迎来了又一个春天。

1982年，我国首次参加国际大赛并夺得"汤姆斯杯"，1984年，女队再夺"尤伯杯"。在1996年亚特兰大奥运会上，葛菲、顾俊勇夺女双冠军，实现了我国羽毛球项目在奥运会上零的突破。

（二）羽毛球运动的特点与价值

1. 老少皆宜，终身有益

羽毛球运动适合于男女老幼，运动量可根据个人年龄、体质、运动水平和场地环境的特点而定。运动量宜为中等强度，活动时间以40~50 min为宜。适量的羽毛球运动能促进青少年身高增长，能培养青少年自信、勇敢、果断等优良的心理素质。

2. 全面提高身体素质

羽毛球运动需要在场地上不停地进行移动、跳跃、转体、挥拍，合理地运用各种击球技术和步伐将球在场上往返对击，从而增大了上肢、下肢和腰部肌肉的力量，加快了锻炼者全身血液循环，增强了心血管系统和呼吸系统的功能。

练习者在短时间内对瞬息万变的球路做出判断，果断地进行反击，从而提高人体神经系统的灵敏性和协调性。

二、技术练习

羽毛球运动的基本技术主要由上肢的基本手法和下肢的基本步伐两大部分组成。上肢的基本手法由握拍、发球和击球3个部分组成，下肢的步伐则由基本站位、前场上网步伐、中场左右步伐以及后场后退步伐组成。

（一）握拍

握拍分为正手握拍和反手握拍。正手握拍法是羽毛球运动基本握拍方法之一，主要用于还击握拍手同侧方向的来球。反手握拍法通常用于还击握拍手异侧方向的来球。

握拍主要练习方法有：

（1）正反手握拍，并反复做无球挥拍动作。

（2）正反手球拍垫球。

（3）一人两侧抛球，做左右正反手挥拍动作。

（二）发球

发球分为正手发球（图6-5-1）和反手发球（图6-5-2）。正手发球可发出后场高远球、后场平高球、平快球和网前小球。反手可发出后场平高球、后场平射球和网前小球。发球时，要根据对手的站位和回击球的能力，灵活选择发球方法。

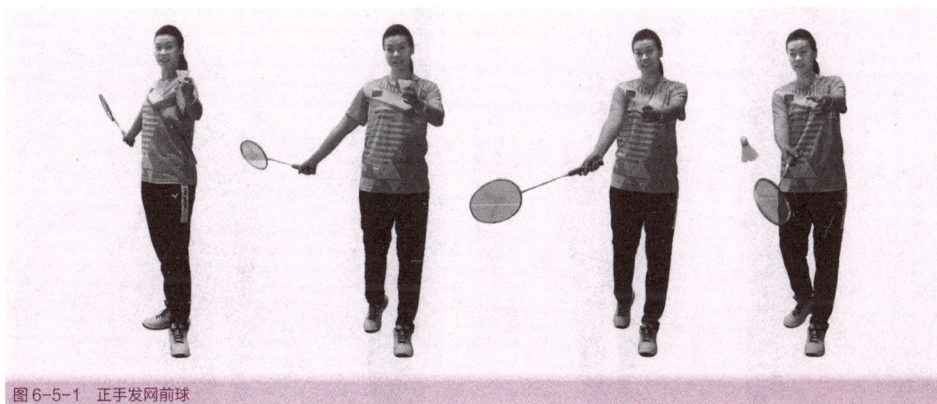
图6-5-1　正手发网前球

图6-5-2　反手发网前球

正反手握拍

正手发高远球

反手发网前球
和后场球

发球练习方法主要有：

（1）无球挥拍模仿各种不同发球技术练习。

（2）两人对练，一人发球，一人接发球。

（3）正手或反手单一发球技术多球反复练习。

（4）指定落点区域的不同发球技术的练习。

（5）不同落点区域发球技术的交替练习。

（6）正反手发直线球、斜线球、定点球以及不定点球等的练习。

（三）击球技术

羽毛球击球技术方法多种多样，主要有后场正手击高远球（图6-5-3）、后场头顶击高远球、正手吊球、反手吊球、头顶吊球、正手杀直线球、正手杀对角线球、头顶杀直线球和对角线球等。

图 6-5-3　后场正手击高远球

击球的练习方法主要有：

（1）击高远球的无球挥拍练习。

（2）用拍垫出高空垂直下落球，并挥拍击球。

（3）一人发高远球，一人击球（高远球、吊球、杀球）。

（4）双人对击高远球或一人吊球，一人挑高球、扣杀球。

（5）一人发高远球，一人原地杀球或跳起杀球。

（6）一人发高远球，一人定位劈吊对角。

正手击直线和
斜线高远球

正反手吊球

（7）两人一组，高、吊、杀球组合练习。

（四）网前击球技术

羽毛球网前击球技术主要有正反手搓球、正反手推球、正反手勾球、正反手扑球、正反手抽球和正反手挑球等（图6-5-4、图6-5-5）。

图6-5-4　正手网前扑球

图6-5-5　网前勾对角线球

网前击球的练习方法主要有：

（1）无球上网步伐和手法模仿练习。

（2）一人抛球，多球上网搓、勾、推、扑球练习。

（3）两人隔网正反手有球对练。

（4）从场区中心位置开始，做定点、定动作的上网击球的多球练习。

（5）从场区中心位置开始，做不定点、不定动作的多球练习。

（6）两人一组，进行网前球与中后场吊、杀的综合练习。

（五）基本步伐

"三分技术，七分步伐"，羽毛球步伐是一项很重要的基本技术，掌握好快速准确的步伐是打好羽毛球的一个重要环节。常采用的技术有交叉步、垫步、跨步、并步、蹬转步、蹬跨步、蹬跳步和跳步。

羽毛球的基本步伐练习方法主要有：

（1）做单个步伐的基本练习。

（2）做好准备姿势，看手势信号做起动练习。

（3）按手势的指令做步伐的综合练习。

（4）采用多球结合步伐练习。

（六）综合步伐

羽毛球快速多变的特点，需要练习者有全方位的出击能力。根据击球需要，步伐分为上网步伐、中场步伐和退后场步伐3类。

常用练习方法主要有：

（1）由中心位置—上右网前—回中心位置—上左网前—回中心位置。

（2）正手持拍后退右后场步伐练习。

（3）后退左后场正手绕头顶击球步伐练习。

（4）反手持拍后退左后场步伐练习。

（5）由中心位置—向右侧移动步伐—回中心位置—向左侧移动步伐—回中心位置练习。

（6）左、右侧起跳步伐练习。

（7）正手网前斜线退后场练习。

（8）反手网前斜线退后场练习。

三、战术应用

羽毛球战术是指在比赛中为战胜对手而采取的计谋和行动。运用这些战术是为了达到调动对方位置，迫使对方击出中后场高球，使对方重心失去控制并消耗对方体力的目的。

（一）单打战术

1. 发球抢攻战术

发球者可以根据规则，随心所欲地以任何方式将球发到对方接球区的任意一点。善于利用多变的发球战术，能先发制人，取得主动。以发平快球和网前球配合，争取创造第三拍的主动进攻机会，组成发球抢攻战术。

2. 攻后场战术

攻后场战术指采用重复打高远球或平高球的技术，压对方后场两角，迫使对方处于被动状态。一旦其回球质量不高，便伺机吊对方的空当。

3. 逼反手战术

一般来说，后场反手击球的进攻性不强，球路也较简单，对于后场反手较差的对手要毫不留情地加以攻击。先拉开对方位置，使对方反手区露出空当，然后把球打到反手区，迫使对方使用反手击球。

4. 打四点球突击战术

打四点球突击战术指以快速的平高球、吊球准确地打到对方场区的4个角落，迫使对方前后左右奔跑。当对方来不及回中心位置或失去重心时，抓住空当和弱点进行突击。

5. 吊、杀上网战术

吊、杀上网战术指先在后场以轻杀配合吊球把球下压，落点要选择在场地两边，使对方被动回球。若对方还击网前球时，便迅速上网搓球或勾对角快速平推球；若对方在网前挑高球，可在其后退途中把球直接抽杀到对方身上。

6. 先守后攻战术

先守后攻战术可用来对付那种盲目进攻而体力又差的对手。比赛开始，先以高球诱使对方进攻，在对方只顾进攻疏于防守时，即可突击进攻；或者在对方体力下降、速度减慢时再发动进攻，这是以逸待劳、后发制人的战术。

（二）双打战术

1. 攻人（二打一）战术

攻人战术是一种经常运用的行之有效的战术。当发现对方有一个人的防守能力或心理素质较差、失误率比较高或防守时球路单调，就可采用这种战术，把球进攻到这个较弱者的一边。这种战术可集中优势兵力以多打少，以优势打劣势，造成主动或对方失误得分，有利于打乱对方防守站位；另一个不被攻的人，由于没有球可打，慢慢地站位会偏向同伴，形成站位上的空当，有利于我方突击另一线，从而造成对方因思想上的矛盾而互相埋怨，影响其士气。

2. 攻中路战术

不论对方把球打到什么位置，我方攻球的落点都应集中在对方两人之间的结合部，并靠近防守能力较差者一侧，或在中线上。攻中路战术，可以造成对方抢球或漏球，可以限制对方挑出大角度的球路，有利于我方网前的封网。

3. 攻直线战术

攻直线战术即来球路线和落点均为直线，没有固定的目标和对象，只依靠力量和落点来得分。当对方的来球靠边线时，攻球的落点在边线上；当对方的来球在中间区时，就朝中路进攻。

4. 攻后场战术

遇到对方后场扣杀能力差的对手，可采用平高球、推平球、接杀挑高球等，迫使对方一人在底线两角移动。一旦其还击被动时，便大力扑杀。如另一对手后退支援时，即可攻网前空当。

5. 后攻前封战术

当本方取得主动攻势时，后场队员逢高必杀，前场队员积极移动封网扑打。

6. 守中反攻战术

防守时，对方攻直线球，我方挑对角平高球；对方攻对角球，我方挑直线平高球，调动对方移动，然后可采用挡或近网前逼进对攻的战术。这在对付网前扑、推，左右转体不灵的对手时，可以很快获得由守转攻的主动权。

四、羽毛球比赛欣赏

学生需参加羽毛球教学比赛，由学生组织比赛并担任裁判工作，体验羽毛球技战术应用，了解比赛规则和裁判法。

（一）羽毛球比赛规则

1. 选择场区与发球权

比赛开始前，主裁判员应召集双方队员通过掷挑边器决定场区或发球权，赢的一方有权选择首先发球，或不首先发球，或选边；输的一方选剩下的一项。

2. 单打的发球方位、顺序和接发球方位

当发球方得分为0或偶数时，应站在右发球区发球，将球发到对方的右发球区。当发球方得分是奇数时，应站在左发球区将球发到对方的左发球区。接发球员应站在发球员斜对角的发球区接发球。发球方只能在连续得分时，才能连续发球。

3. 双打的发球方位、顺序与接发球方位

比赛开始前，双方通过投掷硬币方式确定由哪一方来选择先发球或后发球。双打时，每方有2名队员。每局开始比赛时，甲队先在右发球区发球的一名队员为第一发球员，另一名队员为第二发球员。乙队先在右发球区接发球的队员为第一发球员，另一名队员为第二发球员。一方发球队员只能在连续得分时，才可连续发球。双打双方采用轮换发球，失分方同时失去发球权，由对方发球。

4. 发球违例

发球时，当球拍击中球的瞬间，击球点不能超过1.15 m（发球线高）。

发球时，球拍顶端未向下，整个拍框未明显低于握拍手的整个手部。

发球时，脚踩在发球区四周的线上或线外的地面。

发球时，发球员的两脚或任何一脚离开地面或移动。

在发球员、接球员均做好准备姿势后，发球员在发球过程中有破坏发球连续性的动作。

发球时，在击球瞬间不是首先击中羽毛球的球托。

球未发过网，或从网下穿过。

球发出后，触网并停留在网上。

球发出越过网后，卡在网上。

发过去的球落在非规定的一个发球区内。

发过去的球落在网与前发球线之间的区域内。

双打比赛，发过去的球落在双打发球线之后与端线之前区域内。

发过去的球落在边线、端线以外的地区。

5. 接发球违例

接发球时，接发球员的两脚或任何一脚离开地面或移动。

接发球时，接发球员的脚踩在或碰触发球区四周的任何线上或线外。

双打时，发出的球被接发球球员的同伴击打。

6. 击球违例

每个拍连续击球两次或同队两名运动员各击球一次。

击球时，球停滞在球拍上紧接着又有拖带动作。

球的整体落在对方边线或端线以外（球的任何部分压线为界内球）。

比赛进行中，球拍或运动员身体、衣服触及球网或球网的支撑物。

击球时，球拍与球的接触点在对方场区上空。

击出的球碰到障碍物。

队员的身体被球击中。

球拍或身体从球网上方进入对方场地。以下情况除外：击球者在击球动作后球拍跟随球越过球网上方且击球点位于本方场地的。

球拍或身体从球网下方进入对方场地,阻碍或干扰了对方的。

阻挡对方,如当球在飞越球网上方时阻止对方进行合法的击球动作。

以任何动作故意干扰对方,如大喊或做手势。

击出的球落在本方场区内或场区外或从网下击入对方场区。

7. 重发球

发球方在接球方准备好前发球。

发球时,发球方和接球方都有违例。

发球被接回后,羽毛球触网且停留在网上或过网后被网卡住。

击球过程中,羽毛球破裂,球托完全与羽毛分离。

裁判认为比赛混乱,或者一方球员认为被对方教练干扰。

司线裁判未看清且主裁判不能决定。

发生任何未预料到的意外情况时。

发生"重发"时,最后一次发球后的比赛不计,由最后发球的球员重新发球。

8. 暂停(休息时间)

每一局当一方先得到11分时,暂停不超过60 s。

第一局与第二局之间,第二局与第三局之间,暂停不超过120 s。

9. 交换场地

球员应在以下情况交换场地。

第一局结束时。

第二局结束且有第三局时。

第三局某一方先得11分时。

10. 比赛胜负

每场比赛采取3局2胜制:先得到21分的一方赢得当局比赛。

如果双方比分打成20比20,获胜一方需超过对手2分才算取胜。

如果双方比分打成29比29,则率先得到第30分的一方取胜。

首局获胜一方在接下来的一局比赛中率先发球。

(二)羽毛球重要赛事简介

1. 汤姆斯杯

汤姆斯杯即世界男子团体羽毛球锦标赛,1948年举行首届比赛,现为两年一届,在偶数年举行。比赛由3场单打、2场双打组成。

2. 尤伯杯

尤伯杯即世界女子团体羽毛球锦标赛，1956年举行首届比赛，两年一届，在偶数年举行。比赛由3场单打、2场双打组成。历史上夺得尤伯杯冠军最多的国家队是中国队。

3. 世界羽毛球锦标赛

世界羽毛球锦标赛即世界羽毛球单项锦标赛。设有男、女单打，男、女双打和混合双打5个比赛项目，1977年起为三年一届，1983年改为两年一届，在奇数年进行。2005年改为每年一届，但奥运年不举办。

4. 苏迪曼杯

苏迪曼杯即世界羽毛球混合团体比赛。1989年开始举办，两年一届，在奇数年举行。

5. 中国公开赛

超级系列赛是级别仅次于奥运会、汤尤杯（即汤姆斯杯和尤伯杯）、苏迪曼杯以及世锦赛的羽毛球赛事，中国公开赛被列为超级系列赛十二站中的重要一站，其成绩计入世界排名和奥运会参赛积分，每届比赛吸引当今世界羽坛众多的顶尖高手前来参赛。

6. 奥运会羽毛球赛

羽毛球1992年成为奥运会正式比赛项目，奥运会羽毛球赛冠军是世界羽坛的至高荣誉。中国羽毛球运动员多人多次获得过该项赛事冠军。

第六节　网球

一、网球运动概述

网球是一项优美而激烈的运动，是广受人们喜爱、充满活力的一项健身活动。网球击球动作舒展、优美、大方，给人以美的享受。一场精彩的网球比赛中，多变的战术，双方智慧的较量，更能使人从中体验到网球运动的乐趣。它易于普及和开展，以浓厚的趣味性、视觉的观赏性和效果显著的健身性而盛行全世界，被称为世界第二运动。

（一）网球运动的起源与发展

13世纪，法国传教士中流行一种在教堂回廊里用手掌击球的一种游戏。14世纪中叶，这种游戏传入英国。从此，这种游戏开始在英国流行，成为英国上层社会的一种娱乐活动，所以有"贵族运动"之雅称。英国人将这种表面用斜纹法兰绒制作的球称为"tennis"，并且沿用至今。16世纪后，该项运动形成了一种比赛，并专门建造了球场，规定了场地的大小，制定了相应的比赛规则。因此，网球运动孕育于法国，起源于英国。

1913年3月1日，在巴黎成立了国际网球联合会，协调国际网球活动，安排全年比赛日程表，修订网球规则并监督它的执行。1945年至20世纪60年代，网球趋向职业化。

1885年前后，网球运动传入中国。中国网球协会成立于1953年，是代表中国参加国际网球组织的唯一合法组织，1956年举办全国网球锦标赛，1981年7月加入国际网联。1986年中国女子网球队在第10届亚运会的团体赛中夺冠。2004年雅典奥运会上，李婷和孙甜甜取得中国第一个网球双打奥运冠军。2006年，郑洁和晏紫在澳网女双决赛中，历史性地获得冠军。2011年，李娜勇夺法国网球公开赛冠军，成为中国乃至亚洲获得四大满贯公开赛冠军的第一人。2018年，王曦雨获得美网女单青少年组的冠军。

（二）网球运动的特点与价值

1. 良好的运动环境和文明氛围

网球场地宽敞而又有一定的封闭性，让人得以从容活动并少受干扰。清新的空气和明媚的阳光，使人一踏入这种环境就会有一种心情舒畅、贴近自然的感觉。同伴们在一起打球，既锻炼身体愉悦身心，又能随时休息叙谈交流。人们在网球场上约定俗成地遵循着文明的行为规范。礼貌的言行，整洁的服饰，友好的态度使这里充满优良的文化气息和高度文明的氛围，使投身其中的人们得到一种情操上的陶冶。

2. 独具的健身价值

网球运动的健身价值高，适应性强，是一项男女老少皆宜的运动。它的运动量可大可小，节奏可缓可剧，不同的运动对象都能各取所需，得到理想的健身效果。对青少年来说，网球能极好地发展其灵活性、协调性和快速反应的能力，在瞬息万变的情况下果断应对，把握时机，无须过分强调体能。对于想保持和改善形体的女性来讲，打1~1.5 h的网球，相当于进行3 000~5 000 m的健身跑，能有效地消耗体内脂肪，瘦身效果非常明显。

3. 充满挑战性的体育竞技运动

一场势均力敌的网球比赛，要求选手具有角斗士那样的斗志和体能，其竞争激烈程度可与任何剧烈运动项目媲美。在数小时中全力地奔跑、扑救、进攻、封杀，这种力量和耐力的考验，毅力和意志的对抗，机敏和智慧的较量，扣人心弦，令人神往。网球最迷人的特点就在于它既是高尚文明、讲究礼仪的高雅运动，同时又充满挑战性，能充分展示人的体能、意志，最符合"文明其精神，野蛮其体魄"的体育宗旨。

二、技术练习

（一）握拍方法（图6-6-1）

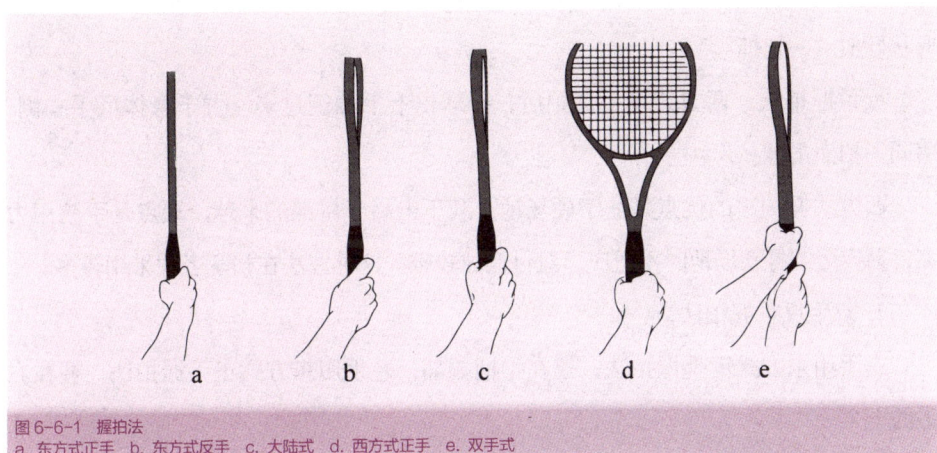

图6-6-1 握拍法
a. 东方式正手 b. 东方式反手 c. 大陆式 d. 西方式正手 e. 双手式

1. 东方式握拍法

正手握拍法：左手先握住拍颈，使拍子与地面垂直，然后手掌也垂直于地面，手握拍柄好像与人握手，故亦称"握手式"握拍法。准确地说，用右手掌根与拍柄右上斜面贴紧，拇指垫握住拍柄的左垂直面。由此拇指与食指成"V"形，对准拍柄的右上斜面和左上斜面的上端中间。

反手握拍法：从正手握拍法把手向左转动四分之一圆周，虎口对着拍柄左上斜面，用手掌根压住左上斜面，拇指伸直贴在拍柄的左垂直面上，食指下关节压住右上斜面。

东方式握拍法的优点是击球时便于用力，感觉敏锐，运用灵活，利于做具有攻击性的、力量直接作用于球的击球动作。缺点是正、反拍击球时要换握，初学者不易掌握。

2. 大陆式握拍法

与东方式握拍法不同，大陆式握拍法在进行正、反拍击球时都无须变换握法。

握拍时用手掌根贴住拍柄上部的平面，食指与其余三指稍微分开，食指上关节紧贴在右上斜面上，拇指垫贴在拍柄的左垂直面上。

大陆式握拍法的优点是灵活性好，手腕可充分发挥作用；正、反拍击球时不用换握，适于距离近、速度快的网前截击动作，也适合于发球、高压球和对付低球。缺点是正拍击球需要较大腕力，手腕易疲劳，不能击弹性较高的球。

3. 西方式握拍法

正手握拍法：将球拍平放在地上，用手抓起后，手掌心朝下，手掌的大部分放在拍柄的底部，手掌根贴在拍柄的右下斜面上，拇指压在拍柄的上部手面，食指的下关节握住拍柄的右下斜面，拇指与食指的"V"形对准握柄的右垂直面，握拍的形状好似"一把抓"。

反手握拍法：西方式正手握拍后，把球拍上下颠倒过来，置于身体反手一侧，用同一拍面击球。

西方式握拍法的优点是适于硬场地，利于击高于肩部的来球。缺点是手腕用力多，易疲劳，打软场地时不适应，对付低球较难。这种握法在初学者中采用较多。

4. 双手反手握拍法

右手用东方式反手握拍法，握在拍柄端部；左手用东方式正手握拍法，握在右手的上方。

（二）基本步伐

击球步伐是打好网球的基础，必须和手法相互配合。在球场上行之有效的站位和步伐，能更好地取得回击来球的最佳位置。网球基本站位有开放式、关闭式两种。步伐移动可采用滑步、交叉步、跳步等。

步伐的练习可采用以下的练习方法：

（1）徒手练习前后左右移动的脚步动作。

（2）结合挥拍动作练习步伐。

（3）利用多球进行步伐练习。

（4）两人面对面站立，相距3~4 m，一人掷地滚球，另一人用侧滑步和交叉步快速移动接球，然后传回。

（5）跳绳练习，如单脚跳、双脚跳、移动的单脚交替跳、双摇跳等，提高脚步的灵活性。

（三）正、反手击球技术

1. 正手击球（图6-6-2）

两脚左右站立（以右手持拍为例），以右脚为轴，向右转肩转髋，身体左侧对球网，重心移到右脚上，转体同时带动球拍直接后引，将拍面引到与身体平行位置。球拍高度齐膝，拍头略高于手腕，左臂微前伸保持身体平衡。挥拍击球时右脚蹬地，向左转髋转肩，带动右手臂向前迎击球的中部，击球点在左脚侧前方。击球后，球拍随惯性挥至左肩上方，并迅速还原到准备姿势。

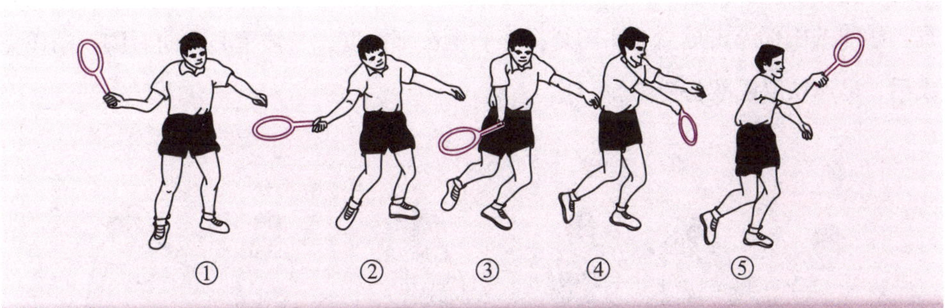

①
②
③
④
⑤

图 6-6-2　正手击球

正手击球（无球）连贯动作

2. 单手反手击球（图 6-6-3）

从准备姿势开始，以左脚为轴，向左转肩转髋，同时右脚跨出一步，使两脚与肩同宽，身体右侧对球网，重心移至左脚上。转肩同时左手转动拍颈使右手成东方式反手握拍，并带动球拍后引与身体平行，击球肘贴近身体，左手轻持拍颈，拍头略低于来球。击球时身体重心移至右脚，左手放开拍颈，以右脚为轴向右转髋转

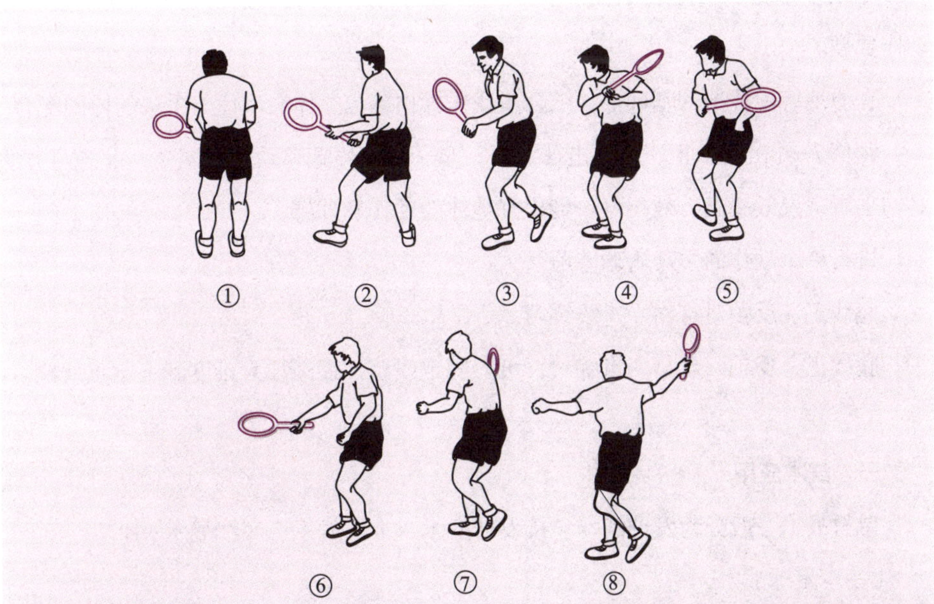

①
②
③
④
⑤
⑥
⑦
⑧

图 6-6-3　单手反手击球

单手反手击球（无球）连贯动作

肩，带动右手臂由下向前上挥拍击球中部偏下，击球点在右脚侧前方。击球后球拍随惯性继续挥至右肩上方，并迅速恢复成准备姿势，随时回击下一次来球。

3. 双手反手击球（图6-6-4）

当判断来球是飞向反手方向时，在移动到位的最后一步应保持右脚在前，身体右侧朝向来球方向；双手握球拍向左后挥摆，右臂伸展较大，左臂弯曲。在迎球过程中，挥臂转体动作配合，使球拍由低向高挥动，击球点在右脚侧前方，拍面垂直，触球的中部。击球后双手随势挥至右侧头部高度，身体重心移向右脚。动作完成后，迅速恢复成准备姿势。

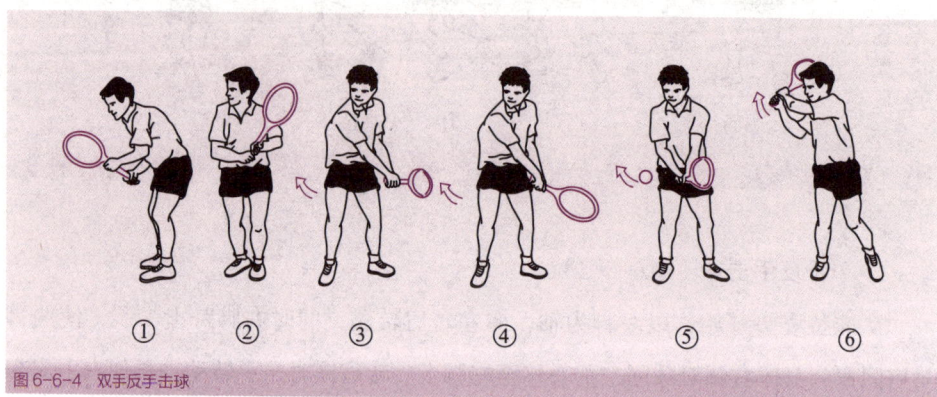

图6-6-4 双手反手击球

正、反手击球的练习方法主要有：

原地进行徒手或持拍挥拍练习，体会向后拉拍、转肩、扭转腰部和交换重心等动作要领。

在原地练习挥拍的基础上，结合步伐作挥拍练习，体会步伐与手法的协同配合。

距墙7~8 m远，正、反拍击球练习，步子要不停地移动进行调整，此练习方法对初学者来说效率高、效果好，能很好地体会动作和球感。

进行单个动作的多球击球练习。

底线正、反拍对打斜、直线练习。

底线正、反拍一点打两点练习，可先固定线路，逐渐加大难度到不定点线路。

三、战术应用

单打战术一般分为发球战术、接发球战术、上网战术、底线战术4种。

（一）发球战术

通过力量、速度和准确性直接得分。

利用不同发球方式，随后上网截击。

发不同性能的球，使对方不易捉摸。

利用风向、阳光、硬地或草地等自然条件发球，造成对方接发球困难。

（二）接发球战术

准确判断来球的方向和旋转，快速回击可压制对方上网，便于自己上网。

利用旋转球拉大对方跑动距离，使接球者随之左右奔跑，或运用切削球打近网两角，运用挑高球发过上网者的头顶等。

（三）上网战术

上网是积极主动的打法。在发球或接发球后，冲到离网较近的位置，不等对方回击的球落地，便进行空中截击或高压回球。

运用上网战术的关键是要掌握好上网的时机，多用于第一次发球后。发上旋球后，借球在空中飞行时间长、对方难以回击之机上网截击。若抽击球后上网，则出球要斜、要深、要重，或接近中央地带。上网时，要提防对方击直线球。

（四）底线战术

以进攻打法为前提，用快速有力、准确凶狠的回球取胜对方，使防守性的打法具有攻击性。通常用逼右攻左、逼左攻右、攻击对方弱点或打对方不喜欢打的球，使对方失误，失去信心。对付上网打法的对手，要掌握好正反拍的直线、斜线击球路线，使球过网低而外旋；大力击直线球，在速度上压制对方；挑高球也是常用的破网战术。

四、网球比赛欣赏

学生需参加网球教学比赛，由学生组织比赛并担任裁判工作，体验网球技战术应用，了解比赛规则和裁判法。

（一）网球比赛规则

1. 发球的规定

发出的球在对方还未还击前，应从网上越过，落到对角的对方发球区内或周围的线上。第一次发球失误后，可在原位置进行第二次发球。第二次发球再失误，即为双误，判失一分，发球擦网出界为一次失误。发球擦网后球落在发球区内可重发。

2. 网球比赛失分的判断

球落地两次后击球（两跳）。

击球出界即球触及对方场区界线以外的地面、固定物或其他物体。

击空中球失败（站在场外击空中球失败也算失分）。

比赛进行中，故意用球拍拖带或接住球，或故意用球拍触球超过一次。

"活球"期间，运动员的身体、球拍（不论是否拍在手中）或穿戴的其他物件触及球网、网柱或对方区内地面。

球尚未过网即在空中还击（过网击球）。

除握在手中的球拍外，运动员的身体或穿戴的物件触球。

抛拍击球。

比赛进行中，运动员故意改变其球拍形状。

发球员发球连续两次失误。

3. 记分方法

网球比赛由盘至局，通常是3盘2胜制，或5盘3胜制。每盘中双方各有6个发球局。一方先超过对方2局达到6局，则该方为胜一盘。若双方各胜6局则进入抢7局，获得胜利一方赢得该盘胜利。

（二）网球重要赛事

1. 四大网球公开赛

（1）温布尔登网球公开赛。温布尔登网球公开赛是现代网球史上最早诞生的比赛，于1877年由全英板球俱乐部和英国草地网球协会创办。首次正式比赛在该俱乐部位于伦敦西南郊的温布尔登总部举行，名为"全英草地网球锦标赛"。比赛只设男子单打，1901年接受国外选手参赛，当时只限于英国自治领地的选手参加。1905年开始扩大为国际性的球赛。该比赛于每年6月底至7月初定期举行。

（2）法国网球公开赛。法国网球公开赛与温布尔登公开赛一样，是在世界网坛上享有盛名的传统比赛。它始于1891年，通常在每年5月底至6月初举行，比赛地点设在巴黎西部一座叫罗兰·卡罗斯的大型体育场内。在法国网球公开赛史上特别值得一提的是，1989年，17岁的美籍华裔选手张德培曾先后挫败伦德尔和埃德伯格等名将，成为这个公开赛最年轻的男单冠军，也是第一位获此殊荣的亚洲血统选手。

（3）美国网球公开赛。美国网球公开赛首届比赛只有男子单打，于1881年在美国罗得岛新港举行，以后每年举行一届，通常在8月底至9月初。这项比赛开始名为"全美冠军赛"，1915年起移至纽约进行，1968年被列为四大公开赛之一，是一年中最后举行的网坛大赛，1970年改名为全美公开赛。

（4）澳大利亚网球公开赛。澳大利亚网球公开赛虽是四大公开赛中最迟创建的赛事，但从1905年创办至今，也已经有超过百年的历史。比赛地在墨尔本，安排在1月底至2月初举行。1968年，国际网球运动职业化，它被列为四大公开赛之一。

2. 奥运会网球赛

早在1896年雅典举行的第1届奥运会上，网球男子单打与双打就被列为正式比赛项目。后来，由于国际奥委会和国际网球联合会在职业运动员和业余运动员的定义上有分歧，已经连续7届奥运会都进行的网球比赛被取消。直到1984年的洛杉矶奥运会上，网球被列为表演项目。1988年的汉城奥运会上，网球才重新被列为正式比赛项目。

3. 中国网球公开赛

中国网球公开赛是一项在中国北京举行的职业网球巡回赛，2004年为赛事元年，是国内唯一的男女合赛赛事，也是亚洲级别最高、奖金最多、参赛人数最多、影响力最大的男女综合性网球赛事。

思考题

1. 足球有哪些基本技术？各举例说明。

2. 排球扣球有哪些常用的练习方法？

3. 乒乓球推挡技术有哪些常用的练习方法？

4. 列举世界著名的网球比赛名称，描述其特点。

5. 录制自己参加篮球、羽毛球等球类比赛的视频，时间不少于5分钟，分析自己和队友综合运用技战术情况。

6. 和同学一起设计一个体育游戏，在老师的帮助下在课堂中进行实践。

健身健美运动

阅读提示：

○ 通过学习本章内容，使学生掌握健美和操舞类运动项目的基本练习方法，了解该类运动项目特点、锻炼价值和基本知识，学会发现美、塑造美，培养审美情趣。

第一节　健美操

一、健美操运动概述

健美操是一项深受广大群众喜爱的、广泛普及的，集体操、舞蹈、音乐、健身、娱乐于一体的徒手体育项目。健美操中大量吸收迪斯科舞、爵士舞、霹雳舞中的上下肢、躯干、头颈和足踩动作，特别是髋部动作，这给健美操增添了活力，同时也有利于减少臀部和腹部的脂肪堆积，有利于改善动作的协调性和灵活性。

（一）健美操运动的起源与发展

现代健美操是从20世纪60年代初开始萌芽的，这种体操带有娱乐性，简单易学，深受人们喜爱，20世纪70年代在美国迅速兴起，掀起热潮。美国健美操代表人物简·方达为健美操在世界的推广作出了杰出贡献。健美操于20世纪70年代末80年代初传到我国。

1986—1988年，健身健美操和竞技健美操在我国得到了长足的发展。继1986年4月在广州举行的我国首次"全国女子健美操邀请赛"后，1987年5月在北京又成功地举办了首届正式的竞技健美操比赛——"长城杯"健美操邀请赛。为了有组织、有计划地推动全国大学生健美操运动的发展，1992年2月，在北京成立了中国大学生体育协会健美操艺术体操分会。1992年9月，中国健美操协会在北京的正式成立，标志着我国健美操运动进入一个崭新的发展阶段。

（二）健美操运动的特点与价值

1. 塑造美的形体，培养端庄体态

经常参加健美操运动，可以帮助人们减少体内多余脂肪，特别是增加胸背肌肉，消除腰腹部沉积脂肪，使体态变得丰满，线条优美，维持人体能量的收支平衡，控制体重，保持健美的体形。

2. 调节心理活动，缓解精神压力

健美操是在音乐伴奏下的一种充满青春活力的体育运动，它可使人们在轻松愉快的气氛中锻炼，使人陶醉在美的韵律之中，从而忘却自己心理上的紧张与烦恼，使心情变得愉快，精神压力得到缓解，进而使自己拥有最佳的心态，身体更具活力。

3. 增强社会交往能力

人们在参加健美操锻炼时都是在集体场所进行的，把"我"置于"我们"之中，使练习者体验个人与集体的关系。这种锻炼方式扩大了人们的社会交往面，把自己从学习、工作和家庭的单一环境中解脱出来，认识更多的人，开阔眼界，为自己的生活开辟新天地。

4. 提高身体素质，提高艺术修养

经常参加健美操运动可以使肌肉的力量、耐力、协调、灵敏、柔韧等素质得到提高。健美操不同于其他有氧运动项目之处在于它配以轻松欢快的音乐，在健身的同时能带给人们艺术享受。

二、技术练习

健美操技能包含了健美操基本动作和成套组合动作，健美操基本动作的练习使人们具有良好的协调性、正确的基本姿态，这成了学习成套动作的基础。基本动作包括基本手型、徒手动作和基本步伐等。

（一）健美操基本手型

在健身健美操中，并不十分强调手型，主要把注意力放在大肌肉群上，表演或竞技健美操练习对手型的要求较高，这里我们列举了健美操常用的手型以供参考。

（1）并掌：五指并拢伸直，指关节不能弯曲。

（2）开掌：五指用力分开伸直。

（3）花掌：又叫西班牙手型，在分掌的基础上，从小指依次内旋，形成一个扇面（图7-1-1）。

基本手型

（4）立掌：手掌用力上屈，五指指关节伸直（图7-1-2）。

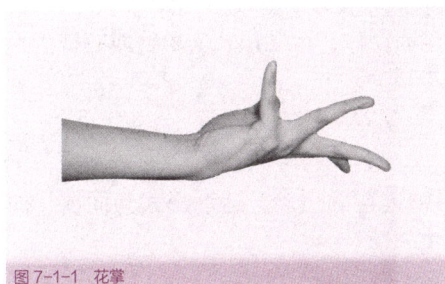

图7-1-1 花掌

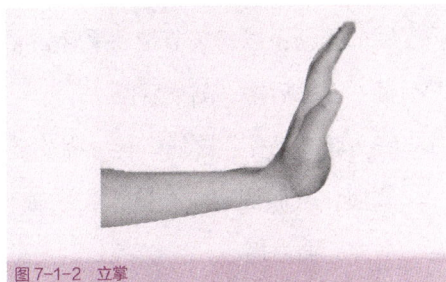

图7-1-2 立掌

（5）一指剑：拇指与中指、无名指、小指相叠，食指伸直。

（6）二指剑：拇指与无名指、小指相叠，中指与食指并拢伸直。

（7）响指：无名指、小指弯曲，拇指与中指用力摩擦打响。

（8）舞蹈手型：引用拉丁舞、西班牙舞、芭蕾舞等手型。

（9）拳：四长指握拳，拇指第一关节扣在食指与中指的第二关节处。

（二）健美操基本徒手动作

健美操基本徒手动作是根据身体各部位确定的。

（1）头颈动作：包括头颈屈、转、绕及绕环。

头颈屈：指颈关节的弯曲，运动形式为前屈、后屈、左右侧屈。

头颈的转：指头颈部绕身体垂直轴的转动，运动形式为左、右转。

头颈的绕及绕环：指以颈为轴心的弧形和圆形运动，运动形式为左、右绕及绕环。

（2）肩部动作：包括提肩、沉肩、肩的绕及绕环。

提肩和沉肩：提肩是指肩胛骨做由下向上的运动，沉肩是指肩胛骨做由上而下的运动，运动形式为单肩、双肩和左右依次提肩、沉肩。

肩的绕及绕环：指以肩关节为轴做小于360°的弧形运动（绕）或大于360°的圆形运动（绕环），运动形式为单肩或双肩向前、向后绕及绕环。

（3）胸部动作：包括含胸和展胸。

含胸：两肩内合，胸廓内收。

展胸：挺胸，肩外展。

（4）上肢动作：包括举臂、臂的屈伸、臂的摆动。

举臂：指以肩关节为轴，由低向高举起，活动范围不超过180°而停止在某一位置的动作，运动形式为单臂或双臂的向前、向后、向左、向右及各中间方向的举。

手臂动作组合
训练

上肢动作

臂的屈伸：臂部肌肉收缩，使关节产生屈和伸的活动，运动形式为单臂或双臂同时或依次向前、向后、向左、向右、向上、向下及各中间方向的屈伸。

臂的摆动：以肩关节带动手臂完成臂的摆动动作，运动形式为单臂或双臂的上举后振、下举后振、侧举后振。

（5）腰部动作：腰屈、转、绕及绕环。

腰屈：下肢固定、上体沿矢状轴和水平轴进行的运动，运动形式为向前、向后、向左、向右屈。

腰转：下肢固定、上体沿垂直轴进行的运动，运动形式为向左、向右转。

腰的绕及绕环：下肢固定、上体沿垂直轴做弧形和圆形运动，运动形式为向左、向右的绕及绕环。

（6）胯部动作：包括顶胯、提胯、摆胯、胯的绕及绕环、行进间正胯（反胯）走。

顶胯：髋关节做急速的水平移动动作，运动形式为向前、向后、向左、向右的顶胯。

提胯：髋关节做急速向一侧上提的动作，运动形式为向左、向右的提胯。

摆胯：髋关节作钟摆式的连续移动动作，运动形式为向前、向后、向左、向右的摆胯。

胯的绕及绕环：髋关节做弧形和圆形移动，运动形式为向左、向右的绕及绕环。

行进间正胯（反胯）走：顶胯方向与身体进行方向一致（相反）的移动动作。

（三）健美操基本步伐

基本步伐是健美操练习的一个重要部分，通过基本步伐的练习，能培养练习者的协调性、韵律感，健美操基本步伐根据人体运动时对地面的冲击力大小分为低冲击步伐、高冲击步伐和无冲击步伐三大类。

1. 低冲击步伐

低冲击步伐动作是指在做动作时一脚着地、另一脚离地的动作。低冲击步伐动作是目前健美操编排中运用最多的动作类型，它包括踏步类、点地类、迈步类、抬腿类等一系列动作。

（1）踏步类。练习此类动作时两脚依次抬起，在下落时膝、踝关节有弹性地缓冲。

踏步类动作又包括踏步、走步、一字步、V字步、漫步等动作。

（2）点地类。练习此类动作时两腿有弹性地屈伸，点地时主力腿稍屈，另一腿伸直（脚尖或脚跟点地）。

点地类动作包括脚尖前点地、脚跟前点地、脚尖侧点地、脚尖后点地。

（3）迈步类。练习时一脚先迈出一步，同时移动身体重心，另一腿用脚跟、脚尖点或屈腿、吸腿、踢腿等，然后向另一方向迈步。

迈步类动作还包含并步、迈步点地、迈步屈腿、迈步吸、迈步弹、侧交叉步。

（4）单脚抬起类。练习时支撑腿有控制地稍屈膝弹动，另一腿以各种形式抬起，同时收腹、立腰。

2. 高冲击步伐

高冲击步伐一般包括迈步起跳类、双脚起跳类、单脚起跳类、后踢腿跳类。

（1）迈步起跳类。练习迈步起跳类动作时一脚迈出，重心移动，跳起，单脚或双脚落地。迈步起跳类动作包括并步跳、迈步吸腿跳、迈步后屈腿跳。

（2）双脚起跳类。双脚起跳类是指双脚起跳、双脚落地的动作。它包含了并腿纵跳、分腿半蹲跳、开合跳、并腿滑雪跳、弓步跳。

（3）单腿起跳类。单腿起跳类是指先抬起一腿、另一腿跳起的动作。包含了吸腿跳、后屈腿跳、弹踢腿跳、摆腿跳。

（4）后踢腿跑类。后踢腿跑类动作是指两腿依次蹬地离开地面，轻快跑跳。包含了后踢腿跑、侧并小跳（小马跳）。

3. 无冲击步伐

无冲击步伐类动作是指两腿始终接触地面的动作。包含了弹动、半蹲、弓步、提踵。

根据动作完成形式的不同，健美操基本步伐还可以分为5类。

（1）交替类。两脚始终做依次交替落地的动作，如踏步、一字步等。

（2）迈步类。迈步类指一条腿先迈出一步，重心移到这条腿上，另一腿用脚跟点地或吸腿、屈腿、踢腿等，然后向另一个方向迈步的动作。如并步、交叉步等。

（3）点地类。点地类指一腿屈膝站立，另一腿伸出，用脚尖或脚跟点地后还原到并腿位置的动作。如脚尖点地、脚跟点地。

（4）抬腿类。抬腿类指一腿站立，另一腿抬起的动作。如吸腿、摆腿等。

（5）双腿类。双腿类指双腿站立、身体重心在两腿之间的动作。如开合跳、并步跳等。

竞技健美操保持了传统有氧操的特点，规则规定成套动作必须包括7种健美操步伐，分别是吸腿跳、后踢腿跳、开合跳、弓步跳、弹踢腿跳、踏步和高踢腿跳。

三、健美操运动欣赏

（一）竞技健美操比赛规则

1. 比赛项目

项目有单人（女子单人和男子单人）、混合双人、3人（性别任选）、集体6人（性别任选）等。

2. 比赛时间

单人成套动作的时间为1 min 30 s ± 5 s，混双、3人和集体6人的成套动作时间为1 min 45 s ± 5 s。

3. 比赛场地

比赛赛台：高80~140 cm，后面有背景遮挡，不得小于14 m×14 m。

竞赛地板和竞赛区：竞赛区应铺设地板，大小为12 m×12 m，并清楚地标出7 m×7 m的单人比赛场地，以及10 m×10 m的混双、3人和集体6人场地。标记带是5 cm宽的黑色带，标记带是场地的一部分。

4. 服装要求

外表：运动员外表应当整洁适宜。头发必须固定在头上。参赛运动员必须穿白色的健美操鞋和运动袜，鞋带必须系好。禁止佩戴饰物。

着装：女运动员着一件紧身衣和肉色连裤袜及运动袜，不允许穿上部与躯干分离的（两件套）服装或上部与躯干仅用绳带连接的服装。男运动员必须穿一件连体衣裤或背心、短裤及合体的内衣。

5. 评分

裁判组由裁判长1人、裁判员13人（包括艺术裁判4人、完成裁判4人、难度裁判2人、视线裁判2人、记时员1人）组成。艺术分、完成分和难度分相加为总分，总分减去难度裁判、视线裁判与裁判长减分为最后得分。裁判员评分采取公开亮分的方法，由裁判长发出示分信号，裁判员同时公开亮分，裁判长出示最后得分。

（二）大众健美操比赛规则

1. 比赛项目

风采赛包括男子单人操、女子单人操；组合赛包括混双（1男1女）或3人操（性别不限）；集体赛包括徒手操、轻器械操（5~8人性别不限）。比赛组别由具体赛事的竞赛规程决定。

2. 竞赛内容

徒手自编套路：各种符合规则及规程要求的成套动作。

轻器械自编套路：运动员利用个人能力手持移动的器械所创编的符合规则及规程要求的成套动作。

3. 时间

规定动作：成套动作时间按照《全国健美操大众锻炼标准》规定时间执行。

自选动作：成套动作时间为 2 min~2 min 15 s，计时从动作开始到动作结束。

4. 场地

组合赛和集体赛的健美操比赛地板或地毯大小为 12 m×12 m，风采赛大小为 7 m×7 m，赛台高 80~ 100 cm，有背景遮挡。标记带为 5 cm 宽的红色或黑色带，标记带为场地的一部分。

5. 评分

设高级裁判组 3 人、裁判长 1 人、艺术裁判 3~5 人、完成裁判 3~5 人、难度裁判 3~5 人、视线裁判 2 人、计时裁判 1 人、辅助裁判若干人。运动员的最后得分为：艺术分、完成分相加为总分，总分减去视线裁判与裁判长减分为最后得分。裁判员评分方法采取公开亮分的方法，由裁判长发出示分信号，裁判员同时公开亮分，裁判长出示最后得分。

（三）健美操重要赛事组织及赛事

1. 国际体操联合会

国际体操联合会于 1881 年 7 月 23 日成立，总部设在瑞士利斯，是最早成立的国际单项体育联合会，并得到国际奥委会的承认。1994 年 5 月 9 日至 13 日在瑞士日内瓦举行了国际体操联合会第 69 届代表大会，会上决定接受健美操为其所属项目，成立国际体操联合会–竞技健美操分会，并于 1995 年举办了首届世界健美操锦标赛。1999 年，国际体操联合会又合并了蹦床、技巧项目，目前成为拥有体操、艺术体操、健美操、蹦床、技巧、大众体操六大单项的体育组织。

2. 国际健美操联合会

国际健美操联合会，简称 IAF（International Aerobic Federation），成立于美国，当时称 Fitaerobics International Association（FIA）。FIA 有两个总部，一个设在美国，管理北美、南美、西欧事务；另一个设在日本，管理亚洲、东欧和大洋洲事务。1989 年 FIA 更名为 IAF，同时美国总部的职能被接管，总部改设日本。目前有 20 多个会员国。

3. 国际竞技健美操冠军联盟

国际竞技健美操冠军联盟成立于1990年，总部设在美国加利福尼亚州洛杉矶市。国际竞技健美操冠军联盟是国家会员制机构，它负责组织协调世界各国健美操的活动、事务和竞赛，每年举办世界健美操冠军赛，1997年又举办了第1届世界青少年健美操锦标赛。

第二节　体育舞蹈

一、体育舞蹈概述

体育舞蹈是以男女为伴进行的一种步行式双人舞的竞赛项目。每个舞种均有各自舞曲、舞步及风格，根据各舞种的乐曲和动作要求组编成各自的成套动作。

（一）体育舞蹈的起源与发展

体育舞蹈也称"国际标准交谊舞"，由社交舞转化而来，是融体育、音乐、舞蹈为一体，以身体运动的舞蹈化为基本内容，以双人或集体配合为主要运动形式的娱乐性体育运动项目，分2个项群、10个舞种。其中摩登舞项群含有华尔兹舞、维也纳华尔兹舞、探戈舞、狐步舞和快步舞，而拉丁舞项群包括伦巴舞、恰恰舞、桑巴舞、牛仔舞和斗牛舞。

1924年，英国皇家舞蹈教师协会对原"舞种""舞步""舞姿"等进行规范整理，制定比赛方法，并于1925年正式颁布了华尔兹、探戈、狐步、快步4种舞的步伐，总称摩登舞，首先在西欧推广并进行了比赛，继而又推广到世界各国，受到了许多国家人民的欢迎和喜爱。1947年在德国柏林举行了第1届世界标准交谊舞锦标赛。随着此种舞蹈在世界的不断推广，其自身也得到了发展，摩登舞中又增加了维也纳华尔兹舞。

国际标准交谊舞于20世纪30年代传入中国，80年代发展较快。1987年，我国举办了第1届全国国际标准舞锦标赛，以后每年举行一次。1991年中国体育舞蹈运动协会成立，同时，体育舞蹈以其丰富的艺术内涵和观赏价值以及特有的锻炼效果，成为我国全民健身休闲运动项目之一。

（二）体育舞蹈运动的功能与价值

1. 体育舞蹈的健身价值

体育舞蹈对人体运动系统、心血管系统、呼吸系统都有十分重要的锻炼意义，它可以改善人体骨骼、肌肉、血液供应及脑细胞的氧气供应能力，提高肌肉力量、韧带柔韧性和关节灵活性，是一项极有价值的体育健身运动。

舞蹈是"情动于中而形于外"的运动，在翩翩起舞的过程中，人的注意力集中在欣赏优雅的舞曲，依照音乐的节奏将内心的情感抒发在舞姿上。由于注意力的转移，使机体其他部分得到调整和休息。所以体育舞蹈在消除疲劳、陶冶情操、康复机体、消除心理障碍、协调人际关系等方面有积极的作用。

2. 体育舞蹈的美学价值

现代体育运动许多项目对美的要求越来越高，如艺术体操、健美操、花样游泳、花样滑冰、武术等。而体育舞蹈是最具特色的项目之一，为人们创造大量的审美客体，其运动过程就是创造美的过程。通过体育舞蹈的训练，可使人体外形更加匀称和谐，体态更加刚健优美，动作刚柔相济。这既能满足自我实现美的愿望，也能成为他人的审美客体。所以经常参加体育舞蹈运动，可以塑造优美的体形，形成典雅的姿态，并在体育舞蹈优美的音乐和优美动作的影响下，不断地进行着感知、情感、想象、理解等审美活动，提高审美能力。

3. 体育舞蹈的教育价值

社交舞蹈是西方贵族在宫廷沙龙中举行的一种社交礼仪活动，也是当时的贵族青年接受礼仪教育的一项内容。活动的价值取向主要侧重礼仪性，而不是单纯地追求舞蹈技术和技巧。在整个活动中男女舞伴处处表现出不俗的仪表、得体的举止、高雅的风度和谈吐，这些礼仪规范很大程度上被现代体育舞蹈所继承。练习体育舞蹈可以培养人规范的礼仪、高雅的气质和优雅的谈吐，全面提升人的人文素养，在以后的社交活动和职业生涯中占得先机。

（三）体育舞蹈礼仪

1. 注意礼貌邀请

跳舞时，要注意男女舞伴之间的礼仪规范，男舞伴要主动地、有礼貌地邀请女舞伴跳舞，被邀请的女舞伴一般不要拒绝。舞毕要互相致谢，男舞伴要将女舞伴送回原来的座席。

2. 遵守舞场"行规"

男女舞伴起舞后要绕舞池中心逆时针方向行进，不管跳多少花样，总的舞流方向不能乱。切忌横冲直撞，旁若无人。一旦发生冲撞，要主动向对方表示歉意。

3. 专心于音乐舞蹈

在跳舞过程中不要讲话，不要东张西望。要专心听音乐，随着音乐的节奏和旋律，通过舞姿、舞步来领会和体现美的意境，获得美的享受。

4. 注重行为仪表

进舞场后不要吸烟，叼着烟卷跳舞是极不文明的行为。要注意服装整洁，穿着拖鞋、背心、短裤、凉鞋跳舞都是不礼貌的。

二、技术练习

（一）几种基本姿势

1. 站立姿态

男女舞伴双足并拢，脚尖正对前方，相对平衡而立，双方将自己的右脚尖对准对方的双脚中线，间距15 cm，女伴偏向男伴左侧三分之一处，做到肩平、背直、腰挺、膝松弛，女伴上体略向后倾。

2. 持握姿势（以闭式姿势为例）

男伴先将左手伸出，四指并拢，拇指分开，待女伴右手放在拇指和四指之间后，手指弯曲将女伴的手轻轻握住，握手的高度一般在女伴右耳峰处为宜。男伴右手放在女伴左肩胛骨下部，手背向外，手指并拢，其右臂形成一个自然的弧度。女伴左手拇指张开，放在男伴上臂三角肌的部位。拇指在内侧，腕部和小臂放平，并把左手臂自然地放在男伴右手臂上。

3. 正确舞姿

舞姿是舞蹈的姿态，是跳体育舞蹈时身体各部位规定的姿势。练习体育舞蹈首先应重视舞姿训练，养成良好的舞姿习惯。

舞姿包括预备姿势和舞中姿势。预备姿势有"闭式""半闭式""开式"3种，舞中姿势主要包括在整个动作过程中的"行步""花步变化""视觉方向""移动中心""上下肢动作协调"等。运用这些舞姿时一定要重视以下几个问题：

第一，跳舞时双方都不能低头看脚。

第二，男伴手臂不要松弛下垂，左手臂也不要上下震动或打拍子。

第三，要挺胸抬头。

（二）基本舞种简介

1. 华尔兹舞

华尔兹舞是交谊舞中历史最悠久、流传最广泛的舞种，由奥地利的土风舞改良、演变而成。现在的华尔兹舞与土风舞已大不相同，只保留了原有的节拍。华尔兹舞以其舞曲旋律优美、抒情，舞步自由流畅、起伏性强，舞姿华丽高雅等特点，享有"舞中之后"的美称。华尔兹属于旋转型舞，其音乐是3/4拍，每分钟28~30小节，没有快慢步之分，一般每小节3步，第一拍重，第二拍弱，第三拍最弱。华尔兹舞的基本舞步有左脚并换步、右转步、右脚并换步、左转步、扫步、侧行追步、退锁步、电纹步、犹豫换步等。

准备姿势：闭式舞姿。

（1）方形步（表7-2-1、图7-2-1）

表7-2-1　方形步

步序	男士	女士
1	左脚向前迈一步	右脚向后退一步
2	右脚向右旁迈一步	左脚向左旁迈一步
3	左脚向右脚并拢	右脚向左脚并拢
4	右脚向后退一步	左脚向前迈一步
5	左脚向左旁迈一步	右脚向右旁迈一步
6	右脚向左脚并拢	左脚向右脚并拢

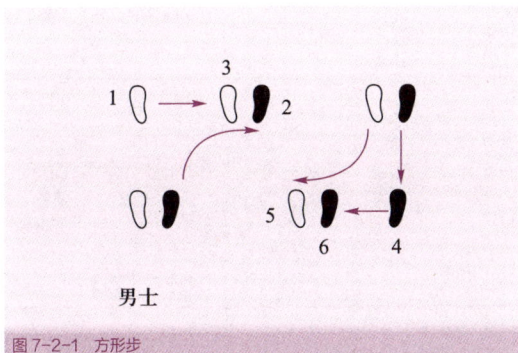

图7-2-1　方形步

（2）左右边步（表7-2-2、图7-2-2）

表7-2-2　左右边步

步序	男士	女士
1	右脚向左前45°前进	左脚向右后45°后退
2	左脚前进，向右转90°	右脚后退，向右转90°

步序	男士	女士
3	右脚并与左脚	左脚并与右脚
4	左脚向右前45°前进	右脚向左后45°后退
5	右脚前进，向左转90°	左脚后退，向左转90°
6	左脚并于右脚	右脚并于左脚

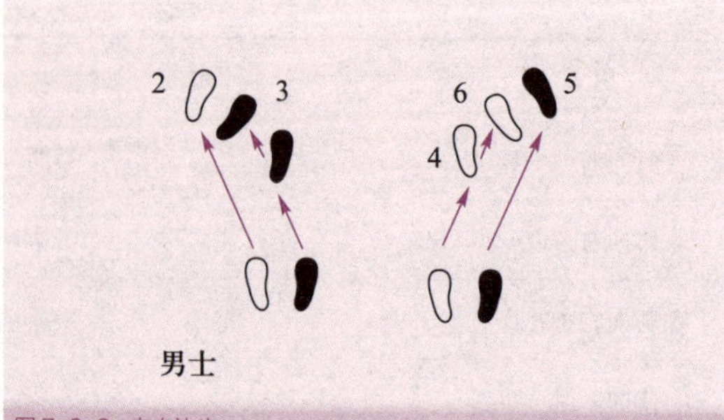

图7-2-2 左右边步

（3）右交叉位180°转体（表7-2-3、图7-2-3）

表7-2-3 右交叉位180°转体

步序	男士	女士
1	右脚向左前90°进一步	左脚向右后90°退一步
2	左脚绕右脚转180°	右脚向后绕过左脚转180°
3	右脚转90°与左脚并步	左脚转90°与右脚并步

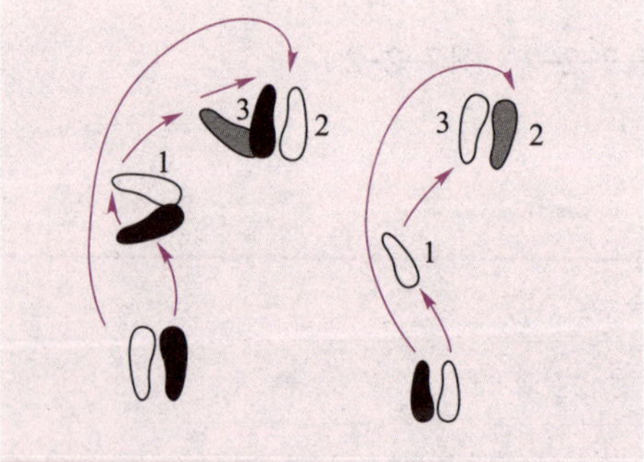

图7-2-3 右交叉位转体

2. 恰恰舞

恰恰舞是拉丁舞项目之一，节奏为4/4拍，每分钟30~32小节。每小节4拍，强拍落在第一拍。4拍走5步，包括2个慢步和3个快步。第一步踏在第二拍，时间值占一拍；第二步占一拍：第三、四两步各占半拍；第五步占一拍，踏在舞曲的第一拍上。胯部每小节向两侧摆动6次。舞曲热情奔放，舞步花哨利落，步频较快，诙谐风趣。此舞源于非洲，后传入拉丁美洲，在古巴得到发展。

准备姿势：开式无相握姿态。

（1）左、右并合步（表7-2-4、图7-2-4）

并合步分为向左并合步（左右左）和向右并合步（右左右）两种，它是最能表现恰恰舞的节奏及舞步特点的舞步（3~5步），这3步节拍为QQS，又称恰恰恰。男女舞伴可做同一方向的动作练习。

表7-2-4　左、右并合步

步序	节拍	男士	女士
1	1/2	左脚打横，左膝弯曲，臀部开始向左运动	右脚打横，右膝弯曲，臀部开始向右运动
2	1/2	右脚并向左脚，双膝弯曲，臀部在中线	左脚并向右脚，双膝弯曲，臀部在中线
3	1	左脚打横，双膝伸直，臀部向左	右脚打横，双膝伸直，臀部向右

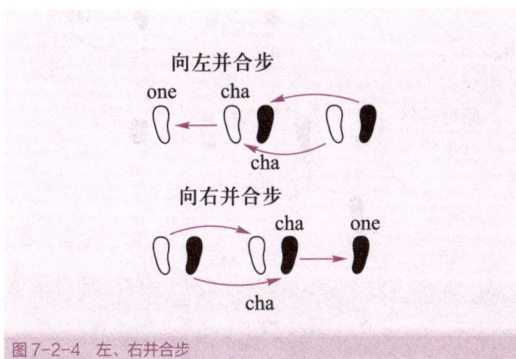

图7-2-4　左、右并合步

（2）左右追步（表7-2-5、图7-2-5）

在恰恰舞中向前进方向产生的切克步叫作前进切克步，做切克步时，脚要走到身体的前面，固定腿的膝盖可以弯曲并靠近运动腿的膝窝。左右追步主要由切克步和左右并合步组成。

表7-2-5　左右追步

步序	节拍	男士	女士
1	1	左脚向前做切克步	右脚向后退一步
2	1	右脚原地并转移重心	左脚原地并转移重心
3	1/2	左脚打横膝部弯曲，向左侧运动	右脚打横膝部弯曲，向右侧运动
4	1/2	右脚并向左脚，双膝弯曲，臀部在中线	左脚并向右脚，双膝弯曲，臀部在中线
5	1	左脚打横，双膝伸直，臀部向左	右脚打横，双膝伸直，臀部向右
6	1	右脚向后退一步	左脚向前做切克步
7	1	左脚原地并转移重心	右脚原地并转移重心
8	1/2	右脚打横膝部弯曲，向右侧运动	左脚打横膝部弯曲，向左侧运动
9	1/2	左脚并向左脚，双膝弯曲，臀部在中线	右脚并向左脚，双膝弯曲，臀部在中线
10	1	右脚打横，双膝伸直，臀部向右	左脚打横，双膝伸直，臀部向左

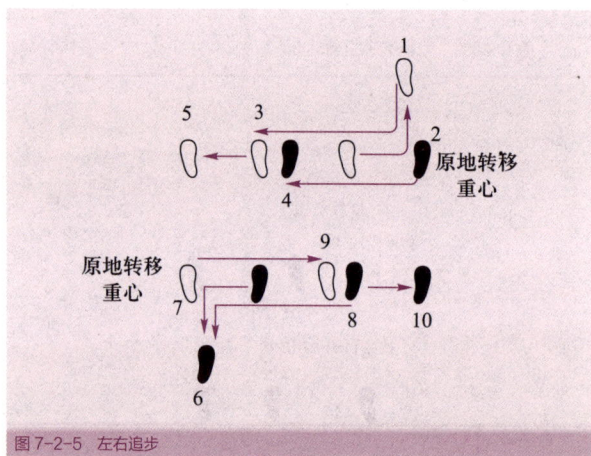

图7-2-5　左右追步

（3）前进（后退）锁步（表7-2-6、图7-2-6）

在拉丁舞中，一条腿交叉在另一条腿前或后所形成的姿态，叫拉丁交叉步。前进（后退）锁步主要由切克步和拉丁交叉步组成。上述三个练习可组合起来练习。

表7-2-6 前进（后退）锁步

步序	节拍	男士	女士
1	1	左脚向前做切克步	右脚向后退一步
2	1	右脚原地并转移重心	左脚原地并转移重心
3	1/2	右脚向后	左脚向前
4	1/2	右脚交叉在左脚前面	左脚交叉在右脚后面
5	1	左脚向后	右脚向前
6	1	右脚向后退一步	左脚向前做切克步
7	1	左脚原地并转移重心	右脚原地并转移重心
8	1/2	右脚向前	左脚向后
9	1/2	左脚交叉在右脚后面	右脚交叉在左脚前面
10	1	右脚向前	左脚向后

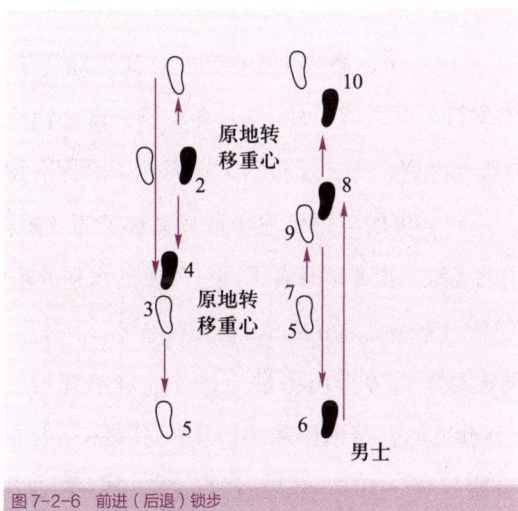

图7-2-6 前进（后退）锁步

三、体育舞蹈欣赏

（一）体育舞蹈比赛规则

1. 基本要求

足部动作、姿态平衡稳定。

2. 音乐表现力

音乐表现力包括对节奏、风格的理解和体现。

3. 舞蹈风格

区别各种不同舞种之间的风格、韵味上的差别，展现个人风格。

4. 动作编排

动作流畅新颖，运用自如，体现舞种的基本风韵并有一定技术难度，动作与音乐密切配合，发挥音乐效果，编排有章法，充分利用场地空间。

5. 临场表现

临场表现包括赛场上的应变能力，良好的竞技状态，专注、自信，能自我控制临场发挥。

6. 赛场效果

赛场效果包括舞者的风度、气质、仪表及出入场的总体形象。

在以上6要素中，前三项主要指选手的技艺品质，后三项是选手的艺术魅力。在第一、二次预赛中裁判着重于前三项要素的评判，在半决赛时着重于后三项要素的评判，在决赛中应全面地评价选手各项要素的完成情况。

（二）体育舞蹈重要赛事

1. 黑池舞蹈节

黑池舞蹈节创办于1920年。第1届黑池英国公开锦标赛于1931年在黑池"冬园"中的皇后舞厅中举行。舞蹈节于每年5月在英国北部小镇黑池举行，其中除了为期7天的国际标准舞锦标赛以外，还包括了世界性国际标准舞会议、舞蹈服装以及舞蹈用品汇展等。一年一度的英国黑池舞蹈节又被誉为"国标舞的奥运会"，是各国国标舞选手心中的圣殿，更是展现各国国标舞发展水平的重要舞台。

2. UK公开赛（UK Open Championships）

UK公开赛是英国乃至世界上历史最为悠久的舞蹈赛事，它定于每年的1月下旬在英国伦敦南面小镇佰恩茅斯国际中心（Bournemouth International Centre, BIC）举行，UK公开赛一般分为职业组摩登舞、拉丁舞，职业新星组，业余组，业余21岁以下组，壮年组等组别，赛程3天。

3. 世界锦标赛

世界锦标赛是世界三大国标舞（体育舞蹈）赛事之一，于每年10月中旬在英国举行，历时3天。除了设置与UK公开赛相同的组别外，还有16~14岁少年组、14~12岁少年组、12~6岁少儿组，是三大体育舞蹈赛事中唯一一个设置了少年组的国际体育舞蹈赛事。

第三节　健美运动

一、健美运动概述

健美运动通常是指使用杠铃、哑铃、拉力器以及训练肌肉的专用健身器，利用其重量、收缩力或抵抗力以及身体自重给予身体各部位适当的刺激，从而使身体各部位肌肉均衡、强健、发达的运动项目。

（一）健美运动的起源与发展

健美运动起源于欧洲，只有近百年的历史。创始人是19世纪的德国重要的体育家，当时欧美最著名的大力士山道先生。山道原名弗莱特立克·莫拉，1867年4月20日生于东普鲁士的科尼斯堡，自幼身体瘦弱，15岁时随父到意大利旅游，在佛罗伦萨美术馆看到美少年大卫的健美雕像，并倾听父亲的教导："要想有强健的体魄，只有通过锻炼才能获得。"从此他就每天坚持锻炼。到21岁时，他的全身肌肉锻炼得非常发达，可与古代角力士雕像媲美。不久，山道第一次在英国伦敦与当时著名的大力士比武中，击败对手，人们开始注意到这位崭露头角的新闻人物。

山道从此开始到世界各地作超人的技艺表演，他不但显示技艺和力量，还到处向群众和医生宣传体育锻炼能使人增进健康的理论。他先后编写了《体力养成法》和《实验祛病法》等大量健身书籍，对健美运动的发展起了很大的作用，被公认为是现代健身运动的播种人。1946年本·韦德先生创建了国际健美联合会（IFBB），至今已拥有166个会员国，是国际业余体育运动协会中第5大单项组织。

健美运动项目在我国开展得较晚，是在20世纪30年代末从国外流传到我国的。我国健美运动的开创人——赵竹光在沪江大学求学期间和曾维祺、陈宪琦等人组织了"沪江大学健美会"。

健美运动现在有两种发展趋势：一种是健身健美，目的是练出匀称漂亮的身材，提高身体的健康水平；第二种是竞技健美，通过科学的训练、合理的营养和充分的恢复，最大限度地发展全身各部位的肌肉，使体形健美，富有雕塑感，以夺取比赛的胜利。

（二）健美运动的特点与价值

长期进行健美锻炼，能够使肌肉发达，力量增长；增进健康，增强体质；改善体形体态，矫正畸形；调节心理活动，陶冶美好情操；提高神经系统机能，培养顽强的意志品质。

1. 发达肌肉，增长力量

人体各器官系统是按照"用进废退"的自然规律变化的，健美训练中要经常采用各种各样的杠铃、哑铃等负重动作，对全身各部位肌肉进行锻炼，特别是每次练习几乎都是极限练习，因此能够使肌肉得到强烈的刺激，从而使肌纤维增粗，肌肉中的毛细血管网增多，肌肉的生理横断面增大，肌肉因此变得丰满结实而发达。

2. 增进健康，增强体质

健美锻炼可使心肌增强。心脏容量增大，血管弹性增强，从而提高心脏的收缩力和血管的舒张能力，使心搏有力，心输出量增加。健美锻炼还能使血液中的红细胞、白细胞和血红蛋白增加，从而提高身体的营养水平、代谢能力和对疾病的抵抗能力。健美锻炼对呼吸系统和消化系统同样具有良好的促进系统功能的作用。

3. 改善体形体态

健美运动的各种动作能给予身体某些部位的生长发育以巨大的影响，促进骨骼的生长和肌肉的发展。科学的训练还可减少肌肉中的脂肪含量，达到消脂减肥的目的。这些变化都能够有效地改善人的体形体态。

4. 调节心理活动，陶冶美好情操

经常参加健美锻炼可以分散人的注意力，消除不良情绪。健美的体形能使人在心理上产生一种满足感。另外，健美锻炼可以提高创造美、鉴赏美的能力，使人在生活中追求真、善、美，自觉地抵制假、恶、丑的现象，因而在工作和学习中就会精神振奋、精力充沛、注意力集中、充满信心。

二、技术练习

（一）健美锻炼的基本方法

健美训练的方法很多，常用且适合初学者的方法有以下几种：

1. 动力训练法

这种方法特点是肌肉收缩时，肌肉组织长度在缩短，肌肉的起止点向中心（肌腹）靠拢，因而又叫向心练习。目前这种方法运用得很普遍，约占肌力训练的70%左右，做时可用杠铃、哑铃、壶铃、拉力器及综合力量练习架等器械进行练习。初学者一般一个局部肌肉练习练2~3组，综合肌力练习练6组，1次训练课练75 min，练20~25组即可。

2. 优先训练法

优先训练法指对身体肌肉的薄弱部位优先训练。在初学阶段或练习一段时期后，从全身发展来看，某些部位肌肉相对比较差些，发展不够匀称，就要优先训练。例如，腿部肌肉与其他部位比较，相对来说差一些，那就应该把深蹲和腿屈伸运动放在课的前面来训练，其余的部位放在后面来训练。

3. 循环训练法

在每次训练时，把多个训练身体不同部位的运动及训练器械按一定的秩序编排好，训练者按事先编排的内容程序，依次练习每个动作至完成所有动作，这样就完成了一个循环的训练。循环通常应包括6~14个身体不同部位的练习，每个动作练习间歇为45~60 s，每个循环间歇为2~3 min。一次训练课可安排一个或几个循环训练，这种练法对初练者较为适宜。

4. 重量递减训练法

练习某一动作时，随着动作一组组进行，负重也随之减少，动作练习重复次数相应减少，组间没有间歇。当肌肉处于活动过程中时，逐渐把所持重量减下来。杠铃重量以能全力以赴做6次为准。做完6次后，让同伴迅速从两端各取下一块铃片，并立即继续练几次；然后从杠铃两端再各取下一块铃片，再继续做几次。此法可使训练强度达到一般练法难以达到的程度，从而使锻炼达到更好的效果。

5. 顶峰收缩训练法

顶峰收缩训练法是针对动作技术提出来的一种规格要求和练法。顶峰收缩法是指当某个动作做到肌肉收至最紧张、最短的极点位置时，刻意保持并再收缩，使肌肉在该位置有1~2 s的彻底收紧状态。顶峰收缩是提高肌肉训练效率的重要技术细节之一，也是突出肌肉线条的一个主要训练方法。

6. 预先衰竭训练法

预先衰竭训练法也称预先疲劳训练法，这是目前增大肌肉围径的有效方法。其做法是：要想发展哪块肌肉，先选择只发展这块肌肉的局部（孤立）肌肉练习来训练，做8~10次，直到疲劳，使其衰竭，然后在3~5 s之内跑向另一器械，做一个以发展这块肌肉为主的综合肌肉群练习，负重为极限重量的70%。这样交替训练4组左右，肌肉会感到极大的刺激。

（二）身体各部位的练习方法

1. 胸部肌肉练习方法

（1）卧推（图7-3-1）。练习时平躺于卧推架条凳上，双脚着地，双手直臂持杠铃于胸上方。双臂慢慢弯曲，双肘外展，将杠铃放到胸大肌上部，随即收缩胸肌，将杠铃推起至双臂伸直。此动作主要锻炼胸大肌、三角肌前束、三头肌等。

图7-3-1 卧推

（2）哑铃仰卧飞鸟（图7-3-2）。练习时平躺在长凳上，双手直臂持哑铃于胸上方。双臂向身体两侧徐徐张开至最低点，保持1~2 s，收缩胸肌，将哑铃沿原路返回胸上方。此动作主要锻炼胸大肌、三角肌前缘、二头肌等。

图7-3-2 哑铃仰卧飞鸟

2. 肩部肌肉练习方法

（1）杠铃颈前推举（图7-3-3）。练习时双脚并立，与肩同宽，双手持杠铃，翻上至颈前。双肩三角肌带动上臂上举至双臂伸直，杠铃举至头上最高处，慢慢返回原位。颈前推举主要锻炼三角肌前、中束以及胸大肌上缘和肱三头肌等。

（2）立式飞鸟（图7-3-4）。练习时两脚开立与肩同宽，双手各持一哑铃，微屈肘置于身体两侧。微屈双臂，将哑铃分别从体侧上举至头顶，再沿原路返回原位。此动作主要发展三角肌的中束和前束。

图7-3-3 杠铃颈前推举

图7-3-4 立式飞鸟

立式飞鸟

3. 背部肌肉练习方法

（1）单杠引体向上。练习时双手握住高单杠，与肩同宽，身体自然下垂，两脚可交叉叠在一起。双背及双臂用力，将身体向上拉引，至胸部下缘接触横杠，略保持片刻，然后慢慢返回原位，重复进行。单杠引体主要发展背阔肌、斜方肌中下部、大圆肌、小圆肌、肱二头肌及小臂屈肌群。

单杠引体向上

（2）杠铃俯身划船（图7-3-5）。练习时双脚开立与肩同宽（可踩在10~20 cm高的垫木上），双腿微屈，上体前屈90°左右，腰部挺直，双手直臂将杠铃拉离地面。上体保持基本不动，双手将杠铃杆拉向肚脐，在最高点保持1~2 s再原路返回。

图7-3-5 杠铃俯身划船

杠铃俯身划船

此动作主要发展背阔肌、斜方肌、大小圆肌、冈下肌以及腰背部深层肌肉等。

4. 臂部肌肉练习方法

（1）杠铃弯举（图7-3-6）。练习时两脚开立，与肩同宽，双腿微屈，上体稍前倾，双手直臂握杠铃于大腿前。大臂保持不动，用力向前屈双小臂，将杠铃举至颈前，略停片刻，沿原路返回原位。杠铃弯举主要锻炼肱肌、肱二头肌及小臂屈肌等。

杠铃弯举

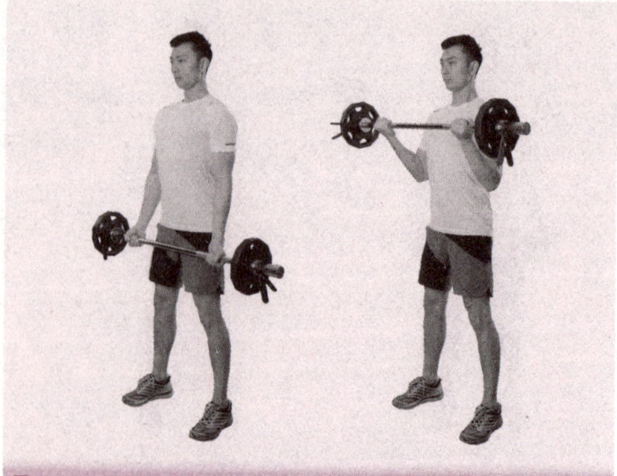

图7-3-6 杠铃弯举

（2）杠铃臂屈伸（图7-3-7）。练习时仰卧在长凳上，双手握杠铃，直臂将杠铃置于胸上方，两臂略向头的方向倾斜。大臂不动，双小臂后屈，双手将杠铃从胸上方慢慢向头顶方向放下，直至杠铃接近头顶，再用力将杠铃沿原路举回原位。这个动作可以有效地锻炼肱三头肌。

杠铃臂屈伸

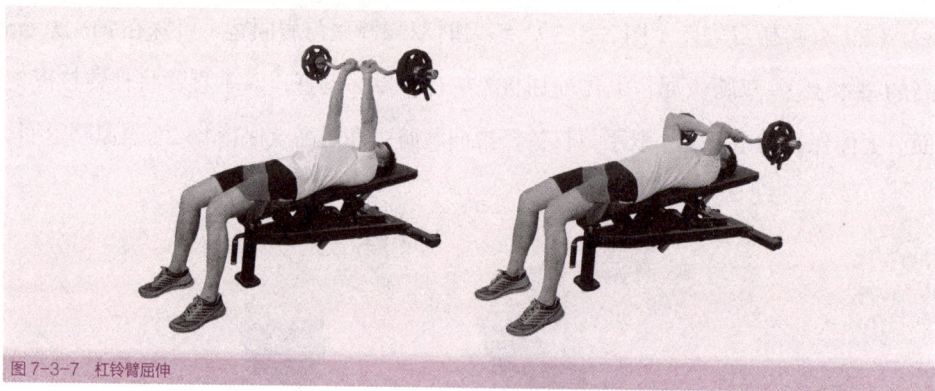

图7-3-7 杠铃臂屈伸

5. 腰部肌肉练习方法（图7-3-8）

直腿硬拉

（1）直腿硬拉。练习时双脚开立，与肩同宽或稍窄，直腿体前屈，两手握住地面上的杠铃杆，握距稍宽于肩。双手紧握杠铃，腰背用力将其直臂拉起，至上体完全挺直，然后再沿原路慢慢返回。此动作能使全身的大部分肌肉、肌腱、骨骼及关节等都受到较大的刺激，特别是重点锻炼腰背部肌肉及大腿股二头肌、臀大肌等。

山羊挺身

（2）山羊挺身。俯卧在山羊挺身架或跳箱上，上体自然下垂，双脚固定在架上或由他人压住，双手抱头。收缩腰背肌肉，使上体向上弓起，至顶点略停片刻，再缓慢沿原路返回。此练习主要锻炼背长肌和背短肌，对臀大肌及大腿后群肌肉亦有

图7-3-8　腰部肌肉练习方法

较好的刺激作用。

6. 腹部肌肉练习方法

（1）单杠悬垂举腿。练习时双手握住高单杠，身体自然下垂。收缩腹部和大腿前侧肌肉，双腿尽量上抬（可伸直或弯曲），然后慢慢返回原位。此动作主要锻炼腹直肌、前锯肌和大腿前侧肌肉。

（2）仰卧起坐。练习时端坐在仰卧起坐架上（或坐在垫子上双脚固定），双手放在头后。上体向后躺下，至上体与大腿成150°角左右，随即返回原位。此练习可锻炼腹直肌、前锯肌、大腿前部肌肉等。

7. 臀腿部肌肉练习方法

（1）负重深蹲（图7-3-9）。练习时将杠铃置于颈后肩上，双手握住杠铃杆，身体直立，双脚与肩同宽或略宽于肩。屈腿下蹲至最低位置，随即起立至全身挺直。这个动作对股四头肌、臀大肌、腰背部肌肉等有非常强的刺激作用。

（2）卧式腿弯起。练习时（做动作者为甲，帮助者为乙），甲俯卧在大条凳上，双手抱紧长条凳，乙面向甲脚的方向站在甲的一侧，双手分别按在甲的左右脚跟处。甲用力屈小腿，乙双手向相反的方向施加一定的阻力，但不使甲的动作停顿，待甲屈腿至极点，乙用力将甲推回初始位置。卧式腿弯起主要锻炼大腿后群的半膜肌、半腱肌、股二头肌和小腿腓肠肌等。

仰卧起坐

负重深蹲

图7-3-9　负重深蹲

三、健美比赛欣赏

（一）健美比赛规则

欣赏一场高水平的健美比赛必须对健美比赛规则有一定的了解，这样才能看懂比赛并且从比赛中学到更多健美运动的知识。

1. 竞赛类别

健美比赛按性别分为：男子个人、女子个人和男女混双比赛。比赛均按"预赛"（淘汰赛）、"复赛"（半决赛）和"决赛"3个程序进行，以得分少者名次列前。男子、女子"全场冠军"按决赛程序进行。

健美比赛按年龄分为：年龄在21周岁以下（以生日为准）为"青年"，21~40周岁为"成年"，40岁以上为"元老"（在全国健美锦标赛中，不设此项）。

2. 运动员服饰

男运动员必须穿规定样式的比赛三角裤，女运动员必须穿牢固的"比基尼"泳装，使腹部肌肉和下背部肌肉都能显露。运动员的号码牌须牢固地挂或缝在比赛裤的左侧。

运动员可以在全身涂少量的油，例如，植物油、皮肤乳或流质液体，不准用珠光色油。绝对禁止在身上涂过多的油，如被裁判人员发现，必须待擦去过量油后才能上场比赛。

3. 比赛动作

男子单人规定动作（7个）：前展肱二头肌，前展背阔肌，侧展胸部，后展肱二头肌和小腿，后展背阔肌和小腿，侧展肱三头肌，前展腹腿部。

女子单人规定动作（5个）：比男子动作少前展和后展背阔肌两个动作，做法基本相同，但要体现女性特点，刚柔相济。

男女混合双人规定动作（5个）：男女混双的成对动作是在男子单人、女子单人动作的基础上，去掉男子两个展示背阔肌动作组合而成的。在做法上大体与单个动作相同，但在整体配合上要注意站位和对称。

自选动作的造型：自选动作是根据运动员的体格状况，从4个不同的面（前、后、左、右）来显示他们或她们的体型、肌肉。每转换一个动作，必须有一个短暂的静止状态（造型静止时间没有规定）。自选动作规定男子个人为1 min，女子个人为1 min 30 s，男女混双为2 min。

4. 竞赛评分方法

（1）男子个人

肌肉：身体各部位肌群发达、有围度。

匀称：身体各部位骨骼、肌群比例匀称、协调。

造型：动作规范、有感染力。

气质：外表与内涵显示独特的个性和男性魅力。

肤色：皮肤健康、色泽和谐。

（2）女子个人

肌肉：身体各部位肌群发达、有围度、女性特征明显。

匀称：身体各部位骨骼、肌群比例协调、线条柔和。

造型：动作规范、舒展、有明显的女性魅力。

气质：外表与内涵显示女性的高雅、妩媚。

外表：容貌端庄、肤色健康、色泽和谐。

（二）健美重要赛事

1. 职业健美比赛

职业健美比赛是世界最高水平的健美比赛，它分为奥林匹亚先生比赛和奥林匹亚小姐比赛。奥林匹亚先生比赛始办于1965年，到2000年已经举办了36届。在此项比赛史上，阿诺德·施瓦辛格曾先后7次获得过"奥林匹亚先生"称号；李·哈尼则连续8年蝉联冠军（1984—1991）。奥林匹亚小姐比赛是1980年开始的，柯丽娜·艾芙曾连续6年夺得"奥林匹亚小姐"称号（1984—1989），伦达·默里也是6度蝉联冠军（1990—1995）。

2. 业余健美比赛

业余健美比赛分为业余男子健美锦标赛，世界女子、混双健美锦标赛，世界健身小姐锦标赛。

健身小姐大赛是国际健联专门为那些未进入"奥林匹亚小姐"大赛，而又具有相当水准的女健美运动员设立的。该赛事源于1993年，是阿诺德·施瓦辛格发起的。这些选手在生活中颇受人们的青睐，其接近大众审美情趣的形体美不但被广泛接受，而且被越来越多的女性效法。

第四节　形体训练

一、形体训练概述

形体训练是一项比较优美、高雅的健身项目，主要通过舒展优美的舞蹈基础练习（以芭蕾为基础），结合古典舞、民族民间舞蹈进行综合训练，可塑造人们优美的体态，培养高雅的气质，纠正生活中不正确的姿态。

（一）形体训练的起源与发展

形体训练起源于芭蕾、舞蹈、体操的基本功训练。形体，是指人在先天遗传变异和后天获得的基础上所表现出的相对稳定的特征，是人体结构的外在表现，是人体美的一种艺术表现形式，是包括人的表情、姿态和体型在内人的外在形象的总和。人们在日常工作和生活中各种形体姿态正确与否，直接影响着人们的工作和生活质量。随着人类文明程度的不断提高，人们对姿态的要求已不是简单的正确与否，而上升到对姿态美的向往和追求。所有这些，只有通过量力而行又持之以恒的形体训练及适当的营养补充和休息才可达到。

（二）形体训练的特点与价值

1. 全面性和针对性

形体训练内容丰富，动作变化多样，各类动作都严格按照人体的解剖规则，有目的地为达到身体匀称、均衡、协调、健美的发展而编排。同时，形体训练的针对性强，选择某一动作重点地锻炼身体的某一部位或专门针对某项身体素质进行练习，能进一步促进形体的全面发展。

2. 优美性和艺术性

形体训练动作内容符合人体的生理和心理特点，各类动作不仅体现出优美性和艺术性，而且充分展现协调、韵律、优美等健美气质。形体训练是追求人的身心美的艺术运动，练习者根据不同的音乐节奏和风格，创编出不同风格和形式的形体动作，使形体训练更富有感染力，并得以构成完美的艺术整体。

3. 群众性和灵活性

形体训练动作简单易学、练习形式简便，可根据不同的年龄、身体条件和训练水平，选择不同的练习内容和方法。形体训练可以是徒手练习，也可以是持杆练习或者持简单的器械练习；可以是集体练习，也可以是个人练习；既可以在统一的时间内，也可以分散安排练习。受环境条件的影响和限制小，练习者个体选择的灵活度高。

二、技术练习

形体训练内容和方式多种多样，这里主要介绍适合高职高专学生日常训练的基础性动作及其练习方法，在这些练习的基础上，还可以参照健美运动、健美操等相关部分的方法进行训练。

（一）手臂、肩部力量和柔韧性练习

1. 手臂力量练习方法

双臂绕环练习：双手五指向外伸到最长，立掌，双臂以肩为轴，经后向前绕环一周（图7-4-1）。

屈肘练习：上臂不动，前臂向上抬起，形成屈肘姿势，拳心对胸，还原重复（图7-4-2）。

双臂前交手练习：双手慢慢向上摆动直至小臂于头顶交叉，再慢慢还原重复（图7-4-3）。

图7-4-1 双臂绕环练习　　图7-4-2 屈肘练习　　图7-4-3 双臂前交手练习

2. 肩部力量练习方法

双肩提沉练习：直立开始，左右肩先后提沉。

双肩屈肘转肩绕环练习：双臂屈肘，双手置于双肩，以肩为轴，经侧后向前绕环。

3. 手臂、肩部柔韧性练习方法

手臂柔韧性练习：先弯曲右侧手臂，尽量放在头部后侧，左手用力向左下侧拉右手。然后反方向做左手臂的伸展练习（图7-4-4）。

双手外推练习：双手五指交叉相握在胸前，翻掌，手心向前推伸，充分伸展后回到胸前再做向上伸展动作（图7-4-5）。

双臂绕环练习

肩部练习

手臂柔韧性
练习

图 7-4-4　手臂柔韧性练习

图 7-4-5　双手外推练习

（二）胸腹部力量与柔韧性练习

1. 胸部练习方法（图7-4-6）

挺胸练习：从坐地开始，抬臀离地，胸尽量向上挺，双肩感觉下压，手脚不离地，保持数秒，再还原。

2. 腹部力量练习方法（图7-4-7）

起双脚交叉练习：平躺地面，双脚伸直抬起，与地面成30°～40°角，然后两脚交互运动。

双脚双手同起练习：平躺地面，双腿伸直同时抬起，上身抬起，双手前举尽量接触脚面，还原反复。

图 7-4-6　胸部练习方法

图 7-4-7　腹部力量练习方法

3. 腹部柔韧性练习方法

双腿交叉蹬踏式：平躺地面，双腿弯曲，使小腿与地面平行，先蹬出右腿，再蹬出左腿，交替练习数次。

（三）腰背部力量和柔韧性练习

1. 腰背部力量练习方法

下腰练习：上体前屈下前腰，双臂在体前下压，双手尽量按到地面，上体尽力与腿贴近。

腰背练习：练习者上身尽量向上抬起，随即回到俯卧位反复练习（图7-4-8）。

胸部练习

腹部练习

腰背练习

膝后抬练习：俯卧，上身抬起，右腿慢慢抬起，保持离地姿势，然后向上屈腿，复原，再换左腿练习（图7-4-9）。

图 7-4-8 腰背练习

图 7-4-9 膝后抬练习

2. 腰背柔韧性练习

单臂抬练习：右手和左腿同时向上抬起，右手和左腿慢慢同时放下。左手和右腿训练方法同上（图7-4-10）。

俯撑后仰：俯卧，身体抬起，慢慢让头部向后仰。

下前腰抱腿练习直立：上身下前腰，小腹去贴大腿，双臂尽力抱住双腿。

图 7-4-10 单臂抬练习

（四）臀部力量与胯部柔韧性练习

1. 臀部力量练习方法

仰卧举腿练习：仰卧身体后翻，双腿屈膝并拢，膝盖尽量靠近头顶，在半空形成静止动作，之后复位并交替练习。

抬臀练习：双肩撑地，抬起右腿，向上抬高臀部，在空中停留数秒，然后慢慢放下（图7-4-11）。

侧抬腿练习：左腿伸向左侧，慢慢抬起直至与上身垂直，然后慢慢放下，换右腿，重复上述动作。

图 7-4-11 抬臀练习

抬臀练习

2. 胯部柔韧性练习方法

双人、单人开胯练习：辅助者向下压练习者的背部，辅助者的双脚可轻踩在练习者的双腿上，使练习者的胸、腹、头尽量贴近地面。

双人对坐开胯练习：两人双腿都向两旁伸出，尽量打开。两人的双脚对齐贴住，上身保持端正姿势，双手放于身后。练习者和辅助者慢慢向内靠拢，尽量向里拉，双脚尽量向外打开，保持数秒。

（五）下肢力量与柔韧性练习

1. 腿部力量练习方法

地面前踢腿：右腿绷脚，向上踢起，感觉右脚向头部踢去，左腿不动，身体其他部位贴住地面不动，然后慢慢放下。换左腿，重复上述动作。

地面旁踢腿：右腿绷脚，向侧上方踢腿，感觉右脚向同侧肩、耳踢去，左腿不动，然后慢慢放下。换左腿，重复上述动作。

地面后踢腿：左腿向上方出踢，然后还原成准备姿势。换右腿，重复上述动作。

2. 踝部力量练习方法

双脚交换下压：右脚尽量向上勾起，感觉脚踝有些酸，然后还原成准备姿势。换左脚，重复上述动作。

3. 腿部柔韧性练习方法

下叉：一腿在前伸直，绷脚，大腿尽力外旋，右脚尖与两肩成垂直线，与鼻尖对齐，左腿绷脚向体后伸直，后腿、膝与脚面向外展，两腿平贴于地面成一直线。然后上身前俯，用小腹和下巴贴前腿，双手抱前腿伸拉前韧带。

地面旁压腿：上身向右侧下旁腰，感觉用右肩、右耳去靠近右腿，左手在头上方也用力靠近右腿，保持数秒，然后直身。

4. 脚面柔韧性练习方法

脚面韧带练习：双手撑于地，双膝离地抬起，大腿尽量贴于前胸，脚面绷直随同离地，脚趾不动，使脚趾根至脚尖完全贴靠在地面上。用身体重心下压脚面韧带，脚面要绷直前顶。控制一会儿，脚面会有酸痛感。

转脚腕练习：双脚向里绕圈，脚腕尽量立起，然后踝关节尽力向脚的外侧横展，成勾脚，再向外侧下压，最后回原位。

（六）把杆形体姿态练习

1. 手位练习（图7-4-12）

一位：双肩自然下垂，两臂从肩膀到手指在身体前成椭圆形，腋下微张开，两肘略向前，手心向上，两手指尖相距一拳左右。

二位：保持一位姿态，两手小臂主动向上抬至与胃部高度平行，手心向里。

图 7-4-12　手位练习

三位：保持二位姿态，双手向上抬至额前上方，手心相对。

四位：一手臂保持三位不动，另一手臂从三位回到二位。

五位：三位手保持不动，二位手用手背带动，将臂向侧方打开。

六位：打开到旁边的手保持不动，三位手下到二位。

七位：打开到旁边的手保持不动，二位手背带动双臂向侧方打开。

2. 擦地

擦地是一个锻炼腿部肌肉的基础动作，是脚由全脚掌着地逐步用力引伸至脚尖点地，再由脚尖点地用力回收至全脚掌着地的过程（图7-4-13）。

3. 小踢腿

快速有力地向上踢腿到两腿夹角25°～30°后收回。

4. 蹲

蹲是一个锻炼腿部肌肉弹力和控制力，控制上体姿态的练习方法，分半蹲和全蹲两种。

图 7-4-13 擦地

5. 单脚蹲

侧对把杆站立，左手扶杆，右手叉腰，然后左腿半蹲，右脚离地绷脚收于左踝前，屈膝外展。

6. 下腰

侧对把杆一手扶杆做前、后、侧及腰部的绕环、下腰动作。

7. 控制

上体保持正确姿态，收腹，立腰，一脚支撑，另一脚在一定的位置和高度停止不动。

8. 大踢腿

大腿用力快速地向上踢起。

第五节　街舞

一、街舞运动概述

街舞是体育与街头表演相结合的舞蹈，它以身体动作舞蹈为基本内容，配合街舞风格的音乐，单人或集体配合，是既有娱乐健身作用，又带有表演性的体育运动。

（一）街舞运动的起源与发展

街舞起源于美国街头舞者的即兴舞蹈动作。美国纽约的布鲁克林区，一些黑人或是墨西哥人的孩子们整天在街上以跳舞为乐，逐渐形成了技巧性较高的 Breaking 和舞蹈型 Poping、Locking、Electric、Turbo、House 等多种风格的街舞。

中国青少年最早接触街舞，始自 20 世纪 80 年代的美国电影《霹雳舞》，当时的霹雳舞（Break Dance）就是现在 Breaking 的前身。随着中国青少年对街舞理解的深入，他们逐步回归街舞的本源，以中国青少年自己的眼光和特点来实践街舞。除了早期的霹雳舞，自 20 世纪 90 年代中开始，全国各地青少年就已经开始习练街舞。北京、上海、广州因为资讯发达，街舞开展比较早。现在，全国各地都有练习街舞的青少年，在各个城市的街头广场都可以看到他们扎堆训练的身影。他们还经常组织小型的比赛，技术最好的舞者能够赢得众多青少年的推崇。

当今流行的街舞是 Hip—Hop，其实全名是新派 Hip—Hop（New School Hip—Hop）、旧派 Hip—Hop（Old School Hip—Hop）。旧派 Hip—Hop 包括锁舞、霹雳舞（Breaking）和电流舞（Wave），现在的新派 Hip—Hop 则融入了布吉舞（Boogie）、机械舞（Popping）和很多地方风格的舞蹈。舞者从中国功夫、雷鬼、锁舞，甚至 20 世纪 70 年代的灵魂舞（Soul Train Steps）取材，将街舞发展成一种强调身体律动的舞步，非常随意、自然。

（二）街舞运动的特点与价值

1. 街舞的健身价值

街舞能很好地弥补其他健身项目的局限性，使锻炼更为全面。它也是非常好的有氧运动，连续跳 1 h 街舞消耗的热量，相当于跑步 6 km，在提高心肺功能的同时，达到减肥的目的。街舞多以绕环和小关节的运动为主，因此能较好地改善练习者的身体协调能力，并且使身体不常运动到的小关节和小肌肉群得到充分锻炼。

2. 街舞的娱乐价值

街舞的健身娱乐性主要体现在跳健身街舞的过程中得到的轻松随意的动作和热

情奔放的情绪体验，它注重个性的张扬和激情的释放，因而有更强的自娱性和观赏性，它既是一种健身方式又是一种舞蹈，可以使人们在紧张的工作学习之余得到身心的调整和情感的宣泄，符合现代人健身休闲、自娱自乐的需要。

3. 街舞的教育价值

由于街舞是在强烈的音乐节奏下进行表演的，其要求参赛者手部、腰部、腿部等协调发展，因而能极大地培养青少年的审美情趣。来自不同地区和学校的青少年参加健康街舞比赛，这样就很自然地培养了青少年的"情商"，增强了集体荣誉感，培养了团队协作精神与人际交往能力，同时还可以强身健体，陶冶情操，丰富业余生活，培养勇敢顽强的拼搏精神，从而促使青少年全面健康地成长。

二、技术练习

（一）基本动作

1. 点地

即用脚尖或脚跟做前、后、侧点地。点地时注意支撑腿的配合动作要有弹性。

2. 压膝

即弹动。以膝关节的屈伸完成压膝动作。压膝时注意踝、髋关节要放松，富有弹性，膝关节的屈伸幅度不宜过大。

3. 扣膝

即膝关节向内旋转屈膝下压。扣膝时注意同侧腿要提踵，上体应配合同侧膝转动。

4. 滑步

如左脚向体侧迈一步，右脚并于左脚时从地面滑拖至左脚，滑步时应配合上肢动作，反之相同。

5. 串步

串步即两脚以脚跟或脚尖为支撑点，同方向或异方向由脚跟或脚尖发力移动。

6. 顶髋

顶髋即原地或迈步时，髋关节向左侧或向右侧顶摆。

7. 吸腿

吸腿即一腿屈膝上摆，另一腿支撑稍屈膝。注意松腰，上体稍前倾。

8. 踹腿

踹腿即脚抬离地面时以脚跟发力，屈膝上摆。

9. 十字步

1拍左脚向右前方迈步；2拍右脚绕过左脚向前方迈步；3拍左脚向左侧迈一步；4拍右脚向后迈一步，四拍绕成一个"十"字。注意迈步时关节要有弹性。

10. 前后交叉步

以左脚为例，左脚向侧一步，右脚向左前方迈步成前交叉，左脚再向侧迈，右脚向左后方迈步成后交叉。注意配合髋关节转动。

（二）基本技术

1. 缓冲技术

街舞的缓冲技术主要表现在膝关节的弹动、踝关节的缓冲以及髋关节的屈伸三个方面。该技术不仅可以把握住街舞的动作特色，而且与动作的安全性息息相关。在街舞的练习过程当中，膝关节几乎很少伸得很直，多数是在微屈或弹动的状态下完成动作的。

2. 控制技术

街舞的控制技术主要表现在肌肉的用力方式和用力顺序两方面。为了表现街舞动作的动感和力度美，需要频繁地使用肌肉的爆发力。某些动作会出现在音乐的弱拍上，这就要求动作速度快，因此肌肉的松弛与紧张收缩必须协调控制，才可以达到动作效果。

3. 重心的移动和转换技术

街舞在重心的移动技术方面主要表现在动作方向的变化上，通过前、后、左、右的移动，使身体运动的路线发生丰富的变化。街舞的重心转换技术主要靠左右脚支撑的变化实现，可以说除了上肢和躯干的动作之外，这一技术动作占据了很大的比例，它使街舞动作具有律动感和技巧性，从而展现了街舞的基本特色。

第六节　瑜伽运动

一、瑜伽运动概述

（一）瑜伽运动的起源与发展

瑜伽是梵语"yoga"的音译，本意是"结合"，中文译做"相应"，表达的是能修之心与所修之法相应。其表示的五种相应关系为：身与身、身与心、心与境、自我与真我、人与天。瑜伽起源于古印度的修身养性体系，它通过道德修养、呼吸控制、体位练习、静坐冥想等一系列的方法，改善身心状态，开发智慧潜能，解悟人生真理，直至获得超然的人格和能力。

健身瑜伽以促进身心健康为目的，通过身体体位训练、气息和心理调节等手段，改善体质、增强身体活力、延缓机体衰老，是体育养生的重要组成部分。健身瑜伽基本涵盖了瑜伽的全部内容，包括调息、调身、调心在内，是瑜伽中国化、本土化的产物。

（二）瑜伽运动的特点与价值

1. 瑜伽的特点

瑜伽作为一种集修身与养心于一体的修炼方法，它既不同于体操、舞蹈和杂技，也不同于一般的有氧运动。它是一项动作舒缓、强度可自行调控、动静结合的运动，有动作与呼吸紧密结合、身心合一、精神专注、注重感受、顺应自然的技术特性。

瑜伽习练倡导科学、安全、可控。要求动作步骤分明，体位动作配上正确的呼吸和冥想进行，任何姿势都能控制在自己身体所能承受的范围内，不超出自身的极限，没有强迫性，避免对身体造成伤害。

瑜伽除了呼吸、体位和冥想之外，还很注重饮食，它将食物分为悦性，惰性和变性食物。瑜伽提倡悦性饮食，尽量吃清淡、有营养和天然的食物，避免吃一些有刺激性、味道重的食物，倡导自然健康的生活方式。

2. 瑜伽的价值

瑜伽是一种健身减压的运动形式，促进人们身体健康和心理健康，是一个帮助人们充分发挥和挖掘身体潜能的体系。

（1）瑜伽的健身价值。瑜伽的健身价值体现在身和心两方面的收获。其生理健康价值表现在有效调节神经系统、内分泌系统等各大系统，进而改善身体健康状况，还可以给人以极大的快乐和精神享受。心理健康价值体现在使个体处在心理维度的最佳功能状态或完善状态。实践证明，长期坚持瑜伽习练对于人的身体、心理健康具有明显的促进作用，尤其是困惑、疲劳、焦虑、抑郁和气愤等不良情绪状态能得到显著改善。

（2）瑜伽的文化教育价值。现代瑜伽健身文化强调以人为本、注重健康、规范道德、提升品格。尤其在对人们的思维方式、价值观念、行为规范、情感欲求、知识能力结构、人格结构培养等方面产生了积极影响。瑜伽的教育价值主要体现在以下几个方面：有益于提高人的专注力，有益于树立正确的人生观价值观，有益于培养顽强的意志品质，有益于增强自信心和奋发向上的精神。

（3）瑜伽的美学价值。瑜伽作为一种独特的社会文化现象，其自身所蕴含的美学价值是毋庸置疑的。无论是瑜伽表演者还是欣赏者，均可认识到人体之美，意境之美。这项运动具有生动的艺术感染力，使人们顿生喜悦、愉快之情，它将人们的审美情趣带入更崇高的境界。

二、技术练习

（一）瑜伽呼吸

习练者在进行瑜伽呼吸时，应以最放松的方式用鼻呼吸。保持呼吸平稳而缓慢，向内集中注意力，聆听呼吸时发出的声音。常用的瑜伽呼吸方法有胸式呼吸法、腹式呼吸法、完全呼吸法和喉呼吸法四种。

（1）胸式呼吸法。胸式呼吸法是通过肋间肌的收缩或舒张，使肋骨提升或下移，胸部亦随之扩张或复原的一种调养呼吸的方法（图7-6-1）。

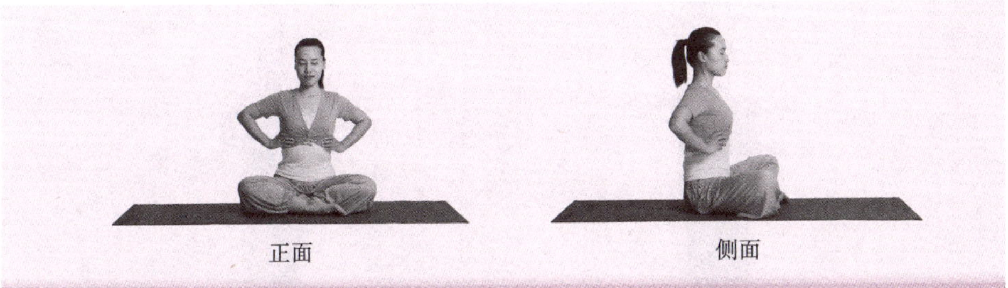

正面　　　　　　　　　　　　　侧面

图 7-6-1　胸式呼吸法

在情绪不稳定的时候，多做几组深而长的胸式呼吸，可以使心态逐渐平和稳定下来。

（2）腹式呼吸法。腹式呼吸法是通过膈肌的收缩或舒张，使腹腔器官随之下移或提升，腹部亦随之鼓起或复原的呼吸方法（图7-6-2）。

（3）完全呼吸法。完全呼吸法是将胸式呼吸和腹式呼吸结合在一起完成的一种呼吸方法（图7-6-3）

图 7-6-2　腹式呼吸法

图 7-6-3　完全呼吸法

（4）喉呼吸法。喉呼吸法有胜利、成功、征服的意思，可引申为从束缚中获得自由。在练习这种呼吸法时，呼吸动作得到控制，肺部充分扩张，胸部高高挺起，习练者看上去雄赳赳气昂昂，像是一名胜利者或征服者。喉式呼吸，其实是通过两个鼻孔来呼吸，只不过做起来感觉是在用喉呼吸。

（二）瑜伽体位

瑜伽体位法又称体式、调身法、姿势功法，下面这些动作，都是现代哈他瑜伽里最常教授的实用性姿势。

1. 祈祷式

（1）祈祷式的做法。

① 山式站立（图7-6-4①）。

② 吸气，双手由体侧抬起至胸前合十。拇指对准胸口，目视前方或闭上双眼，深呼吸调整（图7-6-4②）。

③ 呼气，双手打开经体侧放下，回复至山式站立。

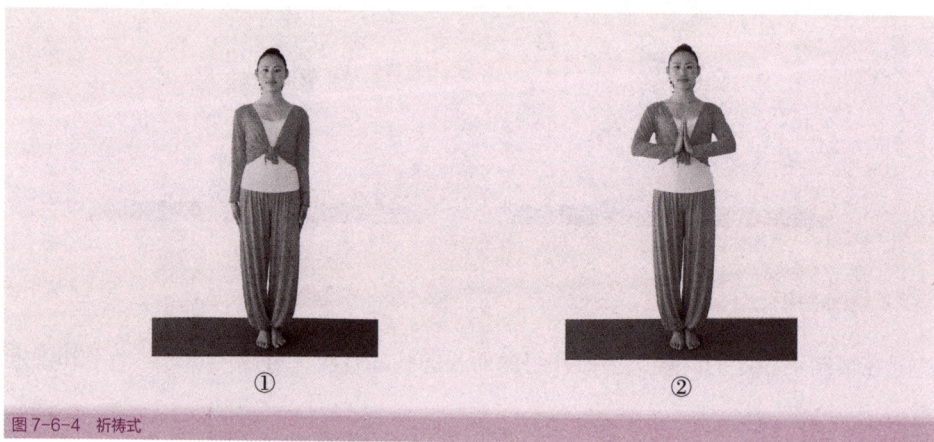

图7-6-4 祈祷式

（2）祈祷式的健身效果及注意事项。

健身效果：帮助集中注意力，汇聚身体能量，以更好地进入瑜伽锻炼状态。

注意事项：平衡能力稍差的练习者，可选择两脚与肩同宽进行练习以降低练习难度；闭上眼睛练习，有助于精神内敛。

2. 站立后弯式

（1）站立后弯式的做法。

① 山式站立（图7-6-5①）。

② 吸气，双臂经前向上举过头顶，大臂尽量贴耳，掌心相对（图7-6-5②）。

③ 呼气，向前推动髋关节，臀部肌肉收紧，脊柱缓慢向后弯曲，颈部适度舒展

（图7-6-5③）。

④ 吸气，腰部发力，上体逐渐回复到正中。

⑤ 呼气，双手经体前收回，身体回复到山式站立，全身放松。

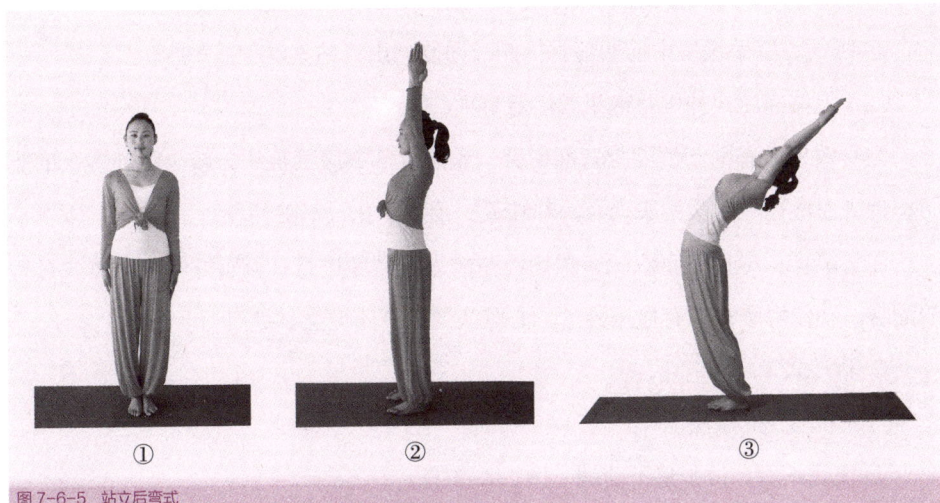

图7-6-5 站立后弯式

（2）站立后弯式的健身效果及注意事项。

健身效果：矫正驼背；伸展脊背和手臂，达到舒经活络的放松效果。

注意事项：尽量调整好呼吸与体式配合的过程，动作舒缓，臀部肌肉用力；收紧大腿和臀部肌肉。

3. 上体前屈式

（1）上体前屈式的做法。

① 山式站立（图7-6-6①）。

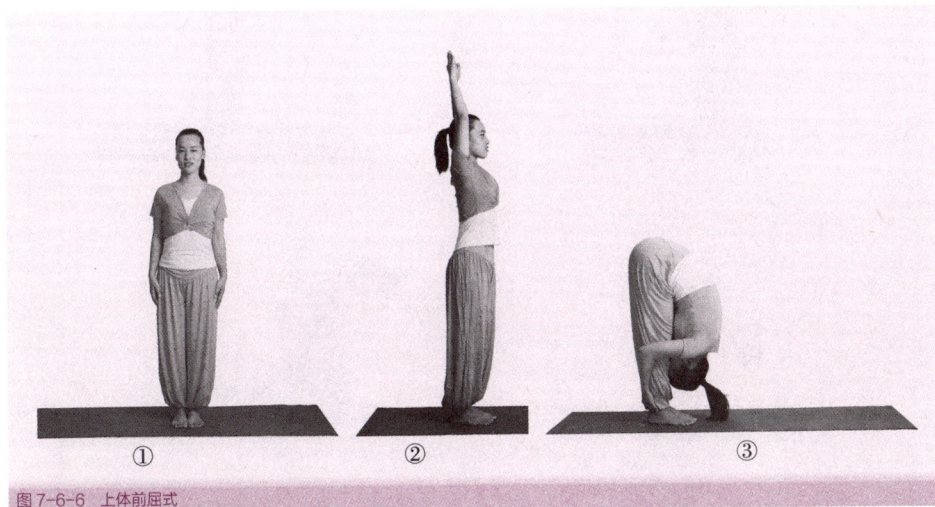

图7-6-6 上体前屈式

②吸气，双臂经前向上举过头顶，大臂贴耳，全身伸展，目视前方（图7-6-6②）。

③呼气，尾骨向后运动，上体前屈，直至双手抱住双脚脚踝，并用前额触两膝以下部位，保持此姿势并做2次以上深呼吸（图7-6-6③）。

④吸气，双臂向前伸直，大臂夹耳、抬头引领脊柱回复到步骤②。

⑤呼气，双手慢慢由前回落到体侧，回复到山式站立。

（2）上体前屈式的健身效果及注意事项。

健身效果：有助于消除腰背部疲劳，预防胃部或腹部疾病，减少腹部多余的脂肪；促进血液循环，缓解头痛及头部缺氧；促进消化，消除便秘。

注意事项：尽量蹬直双腿，柔韧性差的人可屈膝进行；调整好呼吸与体式过程的配合，动作舒缓；患有血压异常、心脏病的人，不要尝试此练习。

4. 骑马式

（1）骑马式的做法。

①山式站立，位于垫子前端（图7-6-7①）。

②吸气，向上展臂（图7-6-7②）。

③呼气，上体前屈，双手置于双脚两侧；屈膝，左腿后撤，膝盖、脚背着垫

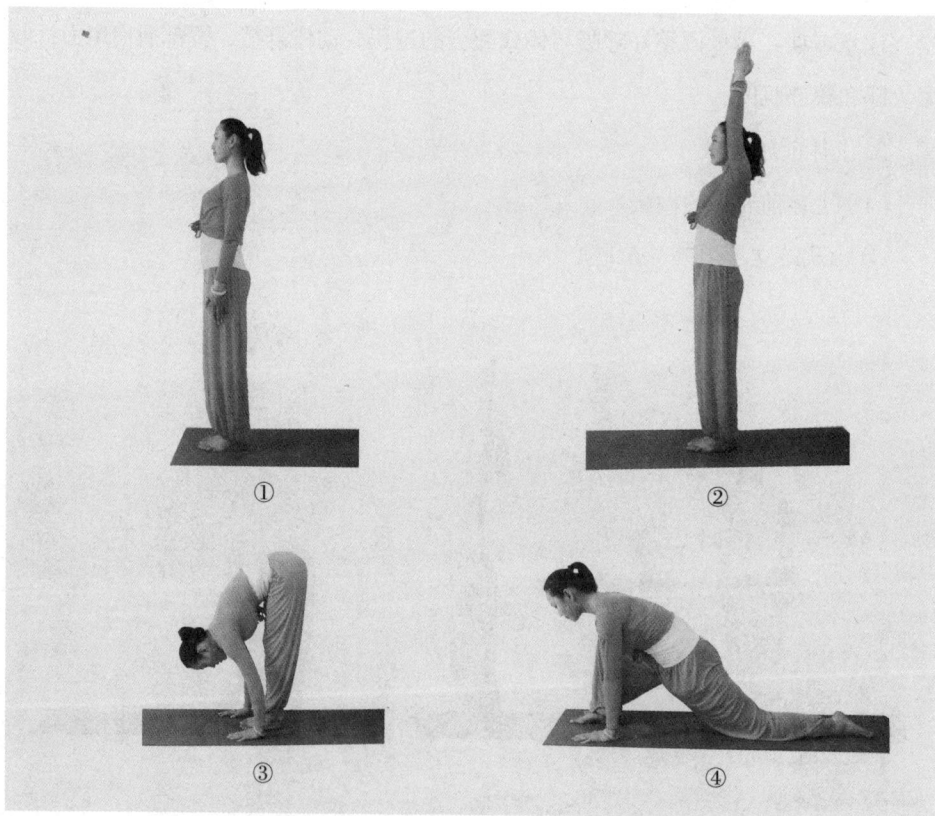

①   ②

③   ④

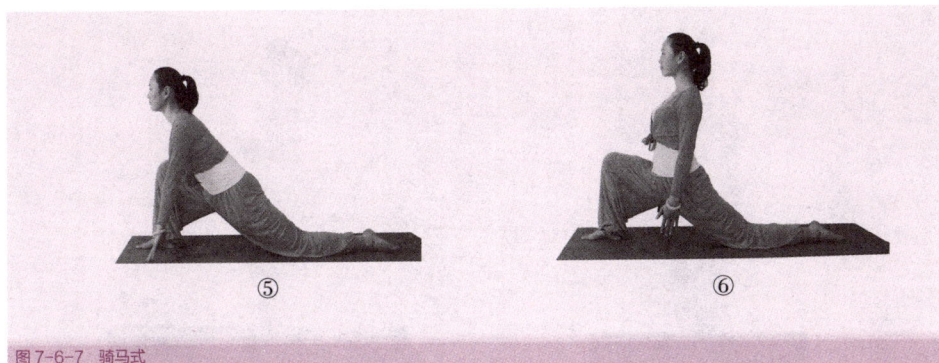

图7-6-7 骑马式

（图7-6-7③④）。

④ 吸气，梳理脊背向上，挺胸，延展颈部，头顶向上顶，双手指尖触垫，目视前方（图7-6-7⑤⑥）。保持此姿势并做2次以上深呼吸。

⑤ 呼气，俯身向下；向前收回左腿。

⑥ 换异侧腿进行练习。

（2）骑马式的健身效果及注意事项。

健身效果：加强膝关节、髋关节灵活性；增加手腕关节、肩关节的支撑力量。

注意事项：前支撑腿膝盖不应超过脚尖，后支撑腿尽量伸展，重心在双腿之间。

5. 舞王式

（1）舞王式的做法。

① 山式站立，双腿并拢（图7-6-8①）。

② 重心逐渐转移到左腿，向后弯曲右腿，右手从后抓住右脚脚踝（图7-6-8②）。

③ 吸气，左手臂由前向上抬起，大臂贴耳，掌心朝内，向上舒展身体（图7-6-8③）。

④ 呼气，打开折叠腿，右腿向后向上充分抬起至最高点，左手臂放低与地面平行，尽量保持身体水平（图7-6-8④）。保持此姿势并做2次以上深呼吸。

⑤ 吸气，身体回复至正中。

⑥ 呼气，手臂放回体侧，身体回复至山式站立。

⑦ 换异侧腿进行练习。

（2）舞王式的健身效果及注意事项。

健身效果：可以提升平衡能力；有效舒展内脏器官，促进肠蠕动，有助于消化。

图7-6-8 舞王式

注意事项：保持平衡的时间要尽量长，两侧练习时间要大致相当；保持呼吸节奏，动作缓慢，初学者应逐渐降低伸展手臂的高度。

6. 猫弓背式

（1）猫弓背式的做法。

① 以霹雳坐姿势坐于垫子后端（图7-6-9①）。

② 抬起臀部，俯身向前，双手平放在身体前的垫子上，两手臂和两大腿与地面垂直呈四肢着地状（图7-6-9②）。

③ 吸气，尾骨上翘、塌腰、抬头、扬下巴，腹部放松（图7-6-9③）。

④ 呼气，收尾骨，弓腰弓背，低头放松颈椎，尽量目视耻骨的方向，将体内废气呼出（图7-6-9④）。

⑤ 身体逐步向后推，回复至霹雳坐。

图 7-6-9　猫弓背式

（2）猫弓背式的健身效果及注意事项。

健身效果：美化颈部及脊背部线条；有效放松脊神经，疏通气血；愉悦身心，有效缓解压力。

注意事项：配合深缓呼吸重复练习步骤③和④，动作不要太快，也不要用猛力将颈部前后晃动或把臀部移动向后；整个动作过程中保持双腿和双臂与地面垂直。

7. 顶峰式

（1）顶峰式的做法。

① 俯卧垫上，双腿分开与肩同宽，两肘弯曲，双手平放于双肩下，指尖朝前（图7-6-10①）。

② 吸气，身体从地面上撑起，臀部继续向上抬，手臂推直与脊柱成一直线，头颈部适度放松、舒展，目视脚趾的方向。背部伸展，腿部绷直，膝盖不要弯曲，脚

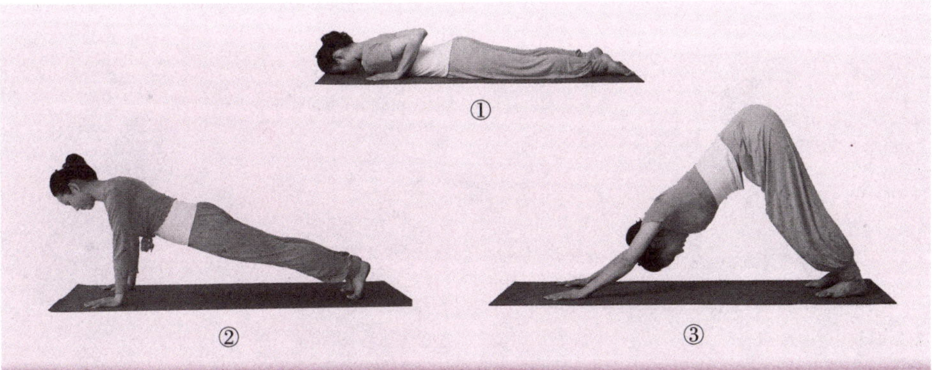

图7-6-10　顶峰式

后跟尽量下压，身体成三角形（图7-6-10②③）。

③ 保持这个体式并做5次深长呼吸。

④ 呼气时，身体回复到①。

（2）顶峰式的健身效果及注意事项。

健身效果：缓解压力和轻度的情绪低落；缓解脚后跟的僵硬和疼痛；迅速缓解疲劳，缓解因压力过大或头部缺血引起的头疼头晕症。

注意事项：初学者可以将双手放在椅子上或者扶住桌子边沿进行练习，也可借助其他辅助器材进行练习。高血压或头痛患者慎做此式。

8. 瑜伽体位经典组合：朝日礼拜

①祈祷式—②站立后弯式—③ 上体前屈式—④骑马式—⑤顶峰式—⑥八体投地式—⑦眼镜蛇攻击式—⑧顶峰式—⑨骑马式—⑩上体前屈式—⑪站立后弯式—⑫祈祷式

① 祈祷式（图7-6-11）　　　　② 站立后弯式（图7-6-12）

③ 上体前屈式（图7-6-13）

图7-6-11　祈祷式　　　　图7-6-12　站立后弯式　　　　图7-6-13　上体前屈式

④ 骑马式（图7-6-14）　　　　⑤ 顶峰式（图7-6-15）

图7-6-14　骑马式　　　　图7-6-15　顶峰式

⑥ 八体投地式（图7-6-16）   ⑦ 眼镜蛇攻击式（图7-6-17）

图7-6-16　八体投地式

图7-6-17　眼镜蛇攻击式

⑧ 顶峰式（图7-6-18）   ⑨ 骑马式（图7-6-19）

图7-6-18　顶峰式

图7-6-19　骑马式

⑩ 上体前屈式（图7-6-20）   ⑪ 站立后弯式（图7-6-21）

⑫ 祈祷式（图7-6-22）

图7-6-20　上体前屈式

图7-6-21　站立后弯式

图7-6-22　祈祷式

　　朝日礼拜组合对身体的内分泌、循环、呼吸、消化系统等都有很大影响，并有助于它们相互平衡。在做朝日礼拜组合动作时，身体主要的肌肉可以得到锻炼，它尤其适合久坐的人和平时不常锻炼的人练习。

　　（三）瑜伽冥想

　　冥想是一门古老而又科学的心灵历练的方法，瑜伽之所以能历经数千年不衰，就是因为瑜伽冥想具备修身养性的效果，是一般体育运动所难以企及的。瑜伽冥想是现代人静心凝神、修养身心的一种方式，是注意力集中的最高表现，人们通过冥想可以获得内心的宁静喜悦、心平气和，最终达到身体和心灵的和谐统一。

冥想的姿势有多种，有坐姿，还有站姿和卧姿。一般采用坐姿，采用坐姿的冥想叫"静坐"或"打坐"。适宜冥想的坐姿有简易坐、半莲花坐、莲花坐、霹雳坐、至善坐、吉祥坐，较为常见的是至善坐和莲花坐。

1. 至善坐

（1）至善坐的做法：取基本坐姿后，弯曲左小腿，用双手抓住左脚，把左脚跟紧紧顶住会阴部位，左脚板底紧抵右大腿；然后弯曲右小腿，把右脚脚趾放在左大小腿肌之间，右脚后跟抵着趾骨，脚板底或脚趾则插入左脚的大腿与小腿之间的空隙。这时双脚应当与双膝稳定着地；使脊柱完全竖直，身体好像从底部牢固地种在地上；双腿交换位置重复练习。

（2）至善坐的健身效果及注意事项。

健身效果：在瑜伽师看来，至善坐是众多姿势中最为重要的姿势之一，有助于梳理人体经络，使之畅通无阻；有镇定安神的作用，有助于做好冥想的准备；有助于使心灵保持敏锐和警醒；适宜于用来做调息练习和冥想练习，对整个神经系统有镇静作用。在生理上，至善坐促使血液在腰部和腹部循环，从而对脊柱下半段和腹部器官有补养、增强的作用。也可以帮助防止和消除两膝和两踝的僵硬、强直感。

注意事项：患有坐骨神经痛或骶骨感染的人不要做这个姿势。

2. 莲花坐

（1）莲花坐的做法：坐于垫上，两腿自然向前伸直；收回两腿，用左手抓着右脚，右手托着右小腿，两手把右小腿放在左大腿上面，脚跟放在肚脐区域下方触及盆骨，右脚底朝天；用右手抓着左脚，左手托着左小腿，两手把左小腿扳过右小腿上方，放在右大腿上。把左脚跟放在肚脐区域下方，左脚板底朝天；脊柱要保持伸直。努力保持两膝贴向地面；交换两腿位置，并重复这个练习。

（2）莲花坐的健身效果及注意事项。

健身效果：对于患哮喘和支气管炎的人有益。使神经系统充满活力，强壮脊柱和腹部脏器。使消化系统兴奋，逐渐放松两踝、两膝，使大腿结实，使两髋、两腿变柔软，对缓解治疗膝盖和踝关节僵硬都有好处；还有助于预防及治疗风湿症。它有助于使人的身体稳定而安静。它对患有精神性疾病和情绪问题的人也有益；从瑜伽的角度看，这个姿势极为适宜做调息练习和冥想。一旦练习者熟练了这个姿势，就能使身体在很长时间内保持完全稳定，同时也带来了心灵的稳定，有利于畅顺的呼吸。

注意事项：起来之前，轻轻把右小腿放到地面离身体稍远处，再把左小腿也轻轻放到地面稍近处，按摩两膝、大腿、两踝和两小腿腿肚子。在膝、腿不感到难受和麻木时才可起身。患有坐骨神经痛和椎（骶骨）病的人不宜做这个练习。

🔺 思考题

1. 健美操运动的概念是什么？它有哪些特点？

2. 体育舞蹈有哪些基本舞种？

3. 健美锻炼有哪些基本方法？

4. 瑜伽冥想常用的姿势有哪几种？简述其具体做法。

5. 录制自己成套健美操、体育舞蹈、瑜伽动作，分析自己运用技术情况。

6. 利用所学知识，设计一个拉伸组合练习，并在课堂教学中进行实践。

第八章 休闲运动

阅读提示：

○ 休闲运动项目的特点是自然奔放，充满趣味性，深受青年人喜爱。本章收录了跆拳道、台球、高尔夫、棒垒球、定向越野、轮滑六个运动项目，通过学习本章内容，使学生了解休闲类运动项目的时尚文化和基本知识，掌握基本技术和技能，学会休闲生活，促进终身体育习惯的养成。

第一节 跆拳道

一、跆拳道运动概述

跆拳道是一项利用拳脚进行搏击对抗的奥运会正式比赛项目，以实践比赛、品势表演和功力检验为主要表现形式，更是一门强健体魄、磨炼意志品质的武道文化，受到全世界尚武青少年的推崇和喜爱，被称誉为世界第一搏击运动。

（一）跆拳道运动的起源与发展

1. 跆拳道的起源

"跆拳道"一词，是1955年由朝鲜族人崔泓熙提出。其中"跆"指踢击（脚法），"拳"指拳击，"道"为练习的方法，也代表道行，即自己对礼仪的修炼。

跆拳道古称跆跟、花郎道，是起源于古代朝鲜半岛的民间武艺，早期是民间较普遍流行的一项技击术。随着社会的发展，不断变化的生活环境和不同种族之间的斗争，要求人们要有强健的体魄并掌握一定的搏斗技能，这样才能保障生活的安定，这就促成了跆拳道雏形的形成。经过漫长的岁月，人们本能地为强健体魄和自卫而产生的搏击逐渐演化为有意识的技击活动，从而产生了朝鲜民族特有的运动形式——跆拳道。跆拳道吸收了许多国家的武术精华，如中国的武术、日本的空手道等，这也进一步丰富和发展了跆拳道。

2. 跆拳道的发展

1992年10月7日，中国跆拳道筹备小组成立，这标志着我国跆拳道运动的正式开展。1995年举行了第1届全国跆拳道锦标赛，从此，跆拳道运动在中国迅速发展起来。1995年8月正式成立了中国跆拳道协会。同年，中国跆拳道协会被世界跆拳道联盟WTF接纳为正式会员。1999年6月7日，我国女运动员王朔获世界跆拳道锦标赛女子55 kg级冠军，这是我国运动员获得的第一个跆拳道世界冠军。2000年，我国女运动员陈中在第27届奥运会上获得了首枚奥运会跆拳道比赛金牌。

（二）跆拳道运动的特点与价值

1. 健身防卫

跆拳道是十分激烈的有氧运动，能塑造良好的身体形态。练习课通常由20 min的热身和柔韧练习、40~60 min的腿法（拳法）学习、20 min的素质练习组成。每小时的跆拳道训练大概要消耗500~800 kcal（2 092~3 347 kJ）的热量。跆拳道基本技术动作、套路动作中的各种踢腿、手臂的上格、下截、拉伸等动作，可使练习者的肌肉和力量得到增强，肌腱、韧带、肌肉的弹性得以提高。同时，学会移动身体的方法和技术，能增强保护意识，掌握防身技能，达到健身防卫的目的。

2. 娱乐观赏

跆拳道技术具有较高的艺术性。双方斗智斗勇，不同的身体姿势和不同的演练节奏，形成惊险的实战竞技美。刚劲有力的动作结合吐气发声，表现出跆拳道技法惊人的杀伤力，给人以威武的阳刚之美，体现出人体的无穷潜力和技击的功力美。

3. 陶冶性情

礼始礼终，内外兼修。在任何场合下，跆拳道练习者互相间始终以礼相待。跆拳道精神包括——礼义、廉耻、忍耐、克己、百折不挠。练习活动都要以礼开始，以礼结束，以养成谦虚、友好、忍让的作风。

二、技术练习

（一）基本步型（图8-1-1）

图 8-1-1　基本步型

1. 并立步

体直立，脚并拢，手握拳（或自然伸直）置于身体两侧。

2. 开立步

体直立，脚分开外展22°左右，与肩同宽。臂下垂，手握拳置于体前。

3. 马步

脚平行分开，略大于肩，挺胸收臀，膝微屈，身体重心落在两腿中央。

4. 弓步

脚前后开立，前后大于两个肩的距离，左右有一拳到两拳的距离，前脚与身体正对前方。前腿弓，膝关节投影不过踝关节，后腿站直，外展45°，前后脚不能在同一条线上。挺胸抬头，重心在两腿之间。

5. 三七步

在马步站立方法的基础上，身体向外侧旋转45°，前脚正对前方，后脚和前脚垂直，大部分身体重心落在后脚，挺胸抬头。

6. 屈立步

身体正对前方，两脚以约半个肩的距离前后站立，前脚正对前方，后脚外展45°，大部分身体重心落在后脚。

7. 交叉步

两腿稍微弯曲交叉站立，后脚脚跟提起。

（二）基本动作

1. 前踢（图8-1-2）

以实战的基本姿势开始，右脚蹬地，髋关节向左旋转，双手握拳置于体侧；同时，右腿以髋关节为轴屈膝上提。当大腿抬至水平或稍高时，关节向前送，向前顶，小腿以膝关节为轴快速向前上方踢出，力达腿尖，整条腿踹直。踢击后迅速放松，右腿沿原路线弹回，将右脚放置在左脚前面，仍成实战姿势。

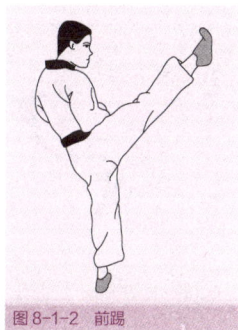
图8-1-2 前踢

2. 侧踢（图8-1-3）

以实战的基本姿势开始，右脚蹬地，右腿以髋关节为轴屈膝提起，两手握拳置于体侧；随即左脚以前脚掌为轴外旋180°，髋关节向左旋转，右腿以膝关节为轴向前蹬伸，右脚快速向右前上方直线踢出，力点在脚跟。发力后沿起腿路线收腿，放松，重心落下（原处或向前均可），再次回到实战姿势。

3. 后踢（图8-1-4）

以实战姿势开始，转身，后撤背对对方。重心后移至左脚，右脚蹬地后屈膝提起，右脚贴近左大腿，两手握拳置于胸前；随即左脚蹬地伸直，右脚自左大腿内侧向后方直线踢出，力达脚跟。踢击后右脚沿原路线快速收回，成实战姿势。

4. 下劈（图8-1-5）

以实战姿势开始，右脚蹬地，重心前移至左脚；同时，右腿以髋关节为轴屈膝上提，两手握拳置于胸前；随即充分送髋，上提膝关节至胸部，右小腿以膝关节为轴向上伸直，将右腿伸直举于体前，右脚抬过头；然后放松向下以右脚后跟（或脚掌）为力点劈击，直到落地，成实战姿势。

图8-1-3 侧踢　　　　图8-1-4 后踢　　　　图8-1-5 下劈

5. 勾踢（图8-1-6）

图8-1-6 勾踢

以实战姿势开始，右脚蹬地，重心前移，右腿以髋关节为轴屈膝上提，两手握拳置于体侧；左脚以前脚掌为轴外旋180°；右腿以膝关节为轴继续向前上方伸成直线，右脚的脚掌顺势用力向右侧屈膝鞭打，顺鞭打之势上体右转，右腿屈膝回收；右脚落回原处，成实战姿势。

动作要领：提膝，伸直，右侧屈膝鞭打动作要连贯快速，没有停顿；击打点在体前偏右侧，以脚掌为击打点；左脚旋转支撑以保持平衡，端击后迅速将腿收回。摆踢攻击的主要部位是头面部和腹胸部。

6. 后旋踢（图 8-1-7）

图 8-1-7 后旋踢

以实战姿势开始，两脚以脚掌为轴均内旋约180°，身体随之右转约90°，两拳置于胸前；上体右转，与双腿拧成一定角度；右脚蹬地，将蹬地的力量与上体拧转的力量合在一起，右腿继续向右后旋摆鞭打，同时上体向右转，带动右腿弧形摆至身体右侧，右腿屈膝回收；右脚落到右后方成实战姿势。

7. 横踢（图 8-1-8）

图 8-1-8 横踢

实战姿势开始，右脚蹬地，重心前移至左脚，右脚屈膝上提，两拳置于胸前；左脚前脚掌碾地内旋，髋关节左转，左膝内扣；随即左脚掌继续内旋180°，右腿膝关节向前抬至水平状态，小腿快速向左前横向踢出；击打目标后迅速放松收回小腿；右腿落回原地成实战姿势。

8. 跳踢

跳踢指先跳起使身体腾空，然后在空中完成各种踢法的攻击技术。跳踢包括旋风踢、双飞踢、腾空后踢、腾空劈腿、腾空后旋踢、跳步横踢等多种方法，是跆拳道的高难度技术动作。

（三）跆拳道基本防御手型（图8-1-9）

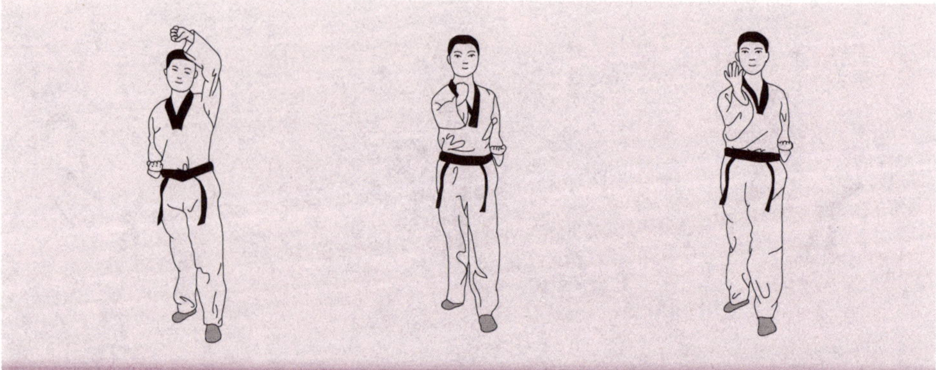

图8-1-9 跆拳道基本防御手型

1. 上段（上格挡）

上段防御的方法，大多数以一手握拳自腰间旋转举向额部前方，使拳背向自己脸部，置于额部中央前方，手腕距额部约一拳距离，肘关节角度约成100°角，用手腕外侧防守自上而下的攻击。

2. 中段（中格挡）

手臂（或手腕）防：一手握拳从外侧向内侧或从内侧向外侧格挡至胸前，肘关节约成90°角，拳心正对自己或背向自己，用手腕和前臂的内侧或外侧防守对中段部位的攻击。

手刀防：手握成手刀，于胸前自内侧向外侧截击来自对方的进攻。

3. 防下段（下格挡）

手臂（或手腕）防：一手握拳，自腰间先举至对侧肩部，然后下挡至腹部前方或侧方，拳心向内，手腕正对腹部中央或腹部侧方，用手腕外侧防守对下段的攻击。

十字防：两手握拳，自腰间十字交叉，截击至自己的腹部下方，防守对下段的攻击。

4. 练习要诀

跆拳道以腿为主，以手为辅，主要在于腿法的运用。跆拳道技术方法中起主导作用的是腿法，腿法技术在整体运用中约占3/4，因为腿的长度和力量是人体最长最大的，其次才是手。腿的技法有很多种形式，可高可低、可近可远、可左可右、可直可屈、可转可旋，威胁力极大，是实用制敌的有效方法。而拳法的招式，一般偏重于防守和格挡。

动作追求速度、力量和效果，以击破为测试功力的手段。跆拳道不讲究花架子，所有动作都以技击格斗为核心，要求速度快，力量大，击打效果好。在功力的检测方面，则以击破力为测试的手段，就是分别以拳脚击碎木板等，以被击碎物体的厚度来判定功力。

强调呼吸，发声扬威。在跆拳道的练习当中，要求在气势上给人以威严的感觉，练习者常以洪亮并带有威慑力的声音来显示自己的威力。据日本有关研究资料证明，人在无负荷工作时，10%的肌肉会由于发声使他们的收缩速度提高9%，在有负荷工作时更是可以提高14%。这就是为什么在比赛当中运动员会发出响亮喊叫声的原因。在发声的同时停止呼吸，可以使人体内部的阻力减小，提高动作速度，集中精力，使动作发挥出更大的威力。

以刚制刚，方法简练。受跆拳道精神影响，运动员在比赛当中多是直击直打、接触防守，躲闪技术运用得比较少。进攻多采用直线连续进攻，以连贯快速的脚法组合击打对手。防守多采用格挡技术，或采取以攻对攻、以攻代防的技术。

三、比赛欣赏

（一）跆拳道比赛规则

1. 比赛场地（图8-1-10）

比赛场地为12 m×12 m水平、无障碍物、正方形的场地，其中8 m×8 m见方的区域称为比赛区域。比赛场地应铺设有弹性的、平整的经中国跆协监制或指定的专用软垫。

2. 比赛服装

运动员比赛时须佩戴护具，包括护胸、头盔、护裆、护臂、护腿、护齿、手套等。其中护裆、护臂、护腿应戴在道服内。

3. 比赛时间

每场比赛为3局，每局比赛2 min，局间休息1 min；青少年比赛时间可根据情况适当调整。

4. 比赛开始前及结束后的程序

每场比赛开始前，主裁判员给出"青""红"的口令，示意双方运动员左臂紧夹头盔进入比赛区。

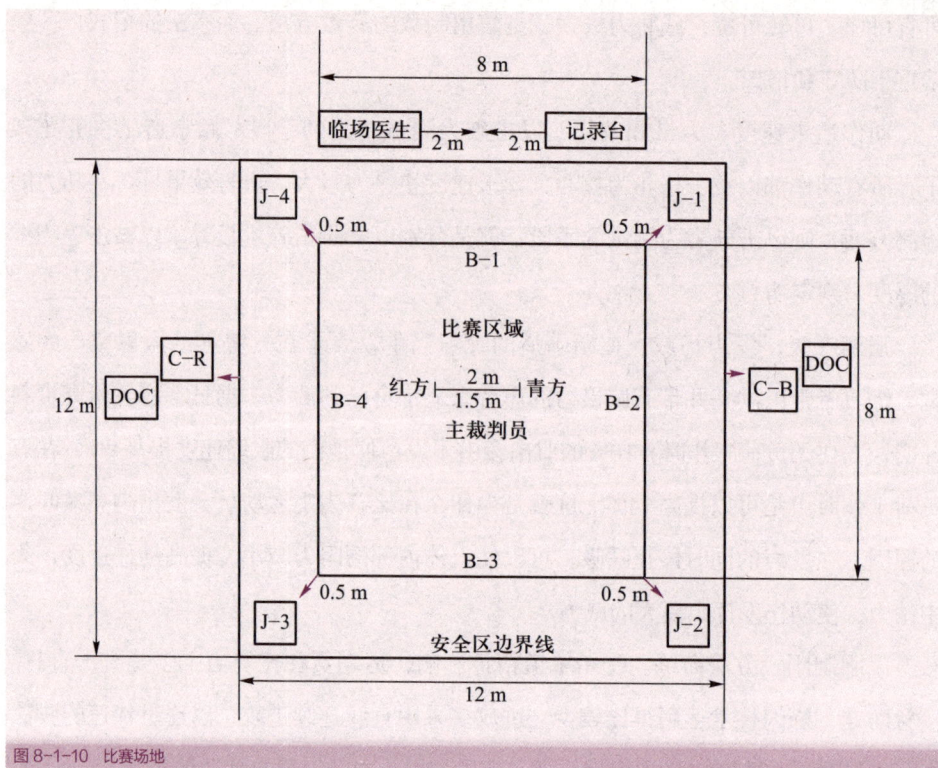

图 8-1-10 比赛场地

双方运动员相向站立，听到主裁判员发出"立正"和"敬礼"的口令时互相敬礼，敬礼时自然站立，腰部前屈不小于30°，头部前屈不小于45°，鞠躬完毕后，运动员戴上头盔。

主裁判员发出"准备"和"开始"口令，开始比赛。

每局比赛由主裁判员发出"开始"口令即开始，主裁判员发出"停"口令即结束，即使主裁判员没有发出"停"的口令，比赛仍将按照规定的时间结束。

最后1局比赛结束后，运动员相向站在各自指定位置脱下头盔并用左臂夹紧，主裁判员发出"立正""敬礼"口令时相互敬礼，在主裁判员宣判比赛结果后退场。

5. 允许的攻击部位

躯干：允许使用拳和脚的技术攻击躯干被护具包裹的部分，但禁止攻击后背脊柱。

头部：从两耳向前的头颈的前部，只允许使用脚的技术攻击。

6. 有效得分部位

躯干：允许使用拳和脚的技术攻击躯干部位被护胸包裹的部分，但禁止攻击后背脊柱。

头部：对于锁骨以上的部位，只允许使用脚的技术攻击。

7. 犯规行为

以下行为将被判罚"警告"：双脚越出边界线；转身背向对方运动员逃避进攻；倒地；故意回避比赛，或处于消极比赛状态；抓、搂抱或推对方运动员；攻击对方运动员腰以下部位；伪装受伤；用膝部顶撞或攻击对方运动员；提膝阻碍或逃避对方运动员的攻击；用拳攻击对方运动员头部；教练员或运动员有任何不良言行。

以下行为将被判罚"扣分"：主裁判员发出"分开"口令后攻击对方运动员；攻击已倒地的对方运动员；抓住对方运动员进攻的脚将其摔倒，或用手推倒对方运动员；故意用拳攻击对方运动员头部；教练员或运动员打断比赛进程；教练员或运动员使用过激言语、出现严重违反体育道德的行为。

8. 获胜方式

击倒胜（KO胜）。

主裁判员终止比赛胜（RSC胜）。

比分或优势胜。

弃权胜。

失去资格胜。

判罚犯规胜。

（二）跆拳道重要赛事

1. 奥运会跆拳道比赛

1988年在汉城（现首尔）举行的第24届和1992年在巴塞罗那举行的第25届奥运会上，跆拳道被列为奥运会表演项目，为正式进入奥运会作好了准备。

2000年在悉尼举行的第27届奥运会上，跆拳道被列为正式比赛项目，奥运会跆拳道比赛共设8枚金牌，男、女各4枚。

2. 世界跆拳道锦标赛

1973年在汉城举办了第1届世界跆拳道锦标赛，并同时成立了世界跆拳道联合会，使跆拳道成为世界体育大家庭正式的一员。1987年在西班牙举行的第8届世界跆拳道锦标赛将女子跆拳道正式列为比赛项目。1993年在美国举行的第11届（男子）、第4届（女子）跆拳道比赛上，将比赛级别划分为男、女子各8个级别。每2年举办一次世界跆拳道锦标赛。

3. 世界杯跆拳道比赛

1986年在美国举办了第1届世界杯跆拳道比赛，当时只有男子比赛项目，共设

8个级别；1999年在西班牙马德里举行的世界杯跆拳道比赛中，将女子跆拳道正式列为比赛项目，设8个级别。

第二节　台球

一、台球运动概述

（一）台球运动的起源与发展

1. 台球运动的起源

台球也叫桌球，或称打弹子，至于起源何处，历史资料记载的甚少。15世纪法国出现过"台球"这个名词，但据美国著名的《科利尔百科全书》记载，英国詹姆士一世执政期间，在他的宫廷也曾有简单的台球游戏。最早的球台为木质，1827年改为青石台面，1835年又用橡胶制成台沿，后来法国人米加发明了用皮革粘贴杆头，直到19世纪英国人杰克·卡首创用蓝粉擦抹杆头。1860年美国人海亚特研制出化学球之后，遂使现代台球基本定型。目前有英式、美式等几种台球的打法，但国际上仍以英式台球最为流行。

2. 台球运动的发展

现代台球随着器械的改革和技术水平的提高，开始由娱乐活动向竞技体育项目发展，世界台球联盟成立于1940年，总部设在比利时首都布鲁塞尔。目前已有30多个国家参加经常性的世界台球比赛。台球按玩法、规则可分为两大类，即落袋式台球和撞击式台球。按地区可分为英式台球、法式台球、美式台球。英美属于落袋式，法式属于撞击式。经过数百年的发展完善，比较常见的台球项目主要分为落袋台球（比利）、彩色台球（斯诺克）、四球台球（开伦）、美式八球（普尔）和美式九球等，国际比赛仍以斯诺克式最受人欢迎。

台球于100年前传入我国。从20世纪80年代开始，台球运动在我国盛行一时，台球玩法丰富多样，各娱乐场所和街头打台球的人比比皆是。2002年5月，年仅15岁的丁俊晖为中国夺取首个亚洲锦标赛冠军，并成为最年轻的亚洲冠军。同年8月31日，他又获得世界青年台球（斯诺克）锦标赛冠军，成为中国第一个台球世界冠军。同年10月的亚运会上，丁俊晖以3比1战胜对手夺取斯诺克台球单打冠军，改写了中国在亚运会台球项目上没有金牌的历史。我国女子台球选手潘晓婷于2007年4月8日获得女子花式台球世界锦标赛冠军。

（二）台球运动的特点与价值

1. 高雅舒适

台球的运动形式具有"动中求静、静中求动、急中见稳"的特点，由于球技中含有一定的力学、数学原理，常需通过积极思考才能提高技术水平。加之周围环境安静、舒适，气氛祥和，台球一直被视为可以使身心倍感舒适且又文明高雅的体育娱乐项目。

2. 娱乐健身

各种台球技击方法使球的态势变幻莫测。随着球技的不断提高，不仅可以增加运动的竞争气氛，还能根据球的变化规律，自编自创许多花式击球的技巧与方法。一旦获得成功，喜悦之情总是溢于言表，其乐无穷。球艺交流之中，和谐人际关系的交往，使人的精神状态保持健康、乐观，从而收到健娱身心的效果。

二、台球（斯诺克）技术练习

斯诺克，又称英式台球、落袋台球。随着我国著名的台球运动员"台球神童"丁俊晖在国际赛场上的出色表现，引起了世界台球界对中国台球运动的广泛关注，掀起了我国台球运动的高潮。

（一）基本姿势

击球动作是打任何一种台球的基础，击球动作的合理运用是打好台球的关键。从击球的目的来看，击球动作是为了击球准确，要做到击球准确就要保证挥杆的稳定性和方向性。

1. 腿部

面向球台，脚站立的位置在母球稍稍偏左一点。双腿分开约与肩宽，左脚微向前半步，左膝自然弯曲（向前的距离通常是一个脚尖的位置），右腿直立。两脚脚尖指向身体正前方，左腿弯曲程度根据个人身高而定。

2. 腰腹胸部

弯腰使自己上身可以紧贴台面，左腰充分下塌。顺势将身体朝左上方扭动至与台边夹角成45°左右。

3. 手臂和支撑手

左臂自然弯曲贴于台面，左腋贴近台面，右肩完全立起，肩膀立起，固定大臂。右臂挑起，小臂自然下垂与地面成90°角。支撑手的拇指和食指交叉，产生架杆点。击球时，球杆前端25 cm左右处放于支撑手上。

（二）击球姿势

手腕放松垂直握杆，虎口中心与小臂成直线向下，用拇指、食指握住球杆的末端部位，其余三指围住球杆，但不可紧握。下巴贴杆，双眼沿出杆方向平视，杆头指向母球。运杆时小臂钟摆式前进并尽量使杆头接近母球。击点、球杆、后肘三点一线（图8-2-1）。

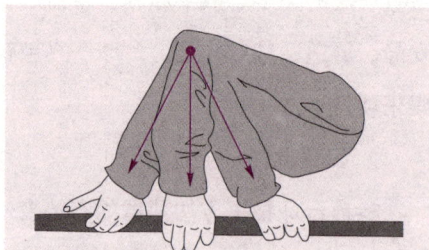
图8-2-1 击球手臂的摆动过程

根据台面球势变化，可有几种击球方法。

（1）抖腕法。拇指和食指握球杆后端，余三指虚握抖腕击球；

（2）屈伸法。一手把稳托架，持杆重心向前，用拇指、食指和中指握住球杆后端，无名指和小指自然翘起，利用小臂屈伸摆动，使球杆在托架上直线推送；

（3）冲击法。用拇指、中指和食指握住球杆后端与身体胸前成30°～40°角，向内摆动击球；

（4）戳杆法。以球杆与台面成垂直或接近垂直的角度击球。

（三）架杆方法

架杆方法分为稳定型架杆和平衡型架杆（图8-2-2）。

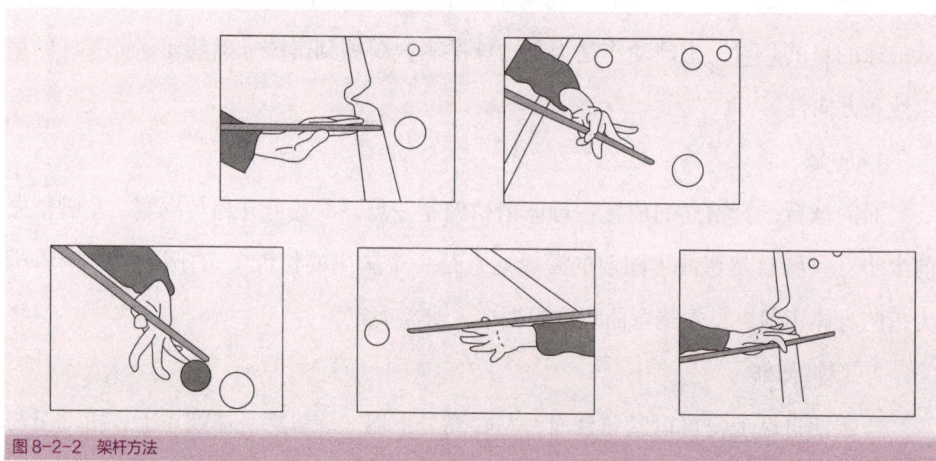
图8-2-2 架杆方法

（四）练习方法

（1）身体姿势与击球姿势练习。将母球放在蓝色球与中袋之间，直击蓝色球入中袋，连续完成3组。

（2）连续击球练习。将母球放在任何位置，把6只袋口红球打入袋中；将6只彩球随意放在6个袋口，将母球放在任意位置，把所有彩球按由黄到黑的顺序打入袋内。

（3）高杆、中杆、低杆练习。高杆使母球与蓝球一起入同一袋口；中杆使母球停在蓝球点附近；用低杆把蓝球打进，然后把母球缩回另一中袋。

（4）两红两黑（蓝、粉）进袋练习。母球放在任意位置，黑球放在黑球点上，两只红球垂直放在黑球点及粉球点之间。

（5）出杆练习。母球放在啡球点上，两只红球放在母球两旁距离半个球位。母球被击打后，会经过啡球点、蓝球点、粉球点、黑球点，并成功穿过两只红球之间两次直至白球停在蓝球点或更远处。

（6）贴库练习。所有红球及颜色球随意乱放，母球贴库，每次击球前应把母球放回任何贴库位置。

（7）防守练习。6只彩色球放在各自的球点上，6只红球放在粉球后面呈三角形排列，母球放在开球区线以后任何位置（需要chalk粉一块）。打红球并控制白球返回开球区线以后最接近目标的chalk粉位置，每球无须重新放回母球及其他目标球（chalk粉位置可随每杆走球而移动），尽量把白球控制返回目标chalk粉位置（chalk粉位置可随每杆需要移动）。

（五）基本功练习

（1）直线空边练习。把主球放在开球区顶端分区线上，杆头对准主球中心上部，沿分区横线把球击向台边，保持杆的位置不变，使反弹球能触及杆头；把主球放在开球区中央分区横线上，对准台面中央点及红球基点击球，使球反弹能触及杆头。

（2）击球力度练习。分别按重、中、轻、最轻4种力度进行击球练习，沿横线或纵线设几个反弹回球停止点，经反复练习，可随力度变化控制反弹球停在某一点上。

（3）旋转球练习。

左、右旋转：杆头对准主球左上侧或右上侧击球，检验球碰台边弹回时的旋转方向与力度。

侧旋球：把主球放在开球区顶端横线上，沿横线向台边用同等力量击主球左上侧、左中侧、左下侧、右上侧、右中侧、右下侧，注意观察不同旋转效果，及时调整击球方位。

上旋力逆旋：对准主球中心上部（中高杆），使主球击中目标球后，随上旋力向前运行。

逆旋力旋转：把杆头对准主球中心下部（中低杆），使主球撞击目标球后，随逆旋力向后退回（缩球）。

中杆撞击练习：主球放于两台沿中心连线上，对准前方距中心线两侧等距垂线上的两目标球中间击球，使两目标球成等角度、等距离运行状态。

定球练习：主球任意摆放，击球撞击距正前方30~40 cm的两个间距一球的目标球。先击打主球右下部使其碰撞左侧球，使左侧球弹出轻碰右侧球，主球应成定球，第一被打目标球撞击前方台沿，再反弹回到靠近主球停留位置。

引球撞沿练习：击打主球下中心击球点，经碰撞靠近台沿的目标球后，再由前方台沿反弹到台面的一角。

开司球：击打主球下中心击球点，使主球向停留在台边的目标球撞击，成开司球势撞回原主球位置。

三、台球比赛欣赏

（一）台球（斯诺克）比赛规则

斯诺克比赛由两个或两个以上的选手单独或分边进行。其规则可概述如下：

（1）比赛时，选手们使用相同的主球击打目标球。共有21只目标球，其中：15只红球各一分；黄色球2分；绿色球3分；啡色球4分；蓝色球5分；粉色球6分；黑色球7分。

（2）运动员标准击球顺序：将红色球与彩色球分别交替击落袋，直至所有红色球全部离台，然后击彩球按分值由低至高的顺序也至全部离台为止。

（3）一杆球之内每个入袋的活球的分值均记入击球运动员的得分记录。

（4）球员犯规被罚的分数应加在对手的分数记录上。

（5）斯诺克比赛的基本战术是要尽可能把主球留在你的对手没有活球可打的地方。也就是给你的对手做障碍。如果一方队员落后对手很多分的话，那么制造障碍让对手被罚分就成为非常重要的得分手段。

（6）一盘的获胜者，应是运动员或一方：

① 获得最高分数。

② 该盘的对方认负，或对方由于"无意识救球"与"不正当行为"被判负。

（7）一局的获胜者应是运动员或一方：

① 赢得该局全部或必须的盘数。

② 赢得该局最多总分数与相应的累计分数。

③ 对方在该局由于"不正当行为"被判负。

（8）一场的获胜者，为运动员或一方赢得该场最多局数或获得最多总分相应的累计分数。

（二）台球重点赛事简介

1. 世界职业台球锦标赛

世界职业锦标赛，专为职业斯诺克选手设立，是当今世界上历史最悠久、水准最高的斯诺克比赛。每年都有过百人参加这项大赛，希望能赢得这项斯诺克世界最高荣誉和奖赏。

2. F.U.T.国际赛

传统上，斯诺克选手每个赛季的排名赛事都是以F.U.T国际赛作为开锣赛。这项国际赛最早叫作JAMESON国际赛。1987年，改为现在这个名字。它是继世界职业锦标赛后第二个作为选手世界排名根据的赛事。

第三节　高尔夫球

一、高尔夫球运动概述

（一）高尔夫球运动的起源与发展

1. 高尔夫球运动的起源

高尔夫球运动的英文"GOLF"是由绿色（green）、氧气（oxygen）、阳光（light）和步履（foot）的第一个字母缩写而成，也就是说高尔夫球运动是一项极为文明、礼貌、幽雅、浪漫的运动。高尔夫球运动起源于15世纪的苏格兰，诞生于当地牧羊人消磨时光的游戏中，17世纪被欧洲人带到了美洲，19世纪20年代又传入亚洲。直到1896年上海才成立了我国首家高尔夫俱乐部，但当时该项运动在中国的开展只局限在极少的特殊阶层人士中，真正推广还得从1985年5月北京首次成立了中国高尔夫球协会开始。近10年来，北京、深圳、南京等大城市相继修建了高尔夫球场，并陆续组织了一些重大比赛，使该运动得以在中国大地普及，成为中国普通百姓可以选择的一项休闲体育运动。

2. 高尔夫球运动的发展

随着现代社会发展对健身休闲需求的增强和绿色生活理念的倡导，高尔夫球已经成为一项全球性的体育运动，不仅有许多影响较大的国际性大赛吸引着更多的人关注，而且世界各地越来越多的人投身于这项运动之中。

（二）高尔夫球运动的特点与价值

1. 健身价值

高尔夫球（图8-3-1）是在空气清新、环境优美
的大自然中开展的一项运动，从事这项运动，有利于
人们远离城市的喧嚣，搁置下案牍神劳，尽情地享受
美丽的阳光、新鲜的空气和秀美的自然风光，愉悦身
心，这些是与当前所倡导的走进大自然、开展阳光下
的阳光体育运动的理念高度契合的。同时经常不断地
参与这项运动，可以增强上肢和腰腹的力量，提高身
体协调性，提高持续工作的能力，有效达到增强体质
的效果。

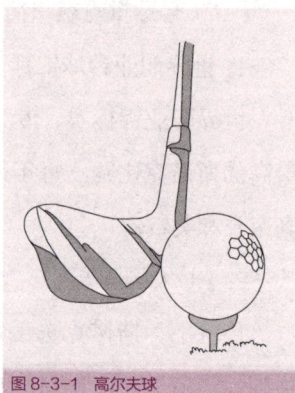
图8-3-1　高尔夫球

2. 教育价值

高尔夫球是绅士运动，参与者的一举一动都要体现出高雅与礼让。如在着装方
面，要求上衣要有领子，穿长裤和长袜，不能穿奇装异服，体现了高尔夫球作为体
育活动和社交活动双重的礼仪要求。而参与者上发球台互相礼让；球道上让打得近
的人先打；果岭上让离球远的人先推杆；打得慢的一组让打得快的一组超越先打；
球技好的可以让杆给球技差的球员等，不仅仅是高尔夫球规则的一部分，更是体现
了高尔夫球运动所倡导的传统美德。

高尔夫球运动的教育价值还在于这项运动过程中所始终体现的对所有人的尊
重，对教练要尊重，对比自己打得好的人要尊重，虚心求教，对比自己打得差的球
员要不遗余力地帮助；当其他人打球时，不能发出声响以免分散他人击球时的注意
力；对球童的劳动和权利同样要给予尊重。

高尔夫球不同于其他体育运动项目的地方还在于其特殊的胜负观，它不需要击
败别人，而是自己靠技术和能力，力争能够打得更远更准，向自己挑战，向更好努
力，这种精神意义对于现代人适应社会、挑战自我无疑是有广泛价值的。

二、技术练习

（一）用硬币练习推杆（推杆练习）

一个最为著名的推杆练习就是摆放一枚硬币作为目标，这对于提高注意力和找
准目标点有很大帮助。另一个为人普遍采用的方法就是隔一步摆放一枚硬币，将5
枚硬币摆成一条直线，然后隔两步、三步……。如果漏击则必须重新开始。另外，

在你能够让球滚过五个硬币之前，千万不要增加距离。

（二）设想向下拉绳子（挥杆练习）

打出了右曲球通常都是因为在下挥杆时从右上方向左下方打成横切，使球由左侧往右侧旋转而成外弯弧线的。为了让自己感受到正确的挥杆路径，想象在手上面有一根绳子绑在了树上，并牵着自己的手。从挥杆顶点开始，感觉自己正直直地向下拉绳子，这可以保证右肘是贴紧身体右侧的，也使你的击球能够形成正确的内侧路径，提高直指目标挥杆的能力，而不是切在球上。

（三）两膝间夹一个篮球（站姿练习）

许多球手在后挥杆时都将左膝指向右边，这就导致了肩部往下坠，并使臀部产生摆动并转动过多。设想你正在两膝之间夹着一个篮球，这样的挥杆会让你感觉到更加舒适。

三、高尔夫球赛事欣赏

（一）高尔夫球的规则

虽然高尔夫球有许多规则，而最基本的不外乎下列两点：参赛者务必在公平的条件下进行比赛；比赛过程中必须要能客观地处理对自己有利的状况。至于其他各项规则，都是基于以上两点基本原则所制定的。遵守规则由自己做起，高尔夫球规则虽是由高尔夫球协会所制定的，但绝大多数仍是由选手本身执行实际上的管理。当比赛进行时，每位选手皆负有使比赛公平公正之责任。

1. 以击球方式将球打进洞

打高尔夫球的最基本原则就是将一颗球自球台连续打击至其进洞为止。简而言之，即是由第一杆开始，接着第二、第三杆，重复地击球，将球打进洞，除此之外便别无他法。若是拿着球移动，或是利用投掷、滚地等方法，都是违反规则的。待球处于静止状态后，继续进行比赛。当球被击出后，不论是在何种状态下行进，都应该等到球处于静止状态后才可继续进行比赛，绝对不可触摸或挪动球的位置，亦不能为求便于挥杆而改变周围的环境。

2. 形式上的差异

高尔夫的比赛形式有比杆赛及比洞赛两种。无论是职业赛或业余赛均以比杆赛的形式较为常见。所谓比杆赛，就是将每一洞的杆数累计起来，待打完一场（18洞）后，把全部杆数加起来，以总杆数来评定胜负。比洞赛亦是以杆数为基础，但其不同之处在于比洞赛是以每洞之杆数决定该洞的胜负，每场再以累积之胜负洞数来裁定成绩。比杆赛规定必须待球被击入球洞后，才可移往下一洞的开球台去开球。而比洞赛是在每一洞就决定胜负，因此只要对方同意就不必坚持球皆需进洞的原则。

3. 罚则的差别

在比杆赛和比洞赛中，选手违反规则所受的处罚也有所不同。一般而言，比杆赛的罚则是罚两杆，而比洞赛的罚则为判罚其该洞输球。

4. 界外

界外系禁止打球的地区，常以界桩或围篱标示。界外之界限应以界桩（不含支架）或围篱内侧最靠近地面点决定。如在地上以标线标示界外时，界外线系垂直向上向下延伸，且界线也属于界外区域。

5. 遗失球

下列情况即可认定为"遗失球"：球员或其队友在开始找球后 5 min，仍找不到球；或是虽经找到，但球员无法辨认是否为其所用之球；球员按规则已用另一球当作比赛球，而未寻找其原球；球员已在可能为原球所在地，或较原球位靠近球洞之点击出代替球，因此该代替球即成为比赛球。原球可能在水障碍以外遗失、出界而以其他球代替，称之为"代替球"。

6. 水障碍

水障碍系指海、湖、池塘、河川、沟渠、地面排水沟或其他露天水渠（不论其中有无积水），以及其他类似者。凡在水障碍界限内之陆地或水，均属于水障碍的部分。水障碍之界限系垂直向上延伸，用以标明界限所用的界桩、界标皆算在障碍内。球落入、触及或遗失在侧面水障碍中时，可以选择在障碍外距原球最后通过的水障碍边缘，或距离球洞相等距离的另一边水障碍边缘，于两支球杆长度以内抛球。球应抛下及停留在不得较原球最后通过水障碍的边缘地点更接近球洞处，所捡起的球不可擦拭。

7. 支球杆限制

在正规的比赛中，每位选手只能携带14支以内的球杆参赛，球杆若少于14支时可补充到14支。比赛中可更换损坏或不能使用的球杆，但以不耽误比赛为原则；而且不论补充或更换球杆，皆不得向球场上任何一位参赛者借用。

8. 运动精神

与许多其他运动项目不同，高尔夫球运动大多是在没有裁判员监督的情形下进行的，这项运动依靠每个参与者主动为其他球员着想和自觉遵守规则的诚实和信用。不论对抗多么激烈，所有球员都应当自觉约束自己的行为，在任何时候都表现出礼貌谦让和良好的运动精神，这就是高尔夫球运动的精髓所在。

9. 运动安全

球员在击球或练习挥杆时，应确保球杆可能击打到的地方及可能因击球或挥杆而被球或任何石块、小石子、树枝等打到的地方及其附近无人站立。在前面一组球员还没有走出球的射程之前，球员不应当打球。在球员的击球或球起飞后可能会危及附近或前方的球场管理人员时，球员应当随时提醒有关人员。如果球员打球后球飞向可能会击中别人的方向，球员应当立即高声喊叫进行警告，在该场合警告的惯用语是"看球"。

（二）器材与场地设施

高尔夫球运动是在室外广阔的草地上进行，设9或18个穴。运动员逐一击球入穴，以击球次数少者为胜。比赛一般分为单打、双打、1对2、循环赛等。比赛时，运动员在开球区依次用球棍击出各自的球，然后走到球的落点处，继续击球，直到把球击入洞内。谁用最少的次数把球击入所有球洞，就获得胜利。比赛有补给、双倍补给、小鸟球、老鹰球、双鹰球几种术语。如规定杆数为3杆，打出4杆（多出规定杆数1杆）为补给，超出两杆为双倍补给；比规定少1杆为小鸟球，2杆为老鹰球，3杆为双鹰球。

1. 高尔夫球场

高尔夫球场一般设在风景优美的草坪上，中间需要有一些天然或人工设置的障碍，如高地、沙地、树木、灌丛、水坑、小溪等。球场的形状没有统一的标准。每个场地均设发球台、球道和球洞，以发球台为起点，中间为球道，果岭上的球洞是终点。发球台是发球时用的、略高于球道地面、阶梯状的修理平整的较细的草皮。球道与发球台相连，是通往球洞的最佳线路。球道两侧的深草、草丛和树木等叫作粗糙地带，这些地方击球难度较大，而周围的沙坑、水塘、小溪则是最不理想的击球地带，击球难度更大，称为障碍地带。果岭是经过精心整修的短草草坪，球能略有起伏地在果岭草坪上无障碍地滚动。果岭上设置球洞，球洞内有一个供球落入的金属杯，杯的直径为4.25英寸（约10.78 cm），深4英寸（约10.16 cm）。置一旗杆插在杯中心，旗上有洞序号码，能为远离果岭的球手指示果岭的方位，当从果岭上击球入洞时，则需拔出旗杆。

2. 高尔夫球运动器材

高尔夫球运动所需要的器材较多，最主要的器材包括球、球杆、球座、标记、修钉、球杆袋、推车、手套和鞋等。

（1）球。高尔夫球是用橡胶制成的实心球，表面包一层胶皮线，涂上一层白漆。球的直径42.67 mm，重不超过45.93 g。

（2）球杆。高尔夫球杆分为3大类：木杆、铁杆和推杆。每一根球杆由杆头、杆颈和杆把组成。球杆分为不同的号码，号码越大杆身越短，杆面倾斜角度越大，打出的距离相对就短。球杆的质地随着科技的发展在不断地改进和变化，球杆的硬度一般分为特硬型、硬型、普通型、软型、特软型5种。打高尔夫球主要靠使用长短不一的球杆控制击球距离和高度，因此一般需要备有总数不超过14根的一套球杆。

（3）球座。木质或塑料锥状的球座是用来在发球台上发球时架球用的。

（4）鞋。高尔夫球鞋是由皮革制成，鞋底上带有粗短钉或摩擦力较大的平底鞋，主要起到防滑、提高击球时的稳定性以及保护草坪等作用。

（5）标记。高尔夫球运动规则规定，当球打上果岭后，可以把球拿起来擦拭，为了记住球的位置，在拿起球前，需要在球的后面放上标记，击球时，把球放回原处，换回标记。这个标记用塑料制成，为图钉状。

（6）修钗。修钗是修理果岭的工具。由高处落在果岭上的球，有时会在果岭上砸出一个小坑；或者因外界影响使果岭出现裂痕；或者钉鞋不小心划坏了果岭等。出现上述情况，球员应主动地用修钗进行修理。

（三）高尔夫球运动重要赛事简介

首次美国公开赛在1895年举行，当时采用的是9洞赛，获得冠军的是在英国出生的莱温斯。英国职业高尔夫球协会于1901年在英国伦敦建立，15年之后美国的PGA公开赛创立，1971年英国PGA加入了欧洲的高尔夫球协会，并且成为当今非常著名的欧巡赛。现在在亚洲、日本、欧洲、美国和南非都有成功的职业高尔夫球巡回赛，其中英国公开赛、美国大师赛、美国公开赛和PGA比赛是最为精彩的4大赛事。

第四节　棒垒球运动

一、棒垒球运动概述

棒垒球是一项集竞技性、观赏性和娱乐性为一体的高品位、高层次的运动项目。垒球（Softball）由棒球（Baseball）发展而来，规则也相似，技术难度、运动剧烈程度低于棒球。棒球和垒球此前是两项独立的体育运动，分属国际棒联和国际垒联两个独立的体育组织管理。2013年4月两个组织在日本东京正式合并成世界棒垒球联盟。目前世界上参加棒垒球运动的有属于140个国家、213个国家协会或特别会员的6 500万运动员。

（一）棒垒球运动的起源与发展

现代棒球运动源于英国而发展于美国。棒球运动有着悠久的历史和文化，最早的"棒"与"球"活动应可追溯至远古时期。在古希腊及古印度的一些壁画遗迹上都有类似打棒球的图案。近代棒球据说是英国人移民至美国时引入的板球游戏和波士顿地区人们常玩的跑圈子游戏综合演变而成的运动。公元1839年，在美国纽约州古柏斯镇（现今棒球名人堂的所在地）的戴伯特修订了原先的游戏规则，同时将这项运动定名为"Baseball"，当年，美国纽约州古柏斯镇举行了有史以来首次棒球比赛。1845年，美国人亚历山大·卡特莱特制定了有史以来第一部棒球竞赛规则，正式采用了棒球（Baseball）这一名称。1937年，在美国成立了世界棒球协会，后改称为国际棒球联合会。1978年国际棒联得到国际奥委会的承认，国际棒球联合会于1994年将总部设在瑞士洛桑。中国棒球协会于1981年3月加入国际棒球联合会，1985年加入亚洲棒球联合会。棒球最普及的国家是美国和日本，此外在韩国、菲律宾等东南亚国家和拉丁美洲也极为风行。棒球项目曾于1992年被列入奥运会比赛项目。

垒球运动也于1887年起源于美国。它的诞生完全是因一种需要，由于恶劣的天气和拥挤的城市影响，棒球运动转移到室内，就形成了垒球运动。垒球运动分为两种——快速垒球和慢速垒球。垒球与棒球相比，垒球所需的场地小、球体大、球速慢（因为垒球运动的规则规定在抛球过程中，手必须要在肩下）。由于以上诸多优点，垒球运动很快风靡世界各地，在全世界得到了推广。此后，垒球逐渐成为女子运动。1965年，在澳大利亚的墨尔本举办了第1届女子垒球世锦赛。此后，每隔四年，便分别举办一次男子、女子、青年垒球世锦赛。时至今日，在垒球运动产生百年之后，垒球仍然是全美最受欢迎的运动之一。国际垒球联合会（简称国际垒联）也有了100多个成员国。

由于慢速垒球的规则要求投手掷出的球必须要有一定的弧线，从而有效地限制了球速，使得比赛的比分通常很高。与此相反，快速垒球则是低分投手的竞争，比赛中也只有9名上场队员。现今我国校园内普遍推进和开展慢速垒球项目。

1959年第1届全运会上有21个省、市的女子垒球队参加比赛。1979年11月中国正式加入国际垒球联合会。1990年第11届亚运会上女子垒球被列为亚运会正式比赛项目；1996年第26届奥运会上，女子垒球首次被列入正式比赛项目。

2016年6月2日，世界棒垒球联盟在官方社交平台上宣布，东京奥运会将增添棒垒球项目，这将是继2008年北京奥运会后，棒垒球时隔12年再次重返奥运大家庭。

（二）棒垒球运动的特点与价值

1. 棒垒球运动的特点

棒垒球运动是一种以棒打球为主要特点，集体性、对抗性很强的球类运动项目。它在国际上开展较为广泛，影响较大，被誉为"竞技与智慧的结合"。

具体表现在它是体力与脑力紧密结合的项目，对心理素质的锻炼和培养起着良好的作用；对身体素质有较高的要求，适合青年人参与；具有浓厚的游戏性，在激烈的对抗中强调协调配合的项目；其内涵体现了一个民族的精神面貌：充满生机活力，机警灵活，自信又信任他人，勇于承担责任，又乐于助人，每个人在自己的岗位上，协同一致，为共同的目标而奉献。

2. 棒垒球运动的价值

棒垒球运动不仅可以锻炼身体，更可以培养敏捷思维和团队精神，它的基本技术如传球、接球、击球和跑垒等，都是人类日常生活中的基本活动技能，与田径运动中的投掷和奔跑动作十分相近，动作自然舒展，比较容易掌握。在完成这些技术动作时，要求参加者具备速度、力量、灵敏、柔韧等身体素质。比赛时，进攻与防守截然分开，技术动作难度适当，具有游戏性、竞赛性、灵活多变和集体性等球类运动的共同特点。经常参加棒垒球运动，可以发展传、投、击、跑等人体的基本活动能力，全面均衡地发展身体机能，增强体质、促进健康。培养勇敢拼搏、灵活机敏、协调一致的团队精神。

二、技术练习

棒垒球基本技术由接球、传球、击球和跑垒组成，具有一定的技术共性和特点。

（一）基本技术

（1）接球。用双手到位接球，双眼注视来球，接球时双手应有后挫缓冲动作，以避免球碰撞反弹离手。

（2）传球。要用食指、中指及拇指持球。传球和投球一样，前脚要指向目标，球传出时注意甩腕，投传后要把前送和跟进动作做完。传球姿势有3种，即肩上传球、肩侧传球、肩下或低手传球。

（3）击球。有3种方法，挥棒击、执棒触击、执棒推击。挥击时，双手靠拢，前肘离身，小臂拉平，后肘不宜过于贴身，双足稍分立，挥棒时前脚伸踏不要过大，以免影响挥棒的滑垒准确性，甚至妨碍下一步的起跑。挥棒力量主要靠后蹬、转体，拉臂，甩腕。力量大的球员多用直臂挥击姿势，争取打出"本垒打"。另一种为了安全上垒，采用转体甩腕、双臂稍屈的动作，做到下棒快、棒轨短，打出迅猛而平直的安打球。触击法是双手轻执棒，平放身前，棒头稍高。

（4）跑垒。击球后要利用挥棒的力量迅速迈出第一步，沿跑垒线冲向一垒。安全到达一垒后可以冲过垒位，但应立即返回。有可能更进一垒时，应按照跑垒指导员的手势，及早作好拐小弯的动作，用左脚踏触一垒垒包内侧后，奔向二垒。

（5）滑垒。是为了避免守方的触杀，避免冲撞守队队员。滑垒共有4种姿势：单脚冲前坐势滑进；双脚冲前，单脚钩垒；双脚冲前从垒侧滑过后，翻身用手抓垒；双手冲前，用腹部滑进触垒。在滑垒中，双方均应注意避免互相冲撞和钉鞋伤人。

（6）接杀。当击球者击出高飞球时，接球员积极跑动，将手套张大，尽量靠近球的落点，使其落入自己手套。在跑动时，应该时刻注意是否有其他球员也要来接球，以免引起碰撞。在跑动时应该先跑到预定位置再张开手套。

（二）基本战术

基本战术有进攻战术和防守战术之分。

1. 进攻技术

（1）观察。即投手投来的第一个球，不击，以观察投手的动作及实力。

（2）积极迎击第一个球。达到攻其不备的目的。

（3）击出高远球。准备牺牲自己促使队友进垒得分。

（4）打带跑。即把球击到一垒跑垒员身后的空隙地带，使其他跑垒员安全进到二垒或抢到三垒，破坏对方企图制造双杀的机会。

（5）跑了再打。跑垒员先偷垒，击球员随后击球。

（6）触击牺牲打。击球员用触击将球击向一垒或（二垒），击出地滚球引诱防守队员"杀"一垒，击球员牺牲自己，使同队进垒或返回本垒得分。

（7）单偷垒。垒上跑垒员在投手投球离手瞬间抢进前面一个垒叫作"偷垒"。常用于一垒偷二垒，有时也用于二垒偷三垒。偷垒时，事先要与击球员用暗号联系，密切配合，一定要掌握投手投球出手的时机，以最快速度离垒，到垒前做好滑垒准备。这种战术在对方接手接球技术或向垒上传球技术较差时，或传杀跑垒员的意识不强，同守垒员的默契不够时很容易获得预期的效果。从二垒偷向三垒比较困难，因为三垒位置离接手较近，容易被接手传杀，因此跑垒员不宜冒险偷进三垒。三垒跑垒员一般不进行偷垒，只有当接手漏接时才伺机抢进，但危险性较大。跑垒员在垒上随时都应该做好偷垒准备，当投手投球时，都要离垒数步，一旦场上出现接传失误或有可乘之机就要进垒。但也要做好随时返垒的准备。

（8）双偷垒。通常在一、三垒有跑垒员时采用。采用这种战术时，要由一垒跑垒员首先发动，当投手投球离手后，一垒跑垒员积极偷垒，诱使对方接手向二垒传杀，三垒跑垒员及时离垒也向本垒偷进，但应较一垒跑垒员的行动稍慢些；如果接手果真把球传向二垒，这时一垒跑垒员发现三垒跑垒员离本垒还较远，那么他就应该立即停止前进，引诱对方持球来追杀，以拖延时间，掩护三垒跑垒员跑回本垒得分。

（9）腾空球的跑垒战术。由于垒球规则规定，跑垒员在守队队员合法接得击出的界内或界外腾空球之前已经离垒，在未返回原垒前被守队队员持球触及其身体或该跑垒员原占之垒包时，判该跑垒员出局。根据这一规定，跑垒员在击球员击出腾空球时，要看具体情况，采取不同的跑垒战术。如果腾空球的落点距离跑垒员欲占之垒较远，跑垒员就应踏住原垒不动，观察对方接球的情况，一旦球与守队队员的手部接触，就立即离垒起跑。比如跑垒员在二垒，当击成右外场的腾空球时即离垒起跑，就可采取这种战术。假若已有两人出局，那就不必考虑对方能否接住，只有及早离垒，迅速前进。

2. 防守战术

防守须全队密切配合，及时移动补位和进行掩护，以防止进攻队员进垒或得分，常用的战术有：

（1）接球后传一垒封杀击跑垒员。

（2）双杀。接球后传到垒位封杀跑垒员，随即传球到一垒封杀击跑员造成双杀。

（3）夹杀。守队互相配合传球，截杀在垒间的跑垒员，逼赶跑垒员退回原垒并乘机在垒间触杀之。

（4）防止双偷垒。由接球手指挥行动，由游击手、二垒手或投手作中间策应拦截接手传二垒的球，再传回本垒，截杀三垒跑垒员。如三垒跑垒员不抢回本垒，即由守二垒的队员接球，截杀一垒跑垒员。

（5）配球。投手针对击球员不同弱点，投出不同的球，如快速球、变速球、曲线球或下坠球等，使击球员无法击中来球，造成出局。

（6）缩小防圈：为了防止击球员采用牺牲触击球战术，缩短防守距离，明确本垒前各区有人负责接球，其余各队员应移动补位防守。

三、棒垒球比赛欣赏

（一）观察礼仪

观众在看比赛之前，最好先了解一下比赛的基本规则，这样才能看出比赛精彩之处，充分享受观赛乐趣。为了创造一个让运动员充分发挥水平的良好氛围，观众也要注意自己的行为举止，文明得体，热烈而有节制。和其他球类比赛一样，观众可以组织啦啦队为自己喜爱的球队鼓劲加油，但是要控制好节奏感，最好不要一味狂呼乱喊。投手投球和运动员击球的时刻是最紧张的，这时候运动员集中了全部的注意力，所以此时应尽量保持安静。当球被击出之后，就可以尽情喝彩了，观众高涨的情绪将有助于感染运动员，让他们发挥最佳水平，尤其是场上出现本垒打时，观众的欢呼和运动员的精彩表现相得益彰，把比赛推向高潮。

（二）基本规则

1. 棒球基本规则

打棒球的场地是每边90英尺（约27.4 m）的菱形场地，每一个角上放一垒包，就是垒，由本垒顺序往前数，是一垒、二垒、三垒。本垒有本垒板而没有垒包。在边线以内的地区叫内野，超出内野的有效区叫外野，由本垒到一垒和三垒边线延长线所包括的区域，就是有效区。双方队员都要争取上垒，一垒一垒的推进，直到回本垒就算得分。以得分多少来判断胜负。

棒球场场中有四个垒包。在比赛中，每方轮流作为进攻方或防守方。进攻方每次由1名打击手上场打击，打击手的任务是将球击出之后，从本垒起跑，以逆时针方向，经过一垒、二垒和三垒，最终回到本垒，来赢取分数。如果3次好球没有打中，或者击出的球被防守方在空中接到，或者在守垒者接到球之后才跑至该垒，打击手便被判出局。进攻方有3人出局之后，双方交换进攻和防守。在正规比赛的9局中，以获得较多分数的一方为胜方。

防守方的目的是阻止对方赢取分数，防守时由9名球员上场（括号中的数字，代表一般棒球比赛纪录时所用以代表各野手的代号），投手①负责投球，捕手②负责接球、防守本垒和指挥全场，一垒手③防守一垒，二垒手④防守一、二垒之间，三垒手⑤防守三垒，游击手⑥则于二、三垒间机动防守；这些守备人员称为内野手；而外野手则分为左外野手⑦、中外野手⑧和右外野手⑨。

正式棒球比赛每场一共有9局，每一局分上、下两个半局。最终按双方获得分数的多少来裁定胜负。正式棒球比赛中若9局结果同分，则可能进入延长赛，延长赛以一局为单位，最多打几局则依大会规定为准。此外，若后攻方在9局上半局结束时已经领先，则比赛亦结束（不进入9局下半局）。但成人棒球以下的比赛，有时并不打完9局，依大会规定为准。有时，双方比数有时会因差距过大，气候恶劣等，而提早结束比赛。

2. 垒球基本规则

垒球比赛双方各有9名队员参赛。他们依照防守位置分为投手、捕手、一垒手、二垒手、三垒手、游击手、左外野手、中外野手、右外野手。进攻时，这9名队员要逐一上场击球，但投手可以只参加防守，不参与进攻。9名队员进攻时的击球棒次，按照赛前双方提供给主裁判的击球次序严格执行，不能变动。赛前，主裁判主持抽签，决定哪方先攻，哪方先守。比赛开始后，先守一方9名队员进入各自防守位置准备防守，先攻一方根据上报主裁的击球棒次，由排在第一棒的选手出场击球。第一局以后，每局双方的第一个击球员应为上一局最后完成击球任务的下一个击球员。

每局比赛由投手向攻方击球员投球开始。如果投手投出的球，在落地前进入本垒板上空、低于击球员的腋部、高于击球员的膝部则为好球，否则为坏球。击球员有3次击球机会，如果3击不中，或者击出的球在落地前被防守队员接住，均判该击球员出局。如果击球员将投手投来的球打进界内，击球员就成为击跑员，取得跑垒的权利。此时击跑员可以根据自己击球的情况，按由一垒经二垒、三垒，最终到达本垒的顺序跑垒，也可以停在距离自己最近的垒包上成为跑垒员。在此过程中，如果击跑员被防守方封杀或触杀，均算为出局。跑垒员可以在投手再次投球出手的瞬间，选择继续向下一垒跑进或原地不动，但同一个垒包上不能同时有两名跑垒员。

进攻方每局累计有3人出局时，双方即交换攻守角色。但如果1名跑垒员能够在本方累计3名队员被杀出局前返回本垒，则计进攻方得一分。此外，如果投手在面对同一名击球员时，累计投出4记击球员未击的坏球，那么要保送击球员登上一垒，原来在一垒上的跑垒员则自动前进至二垒，依次类推。垒球比赛共进行7局，每一局双方各进攻和防守一次。只有进攻方有权得分，最后以7局累计得分多的一方为胜。

（三）棒垒球项目区别

垒球与棒球易混淆，许多人认为男子项目叫棒球，女子项目叫垒球。实际上，垒球同棒球有许多区别之处，而且在许多国家也都有男子垒球队。奥运会比赛棒球为男子项目、垒球为女子项目。二者规则大体相同，主要的区别就是棒球能偷垒而垒球无法偷垒，其他如在场地、器材设备、场局设置、球体球速等方面各有不同。

1. 球

正规比赛用棒球为白色，而垒球可以为白色或绿色。垒球从棒球发展而来，它与棒球最大的区别是球比棒球大。

棒球是用圆形软木、橡胶或类似物质作球心，绕以麻线，再以两块白色马皮或牛皮包紧，用平线密缝而成。球面应平滑，重量为141.8~148.8 g，圆周围为22.9~23.5 cm。

垒球使用品质优良的木棉纤维、混合软木和橡胶，混合聚亚胺脂，或经国际垒联认可的其他材料制成。成年比赛用垒球规格：圆周可为30~31 cm，其重量在180~200 g，球体表面之缝合应用双针缝法并至少要有88针。

2. 球棒

棒球棒呈圆柱形。棒面必须平滑无截面接头。棒长不得超过1.07 m，最粗部分直径不得超过7 cm，必须用一根木材制成。凹头球棒其凹部深度必须在2.5 cm以内，宽度不得超过5.1 cm及不得小于2.5 cm，凹部截面部分必须成碗状，不得附着其他任何物质。球棒握把位置不得超过自棒端起45.7 cm。为便于握棒从握把端起45.7 cm的长度内可使用任何材料处理（包括用松脂等），但当裁判员认为使用的材料包括松脂长度超过45.7 cm的限制时，则该球棒比赛时不得使用。在比赛中不得使用着色球棒。

垒球棒应由一支硬木或两片或两片以上的木板黏接而成，而且木纹必须平行，长度相等。球棒可以使用国际垒联审定的金属、竹子、塑胶、碳铅、镁、玻璃纤维、陶或其他合成材料制成。球棒必须是圆面形或三面形，且表面应平滑。球棒长度不得超过87 cm；重量不得超过1 100 g。圆形球棒的粗端直径及三面形球棒的打击面宽度，均不得超过6 cm，圆形球棒可以有0.9 mm的膨胀系数。球棒握把应有25~40 cm安全软木、胶带（非平滑之塑胶带），或合成物制成，并仅可涂抹松脂粉以防止滑手。球棒的握柄头，可以使用铸模、车床、焊接、永久地拴紧等方法与棒体相接，同时在握柄处至少垂直凸出0.6 cm。

此外，棒球投手采用举手过肩的方法投球，而垒球投手采用下手臂运动投球。垒球中的投球距离为12.2 m，而棒球的投球距离要远得多，为18.4 m。垒球各垒之间相距18.3 m，而棒球垒与垒之间的距离为27.45 m。垒球的比赛局有7局，而棒球有9局。垒球规则还规定，前7局双方打成平局后，跑垒员在附加赛将从第二垒开始跑，以增加得分机会。

垒球只有在投手球出手后，才可以离垒，同时，在投手接到捕手回球且进入投手圈后，跑垒员必须尽快回垒并不得再次离垒或进垒，否则判为出局。棒球跑垒员随时可以离垒，只有在出现界外球时需要回垒；垒球发生保送或三振逃的时候，击跑员过一垒后可以选择连续进垒或回垒，但不得停顿，否则出局。棒球不受此限制。

棒球分为硬式棒球和软式棒球，垒球分为快投垒球和慢投垒球。垒球场的整体尺寸都要小于棒球场尺寸，其中包括投手距离、垒间距、外场长度、后档网距离等。且标准棒球场要求有投手丘，垒球场要求有投手圈，棒球规定后档网高度。此外垒垫尺寸略有不同，垒球一垒位双色垒包，其他如垒包、本垒垫、投手板相对较小。

（四）垒球主要术语

开始比赛：司球裁判用来指示比赛开始或继续的口令。当投手持球进入投手圈位置，捕手进入捕手区内，其余的防守球员均在界内区的球场上，即可指示开始比赛。

突袭投球：投手明显有意地乘击球员不备时，向其投球。亦即是击球员刚进入击球区尚未取得击球姿势之前；或击球员刚挥棒之后，其身体还未稳定时，即可再向其投球。

偷垒：乘投手向击球员投球时，跑垒员企图进垒的行动。慢式垒球不得采用。

好球带：

（1）（快式）是指击球员在正常打击站立姿势下，在其腋部以下至膝部以上之高度，并在本垒板平面上之任何部分空间之内。

（2）（慢式）是指击球员在正常打击姿势下，在其肩背部以下至膝部以上之高度，并在本垒板平面上之任何部分空间之内。

暂停：裁判员促使比赛暂停的口令。

三杀行为：防守队连续击杀三名进攻队的球员出局。

打击：击球员进入击球区起，继续至出局或成为跑垒员为止的行为。

暴投：（快式）投手投出过高、过低，过于偏侧，致使捕手在正常的状态下，无法或未能挡住及控制之球。

申诉：在比赛中或死球时，裁判员未接受防守球员或教练请求前，不得作出判决。唯申诉必须在投手投出下一球之前提出，无论其投球合法与否。若在攻守交换或比赛结束所有防守队员离开界内区时提出，则不予接受。若是防守球员提出申诉时，其必待在内野区。

四坏上垒：击球员获得4个坏球时，裁判员给予击球员安全进至一垒。注：（慢式）若投手有意投四坏球时，仅告知司球裁判即可。不必投球就可以保送击球员上一垒。

垒道：在各垒间线的两侧各距1 m的假想路线区域。

跑垒员：跑垒的球员（不包括击跑员）。

击出之球：投出之球触着球棒，或被球棒击中之后，无论落在界内区或界外区都是击出之球。其无意之击球亦同。

击球区：限制击球员的打击区域，击球员在该区内需意图协助队友得分，其区域的边线亦包括在内。在投球之前，击球员之双足必须完全在击球区线之内。

击跑员：即是球员在完成打击之后，尚未到达一垒，亦未被判出局的球员。

打击顺序：进攻队正式上场比赛的球员名单，其球员必须依此顺序上场打击，且名单上必须记载各球员的防守位置及球衣号码。

障碍球：击出或传出之球，被未参与比赛的人触着、挡住、抓住或触着非正式比赛用具；或触着非比赛球场之任何物体。

触击：击球员不挥棒击球，使击出之球缓慢的滚动于内野区域。

接住球：即是防守球员用手掌或手套，合法的接住击出或传出之球。若用手臂抱或用身体与球衣的部分，保持球不落地，则非接住球，必须待球被握在手掌或手套内为止。若防守球员接着之瞬间直接碰撞其他球员或围栏或使球落地时，即非接住球。反之，防守球员确实持球一段时间，然后无意或有意地使球离手，抑或是传球时落球，则均为接住球。

内野飞球：指内野球员容易接住的界内飞球（不包括平飞球或触击飞球）。当在两人出局之前，有跑垒员占一、二垒或一、二、三垒时才成立。投手、捕手或任何外野球员在内野区接球时，亦视同内野球员接球。

（五）重大棒垒球赛事简介

1. 世界杯棒球赛

世界杯棒球赛是由国际棒球联合会组织的一项赛事，由各个国家的国家队参加。首届赛事于1938年在英国举行。最初世界杯棒球赛每年1届，1953年后曾一度中断。1961年起改为每4年1届。1969年后又改为每年1届。1974年后始定为每两年1届，双年举行，延续至今。

2. 美国职业棒球大联盟

美国职业棒球大联盟（Major League Baseball，简称MLB），是北美地区最高水平的职业棒球联赛。1903年由国家联盟和美国联盟共同成立，是美国四大职业体育联盟之一。美国联盟使用指定的打击规则，国家联盟则没有使用。

3. 世界大赛

世界大赛（WorldSeries）是MLB每年10月举行的总冠军赛，是美国以及加拿大职业棒球最高等级的赛事。由美国联盟冠军和国家联盟冠军，进行7战4胜制的总冠军赛，获胜的一方获得世界大赛奖杯。世界大赛每年举行。

4. 女子垒球世锦赛

女子垒球世锦赛于1965年在澳大利亚的墨尔本举行了首届女子垒球世锦赛。第2届女子垒球世锦赛举行于1970年。此后，每隔4年，便分别举办一次男子、女子、青年垒球世锦赛。

第五节　定向越野

一、定向越野概述

定向越野是一种借助地图、指北针或其他导航工具，在一个设定的范围内，通过途中的各种障碍，快速到达各个目标点位，并且完成各个点位任务，最后到达终点的运动。

（一）定向越野的起源与发展

定向越野源自瑞典语Orienteering一词，其原意是：借助地图和指北针，穿越未知地带。1886年，定向运动起源于北欧的斯堪的纳维亚半岛，主要是当地的族群、军队为了适应隐蔽、复杂的地理环境，采取的一种专门的训练手段。1918年，瑞典一位名叫吉兰特的童子军领袖组织了一次叫作"寻宝游戏"的活动，引起参加者的极大兴趣，这便是定向越野的雏形。定向越野作为一种利用地图和指北针导航的新兴运动，在世界各地正吸引着越来越多人参与并为之狂热。

定向越野是指参加者借助地形图和指北针，按规定的顺序独立寻找若干个标绘在地图上的地面检查点，并以最短的时间完成全赛程的运动。目前，经过百余年的发展，定向运动由初期单一的一种比赛形式——定向越野赛，逐步演变为包括各种各样的比赛和娱乐项目在内的综合性群众体育活动。现在国际上较有影响力的定向运动赛事有：瑞典五日赛、定向越野世界锦标赛、世界公园定向循环赛等。定向运动竞赛项目也更加异彩纷呈，主要包括定向越野赛、定向接力赛、山地车定向赛、山地马拉松、轮椅定向赛、滑雪定向赛、夜间定向赛等（图8-5-1～图8-5-3）。

图 8-5-1　徒步定向

图 8-5-2　山地车定向

图 8-5-3　滑雪定向

定向越野的起源就是人类自身主动适应自然环境、与自然环境相抗争的结果，越是复杂和具有挑战性的自然环境就越能吸引更多的参加者。定向越野不仅可以提高野外判定方向的能力和学习使用地图的能力，而且还能够培养和锻炼人勇敢顽强的精神，提高人的智力、体力水平，定向越野也充分体现了现代社会对个人素质的要求，即智力与体力的协调发展。另一方面，更是宣扬了人类超越自我、挑战自我的精神。

（二）定向越野的特点与价值

定向越野是通过找点游戏的方式，分散运动者的神经疲劳，在愉快的心情中达到锻炼目的，同时培养运动者的独立判断能力。定向运动还是非常特别的科技体育项目，融合测绘、地图学、地理学、野外生存等知识于一身。定向运动是一项非常健康的智能型体育项目，是智力与体力并重的运动，它不仅能强健体魄，而且还能培养人独立思考，独立解决所遇到困难的能力及在体力和智力受到压力下迅速反应、果断决定的能力；培养学生独立分析解决问题的能力和良好的逻辑思维能力。定向运动是一项在自然环境中进行的体育项目，它教会你如何在大自然中把握自己，爱护自然。定向运动是一项广交朋友的社交性体育项目，在这里，不论男女老少，种族背景，文化阶层，社会地位，都可以相互交流，共享人生。

二、技术练习

（一）定向越野图的意义

定向越野图在定向越野中具有特殊的重要意义。认识定向越野图是为了正确地使用定向越野图，因此，在学习定向越野技能的阶段，必须选择最合适的场地、用较多的时间去进行使用越野图与指北针的训练。

（二）识图技能训练

地图是地球表面从空中鸟瞰的简缩景，是说明地球表面的事物和现象分布状况的平面图形。定向运动竞赛地图一般由地图比例尺、地貌符号、地物符号、磁北方向线、地图颜色、地图图例注记6大要素组成。尽管任意一张地图都可以用来跑定向越野，但根据定向越野的特点，专门制作的定向图更加准确详细，更易比较地图上的符号标记与实际地形中的实物。

1. 地图上的比例尺

地图上所标明的比例尺说明地图被缩小了多少倍。比例尺1∶1 000说明地图上的1 cm等于实际地形上的1 000 cm（10 m）。例如：1∶3 000 cm（30 m）。当今，大多数森林定向图比例尺为1∶10 000；大多数公园定向图为1∶5 000/4 000。详见表8-5-1。

表 8-5-1 地图比例尺对照表

比例	10 mm	20 mm	30 mm	40 mm	50 mm	60 mm	70 mm	80 mm	90 mm	100 mm
1:1 000	10 m	20 m	30 m	40 m	50 m	60 m	70 m	80 m	90 m	100 m
1:5 000	50 m	100 m	150 m	200 m	250 m	300 m	350 m	400 m	450 m	500 m
1:10 000	100 m	200 m	300 m	400 m	500 m	600 m	700 m	800 m	900 m	1 000 m
1:15 000	150 m	300 m	450 m	600 m	750 m	900 m	1 050 m	1 200 m	1 350 m	1 500 m

2. 地图上的颜色

在日常生活中我们看到过各种各样的地图，它们不仅颜色、符号各不一样，而且质量也不同，有些简单粗略，有些精确详细。

黑色：人造景观（建筑物，道路，小径）和岩石（大石头，悬崖峭壁）。

棕色：高线和符号（山丘和小坑），沥青／砾石路面，包括高速公路、主干道、宽行人道及篮球场等。

蓝色：任何有水的地方（湖泊、溪流、泥沼）。

绿色：浓密而难通过的地区（绿色越深，越难通过）。

白色：普通的林区，易通过。

黄色：空旷地，易奔跑。

黄绿色：禁入私人区（果园，花坛）。

紫色：路线。

3. 地图上的等高线和等高距

等高线是指地形高度的起伏，其表示哪里有山、哪里有坑谷以及地形的陡缓。在很多公园图中，等高线较少；但也有一些公园和森林图中等高线较多，且高度各异。因此，读懂等高线很重要，因为它在很大程度上影响你的路线选择。相邻两条等高线之间的海拔差在地图上用等高距表示，通常为 2~5 m。同一幅图上只采用同一等高距。等高线显示地貌的特点：一是在同一条等高线上的各高度相等并各自闭合；二是在同一幅图上，等高线多山就高，等高线少山就低，等高线间隔大的坡度缓，间隔小的坡度大；三是图上等高线的弯曲形状和相应实地地貌的形状相似。

等高线按其作用不同分为 4 种：首曲线是用以显示地貌的基本形态；间曲线是用以显示首曲线所不能显示的局部地貌；助曲线是用以显示间曲线还不能显示的局部地貌；计曲线是便于在图上计算高程。从高程面算起，每逢等高距五倍处的首曲线描绘成粗实线。

4. 利用指北针确定行进方向的技能

指北针是定向越野中最重要的设备之一，其中红色的指针永远指北。它是辨别方向的最有效且操作简单的工具，也是定向越野中可使用的合法工具。

（1）如何使用指北针给地图定向。在定向运动过程中，地图必须被定向。但当没有大而明显特征的地物做标志时，就需借助指北针的帮助给地图定向。

将地图与指北针放水平状态，转动地图直到地图上的指北针与指北针红色指针平行，地图即被定向。

（2）如何确定行进的方向。这里我们主要介绍一种实用、简单、易学、质量高的定向指北针，即PWT8M拇指指北针。

PWT8M拇指指北针使用说明：把指北针套在左手大拇指，水平放在地图上，将指北针上右侧的蓝色箭头从你所在的位置指向你要进行的位置；然后水平转动指北针与地图（你的身体也随之转动），直至指北针上红色的指针与地图上表示南北方向的红线的北平行；这时，指北针上蓝色箭头所指的方向就是你要进行的正确方向（图8-5-4）。

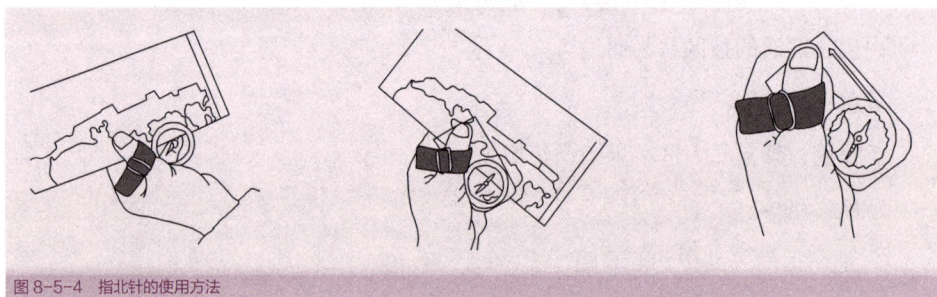

图 8-5-4 指北针的使用方法

（三）体能练习

定向越野需要参与者具备较为全面的身体素质，因此，在参与该项目之前，提高各个器官和系统的机能水平，是十分必要的。

1. 力量素质训练

力量素质是指人体某部分肌肉在工作时克服阻力的能力，其具体训练方法包括在力量练习器上做各种发展力量的练习、负轻重量的反复跑等。

2. 速度素质训练

定向越野的速度素质是指越野跑的速度素质，就是快速移动的能力，是人体在单位时间内位移的距离。训练的方法：上坡跑，短距离的加速跑。此外还可进行间歇跑、接力跑、借外力跑、速度游戏跑；还可以在软地上跑（沙滩、耕地、雪地），作为增强腿部速度素质的手段。

3. 耐力素质训练

耐力是长时间坚持运动的能力。训练的方法：长时间强度较小的持续慢跑或较大强度的间歇跑。这一时期的训练以提高练习者心肺系统的机能以及练习者跑的持久性和速度为目标，使练习者以较快的速度奔跑而不影响判断能力，达到以较短时间完成训练任务的目的。

三、定向越野比赛规则

定向越野是定向运动的主要比赛项目之一。参赛者要依靠标有若干检查点和方向线的地图并借助指北针，自己选择行进路线，依次寻找各个检查点，用最短时间完成比赛者为优胜。

1. 犯规

有下列行为之一者即为犯规，应取消比赛资格：

（1）有意妨碍他人比赛（包括犯有同一性质的其他任何不良言行）者。

（2）蓄意损坏点标、点签和其他比赛设施者。

（3）比赛中搭乘交通工具行进者。

（4）未通过全部检查点，而又伪造点签图案者。

2. 违例

有下列行为之一者被视为违例，应给予警告。裁判人员将根据违例的性质和程度，采取从降低成绩直至取消比赛资格的处罚：

（1）在出发区越位（提前）取图和抢先出发者。

（2）接受别人的帮助，如指路、寻找点标、非法使用点签者。

（3）为别人提供帮助，如指路、寻找点标、非法使用点签者。

（4）为从对手的技术中获利，故意在比赛中与对手同路或跟进者。

（5）故意不按比赛规定顺序行进者。

（6）不按规定位置佩戴号码布者。

（7）有其他违反比赛规则行为者。

3. 成绩无效

有下述情况之一者，比赛成绩将被判为无效：

（1）有证据表明在比赛前勘察过路线者。

（2）未通过全部检查点，即检查卡片上点签图案不全者。

（3）点签图案模糊不清，确实无法辨认者。

（4）不按规定位置使用点签者。

（5）在比赛结束（指终点关闭）前不交回检查卡片者。

（6）超过比赛规定的终点关闭时间（检查点一般也在同一时间撤收）而尚未返回会场者。如确系迷失方向，应向附近任意一条大路或原检查点位置靠拢，等候工作人员的处置。

（7）有意无意地造成国家或他人的重大经济损失和破坏自然风景者。由此带来的一切后果，责任由肇事人承担。

4. 特殊情况

在定向越野比赛中，某些特殊的情况是可能出现的，例如：

（1）检查点被无关人员拿走或遭自然破坏。

（2）检查点的位置与图上的位置不符。

（3）比赛中出现个人或团体的成绩完全相等。

对于这类问题，通常应在比赛前的准备阶段由筹备组长领导各委员仔细地研究、确定处置办法，形成文字，由技术委员在制定《比赛规程》时列入。如果这些问题是出现在比赛的过程中，则应由裁判长决定处置方法（参见裁判长职责）。

第六节　轮滑

一、轮滑概述

轮滑也叫"滚轴溜冰""溜旱冰"，它是滑冰项目在陆上辅助训练过程中逐渐演变形成的运动项目。同滑水冰相比，它更刺激、惊险和时髦，而且四季皆宜。旱冰和水冰的技术动作要求基本相同，不同的是场地和器械（鞋）。现在，轮滑已成为广大青少年喜爱的娱乐休闲运动了。

（一）轮滑运动的起源与发展

轮滑运动是从滑冰运动过渡而来，据有关资料记载，18世纪有位荷兰的滑冰运动员，为了在不结冰的季节继续进行训练，尝试把木线轴安装在皮鞋下，试图在平坦的地面上滑行，他的试验创造了用轮子鞋"滑冰"的历史，从此轮滑运动在欧洲诞生，并得到了较快的发展。

1860年，比利时有位技工和一位乐器制造工人用手工制作了一双轮滑鞋，但是当他们把自己的杰作带到英国伦敦的世界博览会上，展示给热情的伦敦观众时，由于无法刹车而把一面大镜子打破了，人也受伤了。这件事被媒体报道之后，引起了人们的巨大震动。因此，轮滑运动也被视为一项"危险的运动"而被冷落了相当长的一段时间。1861年，轮滑项目在巴黎世界博览会上的精彩呈现，确立了其在体育运动大家庭中的地位。

真正的轮滑鞋是由美国的詹姆斯·普利姆普顿于1863年发明的。他创造性地用金属轮子代替木质轮子，滑行起来具有更多的优越性，深受大家的欢迎。这一发明成就了他的事业，也推动了各国轮滑运动的发展。

1866年，詹姆斯在纽约投资开办了第一座室内轮滑场，并组织纽约轮滑运动协会，首次将轮滑运动列入正式体育比赛项目。由此轮滑运动迅速传到欧洲各国。

1879年，英国成立了国家滑冰协会，4年后，轮滑运动也隶属于该会管辖。1884年美国理查森和雷蒙德发明了滚珠轴承，对改进轮滑技术起了极大的作用。1884年，英国首次举办了全国轮滑锦标赛。1892年4月1日，国际轮滑联盟在瑞士成立，使得轮滑运动向正规化、国际化进一步发展。

1875—1937年间，滑冰运动对轮滑影响很大。1924年，国际轮滑联盟在瑞士成立；1936年在德国斯图加特举行了首届世界轮滑锦标赛；1937年在意大利蒙扎正式举办了首届世界速度轮滑锦标赛。在轮滑运动的发展中，其逐渐演化为花样轮滑、速度轮滑和轮滑球三种不同形式的运动项目。

如今，轮滑运动已成为一项很流行的休闲运动，它是街头文化的一种存在形态，在人与自然的融合中，人们借助于特殊的运动设备，最大限度地发泄压力，寻找刺激，从而体验现代生活和工作中所无法感受到的愉悦感与成就感。

（二）轮滑运动的特点与价值

轮滑作为一种娱乐项目在19世纪末传入我国，而作为一种体育项目来发展还是在20世纪80年代初，作为体育项目，轮滑在我国还处于发展阶段，但作为一项休闲运动，早已在全国各地普及了。轮滑作为借助半机械性轮滑鞋在路面上展示自己体能与风采的运动，深受青少年的喜爱。它有如下特点：

1. 娱乐性

轮滑运动活动方式繁多，自由奔放，符合现代人对于生活时尚的追求，作为自我宣泄与自我表现的街头文化形态存在着，有很强的娱乐性和趣味性。这项运动，可使人们从平时紧张、繁重的学习和工作中解脱出来，达到放松心情、交往会友、表现自我的目的。

2. 健身性

轮滑是一项全身性运动，它能促进心脑血管系统和呼吸系统机能的改善和代谢作用的加强，能增强臂、腿、腰、腹等肌肉的力量和身体各个关节的灵活性，特别是对人掌握平衡能力有很大作用。具体的功能表现在：

轮滑运动自始至终包含着各种平衡动作，可以锻炼小脑的平衡能力。

参加轮滑运动可以促进骨骼的发育，提高骨骼的坚固性、耐受性，同时提高关节的灵活性。由于轮滑比跑步等其他运动对关节的冲击力小，可以避免可能对关节产生的副作用。

轮滑作为全身心运动，能够改善神经系统的调节机能，提高神经系统的功能，促进身体协调能力的提高和运动能力的发展。

经常参加轮滑运动还可以促进心脑血管系统和呼吸系统机能的改善和代谢。

二、技术练习

（一）站立

先穿戴好轮滑鞋和护具，然后站起来，站好以后，可以试着让两臂从体侧平举至肩高，左脚跟顶住右脚内侧，成"T"字形站立。这是最基础的轮滑姿势，也是对胆量的第一个考验。练习者也可以使用"外八字站立法""内八字站立法"。两脚成与肩同宽平行摆开，屈膝。将重心移到左腿上，注意鼻尖、膝盖、脚尖处在一条直线上。最重要的是脚不能外撇，一定要立正，然后换到右脚，如此往复。

（二）踏步

踏步包括原地踏步、侧踏步、踏步前行等动作。在踏步前行前，最好花几分钟时间热身，例如可以做15次原地高抬腿、踏步及跺脚的动作。然后双脚由"T"字变成外八字向前踏步，重心移至左腿，右腿稍抬起、放下。再把重心移至右腿，左腿稍抬起、放下。反复进行练习，逐渐加快动作的速度。

（三）滑行

在练习一段时间的踏步前行后，可以开始学习滑行。最好等踏步熟练后再进行。滑行动作的要领是左脚在前成弓步，右脚向侧蹬出，上身向前微倾斜，两臂平伸与肩同高，重心放在左脚上。然后右脚收回到左脚内侧，右脚向前滑出，左脚向后外侧蹬出，收脚到右脚内侧，同时重心由左脚移动到右脚。

（四）停止

在滑行中，有时需要及时停止滑行，所以在初步掌握滑行基本动作的同时，也要学会停止滑行的方法。停止的方法分：正中切法、"A"字停刀、"T"字停刀、转弯急停。

（五）"T"字刹练习

一般的初学者在练习"T"字刹的时候都会有点困难，因为"T"字刹要求行进脚单独完成平衡动作，而刹车脚要刹车和帮助完成平衡动作。所以在训练的时候我们可以有针对性地进行训练。首先，静止站立、双脚成"T"字站稳。然后，用刹车脚缓慢向后加速、再用刹车脚试着减速。如此往复练习。

（六）安全跌倒

安全跌倒的训练是通过护具及全身动作来分散跌倒时的冲击力，跌倒时让身体向前扑倒，避免向后跌坐或让身体某一部分完全承受撞击，如臀部、下巴、手腕、手肘、膝盖等，以减少单一部位受伤的可能。

思考题

1. 简述跆拳道运动的特点与价值。

2. 棒垒球运动有哪些进攻战术？

3. 定向越野如何确定行进方向？

4. 向同学们推荐一个运动项目，在课堂上进行实践。

第四篇　中国传统体育

本篇导语：党的二十大报告提出，传承中华优秀传统文化，满足人民日益增长的精神文化需求。中国传统体育运动项目历史悠久，地域文化属性浓郁鲜明，许多项目具有较高的竞技性、实用性、观赏性和普及性。积极开展这些运动项目，既可强身健体，也能怡情养性、提高生活质量，还能增进人们的情感交流，促进社会和谐。中国武术、养生气功既是强身健体的运动项目，更是几千年中华传统文化精髓的积淀和传承。舞龙舞狮、龙舟等民间体育项目既有较强的竞技性，又有较高的观赏性，其同舟共济、团结协作的特征，已成为中华民族众志成城、凝心聚力、奋发图强的精神象征。

太极拳申遗成功

北京时间 2020 年 12 月 17 日晚，我国单独申报的"太极拳"项目经联合国教科文组织保护非物质文化遗产政府间委员会评审，被列入联合国教科文组织人类非物质文化遗产代表作名录。太极拳自 17 世纪中叶形成以来，世代传承，习练者遍布全国各地，并在海外有着广泛传播。"学拳明理"，太极拳所蕴含的阴阳循环、天人合一的中国传统哲学思想和养生观念，丰富着人们对宇宙、自然和人体运行规律的认知；其松柔圆活与立身中正的基本要求，尊师重道、学拳不可不敬、不可狂、不可满等价值观念，潜移默化地涵养着人们平和、包容、友善的心性。在提升人民群众健康意识、促进身心健康、推动人与人和谐共处、增强社会凝聚力等方面，太极拳发挥着重要作用。

太极拳已经成为当今社会健康文化和时尚健身的潮流，已成为中华文化的重要标识，对传承弘扬中华优秀传统文化、彰显中华民族创新创造活力、提升中华文化的国际影响力、促进文明交流互鉴都具有重要意义。太极拳具有丰富的中国文化底蕴和内涵，对于习练者的性别、年龄、体质、职业、民族没有限制，深受世界各国人民的喜爱，在提升人民群众健康意识、促进身心健康、推动人与人和谐共处、增强社会凝聚力等方面，都发挥着重要作用。

2006 年，太极拳就被列入首批国家级非物质文化遗产名录。2008 年，为进一步加强中国传统武术领域申遗工作，大力弘扬中国武术，推动中国武术"走出去"，促进其与世界各国文化交流互鉴，提升国家文化软实力，在国家多个部委的统筹部署下，体育总局武术运动管理中心、中国武术协会会同河南省焦作市人民政府等相关单位正式启动了太极拳申遗工作。

太极拳申报人类非物质文化遗产代表作名录的成功，意义重大、影响深远，这是中国武术发展史上的里程碑，揭开了中国武术发展的新篇章。面对机遇和挑战，中国武术事业的发展必将有一个新的飞跃，同时我们衷心地希望太极拳能在世界范围内得到更好的普及和发展，为增进人类健康福祉做出更大贡献。

第九章

中国武术

阅读提示:

◯ *中国武术主要分为套路和散打两种主要运动形式，套路是武术的基本内容，散打则是武术的表现形式。武术套路主要由"踢、打、摔、拿"等攻防动作编排而成，具有一定的观赏价值和健身作用；散打则是通过两人的同场对抗来决定胜负的一种竞技形式。本章重点介绍中国武术套路中的"三路长拳"和"24式太极拳"，使大学生初步了解中国武术基本概况，并通过长期练习武术套路，提高习练者身体的灵敏性、协调性，促进习练者身体素质全面发展，传承中国武术文化。*

第一节　武术概述

提到中华武术，每个人的脑海里都会浮现出不同的场景。电影《少林寺》中有"十三棍僧救唐王"精彩的打斗片段，《黄飞鸿》里黄飞鸿舞狮智斗铁蜈蚣，《霍元甲》里霍元甲力擒外国大力士，这些都是我们记忆中对中华武术的印象。其实，关于中华武术的传说和故事是如此之众，多得不胜枚举。但是，艺术作品描写的武术大多是经过艺术加工的。那么，武术究竟是什么样的呢？在古代，火药和枪炮还没有被发明，武术在军事战争中确实发挥了重要的历史作用。但在今天，武术随着时代的变迁逐步演化成一项中国传统体育运动项目。它和其他体育运动项目一样，制定有详细的比赛规则并且每年都要举行全国甚至世界性的比赛。和体操、举重等从西方传过来的运动项目不同的是，武术是从中国发源并产生的体育项目。武术有一定的技击功能，但它更强调对于武德的修炼，强调人与自然的和谐。武术锻炼能增强人的体质、增强自我保护能力及培养吃苦耐劳的精神品质。

一、武术的起源及历史

当原始人为了生存与大自然中的猛兽展开搏斗之时，就出现了武术的雏形。在与大自然的博弈中，原始人意识到手持一根木棍可能比赤手空拳更容易击败野兽，于是各种器械随着原始人的"生产劳动"而逐步出现。当铁器和铜器等铸造术逐步被人类掌握之后，人们又在木棍上插上铁尖，使之变成了枪、戟等武器。

随着社会的发展，战争开始出现，武术成为一种军事技术，在战争中发挥了重要作用。但枪炮等热兵器出现后，武术的技击功能逐渐弱化。

到今天，中华武术已经逐渐转变为一个体育运动项目，它既能强身健体又能防身自卫，受到越来越多人的喜爱。近年来，随着武打电影的影响越来越大，武术也走出了国门开始在海外传播。

二、武术的文化背景

武术套路起源于古代人们在欢娱场合的一种表演形式。在唐代，著名诗人杜甫在观看了武术剑舞之后写下了《观公孙大娘弟子舞剑器行并序》的优美诗篇；而一些研究易经、中医等方面的专家，更是通过对武术的研习，将自己的专业知识融合在武术之中，创造出各种不同的武术学说和拳种。在这其中影响最大流传最广的当属明末清初的太极拳，它结合周易的阴阳学说创编而成，如今已推广到世界各地，成为宣传中华武术的一面旗帜。

三、现代武术的定义和分类

武术的基本定义可概括为：武术是以技击动作为主要内容，以套路和格斗为运动形式，注重内外兼修的中国传统体育项目，是中国传统文化的重要组成部分。

现代武术定义具体表述为：武术是以中华文化为重要理论基础，以技击方法为基本内容，以套路、格斗、功法为主要运动形式的传统体育项目。

现在，我们把中国武术分为传统武术和竞技武术，竞技武术是由传统武术演化而来的体育运动，而传统武术则是由古代战争和民间习武所发展出来的徒手和器械格斗术，其内容有踢、打、绊、拿，柔术等。"传统的中国武术又称为国术，其本质是一种格斗，它与普通的体育运动不同，体育运动是一种健身游戏，而格斗却是一种生存游戏。"按照武术学家郑雨东的观念，传统武术不能算作一种体育运动。当然，目前流行的竞技武术是一种体育运动，因为竞技武术是具有竞技和表演性质的，本质上接近于体育。传统武术具有极其广泛的群众基础，是中华民族在长期的社会实践中不断积累和丰富起来的一项宝贵的文化遗产。竞技武术分为散打和套路，散打又叫散手，是武术的对抗格斗形式，套路则为武术的表演形式。

第二节　初级长拳（第三路）

一、初级长拳（第三路）介绍

中华人民共和国成立后，原国家体委把群众中流传广泛的查、华、炮、洪、弹腿、少林等拳种，根据其风格特点，综合整理创编了长拳。长拳是以套路为主的拳术，既适合基础武术训练，又适合于竞赛和提高技术水平。这类拳术的共同特点是：姿势舒展、动作灵活、快速有力、节奏鲜明，并多起伏转折、蹿蹦跳跃、跌扑滚翻等动作和技术。

初级长拳（第三路）编创于1957年。全套除了预备式和结束动作，共分为4段，每段8个动作，合计36个动作。套路内容充实，包括了拳、掌、勾三种手型，弓、马、虚、仆、歇5种步型。手法有冲、劈、抡、砸、栽等拳法，推、挑、穿、摆、亮等掌法，盘、顶等肘法。腿法有弹、踹、踢、拍等。除此之外还有跳跃和平衡等动作。长拳套路编排合理，动作由简而繁，由易到难，有利于循序渐进地进行练习；套路布局和路线变化前后呼应，左右兼顾，均匀合理；在强调动作规格化、注重功力的同时，还较好地体现了攻防意识，增强了学习的乐趣。

（一）基本手型（图9-2-1~图9-2-3）

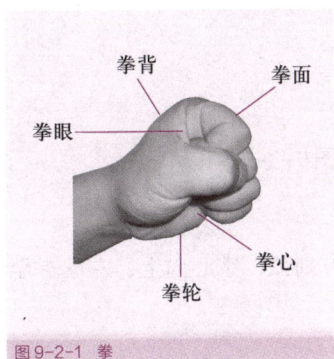

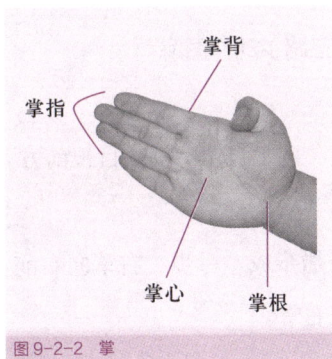

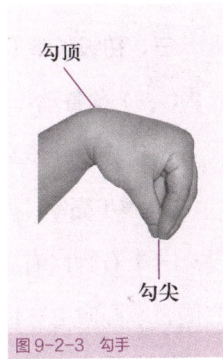

图9-2-1　拳

图9-2-2　掌

图9-2-3　勾手

（二）基本步型（图9-2-4~图9-2-8）

图9-2-4　弓步

图9-2-5　马步

图9-2-6　仆步

图 9-2-7　虚步

图 9-2-8　歇步

二、初级长拳（第三路）动作名称

初级长拳（第三路）动作名称

预备动作	第一段	第二段	第三段	第四段	结束动作
1. 虚步亮掌 2. 并步对拳	1. 弓步冲拳 2. 弹腿冲拳 3. 马步冲拳 4. 弓步冲拳 5. 弹腿冲拳 6. 大跃步前穿 7. 弓步推掌 8. 马步架掌	1. 虚步栽拳 2. 提膝穿掌 3. 仆步穿掌 4. 虚步挑掌 5. 马步击掌 6. 叉步双摆掌 7. 弓步推掌 8. 转身踢腿马步盘肘	1. 歇步抡砸拳 2. 仆步亮掌 3. 弓步劈拳 4. 换跳步弓步冲拳 5. 马步冲拳 6. 弓步下冲拳 7. 叉步亮掌侧踹腿 8. 虚步挑拳	1. 弓步顶肘 2. 转身左拍脚 3. 右拍脚 4. 腾空飞脚 5. 歇步下冲拳 6. 仆步抡劈拳 7. 提膝挑掌 8. 提膝劈掌—弓步冲拳	1. 虚步亮掌 2. 并步对拳 3. 还原

三、初级长拳（第三路）动作图解

（一）预备动作

预备势：并步站立，两臂自然下垂。目视前方。（图 9-2-9）

1. 虚步亮掌

（1）右脚向右后方撤步成左弓步。右掌向右前上方划弧，掌心向上，左掌提至腰侧，掌心向上。目视右掌。

（2）重心后移，右腿微屈，左掌从右掌上向前穿出，右掌收至腰侧，掌心朝上。目视左掌。

（3）重心继续后移，左脚稍向右移，成左虚步，左臂内旋，向左向后画弧成反勾手；右手继续向后、向右、向前上方画弧，在头上屈腕亮掌。目视左方。（图 9-2-10）

2. 并步对拳

（1）右腿蹬直，左膝提起。上肢姿势不变。

（2）左腿前落，左勾手变掌经左肋前伸；右臂外旋向前下落于左掌右侧，两掌

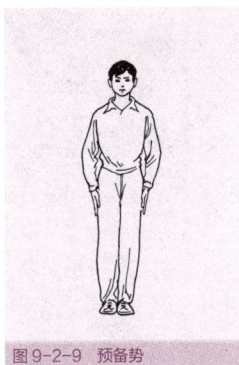

图 9-2-9 预备势

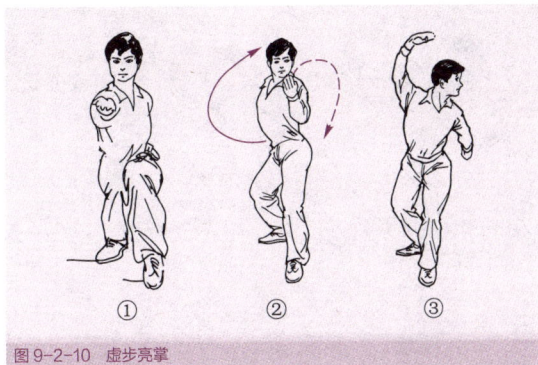

图 9-2-10 虚步亮掌

同高，掌心均向上。

（3）右脚前上一步，两臂向下后摆。

（4）左脚向右脚并步，两臂向外、向上，经胸前屈肘对拳下按至小腹前，拳心向下。目视左侧。（图9-2-11）

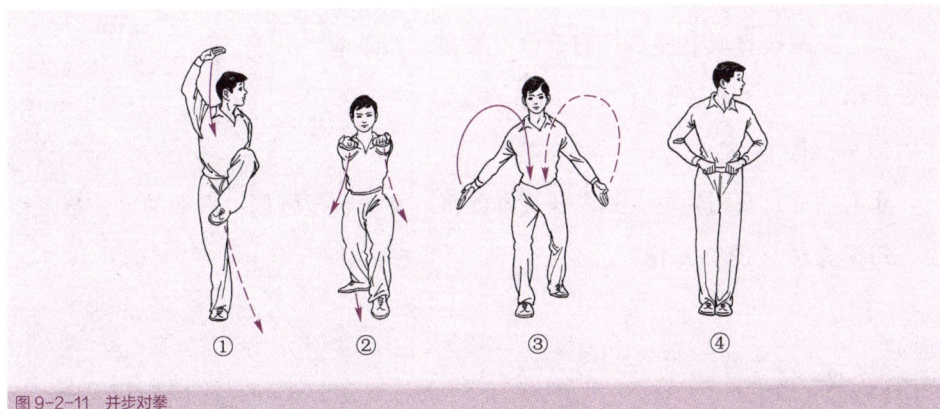

图 9-2-11 并步对拳

（二）第一段

1. 弓步冲拳

（1）左脚向左上一步成半马步，左臂向上向左格打，拳眼向后，与肩同高；右拳收至腰侧，拳心向上。目视左拳。

（2）右腿蹬直成左弓步。左拳收至腰侧，拳心向上；右拳前冲，高与肩平。拳眼向上，目视右拳。（图9-2-12）

2. 弹腿冲拳

重心前移，左腿独立，弹右腿，高与腰平。右拳收至腰侧，左拳前冲，拳眼向上。目视前方。（图9-2-13）

第一段完整动作

弹腿接马步冲拳

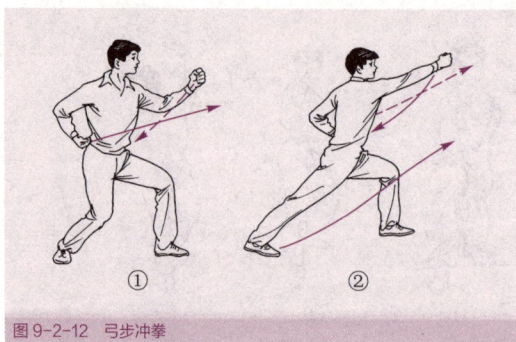

图 9-2-12 弓步冲拳

图 9-2-13 弹腿冲拳

3. 马步冲拳

右脚前落，上体左转90°成马步。左拳收至腰侧；右拳前冲，拳眼向上。目视右拳。（图9-2-14）

4. 弓步冲拳

（1）上体右转90°成半马步。右臂屈肘向右格挡，拳眼向后。目视右拳。

（2）左腿蹬直成右弓步。右拳收至腰侧；左拳前冲，拳眼向上。目视左拳。（图9-2-15）

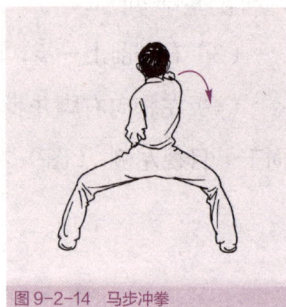

5. 弹腿冲拳

重心前移，右腿独立，弹左腿高与腰平。左拳收至腰侧；右拳前冲，拳眼朝上。目视前方。（图9-2-16）

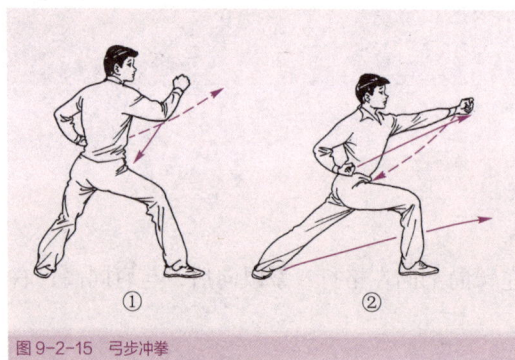

图 9-2-14 马步冲拳

图 9-2-15 弓步冲拳

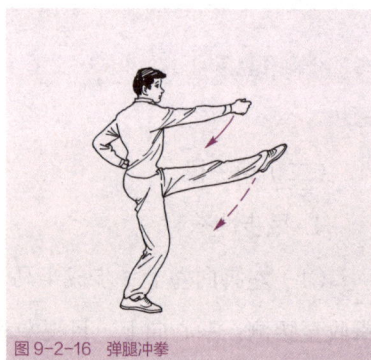

图 9-2-16 弹腿冲拳

6. 大跃步前穿

（1）左腿屈膝。右拳变掌内旋，以手背向下挂至膝外侧，上体前倾。目视右手。

（2）左腿前落，两腿微屈，右掌继续向后挂，左拳变掌向后、向下伸直。目视

右掌。

（3）前提右膝，左脚立即猛力蹬地向前跃出，两掌向前、向上画弧摆起。目视左掌。

（4）两脚依次（右先左后）落地后成仆步，右掌变拳收至腰侧；左掌由上向右、向下画弧成立掌，停于右胸前。目视左脚。（图9-2-17）

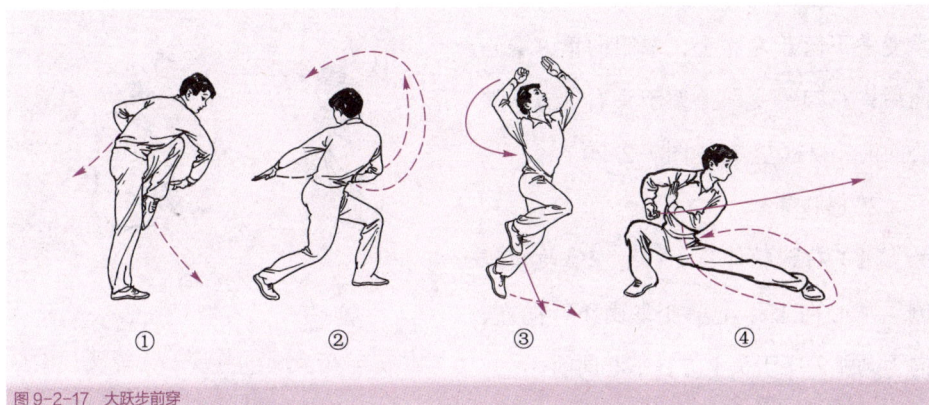

图9-2-17　大跃步前穿

7. 弓步推掌

右腿蹬直成左弓步。左掌经左脚面向后画弧至身后成反勾手，臂伸直。右掌变立掌向前推出。目视右掌。（图9-2-18）

8. 马步架掌

（1）重心后移，上体右转90°成马步。右臂稍屈，向左侧平摆；同时左勾手变掌，由后经左腰侧从右臂内侧向前上穿出，掌心均向上。目视左手。

（2）右掌立于左胸前，左臂向左上屈肘，亮掌于头部左上方，掌心向前。目视右方。（图9-2-19）

图9-2-18　弓步推掌

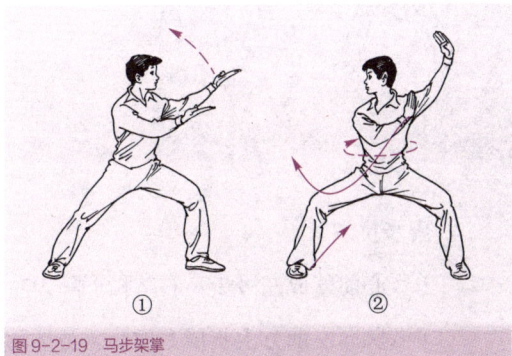

图9-2-19　马步架掌

（三）第二段

1. 虚步栽拳

（1）右脚蹬地，屈膝提起；左腿伸直，以前脚掌为轴向右后转体180°；右掌向下，经右腿外侧向后画弧成勾手；左臂随身体转动外旋，使掌心朝右。目视右手。

（2）右脚向右落地，成左虚步。左掌变拳下落于左膝上，拳眼向里，拳心向后；右勾手变拳上架于头右上方，拳心向前。目视左方。（图9-2-20）

2. 提膝穿掌

（1）右腿稍伸直。右拳变掌收至腰侧，掌心向上；左拳变掌由下、向左、向上画弧盖压于头上方，掌心向前。

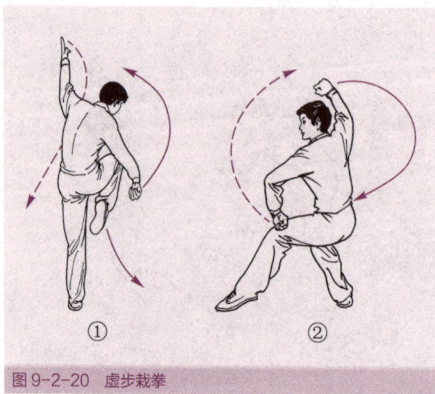
图 9-2-20　虚步栽拳

（2）右腿蹬直，提左膝。右掌经左臂内侧向右前上方穿出，掌心向上，左掌收至右胸前成立掌。目视右掌。（图9-2-21）

3. 仆步穿掌

右腿全蹲，左腿向左后方铲出成左仆步。右臂不动，左掌向下经左腿内侧立掌向左脚面穿出。目随左掌转视。（图9-2-22）

图 9-2-21　提膝穿掌

图 9-2-22　仆步穿掌

4. 虚步挑掌

（1）重心前移成左弓步。右掌稍下降，左掌随重心移动向前挑起。

（2）右脚向左前方上步成右虚步。身体随上步转180°。同时左掌由前向上、向后画弧成立掌，指尖与眼相平。目视右掌。（图9-2-23）

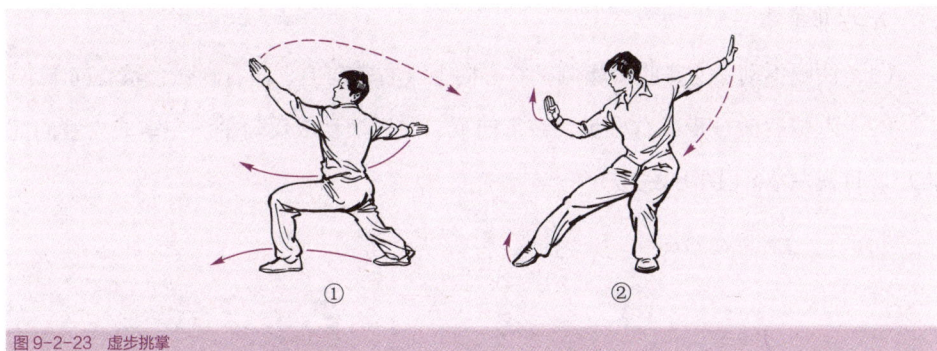

图9-2-23 虚步挑掌

5. 马步击掌

（1）右脚落地，左掌变拳收至腰侧，右掌俯掌向外捋手。

（2）左脚向前上一步，以右脚为轴向右后转体180°，两腿下蹲成马步，左掌从右臂上立掌向左侧击出，右掌变拳收至腰侧。目视左掌。（图9-2-24）

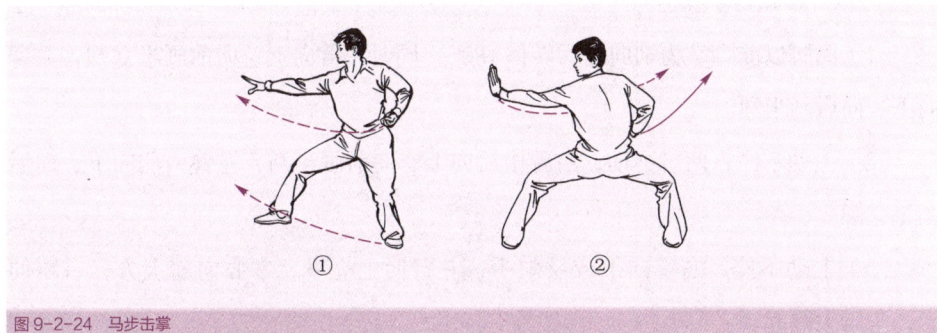

图9-2-24 马步击掌

6. 叉步双摆掌

（1）重心稍右移，同时两掌向下、向右摆，掌指均朝上。目视右掌。

（2）右脚向左腿后插步。两臂继续向上、向左摆，停于身体左侧，均成立掌。右掌立于左肘窝处。目随双掌转视。（图9-2-25）

图9-2-25 叉步双摆掌

7. 弓步推掌

（1）两腿不动。左掌收至腰侧，掌心向上。右掌向上、向右画弧，掌心向下。

（2）左腿后撤一步成右弓步。右掌向下、向后摆动成反勾手。左掌成立掌向前推出。目视左掌。（图9-2-26）

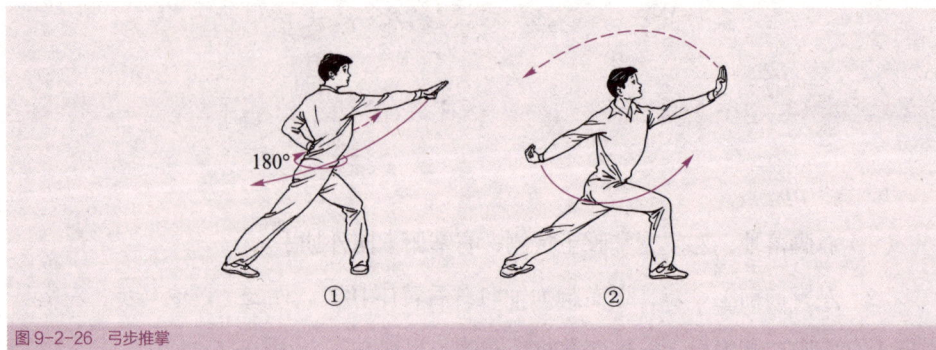

图9-2-26 弓步推掌

8. 转身踢腿马步盘肘

（1）两脚以前脚掌为轴向左后转体180°。同时左臂向上、向前画半立圆，右臂向下、向后画半圆。

（2）上动不停，两脚不动，右臂由后向上、向前画半圆，左臂由前向下、向后画半立圆。

（3）上动不停，右掌向下成反勾手，左臂向上亮掌，掌心向前上方，右腿伸直，勾脚尖踢起。

（4）右脚向前落地，右手不动；左臂屈肘下落于胸前，掌心向下。目视左掌。

（5）上体左转90°，两腿下蹲成马步。同时左掌向前、向左平掳变拳收至腰侧；右臂伸直，勾手变拳由体后向右、向前平摆至体前屈肘，肘尖向前，高与肩平，拳心向下。目视肘尖。（图9-2-27）

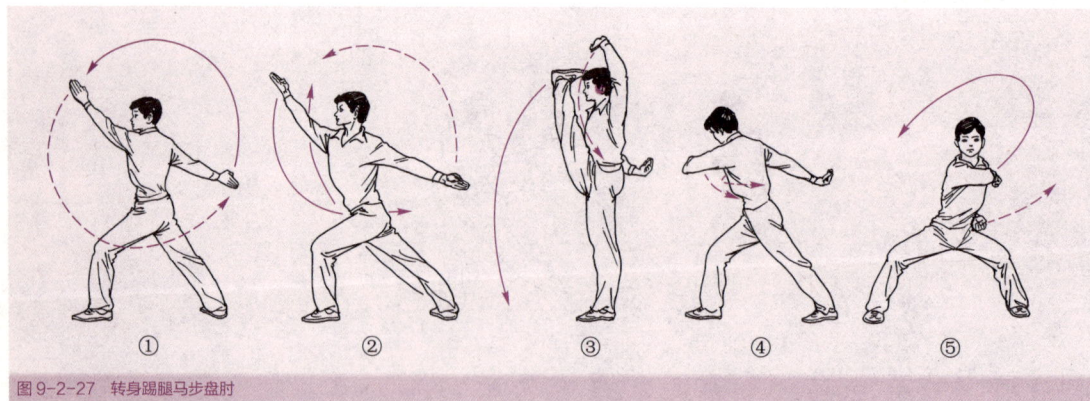

图9-2-27 转身踢腿马步盘肘

（四）第三段

1. 歇步抡砸拳

（1）重心稍升高，右臂由胸前向上、向右抡直，左臂向下、向左抡直。目视右拳。

（2）上动不停，两脚以脚前掌为轴向右后转体180°。右臂向下、向后抡摆，左臂向上、向前随身转动。

（3）接上动，两腿全蹲成歇步。左臂随身体下蹲向下平砸，拳心向上，肘部微屈；右臂伸直向后上举起。目视左拳。（图9-2-28）

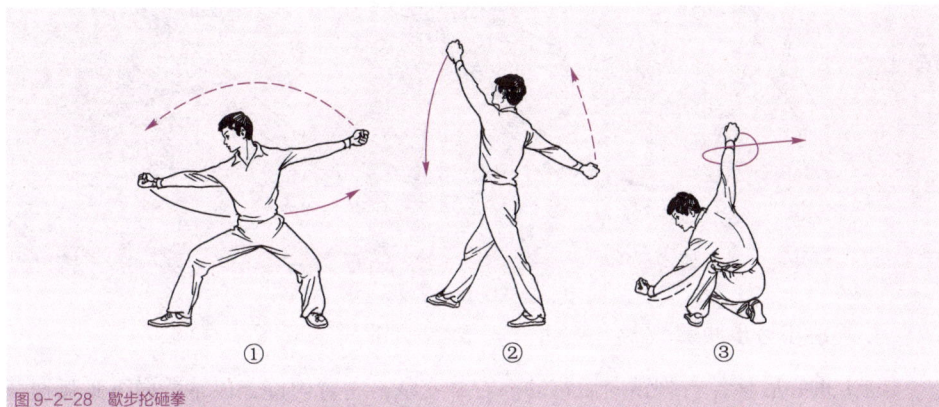

图9-2-28　歇步抡砸拳

2. 仆步亮掌

（1）左脚由右腿后抽出向前上一步成右弓步。左拳收至腰侧，右拳变掌向下，经胸前向右横击掌。目视右掌。

（2）右脚蹬地屈膝提起，上体右转。左拳变掌从右掌上向前穿出，掌心向上，右掌平收至左肘下。

（3）右脚向右落步成左仆步。左掌向下、向后画弧成勾手，右掌向右、向上画弧亮掌，掌心向前，头随右手转动。亮掌时，目视左方。（图9-2-29）

图9-2-29　仆步亮掌

3. 弓步劈拳

（1）右腿蹬地立起，左腿收回并向左前方上步。右掌变拳收至腰侧，左勾手变掌由下向前上经胸前向左搂手。

（2）右脚经左腿前方绕一步成右弓步。左手向左平搂后再向前挥摆，虎口朝前。

（3）在左手平搂的同时，右拳向后平摆，然后再向前、向上抡劈拳，拳高与耳平，拳心向上，左掌外旋扶右前臂。目视右拳。（图9-2-30）

图9-2-30 弓步劈拳

4. 换跳步弓步冲拳

（1）重心后移，右脚稍向后移动。右拳变掌，右臂内旋，以掌背向下画弧挂至右膝内侧，左掌背贴靠右肘外侧，掌指向前。目视右掌。

（2）右腿自然上抬，上体稍向左转。右掌挂至身体左侧，左掌伸向右腋下。目随右掌转视。

（3）振右脚，同时左脚急速抬起。右手由左向上、向前搂盖而后变拳收至腰侧；左掌伸直，向下、向上、向前屈肘下按，掌心向下。上体右转，目视左掌。

（4）左脚前落成左弓步；右拳前冲，高与肩平；左掌藏于右腋下，掌背贴靠腋窝。目视右拳。（图9-2-31）

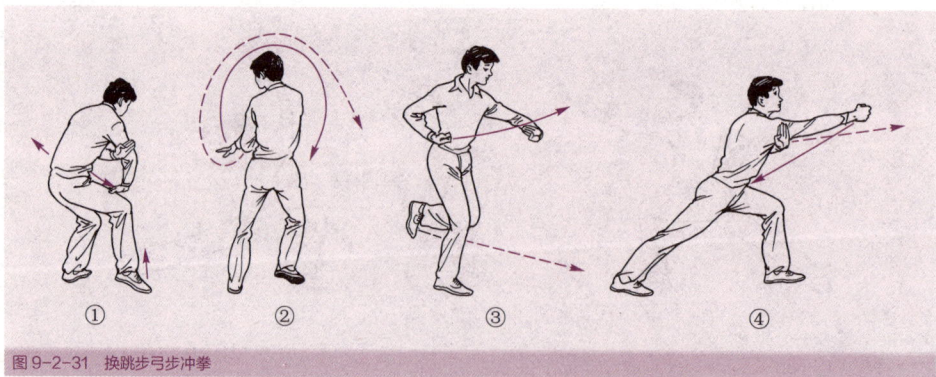

图9-2-31 换跳步弓步冲拳

5. 马步冲拳

上体右转90°成马步。右拳收至腰侧，左掌变拳向左冲击；拳眼向上。目视左拳。（图9-2-32）

6. 弓步下冲拳

上体左转成左弓步。左拳向下经体前向上，架于头部左上方，右拳向左前下方冲出。目视右拳。（图9-2-33）

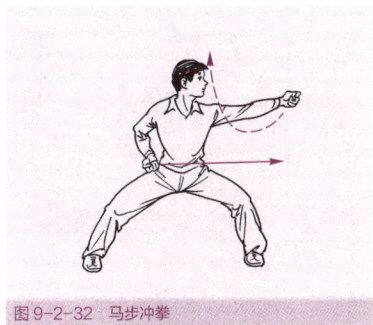

图 9-2-32　马步冲拳

图 9-2-33　弓步下冲拳

7. 叉步亮掌侧踹腿

（1）上体稍右转。左拳由头上下落于右手腕上，右拳变掌，两手交叉成十字。目视双手。

（2）右腿向左腿后插步。左掌向下、向后画弧成反勾手；右掌向右、向上亮掌，掌心向前。目视左侧。

（3）右腿支撑，左腿侧踹。上肢姿势不变。目视左侧。（图9-2-34）

叉步亮掌侧踹
腿接虚步挑拳

① ② ③

图 9-2-34　叉步亮掌侧踹腿

8. 虚步挑拳

（1）左脚在左侧落地。右掌变拳稍后移，左勾手变拳由体后向左上挑，拳背向上。

（2）上体左转180°。左拳继续向前、向上画弧上挑，右拳同时向下、向前画弧摆至右膝外侧，同时提右膝。目视右拳。

（3）右脚向左前方上步成右虚步，左拳向后画弧收至腰侧，右拳向上，屈腕挑拳至体前，拳眼向上，与肩同高。目视右拳。（图9-2-35）

图9-2-35 虚步挑拳

（五）第四段

1. 弓步顶肘

（1）重心升高，右脚踏实。右臂内旋向下直臂以拳背下挂至右膝内侧，左拳不变。目视前下方。

（2）左腿伸直，右腿屈膝上抬，左拳变掌，右拳不变，两臂向前、向上画弧摆起。目随右拳转视。

（3）左腿蹬地，身体腾空，两臂继续画弧至头上方。

（4）右脚先落地，接着左脚落地，同时两臂向右、向下屈肘停于右胸前，右拳变掌，左掌变拳，右掌心贴靠左拳面。

（5）左脚向左前上一步成左弓步。右掌推左拳，以左肘尖向左顶出，高与肩平。目视前方。（图9-2-36）

图9-2-36 弓步顶肘

2. 转身左拍脚

（1）以两脚掌为轴向右转体180°。随转体，右掌向上、向右、向下画弧抡摆，同时左拳变掌向下、向后、向前抡摆。

（2）左腿伸直绷脚面向上踢起。左掌变拳收至腰侧；右掌由体后向上向前拍击左脚面。（图9-2-37）

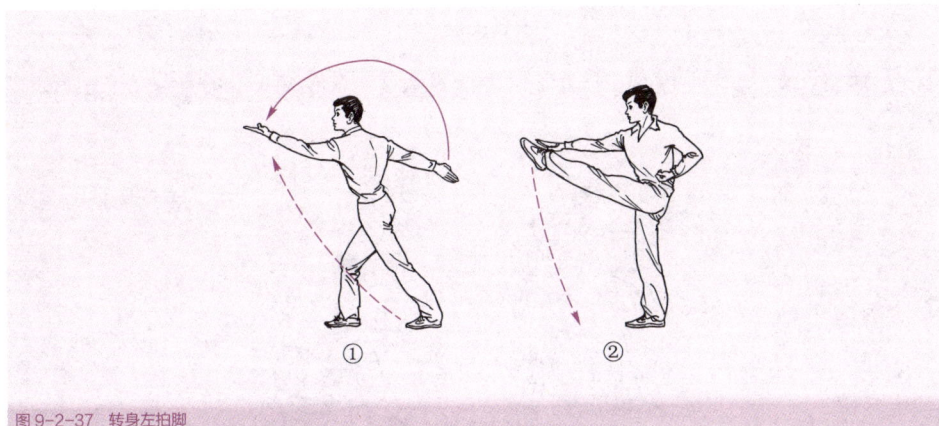

图9-2-37 转身左拍脚

3. 右拍脚

（1）左脚前落，左拳变掌向下向后摆，右掌变拳收至腰侧。

（2）右腿伸直绷脚面向上踢起。左拳变掌由后向上向前拍击右脚面。（图9-2-38）

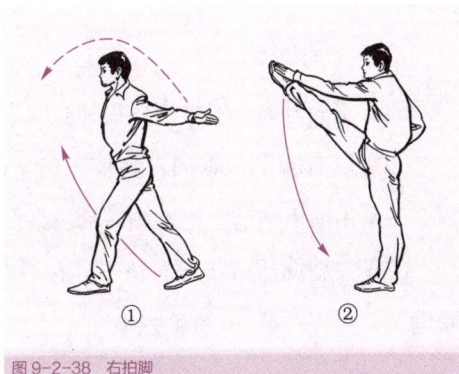

图9-2-38 右拍脚

4. 腾空飞脚

（1）右脚前落。

（2）左腿向前摆起，右脚蹬地起跳，左腿屈膝继续上摆。同时右拳变掌向前向上摆起，左掌先向上摆而后下降拍击右掌背。

（3）右腿伸直绷脚面继续上摆。右手拍击右脚面，左掌由体前向后上举。（图9-2-39）

5. 歇步下冲拳

（1）左右脚先后落地。左掌变拳收至腰侧。

（2）身体右转90°，两腿全蹲成歇步。右掌抓握，外旋变拳收至腰侧，左拳向前下冲击，拳心向下。目视左拳。（图9-2-40）

图 9-2-39 腾空飞脚

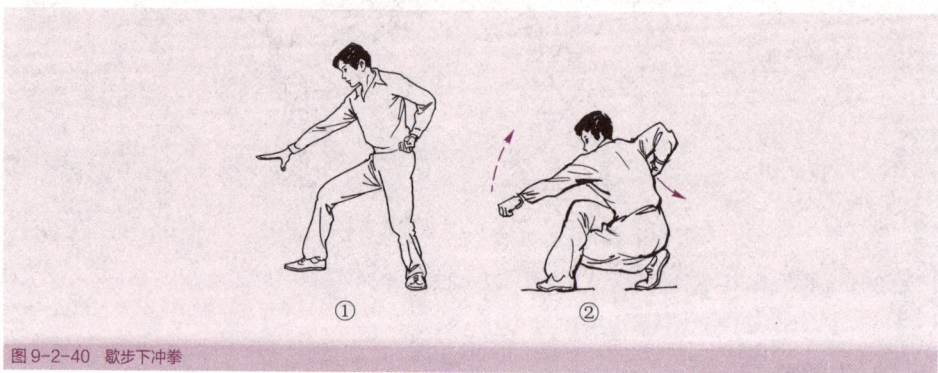

图 9-2-40 歇步下冲拳

6. 仆步抡劈拳

（1）重心升高，右臂向体后伸直，左臂随身体重心升高向上摆起。

（2）以右脚掌为轴向左转体270°，同时左膝提起。左拳由前向后下画立圆一周，右拳由后下向前上画立圆一周。

（3）左腿向后落步成右仆步。右拳由上向下抡劈，拳眼向上，左拳后上举，拳眼向上。目视右拳。（图9-2-41）

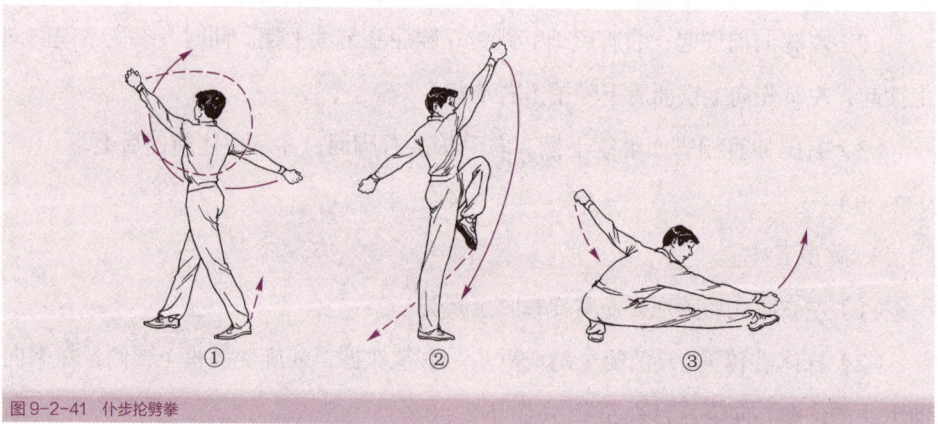

图 9-2-41 仆步抡劈拳

7. 提膝挑掌

（1）重心前移成右弓步。同时右拳变掌由下向上抡摆，左拳变掌稍下落，右掌心向左，左掌心向右。

（2）左、右臂在垂直面上由前向后各画立圆一周，右臂伸直上举，掌心向左，掌指向上，左臂伸直停于身后成反勾手，同时提右膝，左腿支撑。目视前方。（图9-2-42）

图 9-2-42 提膝挑掌

8. 提膝劈掌—弓步冲拳

（1）两腿不动，右掌向下猛劈伸直，停于右小腿内侧，力达小指一侧，左勾手变掌向前停于右上臂内侧，掌心向左。目视右掌。

（2）右脚向右后落地，身体右转90°。同时左掌变拳收至腰侧，右臂内旋向右画弧劈掌。

（3）上动不停，左腿蹬成右弓步，右手抓握变拳收至腰侧，左拳前冲。目视左拳。（图9-2-43）

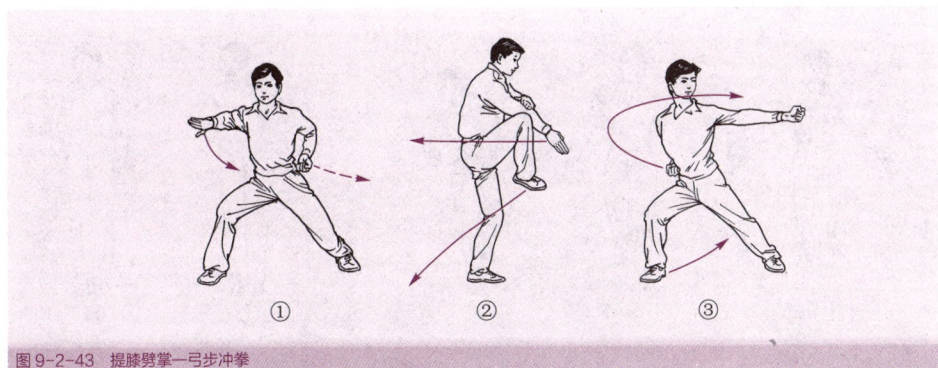

图 9-2-43 提膝劈掌—弓步冲拳

（六）结束动作

1. 虚步亮掌

（1）右脚扣于左膝后。两拳变掌，两臂右上左下屈肘交叉于体前。目视右掌。

（2）右脚向后落步，屈腿半蹲，上体稍右转。同时右掌向上、向后、向下画弧停在左腋下，左掌向左、向上画弧停于右臂与右胸前，两掌左下右上。目视左掌。

（3）左脚尖稍右移成左虚步。左掌伸直向左、向后画弧成反勾手，右臂伸直向下、向右、向上画弧亮掌，掌心向前。目视左方。（图9-2-44）

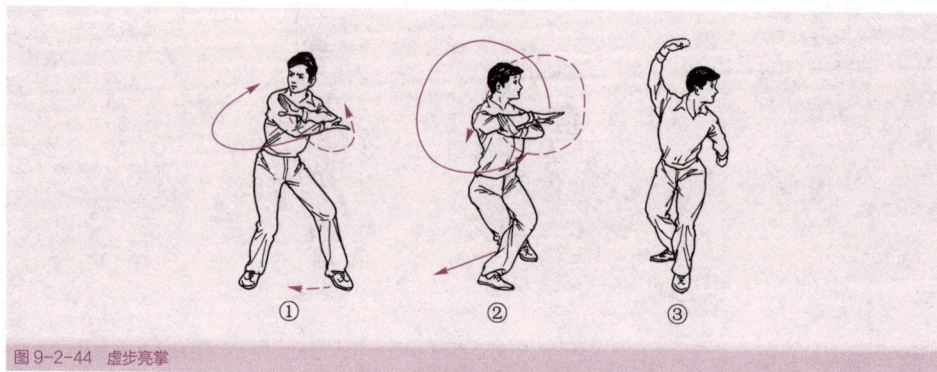

图9-2-44　虚步亮掌

2. 并步对拳

（1）左腿后撤一步。同时两掌从腰侧向前穿出伸直，掌心向上。

（2）右腿后撤一步。同时两掌分别从体侧下摆。

（3）左腿后退半步向右脚并拢。两臂由后向上经体前屈臂下按，两掌变拳停于腹前，拳心向下，拳面相对。目视右方。（图9-2-45）

3. 还原

两臂自然下垂，目视前方。（图9-2-46）

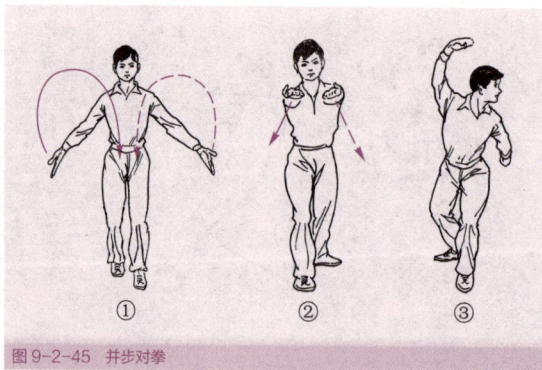

图9-2-45　并步对拳

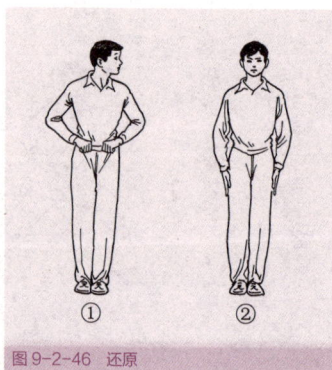

图9-2-46　还原

（1）拳术类：在初级三路长拳的基础上，进行自选长拳或规定长拳动作的学习，逐步丰富和提高锻炼的层次。

（2）器械类：可学习"初级剑术""初级刀术"及"初级棍术"，熟悉器械演练技巧，掌握多种武术锻炼方法与手段。

（3）其他：学习武术段位制初级套路，可参加各地武术部门组织的武术段位制初级段位考核。

第三节　24式简化太极拳

一、24式简化太极拳介绍

24式简化太极拳是原国家体委于1956年组织太极拳专家汲取杨氏太极拳之精华编串而成的，又称简化太极拳。24式简化太极拳虽然只有24个动作，但相比传统的太极拳套路来讲，其内容更显精练，动作更显规范，更能充分体现太极拳运动的特点。

二、24式简化太极拳动作名称

太极拳动作名称			
第一组	第二组	第三组	第四组
1. 起势 2. 左右野马分鬃 3. 白鹤亮翅	4. 左右搂膝拗步 5. 手挥琵琶 6. 左右倒卷肱	7. 左揽雀尾 8. 右揽雀尾	9. 单鞭 10. 云手 11. 单鞭
第五组	第六组	第七组	第八组
12. 高探马 13. 右蹬脚 14. 双峰贯耳 15. 转身左蹬脚	16. 左下势独立 17. 右下势独立	18. 左右穿梭 19. 海底针 20. 闪通臂	21. 转身搬拦捶 22. 如封似闭 23. 十字手 24. 收势

三、24式简化太极拳动作图解

预备势：身体自然直立，两脚并拢，两腿自然伸直。两臂下垂，手指微屈，两手垂于大腿外侧。头颈正直，下颌微收，口闭齿扣，舌抵上腭。精神集中，表情自然，双眼平视前方。

（一）起势

两脚开立与肩同宽，双臂慢慢前平举，同时屈膝按掌。（图9-3-1）

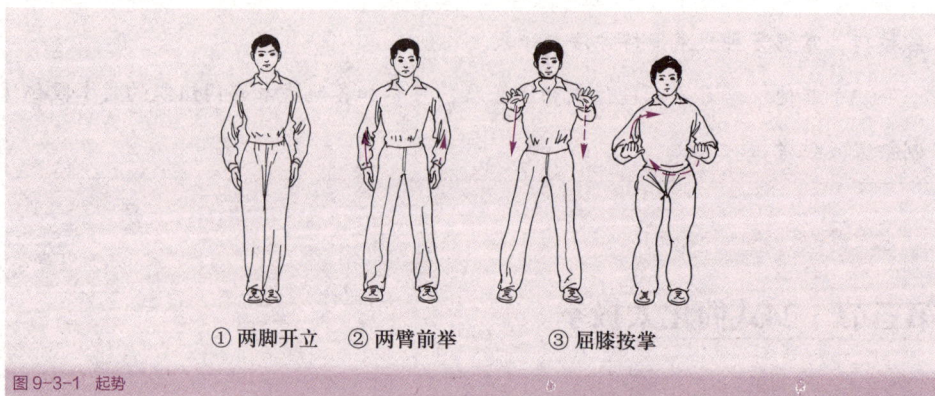

① 两脚开立　　② 两臂前举　　③ 屈膝按掌

图9-3-1　起势

（二）左右野马分鬃

收脚抱球，转身上步，弓步分靠；后坐撇脚，跟步抱球，转体出步，弓步分手；后坐撇脚，跟步抱球，转身出步，弓步分靠。（图9-3-2）

① 收脚抱球　　② 左转出步　　③ 弓步分手

④ 后坐撇脚　　⑤ 跟步抱球　　⑥ 右转出步　　⑦ 弓步分手

⑧ 后坐撇脚　　　　　⑨ 跟步抱球　　　　　⑩ 左转出步　　　　　⑪ 弓步分手

图 9-3-2　左右野马分鬃

（三）白鹤亮翅

跟步抱球，后坐举臂，虚步分手。（图 9-3-3）

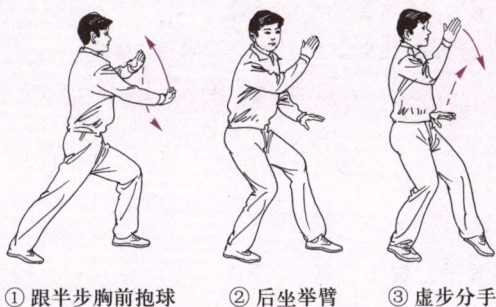

① 跟半步胸前抱球　　② 后坐举臂　　③ 虚步分手

图 9-3-3　白鹤亮翅

（四）左右搂膝拗步

转体落手，转体收脚，出步屈肘，弓步搂推，后坐撇脚，转体跟腿，出步屈肘，弓步搂推，后坐撇脚，转体跟脚，出步屈肘，弓步搂推。（图 9-3-4）

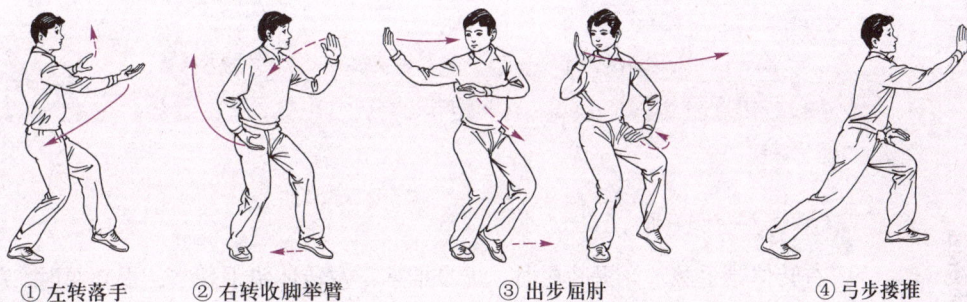

① 左转落手　　② 右转收脚举臂　　③ 出步屈肘　　④ 弓步搂推

⑤后坐撇脚　　⑥跟步举臂　　⑦出步屈肘　　⑧弓步搂推　　⑨后坐撇脚

⑩跟步举臂　　⑪出步屈肘　　⑫弓步搂推

图 9-3-4　左右搂膝拗步

（五）手挥琵琶

跟步展手，后坐挑掌，虚步合臂。（图 9-3-5）

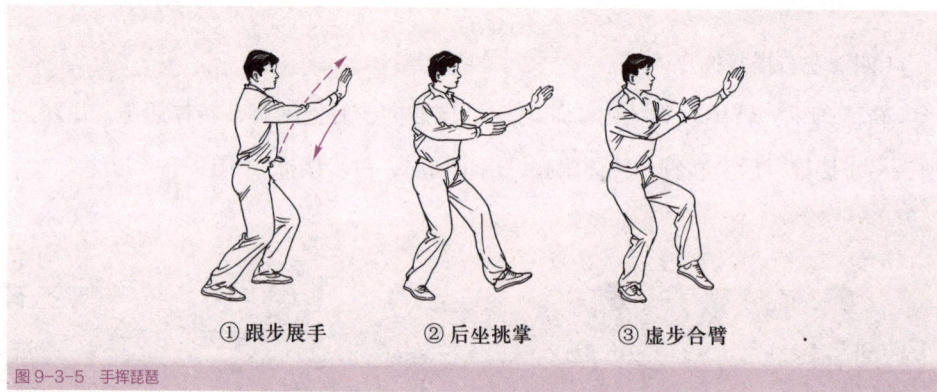

①跟步展手　　②后坐挑掌　　③虚步合臂

图 9-3-5　手挥琵琶

（六）左右倒卷肱

右转体错手翻掌，提膝屈肘，虚步推掌；左转体错手翻掌，提膝屈肘，后坐，虚步推掌。左右各再重复一次。（图 9-3-6）

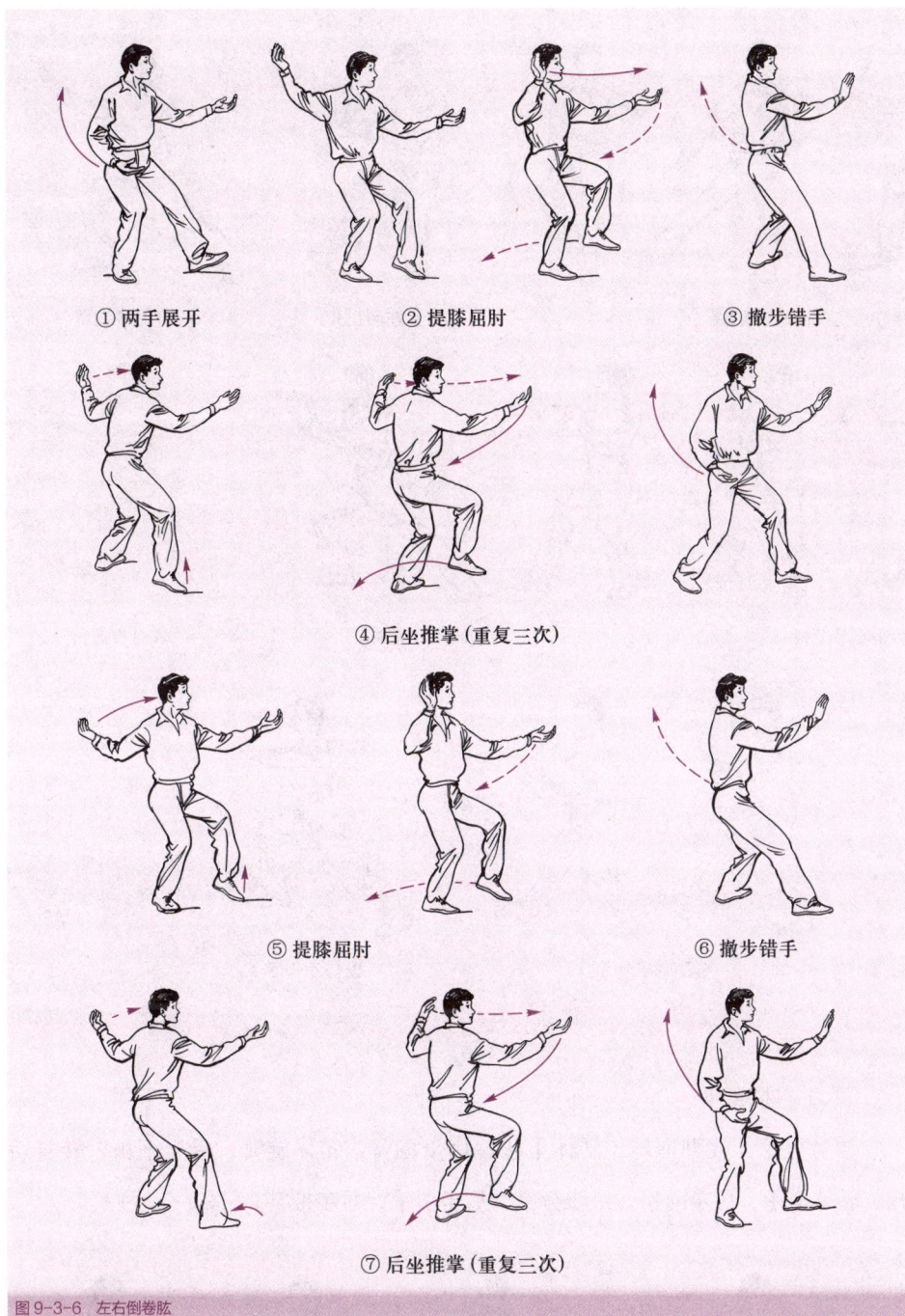

① 两手展开 ② 提膝屈肘 ③ 撤步错手

④ 后坐推掌（重复三次）

⑤ 提膝屈肘 ⑥ 撤步错手

⑦ 后坐推掌（重复三次）

图 9-3-6　左右倒卷肱

（七）左揽雀尾

转体撒手，收脚抱球，迈步分手，弓腿掤臂，转体伸臂，转身后捋，转体搭手，弓步前挤，后坐分手，弓步按掌。（图9-3-7）

左揽雀尾

① 右转收脚抱球　　　　　　　② 左转出步　　　③ 弓步掤臂

④ 后坐右转下捋　　　　　　⑤ 左转出步搭腕　　　⑥ 弓步前挤

⑦ 后坐分手　　　　　⑧ 弓步按掌

图9-3-7　左揽雀尾

（八）右揽雀尾

转身分手，收脚抱球，转体上步，弓步掤臂，转体旋臂，后坐下捋，转身后捋，转体搭手，弓步前挤，弓步分掌，后坐引手，弓步推掌。（图9-3-8）

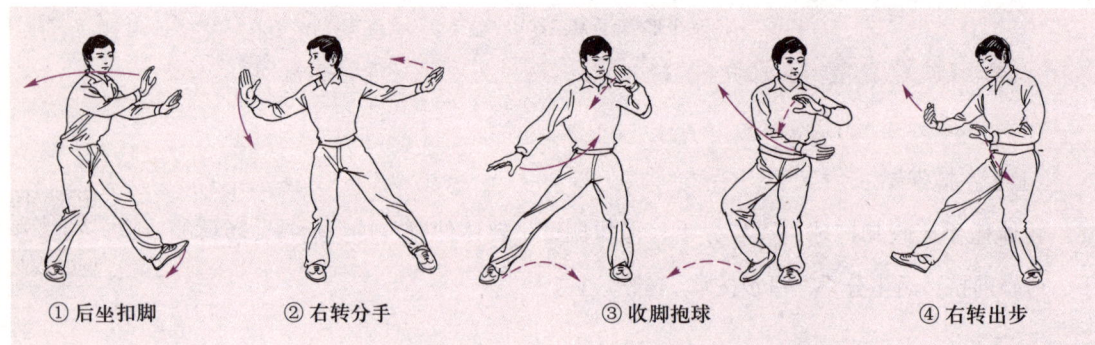

① 后坐扣脚　　　② 右转分手　　　③ 收脚抱球　　　④ 右转出步

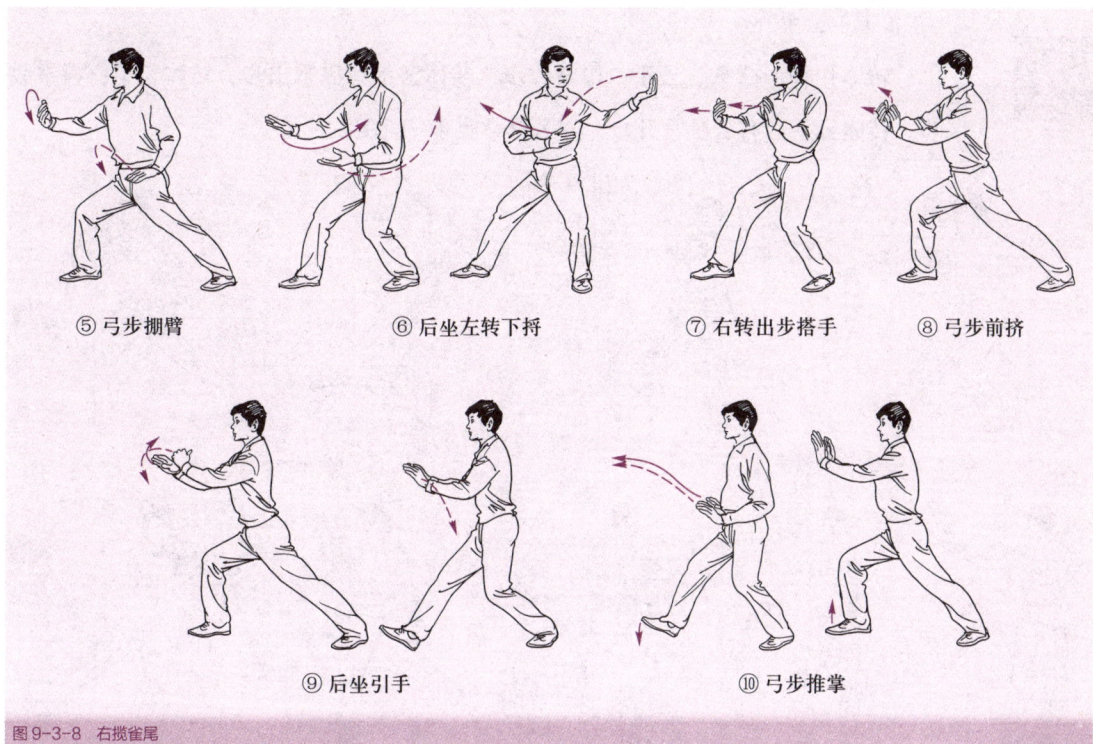

⑤弓步掤臂　　　　⑥后坐左转下捋　　　　⑦右转出步搭手　　⑧弓步前挤

⑨后坐引手　　　　　　　⑩弓步推掌

图9-3-8　右揽雀尾

（九）单鞭

转身扣脚云手，云手、勾手、收脚，转身上步；弓步推掌。（图9-3-9）

①左转扣脚　　　　②右转收脚展臂　　　　③出步勾手

④弓步推掌

图9-3-9　单鞭

云手

（十）云手

转体扣脚、撑掌、云手，撑掌收步，转体云手，撑掌出步，转体云手；撑掌收步，转体云手；右云翻掌开步；左云翻掌收步。（图9-3-10）

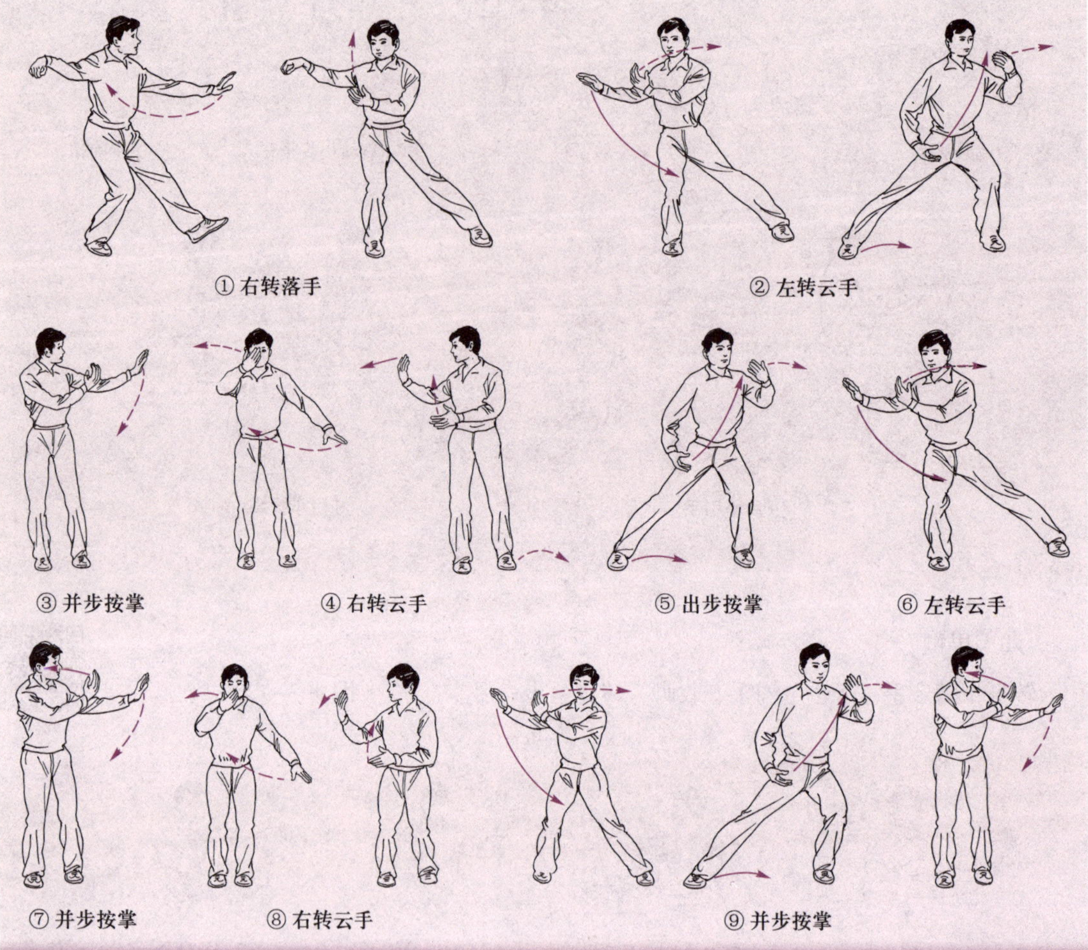
① 右转落手
② 左转云手
③ 并步按掌
④ 右转云手
⑤ 出步按掌
⑥ 左转云手
⑦ 并步按掌
⑧ 右转云手
⑨ 并步按掌

图9-3-10　云手

单鞭2

（十一）单鞭

右转勾手，转身上步，弓步推掌。（图9-3-11）

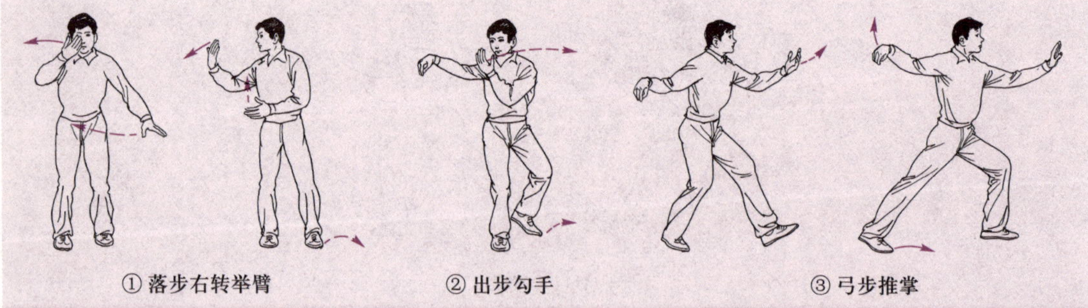
① 落步右转举臂
② 出步勾手
③ 弓步推掌

图9-3-11　单鞭

（十二）高探马

跟步后坐展手，坐腿屈臂，虚步探掌。（图9-3-12）

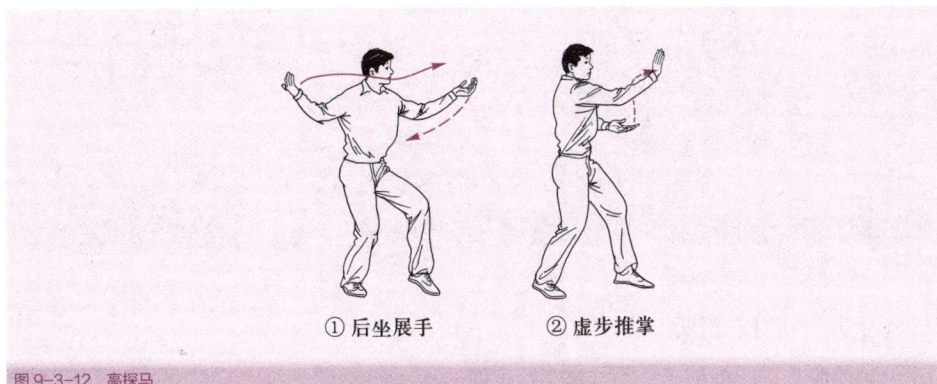

① 后坐展手　② 虚步推掌

图9-3-12　高探马

（十三）右蹬脚

穿手提脚上步，弓步分手画弧，抱手收脚，分手蹬脚。（图9-3-13）

① 提脚收手　② 左转出步　③ 弓步画弧

④ 合抱提膝　⑤ 分手蹬脚

图9-3-13　右蹬脚

（十四）双峰贯耳

收脚屈膝并手，落脚出步落手，弓步贯拳。（图9-3-14）

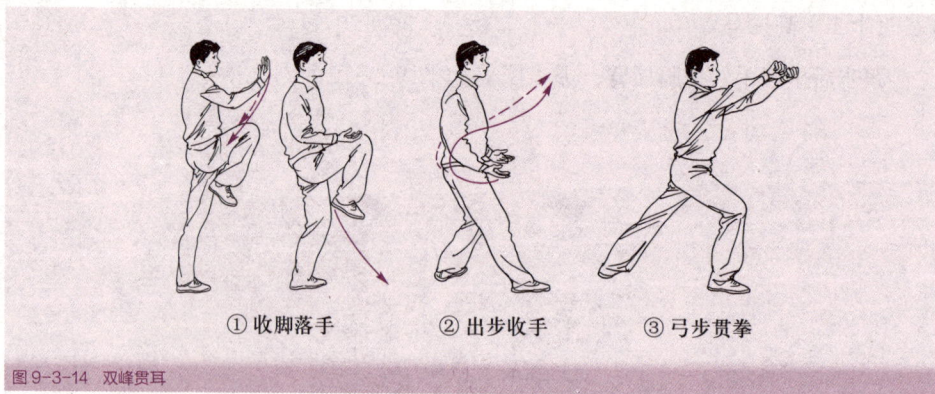

① 收脚落手　②出步收手　③弓步贯拳

图9-3-14　双峰贯耳

左转身蹬脚

（十五）转身左蹬脚

左转展手，收脚抱手，分手蹬脚。（图9-3-15）

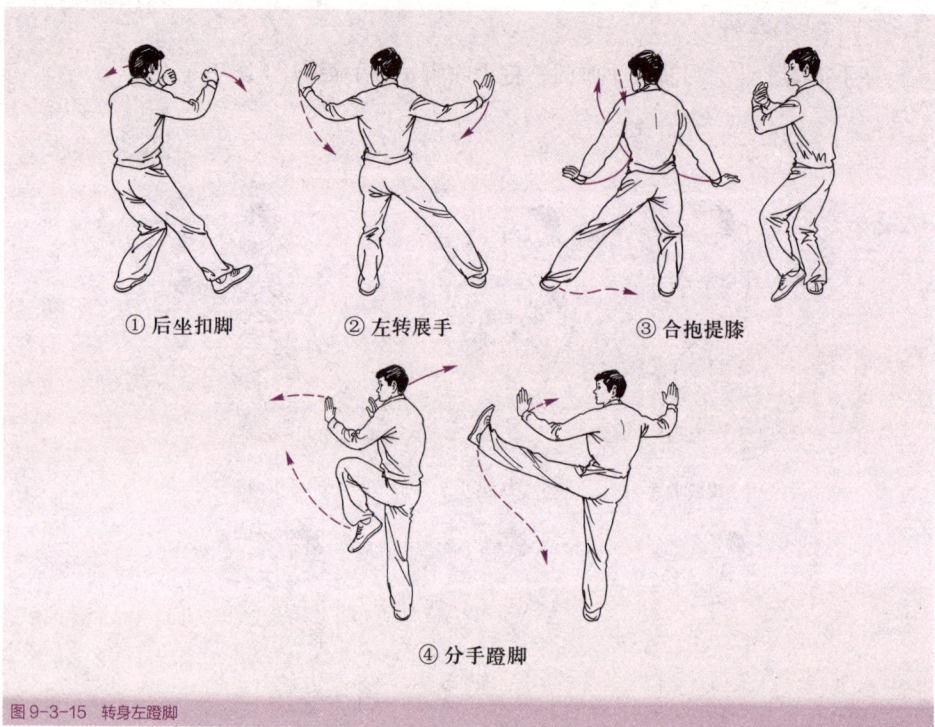

① 后坐扣脚　②左转展手　③合抱提膝

④ 分手蹬脚

图9-3-15　转身左蹬脚

左下势独立

（十六）左下势独立

收脚勾手，屈蹲开步，穿掌下势，弓步起身，提膝挑掌。（图9-3-16）

右下势独立

（十七）右下势独立

落脚左转身勾手，屈蹲开步，穿掌下势，弓步起身，提膝挑掌。（图9-3-17）

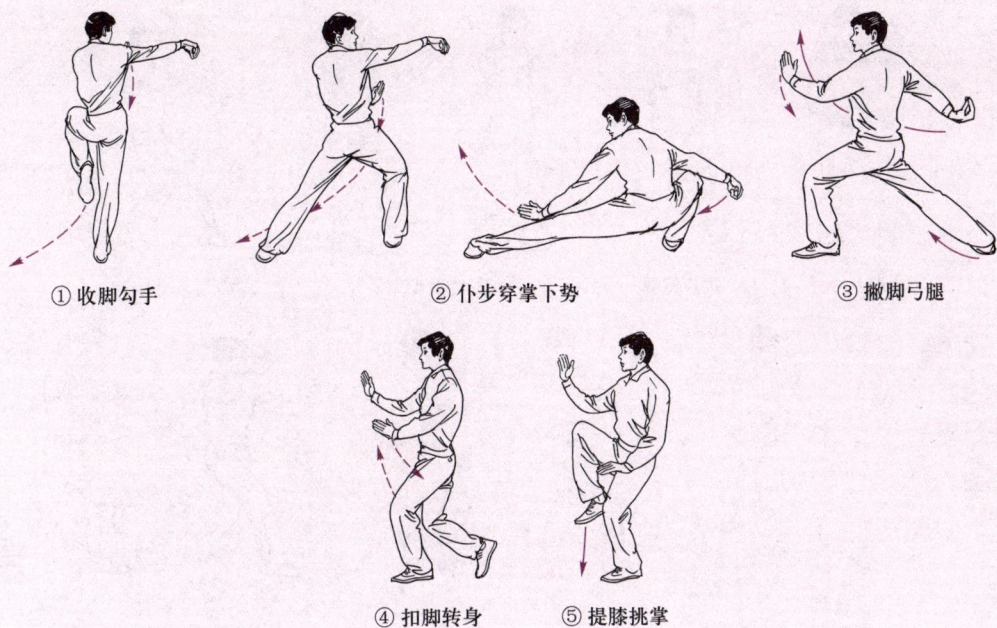

① 收脚勾手　　　　　　　　　② 仆步穿掌下势　　　　　　　　　③ 撇脚弓腿

④ 扣脚转身　　　⑤ 提膝挑掌

图 9-3-16　左下势独立

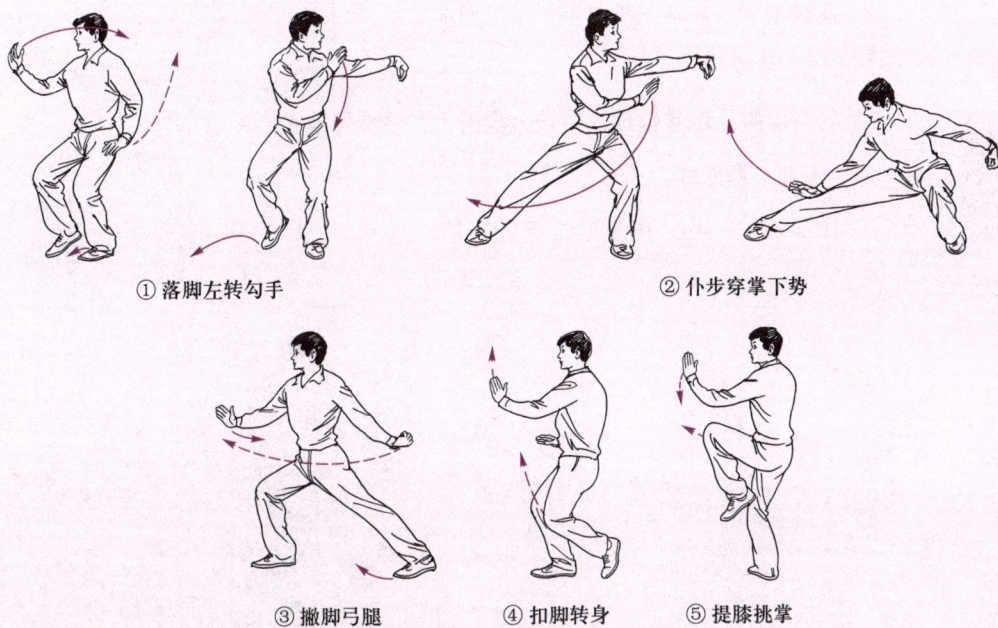

① 落脚左转勾手　　　　　　　　　　　② 仆步穿掌下势

③ 撇脚弓腿　　　④ 扣脚转身　　　⑤ 提膝挑掌

图 9-3-17　右下势独立

（十八）左右穿梭

如图 9-3-18 所示。

左右穿梭

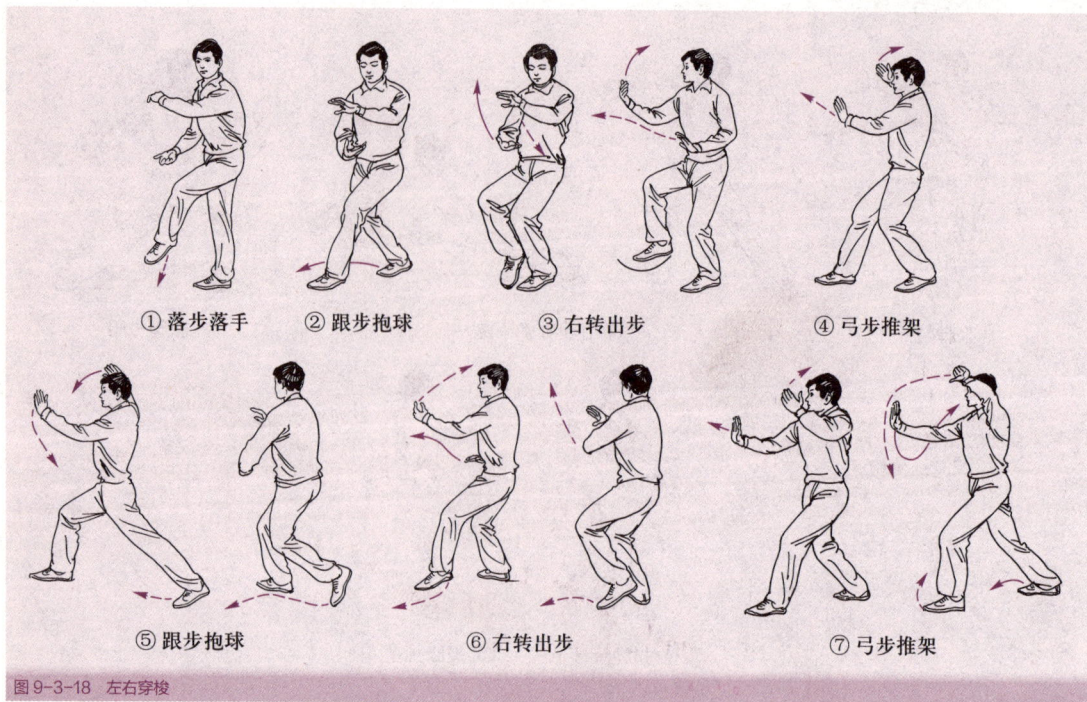

①落步落手　②跟步抱球　③右转出步　④弓步推架

⑤跟步抱球　⑥右转出步　⑦弓步推架

图 9-3-18　左右穿梭

1. 右穿梭

落脚抱球，右转上步错手，弓步架推掌。

2. 左穿梭

转身撇脚，跟步抱球，左转上步错手，弓步架推掌。

（十九）海底针

跟步落手，虚步下插掌。（图 9-3-19）

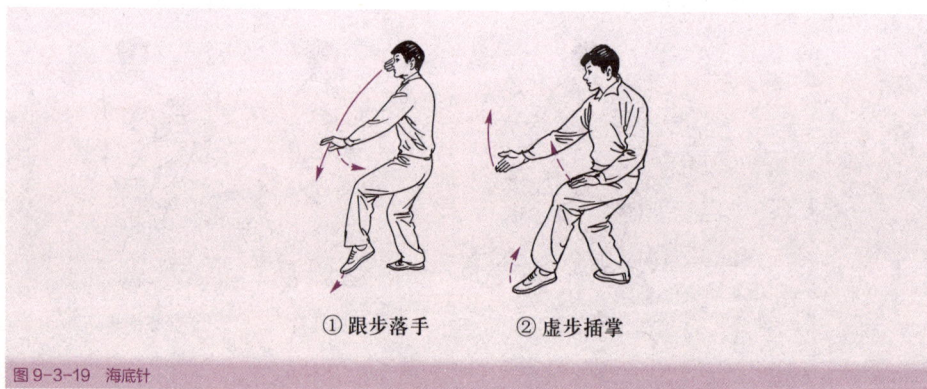

①跟步落手　②虚步插掌

图 9-3-19　海底针

（二十）闪通臂

起身收脚举臂，弓步推架。（图 9-3-20）

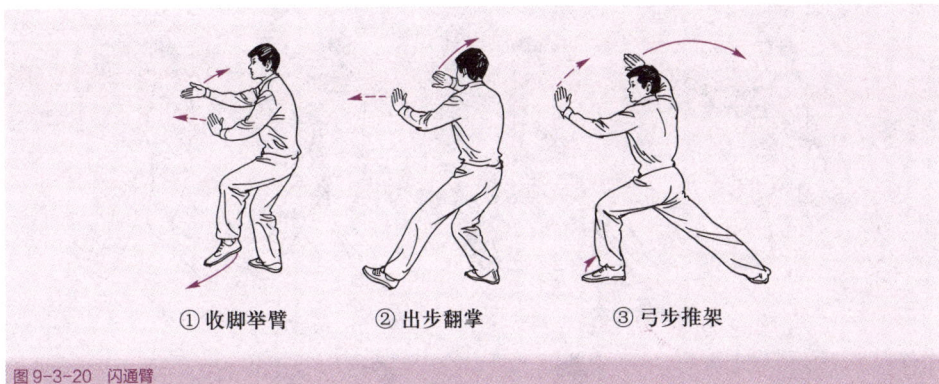

① 收脚举臂　　　② 出步翻掌　　　③ 弓步推架

图 9-3-20　闪通臂

（二十一）转身搬拦捶

后坐转身扣脚，收脚坐腿握拳，摆步搬拳，转体收拳，上步拦掌，弓步打拳。
（图9-3-21）

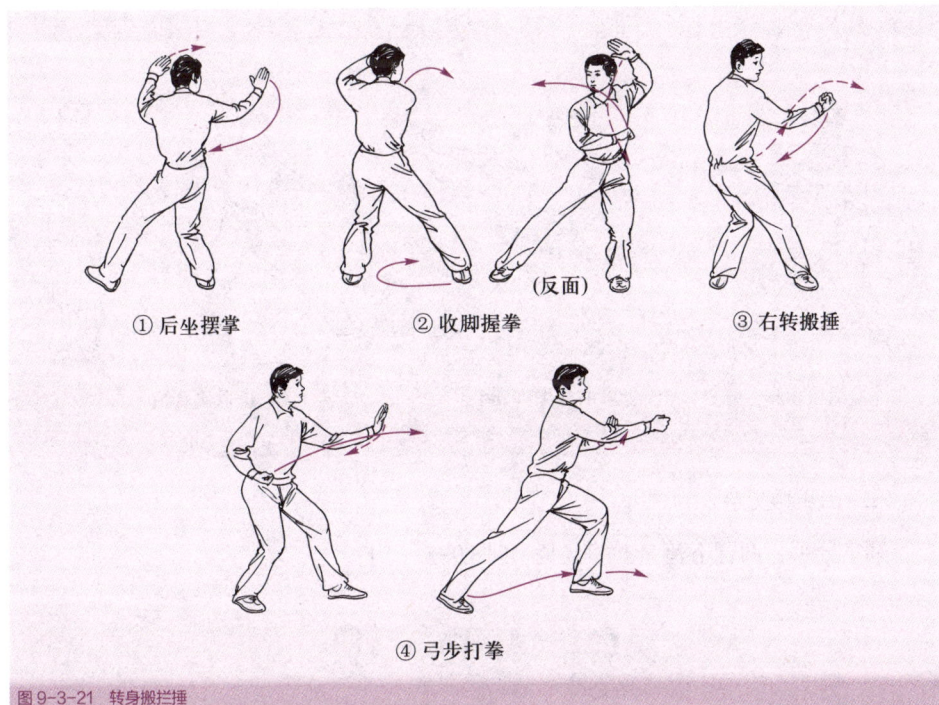

① 后坐摆掌　　　② 收脚握拳　（反面）　　③ 右转搬捶

④ 弓步打拳

图 9-3-21　转身搬拦捶

（二十二）如封似闭

穿臂翻掌，后坐收掌，弓步推掌。（图9-3-22）

（二十三）十字手

转体扣脚，撇脚分手；交叉搭手，收脚合抱。（图9-3-23）

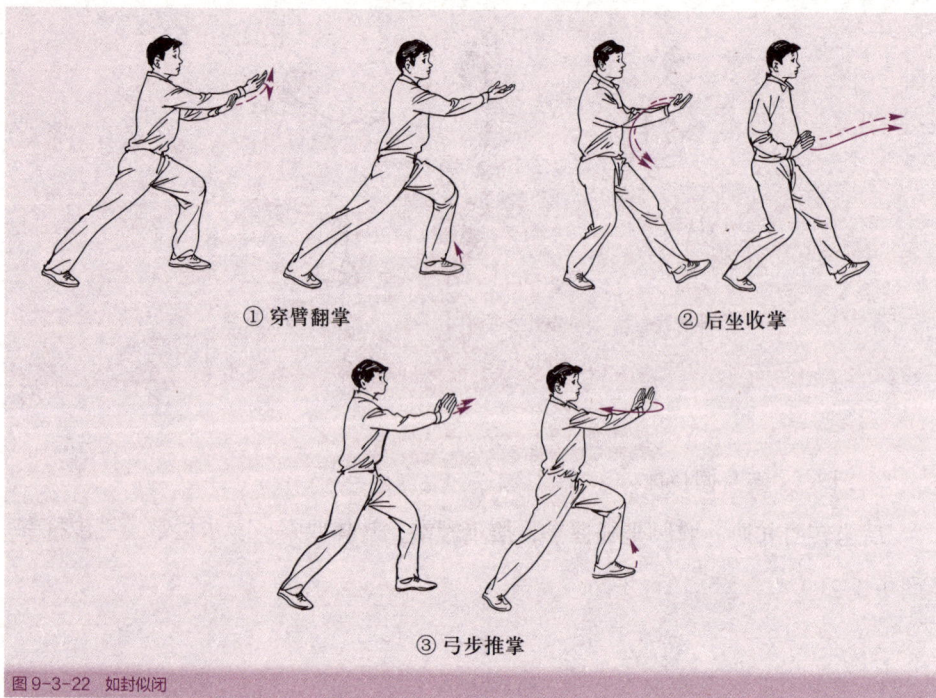

① 穿臂翻掌　　　　　　　② 后坐收掌

③ 弓步推掌

图 9-3-22　如封似闭

① 后坐扣脚　　② 右转撇脚分手　　③ 收脚合抱

图 9-3-23　十字手

（二十四）收势

翻掌分手，两臂下落，并步还原。（图 9-3-24）

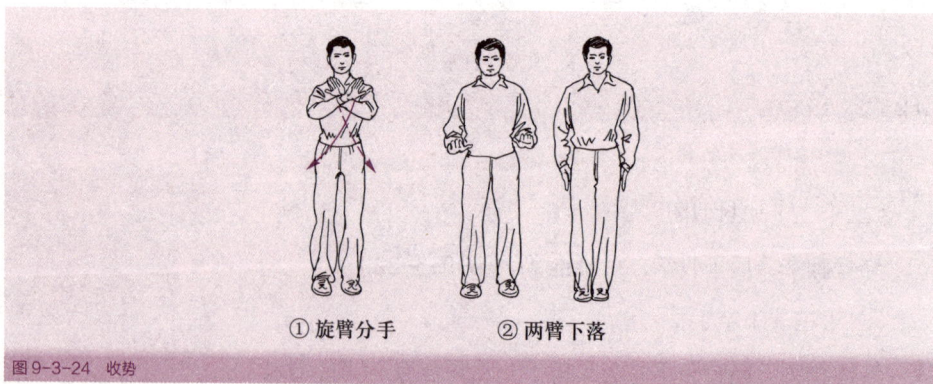

① 旋臂分手　　② 两臂下落

图 9-3-24　收势

收势

小提示

在熟练演练24式太极拳基础上，学习"杨氏太极拳""孙氏太极拳""陈氏太极拳"等太极拳竞赛套路，以提高锻炼的强度与水平。

思考题

1. 长拳有哪些特点？

2. 初级长拳（第三路）有哪些动作？

3. 简述24式简化太极拳动作名称。

第十章　健身气功

阅读提示：

○ 健身气功是中国古代体育的一项重要内容，其以保健养生为目的，以呼吸吐纳配合肢体运动为主要形式。早在三千多年前的夏商时期，人们为了长寿、健康，创造了各种保健养生方法。气功作为华夏民族的一类独特的健身运动项目，在长期的历史发展中，经过各个时代保健养生家的实践和提炼，逐渐形成以导引、行气、按摩为主要特征的成套术式，其广为流传并深受人们喜爱。时至今日，这些凝结了医疗、养生智慧的瑰宝依然为中华民族强身健体贡献着力量。

第一节　健身气功概述

一、气功的历史渊源

气功作为一种独特的身心锻炼方法，萌芽于远古时代，从生产和劳作中发展而来。

《吕氏春秋》记载，早在尧帝时代，洪水泛滥，许多人患上了关节凝滞等疾病，于是，人们"作舞以宣导之"。这种具有"宣导"作用的"舞"，正是气功的萌芽。在后来的发展进程中，气功曾被命名为"吐纳""导引""按跷""行气"等。战国至汉初，有一部非常重要的中医经典问世，它就是《黄帝内经》，这部书奠定了古代气功的医学基础。到了两汉时期，气功有了进一步发展，在功法上更为具体，理论上更为丰富。

在隋唐时期，伴随着道教、佛教的发展，人们对气功的传承和研究也进一步深入。如佛教天台宗创始人智者大师所著的《童蒙止观》，对气功理论的发展影响很大，现在公认的练功三要素——调心、调息、调身，正是来源于该书的"调五和"，即调饮食、调睡眠、调息、调身、调心。进入宋代，随着印刷术和造纸术的发展，大量的医学和气功专著面世。一些脍炙人口的功法在民间广泛流行，如八段锦，该功法歌诀易记，动作简单，疗效良好，深受群众喜爱。明清时期，气功的发展达到了一个新的高潮，出现了大量气功功法的专著。明初冷谦的《修龄要旨》收集了延年六字诀、长生一十六字诀、十六段锦、八段锦、导引祛病歌诀等多种功法。

2001年始，国家体育总局气功运动管理中心在继承传统的基础上，组织专家、学者整理编创了易筋经、五禽戏、八段锦等优秀功法。这些健身气功功法古朴、典雅、科学、有效，具有良好的修身养性、保健养生的效果。

二、习练气功的注意事项

气功是一种形体活动、呼吸吐纳与心理调节相结合的健身方法。学练气功时，要特别注意松静自然、动静相间、练养结合等事项。

1. 松静自然

松，包括形体的放松和精神的放松。习练气功强调的放松，是一种松而不懈、紧而不僵的状态，使形体、呼吸、意念轻松、舒适。静，是指练功时情绪要平稳、安宁，排除杂念。开始时可以把意念集中于动作的姿势，也可以集中于身体部位，并逐渐过渡到体会呼吸与肢体动作的配合上。这样就可以使练功者精神内守于自身而不外越，慢慢进入了"拳无拳，意无意，无意之中是真意"的境地。

2. 动静相间

气功锻炼的实质，是通过肢体运动和呼吸的配合，改善人体的生理功能，从而起到祛病强身的作用。意识内静是指功法锻炼时精神活动的相对宁静，把发散、无序的思维活动逐渐内收，变成有规律的单一的意念活动。这种动静相间、动中驭静的锻炼方法，把外练和内养有机地融合在一起，从而达到意气相随、疏通经络、调和气血、内安五脏、外壮筋骨的作用。

3. 练养结合

练，是指形体运动、呼吸调整与心理调节有机结合的锻炼过程，练是获得锻炼效果的主要途径。养，一方面是指练功时的调养，另一方面是指在生活中的调养。在进行气功锻炼时，练功者一方面要根据自己的具体情况，做到"练中有养""养中有练"；另一方面要注重日常生活中的调养，把调身、调息、调心、调睡眠、调饮食贯穿到整个生活中，从良好的生活习惯中修炼出健康的体魄。

第二节 八段锦

一、八段锦介绍

八段锦从北宋起开始流传，后在历代流传的过程中形成许多练法和各具特色的流派。有坐八段锦、立八段锦，北八段锦与南八段锦，文八段锦与武八段锦，少林八段锦与太极八段锦之分等。

古人把这套动作比喻为"锦"，意为动作舒展优美，体式古朴高雅，如锦缎般优美、柔顺，又因为功法共为八段，每段一个动作，故名为"八段锦"。八段锦动作简单，易记易学，适合男女老少等不同人群习练。传统医学认为，八段锦柔筋健骨、养气壮力，具有行气活血、协调五脏六腑之功能。

八段锦功法
源流

二、八段锦动作名称

预备势

第一式	两手托天理三焦	第二式	左右开弓似射雕
第三式	调理脾胃需单举	第四式	五劳七伤往后瞧
第五式	摇头摆尾去心火	第六式	两手攀足固肾腰
第七式	攒拳怒目增气力	第八式	背后七颠百病消

收势

三、八段锦动作图解

1. 预备势

并步站立，左脚侧开半步，两脚与肩同宽。两掌向两侧摆起，然后慢慢屈膝，两掌合抱于腹前（图10-2-1）。

预备势和两手
托天理三焦

2. 两手托天理三焦

两臂下落于腹前，两掌交叉（图10-2-2①）。两掌缓慢上托，两腿慢慢伸直，当两掌上托到胸前时，翻掌向头上方托起，充分抬头，动作不停（图10-2-2②）。两臂伸直，下颌微收，略停2 s。最后，两臂向身体两侧下落，松腰松胯，两膝微屈，两掌捧于腹前（图10-2-2③）。重复上述动作。

3. 左右开弓似射雕

右移重心，左脚侧开一步，直腿站立，两臂合抱于胸前，左掌在外（图10-2-3①）。左掌立掌成八字掌，右掌屈指成爪，两腿半蹲成马步，两手分别向左

左右开弓似
射雕

图 10-2-1 预备势

① ② ③

图 10-2-2 两手托天理三焦

① ② ③ ④ ⑤

图 10-2-3 左右开弓似射雕

右两侧拉爪推掌，犹如拉弓射箭，略停 2 s，眼睛看八字掌方向（图 10-2-3②）。随后，重心右移，两手变自然掌，右手向右侧打开，眼睛看右掌（图 10-2-3③）。最后，左脚回收，并步站立，两掌分别由两侧下落，捧于腹前（图 10-2-3④）。重复上述动作，最后一遍时，收半步，成开步站立（图 10-2-3⑤）。

4. 调理脾胃须单举

两腿慢慢伸直，右掌斜向上托起，左掌慢慢转掌下按，两臂在上托下按的过程中，如怀抱婴儿（图 10-2-4①）。右掌过胸之后，旋臂上托，上托之掌有托天之势，下按之掌有挂地之力，舒胸展体，拔长腰脊，略停 2 s（图 10-2-4②）。随后，松腰沉髋，两膝微屈，右掌经面前下落至腹前，右掌转掌下按同时左掌经体前向左上方托起。重复上述动作（图 10-2-4③）。最后一遍时，右掌从体前下落，成伏案式（图 10-2-4④）。

调理脾胃须单举

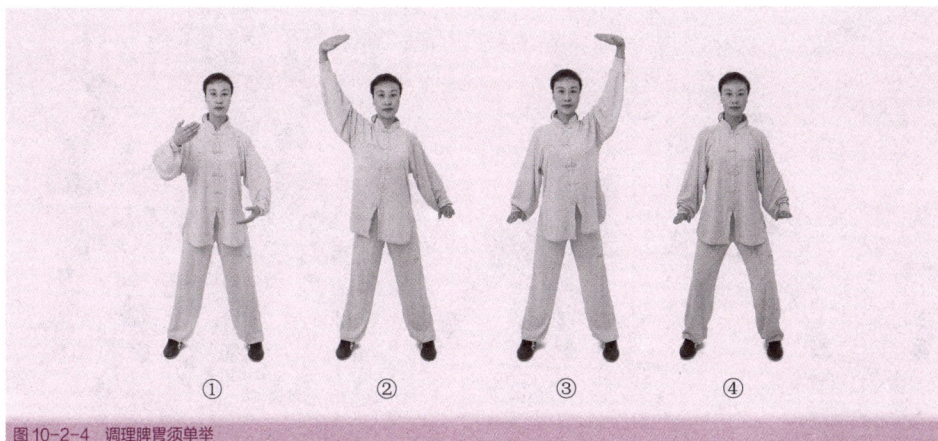
图 10-2-4 调理脾胃须单举

5. 五劳七伤往后瞧

两腿慢慢直立，两臂伸直，掌心向后，指尖向下（图10-2-5①）。随之，两臂充分外旋，掌心逐渐转向上方，头向右后方转动，目视右斜后方，展胸夹背，略停2 s（图10-2-5②）。然后，松腰沉髋，两腿微屈，含胸松背，两臂回旋按于髋旁，恢复成伏案式。向另一侧重复上述动作（图10-2-5③），最后一遍时，两掌合抱于腹前（图10-2-5④）。

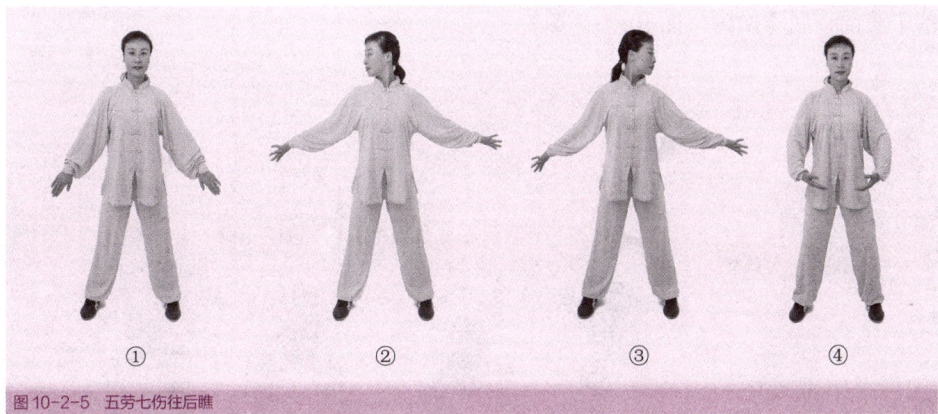
图 10-2-5 五劳七伤往后瞧

6. 摇头摆尾去心火

右脚平开一步，两掌上托至头上方，目视前方（图10-2-6①）。两腿慢慢半蹲成马步，两臂向两侧落下，掌指轻轻扶于大腿处（图10-2-6②）。上体右倾，随之俯身，经体前旋至右侧，成右偏马步，向右侧顶髋，并向前、右、后旋转，同时向右仰面摇头至身体中位（图10-2-6③④）。最后，收下颌，敛尾闾，立身中正，目视前方。向另一侧重复动作，最后一遍时，右脚回收成开步站立，两掌经两侧上举下按到腹前，屈膝微蹲（图10-2-6⑤）。

图 10-2-6　摇头摆尾去心火

7. 两手攀足固肾腰

两臂向前上举起，下按于胸前（图 10-2-7①②）。随之弓身，掌心向上转，顺势沿腋下向背后插掌，沿脊柱两侧向下摩运到臀部（图 10-2-7③）。上体前俯，头颈自然，两掌继续沿腿向后摩运，经两脚外侧置于脚面，抬头，拔长腰脊，略停 2 s（图 10-2-7④）。最后，两掌沿地面尽量前伸，以臂带身，慢慢起身，拉长腰身，回到开始时的动作（图 10-2-7⑤）。重复上述动作，最后一遍时，两掌向前下方落下，落于腹前，屈膝微蹲（图 10-2-7⑥）。

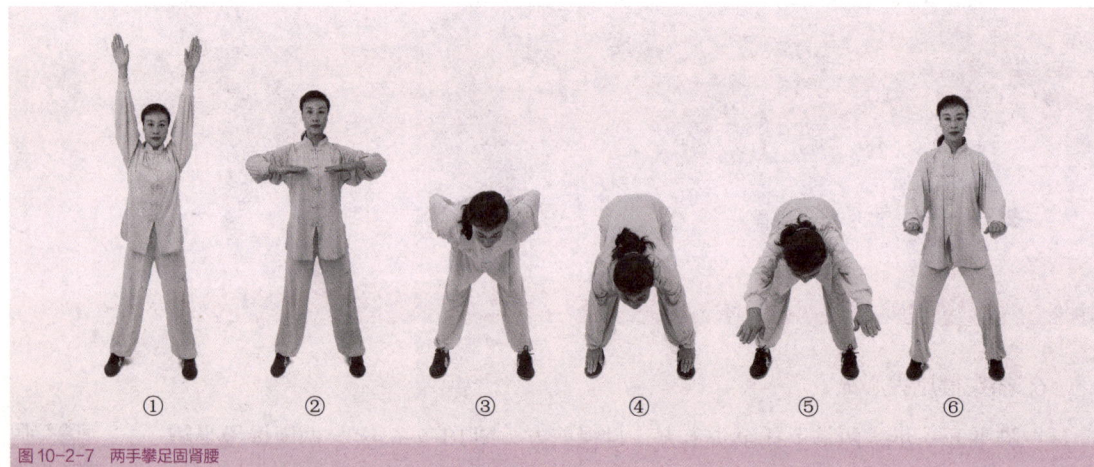

图 10-2-7　两手攀足固肾腰

8. 攒拳怒目增气力

左脚开步，两腿屈膝半蹲成马步，两掌握固，抱于腰侧（图 10-2-8①）。左拳缓慢用力向前冲出，拳要握紧，力达拳面，脚趾抓地，眼睛逐渐圆睁，目视左拳冲出方向（图 10-2-8②）。接下来做旋腕，左拳变掌，转虎口朝下，旋绕一周后，变拳握固收回腰间（图10-2-8③）。另一侧重复动作（图10-2-8④）。最后一遍时，身体重心右移，左脚回收成并步站立，两拳变掌，自然垂于体侧（图10-2-8⑤）。

① ② ③ ④ ⑤ ⑥

图10-2-8 攒拳怒目增气力

9. 背后七颠百病消

并步站立，两脚跟提起，脚趾抓地，提踵而立，同时提肛、收腹、松肩、垂肘、立项竖脊，略停2 s（图10-2-9①②）。然后，脚跟徐缓下落，轻震地面，全身放松。重复上述动作。

背后七颠
百病消

10. 收势

两臂向两侧摆起，缓缓合抱于小腹，两掌相叠。静养片刻后，两臂自然下落。收势时，意念归一，宁心静养，感觉气沉丹田，小腹部温暖舒适（图10-2-10）。

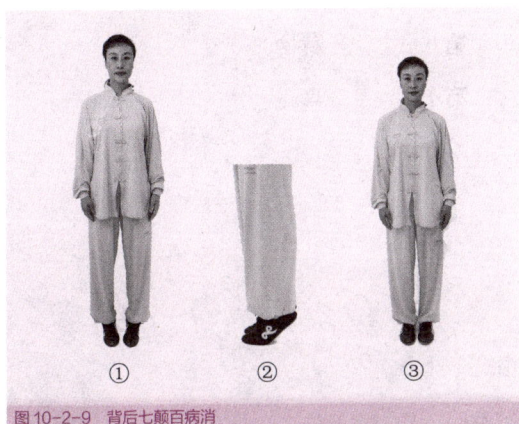

① ② ③

图10-2-9 背后七颠百病消

图10-2-10 收势

第三节　五禽戏

一、五禽戏介绍

五禽戏源于我国古代的仿生导引术。有关五禽戏的最早记载见于西晋时陈寿所著的《三国志·华佗传》："吾有一术，名五禽之戏，一曰虎，二曰鹿，三曰熊，四曰猿，五曰鸟。亦以除疾，并利蹏（蹄）足，以当导引。"

五禽戏发展至今，已形成不少流派。总的来看，都是根据"五禽"动作，结合自身练功体验所编的仿生导引法，有五禽戏、五禽气功图、五禽拳、五禽散手、五禽舞等。

21世纪初，国家体育总局气功运动管理中心组织专家、学者编创了健身气功·五禽戏，它的动作编排按照《三国志·华佗传》的记载，顺序为虎、鹿、熊、猿、鸟；动作数量沿用了陶弘景《养性延命录》的描述，为十个动作，每戏两个动作。五禽戏突出了身心共养的特点，是一套集修身养性、娱乐观赏于一体的健身功法。

二、五禽戏动作名称

预备势

第一式	虎举	第二式	虎扑
第三式	鹿抵	第四式	鹿奔
第五式	熊运	第六式	熊晃
第七式	猿提	第八式	猿摘
第九式	鸟伸	第十式	鸟飞

收势

三、五禽戏动作图解

1. 预备势

松颈站立，左脚向左平开一步，稍宽于肩，两臂在体前向上、向前平托，肘微屈，手掌向上，与胸同高（图10-3-1①）。随后，两掌向内翻转，并缓慢下按于腹前，目视前方（图10-3-1②）。重复三次后，两手自然垂于体侧（图10-3-1③）。

预备势和虎举

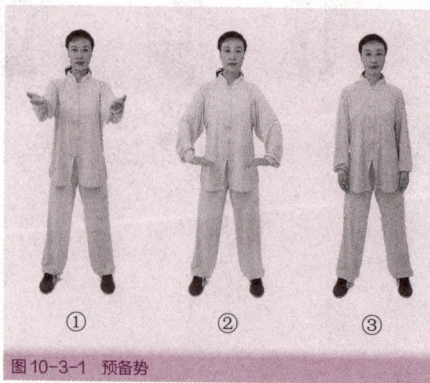

图 10-3-1　预备势

2. 虎举

两掌心向下，十指撑开，再弯曲成虎爪状，随后，两手外旋，由小指依次弯曲握拳（图10-3-2①②）。两拳沿体前缓慢上提，至肩前时，十指撑开，举至头上方再成虎爪状，目视两掌（图10-3-2③）。然后，两掌外旋握拳，拳心相对，目视两拳，两拳下拉至肩前时（图10-3-2④）。变掌下按，沿体前下落至腹前，十指撑开，掌心向下，目视两掌（图10-3-2⑤⑥）。重复上述动作。

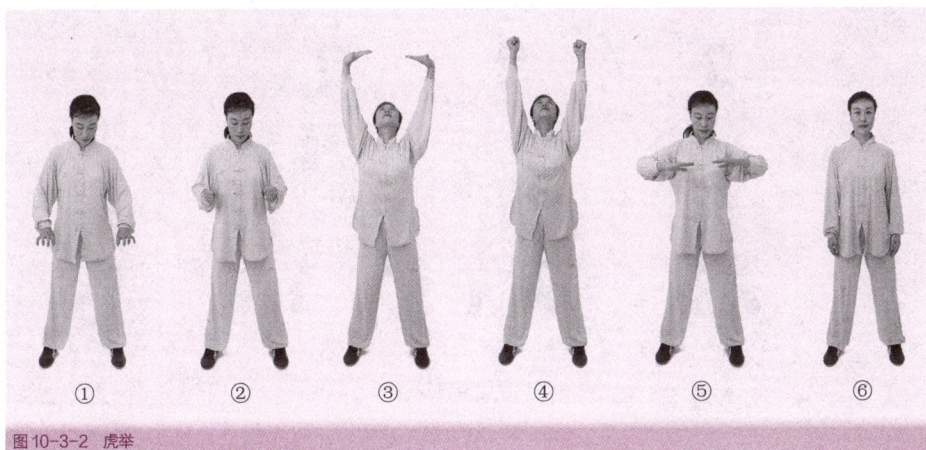

图10-3-2 虎举

3. 虎扑

两手握空拳，沿身体两侧上提至肩前上方，两手向前上画弧，十指弯曲成虎爪状，上体前俯，挺胸塌腰（图10-3-3①②）。两腿屈膝下蹲，收腹含胸，两手向下画弧至两膝侧（图10-3-3③）。两腿伸膝，送髋，挺腹，后仰；两掌握空拳，沿体侧向上提至胸侧（图10-3-3④）。左腿屈膝提起，两手上举，左脚向前迈出一步，脚跟着地，右腿屈膝下蹲，成左虚步，两拳变虎爪向前下扑至膝前两侧，略停2 s（图10-3-3⑤⑥）。左脚收回，两手自然下落于体侧，再重复另一侧。每一戏结束后要引气归元，两掌侧前方举起，与胸同高（图10-3-3⑦），内合下按至腹前，两臂自然垂于体侧（图10-3-3⑧⑨）。

虎扑

4. 鹿抵

两腿微屈，重心移至右腿，左脚向左前方迈步，脚跟着地，两掌握空拳，向右侧摆起（图10-3-4①）。身体重心前移，左腿屈膝，脚尖外展踏实，右腿伸直蹬实；同时，身体左转，两掌成鹿角，经上、向左后方画弧，掌心向外，指尖朝后，左臂弯曲，肘抵靠左腰侧，右臂举至头前，向左后方伸抵，目视右脚跟（图10-3-4②）。身体右转，左脚收回，开步站立；同时两手经上、向右下方画弧，两掌握空拳下落

鹿抵

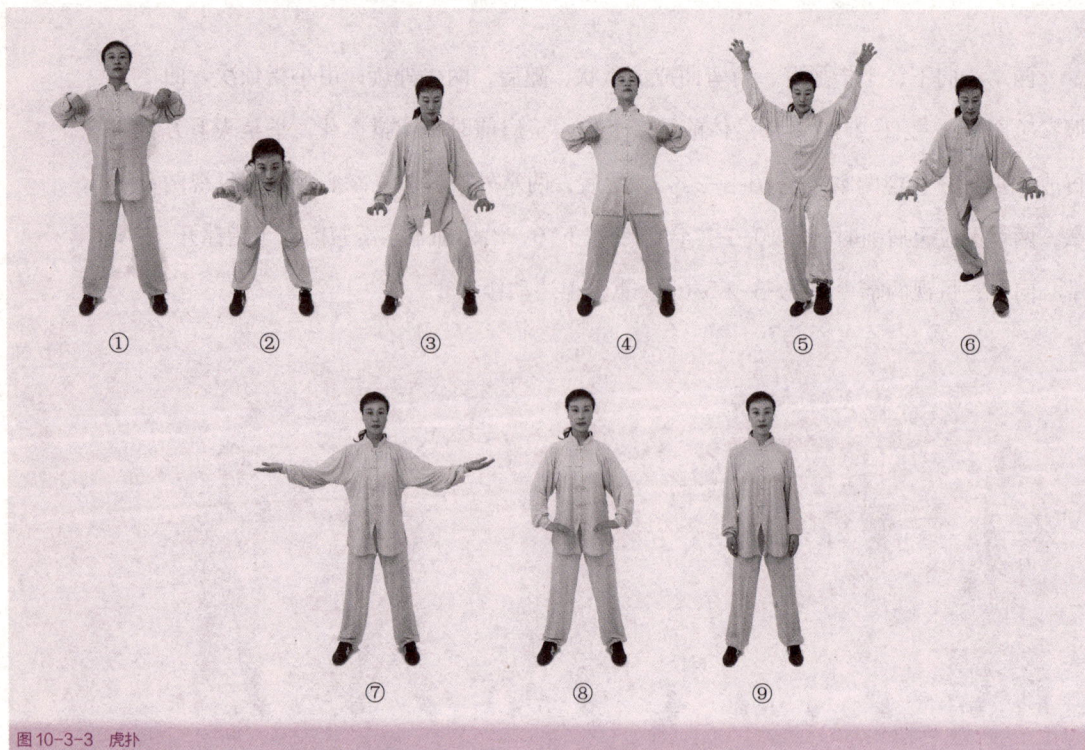

图10-3-3 虎扑

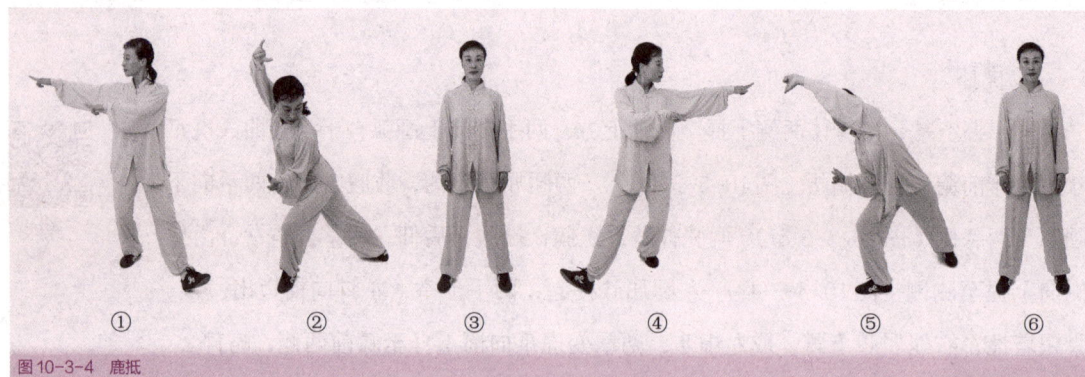

图10-3-4 鹿抵

于体侧（图10-3-4③）。再重复另一侧（图10-3-4④⑤⑥）。

5. 鹿奔

左脚向前跨一步，成左弓步，两手握空拳，向前上画弧至体前，屈腕（图10-3-5①）。然后，身体重心后移，左膝伸直，全脚掌着地，右腿屈膝，低头，弓背，收腹；同时，两掌前伸，掌背相对，拳变成鹿角（图10-3-5②）。身体重心前移，上体抬起，成左弓步，鹿角变空拳，拳心向下（图10-3-5③）。重心移到右腿，左脚收至右脚旁，从脚尖至脚跟依次落地，做换腿跳步（图10-3-5④），右脚向前跨一步，成右弓步，做另一侧，重复上述动作（图10-3-5⑤⑥）。鹿戏结束后做引

图10-3-5 鹿奔

气归元（图10-3-5⑦⑧⑨）。

6. 熊运

两掌握空拳，垂于下腹部，目视两拳（图10-3-6①）。以腰、腹为轴，上体纵向做顺时针摇晃，两拳随腰腹的展、收，沿腹部被动画圆，摇晃时，上体呈提拉、挤压状（图10-3-6②③）。上体摇晃两周后，再重复做另一侧（图10-3-6④）。做完最后一遍，两拳变掌下落，自然垂于体侧（图10-3-6⑤）。

熊运

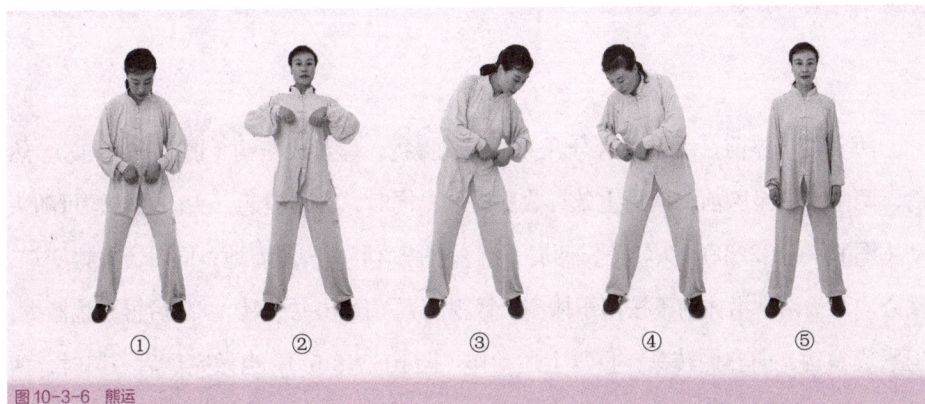

图10-3-6 熊运

7. 熊晃

重心右移，左髋上提，牵动左脚离地，两掌握空拳（图10-3-7①）。左脚向左前方落地，全脚掌踏实，成左弓步，左臂前靠，拳心朝左，右拳摆至体后，拳心朝后（图10-3-7②）。身体左转，重心后坐，右腿屈膝，左腿伸直；同时，拧腰晃肩，右拳前摆，左拳摆至体后（图10-3-7③）。最后，身体右转，重心前移，成左弓步，两臂再前后摆动（图10-3-7④）。右髋上提，向前迈右腿，再在另一侧，重复上述动作（图10-3-7⑤⑥）。做完最后一遍，开步站立，引气归元（图10-3-7⑦⑧）。

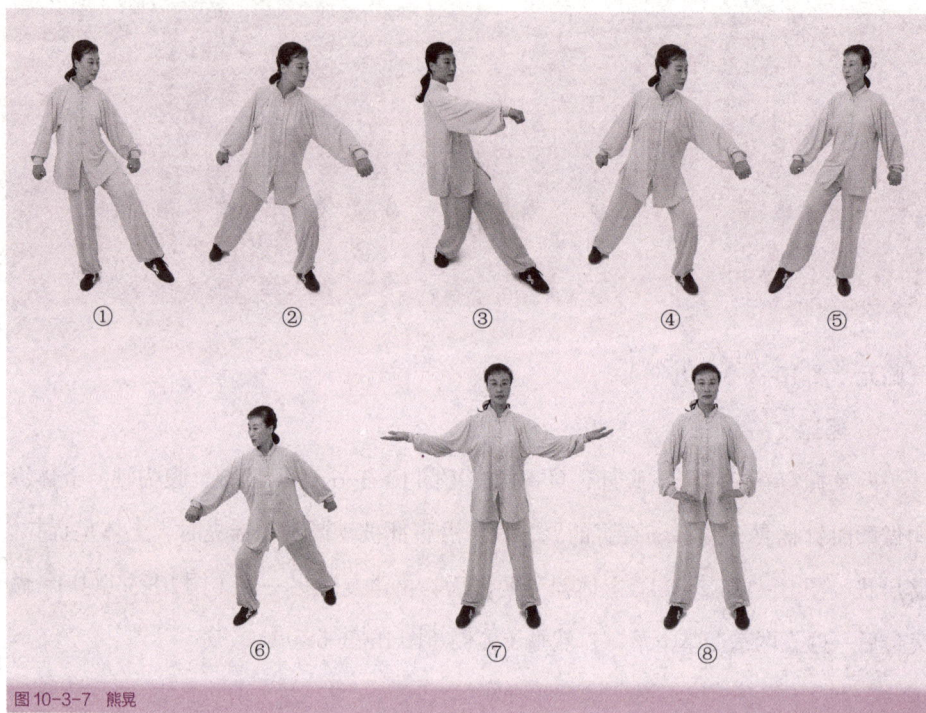

图10-3-7 熊晃

8. 猿提

两掌置于体前，手指伸直分开，再屈腕撮拢，捏紧成猿钩（图10-3-8①）。然后，两掌上提至胸前，两肩上耸，收腹提肛；同时，脚跟提起，头向左转，目随头动（图10-3-8②③）。头转正，两肩下沉，松腹落肛，脚跟着地；同时，猿钩变掌，掌心向下。两掌沿体前下按落于体侧，目视前方（图10-3-8④）。随后再屈腕撮拢，捏紧成猿钩，向右侧转头，重复上述动作（图10-3-8⑤）。当做完最后一遍时，两手自然垂于体侧（图10-3-8⑥）。

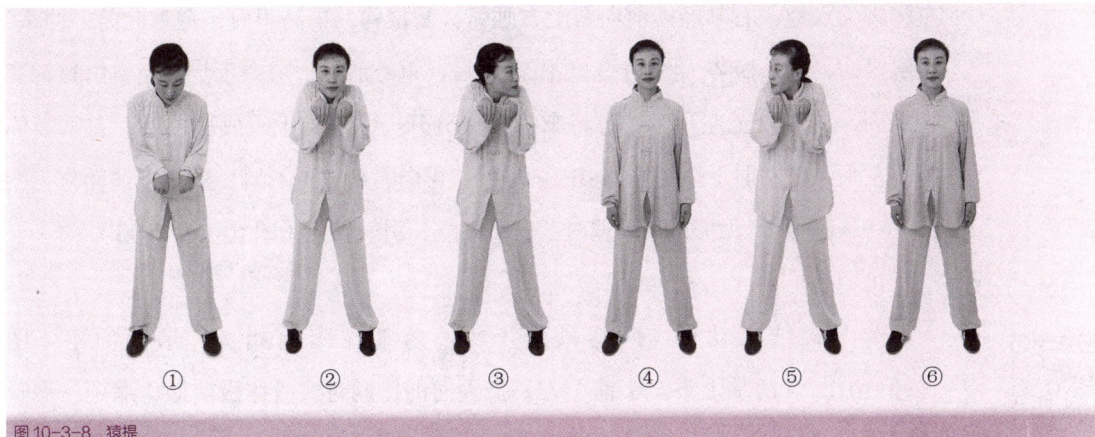

图 10-3-8　猿提

9. 猿摘

左脚向左后方撤步，右腿屈膝，同时，左掌成猿钩，收至左腰侧，右掌向右前方自然摆起（图10-3-9①）。重心后移，左腿屈膝下蹲，右脚收至左脚内侧，成右丁步，右掌经腹前向左上方画弧至头左侧，掌心对太阳穴（图10-3-9②）。右掌沿体侧下按至左髋侧（图10-3-9③）。随后，右脚向右前方迈出一大步，两腿伸直，

猿摘

图 10-3-9　猿摘

左脚脚尖点地，右掌经体前向右上方画弧，变猿钩，稍高于肩，左掌向前上伸举，屈腕撮钩，成采摘势（图10-3-9④）。最后，重心后移，成右丁步，左掌由猿钩变为握固，屈肘收至左耳旁，再将掌指自然分开，掌心向上，成托桃状，右掌经体前向左画弧至左肘下捧托（图10-3-9⑤）。再向右后方退右脚，重复上述动作（图10-3-9⑥⑦⑧）。做完最后一遍时，开步站立，引气归元（图10-3-9⑨⑩）。

10. 鸟伸

接上式结束动作，两腿微屈下蹲，两掌在腹前相叠，掌心向下（图10-3-10①）。两掌上举至头前上方，指尖向前；同时，身体微前倾，缩颈，塌腰（图10-3-10②）。然后，两腿微屈下蹲，两掌相叠下按至腹前；紧接着，身体重心右移，右腿蹬直，左腿伸直向后抬起，两掌左右分开，掌成鸟翅，向体侧后方摆起，抬头，挺胸，塌腰，略停2 s（图10-3-10③）。两腿再微屈下蹲，两掌在腹前相叠，向后抬右腿，重复上述动作。做完最后一遍，两脚开步站立，两手自然垂于体侧（图10-3-10④）。

图10-3-10 鸟伸

11. 鸟飞

两腿微屈，两掌合抱于腹前，掌心相对（图10-3-11①）。接下来，右腿伸直独立，左腿屈膝提起，同时，两掌成鸟翅状，向体侧展翅平举，稍高于肩，掌心向下（图10-3-11②）。然后，左脚下落在右脚旁，脚尖着地，两腿微屈，两掌下落合于腹前（图10-3-11③）。紧接着，再提左膝，两掌经体侧向上举至头顶上方，成鸟翅状，掌背相对（图10-3-11④）。最后，左脚下落在右脚旁，全脚掌着地，两腿微屈，两掌合于腹前，掌心相对（图10-3-11⑤）。再提右膝，重复上述动作。当做完最后一遍时，开步站立（图10-3-11⑥）。

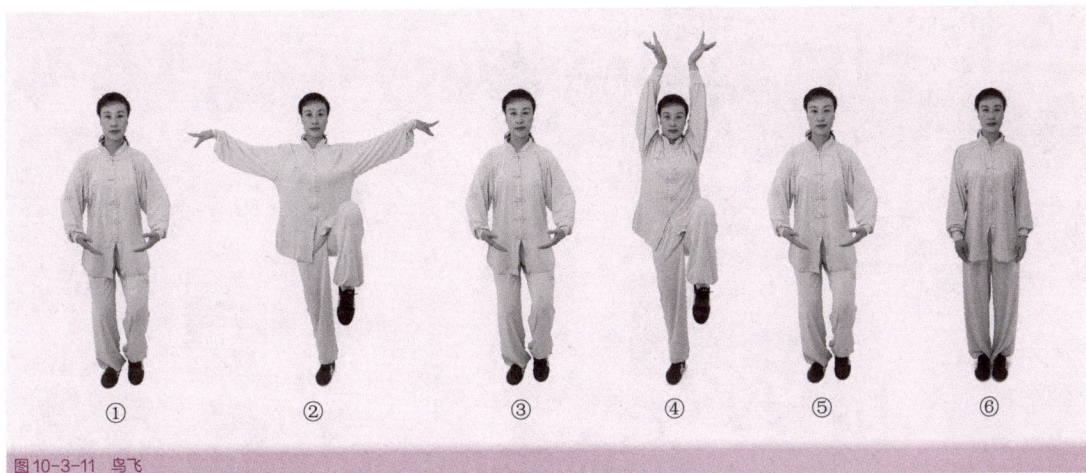

图 10-3-11 鸟飞

12. 收势

接上式结束动作，两掌经体侧上举，举至头顶时，掌心向下，沿体前缓慢下按至腹前，目视前方（图 10-3-12①②③）。引气归元共做三次。最后，两手在腹前合拢，虎口交叉，叠掌，眼微闭静养，调匀呼吸，意守丹田（图 10-3-12④）。数分钟后，两眼慢慢睁开，两手合掌，搓擦至热，掌贴面部，上下擦摩，浴面数次。两掌向后沿头顶、耳后、胸前下落，自然垂于体侧，左脚回收（图 10-3-12⑤）。

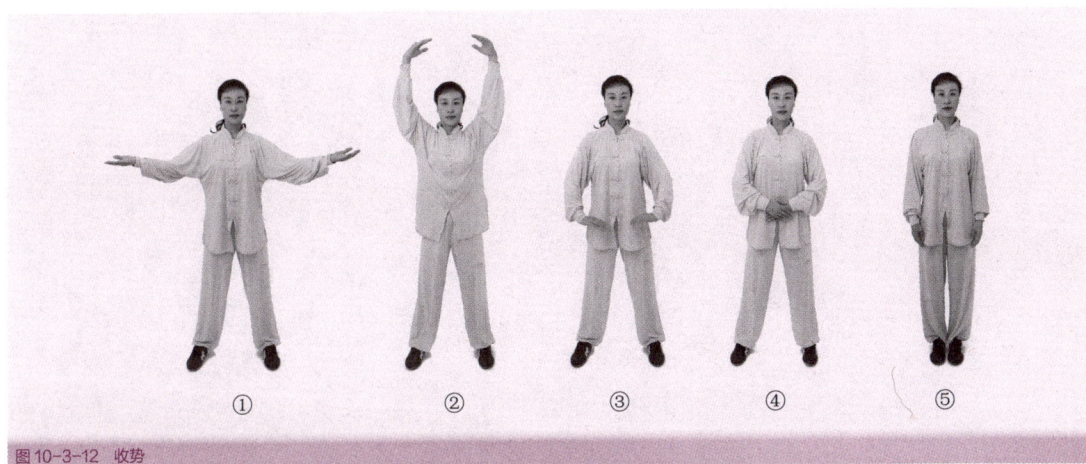

图 10-3-12 收势

思考题

1. 习练气功有哪些注意事项？

2. 简述八段锦的技术特点。

3. 简述五禽戏的技术特点。

第十一章

民间体育

阅读提示:

○ 民族传统体育是中华民族传统文化的重要载体。通过本章的学习, 让学生了解民族传统体育项目的起源、演变和发展, 了解各类民间体育的特征, 并根据不同项目的特点, 了解其健身、娱乐和竞技的作用。通过了解各项目的动作技术与练习方法, 引导学生树立正确的人生观与价值观。同时, 学习民间体育能够弘扬中国优秀传统文化, 增强民族凝聚力。

第一节　舞龙舞狮

一、舞龙舞狮运动概述

龙是古代传说中一种有鳞有须、能兴云作雨的神异动物, 又象征着吉祥。狮是一种威武、勇敢的动物, 古人视之为神物, 人们将它视作勇敢和力量的象征。在漫长的历史进程中, 华夏子民以龙、狮为尊, 在民间形成了舞龙舞狮的龙狮文化。每逢庆典和节日, 人们往往用舞龙舞狮来庆祝。现如今, 在不同的地域, 出现了不同风格的舞龙表演。如福建畲族的舞龙头、四川羌族的舞麻龙、仫佬族的舞草龙、湘西土家族的泼水龙等 (图 11-1-1)。

舞狮, 是中国优秀的民间艺术。狮子是由彩布条制作而成的, 每头狮子一般由两个人合作表演, 一人舞头, 一人舞尾。表演者在锣鼓音乐的伴奏下, 装扮成狮子的样子, 做出模仿狮子的各种形态动作。在表演过程中, 舞狮者要以各种招式来表现南派武功, 非常富有阳刚之气。狮被认为是驱邪避害的吉祥瑞物, 每逢节庆或有重大活动必有舞狮助兴, 长盛不衰, 历代相传 (图 11-1-2)。

舞龙舞狮是一项集武术、舞蹈艺术、民族鼓乐等多种因素于一体的体育项目, 通过鼓乐的击打节奏将武术技术和舞蹈艺术有机结合起来, 在变化多端的节奏中, 舞者利用身体姿态的多种变化, 在动态行进和静态造型中将力量、速度、耐力等糅合于舞龙舞狮之中, 完成各种优美的动作。研究表明, 舞龙属于大负荷、高强度的

图 11-1-1 舞龙

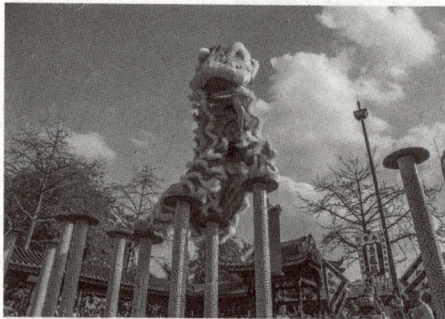
图 11-1-2 舞狮

有氧运动项目，能有效地增强人体心肺功能、提高人体有氧工作能力。同时，在精彩激烈的表演活动中，表演者锤炼了体魄，愉悦了身心；观赏者在吉祥喜庆的鼓乐声中，活跃了生活气氛，丰富了业余生活。

二、舞龙技术与练习

（一）技术动作

（1）"8"字舞龙。将龙体在身体左右两侧交替作"8"字形环绕的舞龙动作，可快可慢，可原地，可行进，也可利用人体动作组成多种姿态、多种形式作"8"字形舞动。

（2）游龙。舞龙者较大幅度地奔跑游走，通过龙体快慢有致、高低、左右的起伏行进，展现婉转回旋、左右盘翻的龙的动态特征。

（3）穿腾。龙体运动路线呈交叉形式，龙珠、龙头和龙节依次在龙身下穿过，叫"穿越"；龙珠、龙头和龙节依次在龙身上越过，叫"腾越"。

（4）翻滚。龙体呈立圆或斜圆，展现龙的腾跃、缠绞的动势。龙体作立圆或斜圆状连续运动，当龙身运动到舞龙者脚下时，舞龙者迅速向上腾起依次跳过龙身，称"跳龙动作"；龙体同时或依次作360°翻转，运动员利用滚翻、手翻等方法越过龙身，称"翻滚动作"。

（5）组图造型动作。是指龙体在运动中组成活动的图案或相对静止的造型。动态时，龙体图案构图清晰；在静止时，造型形象逼真。通过与龙珠协调配合，达到以形传神，以形传意的目的。

（二）练习方法

（1）步法练习。圆场步、矮步、碾步。

（2）原地"8"字舞龙。舞龙者"大八字步"站成一条直线，在龙头的带领下，在人体左右做"8"字环绕运动。

（3）起伏行进。舞龙者较大幅度地奔跑游走，通过龙体快慢有致地高低、左右起伏行进。

三、舞狮技术与练习

（一）技术动作

1. 步法动作技术

（1）上步和退步。左（或右）脚向前迈步，另一脚跟上，两脚平行站立为上步，反之为退步。

（2）左、右侧步。左（或右）脚向右（或左）侧迈一大步，另一脚跟上，两脚平行站立。

（3）左右交叉步。一脚向另一脚外侧跨出一大步，另一脚随即向移动方向跨出一步。

（4）跳步。没有具体的规定，可随着舞动的方向任意跳跃，可单脚跳，也可双脚跳，跳跃的步伐根据实际情况而定。

2. 上肩动作技术

（1）上肩动作技术分为平地或高台上肩。

（2）梅花桩上肩。梅花桩上站肩，狮尾单足立（5 s以上）。

（3）梅花桩双站肩。狮头，狮尾双单足起跳；飞跃（上下桩、台等）接上肩。

3. 上腿动作技术

（1）平地或高台上腿，单足起立。

（2）上腿，狮头单足起立；狮头、狮尾双单足起立。

（3）桩上跳跃，站位上腿。

4. 飞跃技术

（1）连环飞跃；连环飞跃过障碍。

（2）狮绕越高台角。

（3）飞跃（上下桩、台等）接上腿。

（二）练习方法

（1）步法练习。通过练习上步和退步、左、右侧步、左右交叉步和跳步，掌握基本功。

（2）上桩练习。通过上桩、下桩练习，提高上下桩的稳定性与准确性。

（3）跃过障碍练习：在跃过障碍练习时，难度由低到高，逐渐增加。

第二节　龙舟

一、龙舟运动概述

龙舟是我国历史上流传久远、民众参与广泛的民俗文化活动。"龙舟"一词最早见于《穆天子传》："天子乘鸟舟龙浮于太沼。"在民间还有很多关于"龙舟竞渡"的传说。据《荆楚岁时记》所载，龙舟竞渡起源于纪念屈原，也有纪念伍子胥、勾践等人的说法，已无从考证。"按五月五日竞渡，俗为屈原投汨罗江日，人伤其死，故并命舟楫以拯之。"屈原身上体现了高度的爱国主义精神，是为实现其理想而献出宝贵生命的著名历史人物。屈原那份"对我们伟大祖国及祖国优秀文化传统赤子式的挚爱与眷恋"，那份忧国忧民、舍身赴难的爱国精神，正是龙舟文化精神的重要内涵。

随着社会的发展，历史的演进，龙舟这一起源于古代的民间娱乐健身活动，在当代社会具有了一定的现代化内容。龙舟竞渡活动不仅具有了自己的组织——龙舟协会，并且在体育领域形成了蔚为壮观的体育文化现象。当代龙舟比赛不仅在南方开展得如火如荼，而且还把以前只在南方水乡进行的比赛项目移到了北方，如今这一发源于江南地区的水上体育活动已经在北方地区"安家落户"。传统龙舟竞渡在组织与竞赛方式上体现出鲜明的文化特点。传统龙舟竞渡是由各个地区根据自己的本土文化发展创造的，当地人依据本地的相关传说，确定龙船样式、划船姿势以及比赛的时间和方式等。龙舟运动自成为正式比赛项目后，虽然在比赛的形式上仍标准各异，但从组织的严密性、竞赛的合理性、比赛的观赏性来看，已日趋完整和科学。现代龙舟运动有专门的组织委员会、严格的竞赛程序、专业的裁判员队伍、专门的比赛场地和器材设施等（图11-2-1）。

图11-2-1　龙舟

二、龙舟技术与练习

（一）技术动作

1. 动作名称

从龙舟运动员的职能来划分，可将运动员分为划手、鼓手、锣手、舵手。划手的身体姿势大概可以分为坐姿、站姿、单脚跪姿。从力学角度讲，坐姿较为合理，站姿、单脚跪姿等多在民间的比赛中出现。合理的身体姿势可以减少划水的阻力，有利于两臂的活动，使得动作配合更协调、更有力，但其他姿势在民间比赛中出现可以增加比赛的趣味性和气氛。

鼓手的姿势可分为站立打鼓、坐打鼓、单脚跪姿打鼓。鼓点、鼓法各有不同，与当地传统有很大关系。

锣手的姿势可分为站立打锣、坐着打锣。民间比赛中锣手常男扮女装，但正式比赛锣手要和运动员统一着装，不许做多余的动作。

舵手的姿势有站立把固定舵、站立把活动舵、坐着把活动舵。民间比赛的舵长短不一，舵手还可以参加划水，但正式比赛的舵有统一规格，舵手不能参加划水。

2. 动作技术

划手动作方法由坐姿、握桨、桨入水、桨拉水、桨出水、空中移桨和集体配合、节奏等技术组成。

（1）坐姿。右排划手的身体保持坐姿，右大腿外侧紧靠船舷，右腿弯曲，脚掌后贴自己座位下的隔板，左腿半屈，脚掌前撑前排隔板（左、右腿也可互换）。左排划手的坐姿与右排划手相反。

合理利用两腿前蹬后撑的力量，稳定身体重心。利用身体前俯，躯干扭转，充分做伸肩动作。拉水时脚要前蹬，移桨时脚要后撑。

（2）握桨。右排的划手左手先放在桨把的上端，四指从外向内并拢，掌心紧贴桨把上端，大拇指从内向外包住桨把。右手在桨的下端（桨叶与桨把的交界处），四指从外向内并拢，大拇指从内向外包住桨把。划行时要自然放松，不能握得太紧，以免手心起泡。左排坐姿的握桨要领与右排一样，只要左、右手换位就行了。

（3）桨入水。以左排划手为例，划水时，身体前倾，转动躯干，右肩前伸。背部、肩部发力传给左臂，左肘关节微屈，抬肘，形成高肘动作。在桨入水瞬间，左臂用力向下压桨至拉水完毕。桨叶入水时右臂向前伸直，桨入水的角度在80°~90°之间比较合理，桨入水后，左臂下压右臂后拉，肘关节不能向外伸，整个动作轨迹类似火车车轮的传动臂。

（4）桨拉水。桨叶入水后划手马上要拉水，拉水时右臂后拉，左臂向下压桨，右腿（或左腿）前蹬隔板，躯干有后移动作，拉水距离为1~1.2 m，拉水时桨要垂直入水。拉水距离要尽量长，拉水时间尽可能短，拉水速度尽可能快。

（5）桨出水。指桨拉水结束后的出水动作。左、右臂放松上抬提桨，桨不能提得太高，刚过水面就可以了。

（6）前推移桨。比较常用的方法有左手下压，使桨几乎与水面平行，接着右臂向前推桨，然后入水，这种方法适合风浪较大的比赛场地；左、右臂上抬前推，前推过程中桨叶不能碰着水面，以免产生阻力，也不能提得太高，影响向前伸展手臂的动作、入水时间以及划行的速度。

（二）练习方法

（1）原地徒手划船练习：通过徒手练习，固定练习者的动作，让肌肉形成动作记忆，找准肌肉发力点，体会在完成动作时的关键技术点。

（2）持器械划船练习：通过持器械划船练习，进一步加深肌肉记忆，达到动作自动化的目的。

第三节　秧歌

一、秧歌运动概述

秧歌作为民间传统体育项目，其概念有广义和狭义之分。广义的秧歌包括诸多农耕文化的仪式，并同迎神赛会相结合，如"秧歌剧"、"社火""闹红灯"等。狭义的秧歌是指群众自娱自乐的民间舞蹈活动，俗称为"秧歌舞"。现在流行于街头巷尾的各种秧歌就是其中典型的代表，一般舞队由十人至百人组成，扮成历史故事、神话传说和现实生活中的人物边舞边走，随着鼓声节奏，不断变换各种队形，再加上其舞姿丰富多彩，深受广大群众欢迎（图11-3-1）。

图11-3-1　秧歌

关于秧歌的起源说法不一，大家比较认同的观点有两个。一是认为秧歌出现在插秧季节，由农民边劳动边哼唱的"田歌"逐渐发展为有舞有歌的"秧歌"。二是根据对出土文物的考证，学者们认为北方秧歌已有一千年左右的历史，而且发现了陕北地区的古代秧歌是为祭祀二十四星宿而舞的记载，所以人们认为秧歌的源头之一是祭祀舞蹈，和古代祭祀农神祈求丰收、祈福禳灾时所唱的颂歌、禳歌有关，并在发展过程中不断吸收农歌、菱歌（民歌的一种形式）、民间武术、杂技以及戏曲的技艺与形式，从而由一般的演唱秧歌发展成为民间歌舞。至清代，"秧歌"已在全国各地广泛流传。为示区别，人们常把某地区或其形式的特征冠于秧歌前面。如"鼓子秧歌"（山东）、"军庄秧歌"（河南）、"陕北秧歌"（陕西）、"地秧歌"（河北、北京、辽宁）、"满族秧歌""高跷秧歌"等；而南方的"花鼓""花灯""采茶"以及广东与香港流行的"英歌"，其名称虽异，但都属于"秧歌"这一类型，属于从"秧歌"中派生出来的形式。

2000年由国家体育总局社会体育指导中心组织相关专业人士，通过对我国秧歌四大流派技术的挖掘和科学整理，主要根据陕北秧歌，从中选取对人体健康有益的"扭"与"踏"，如"十字扭步""三进一退扭步""二进二退扭步""前进扭步""扭腰步"等共24个手法和步伐，根据人体生理的规律和中老年人的生活规律及身体承受能力创编出了第一套健身秧歌规定套路。这套秧歌舞普及之后，以其科学性、健身性、安全性、趣味性、观赏性等特点深受广大群众欢迎。为满足中青年秧歌爱好者的需求，国家体育总局社体中心又设计了第二套、第三套针对中青年、青少年的健身秧歌，这两套秧歌动作无论是力度、强度还是运动量都较第一套有了明显加强，体现了不同人群的活力和需求。

二、秧歌技术与练习

（一）技术动作与组合

1. 基本体态

（1）基本脚位：正步、小八字步、大八字步、踏步。

（2）基本手位：双叉腰、双护头、双推山、双背手、双搭肩、小燕展翅。

2. 基本动作

（1）压脚跟动律。不同脚位的压脚跟名称不同，如正步、小踏步、大八字步、弓箭步等。压脚跟时前半拍双脚跟提踵，前脚掌着地，双腿挺膝。后半拍双脚迅速落脚跟，提起脚跟的时间要短，落地的时间相对要长。

（2）双膝屈伸动律。不同特点的双膝活动。硬屈伸时双膝快速屈伸并富有弹性；软屈伸时膝关节的屈伸要有内在的柔韧感，音乐重拍的动作时身体重心向下；挺膝时双膝挺直以示动作"俏"的特点。

（3）上身动律。东北秧歌的身体韵律主要是左右摆动和前后扭动。左右横摆身是身体的左右两侧胸腰交替提压，形成上半身的左右横摆。前后扭身是以腰为轴，以肩为主身体左右两侧交替前后扭身，肩与上身扭动形成一体，胯不要扭动，如肩的交替前后画圆即右肩带动上身后走上弧线到前方，同时左肩走下弧线到后方。

（4）手绢花。手绢花是手绢拿在手里的动作表现，主要有挽花、单臂花、交替花等十种花形。挽花是手持绢，手指带动手腕绕腕一圈，它是最主要的花形，如双臂花就是双手在体侧做挽花，通过不同的组合与分解呈现不同花形。

（5）步伐。秧歌的步伐主要有：前踢步、后踢步、走场步、踢跳步、横扭步、十字步等。

3. 动作组合

（1）组合一。

1~4拍：左脚起步向前走场四步，同时双手左右交替做胸花。

5~8拍：左脚起步向后走场四步，同时双手左右交替做胸花。

（2）组合二。

1~4拍：左脚起步做向左横扭步四步，第四步右脚向左脚并拢，双手随之左右摆动挽花。

5~8拍：右脚起步做向右横扭步四步，第四步左脚向右脚并拢，双手随之右左摆动挽花。

（二）练习方法

（1）上身动作练习。

（2）步伐练习。

（3）上身动作与步伐配合练习。

第四节　毽球

一、毽球运动概述

毽球，又称踢毽子，是在中国流传很广，有着悠久历史的民族体育活动。在古都北京，踢毽子还有个富有诗意的名字——"翔翎"。有一种传说认为，毽创自轩辕黄帝，当时叫"毱"，是武士练习的一种器具。随着时代的不断变迁，毽子的名称、材质、竞赛规则不断完善，形成了今天毽球运动。

毽球是我国独具特色的民族体育运动，现已经普遍在民间开展起来，1928年，举办了我国首次踢毽子公开赛，后来这项运动不断发展，到2000年，第一届世界毽球锦标赛在匈牙利举行，在2012年，国家体育总局正式审定最新的《毽球竞赛规则》（图11-4-1）。

图 11-4-1　毽球

二、毽球技术与练习

（一）技术动作

1. 准备姿势与移动

（1）准备姿势是在开始运动前，练习者准备启动的预备姿势，在毽球比赛中，主要采用前后开立准备姿势和左右开立准备姿势。

（2）移动是练习者从一个动作开始到动作完成的身体位移。练习者能否移动到位，是完成技术动作的关键，常见的移动姿势有：前上步移动、并步移动、滑步移动、跑步移动等。

2. 踢球技术

（1）脚内侧踢球。一腿站立支撑，另一腿屈膝外展，向内向上摆小腿，用踝关节内侧踢毽，等毽球落到膝盖以下的位置时，抬脚再次踢起，可以单脚持续踢，也可以双脚轮流踢击。

（2）脚外侧踢球。大腿放松，小腿发力向身体斜后上方摆动，用踝关节外侧踢击毽球；当毽球距离身体较远时，可以抬起大腿去接踢。这种踢法能够照顾到身体外侧和斜后方很大范围。

（3）脚背踢球。大腿向前抬起，上身略微前倾，小腿向前摆动，髋关节、膝关节放松，在踢中毽球的刹那踝关节发力将球勾起。发力可大可小，能救起即将落地的毽球即可。

3. 发球技术

根据练习者发球时，球接触脚的位置，可以将发球技术分为脚内侧发球和脚背发球。脚内侧发球是指用脚内侧触球，将球发出；脚背发球是指用脚背触球，将球发出。

4. 传球技术

传球技术指利用各种击球技术，将球传到目标位置。常见的传球技术有正面传球、背向传球、侧向传球、自传球。

5. 攻球技术

根据击球时所用的不同位置，毽球攻球技术可分为脚攻技术和头攻技术。

（二）基本战术

毽球比赛的基本战术是指根据对手实力与我方比赛需要设计的人员组合安排形式。常见的基本战术有"主攻型"配备、"二传助攻型"配备、"头、脚并用型""无二传"配备和"全功全守型"配备。

第五节　射箭

一、射箭运动概述

射箭是指借助弓的弹力将箭射出，在一定的距离内比赛精准度的体育运动，又称射箭运动。我国古代的礼、乐、射、御、书、数"六艺"中，"射"就是必须掌握的能力之一。在我国古代一些地区又将其称为射弩。射弩是在瑶族、苗族、纳西族和锡伯族等民族中开展的传统体育活动，具有悠久的历史，流传于云南、广西、湖南等地区（图11-5-1）。

图11-5-1　射箭

射箭运动是锻炼身体的一种有效手段，经常从事射箭运动，可以促使人体产生良好的变化。不仅能增强臂、腰、腿部的力量，而且可发展胸、背部肌肉，提高注意力，增强体质。

二、射箭技术与练习

（一）技术动作

射箭技术动作可分为准备部分、发射部分。准备部分主要有站位、搭箭、举弓动作，发射部分包括撒放环节和收势。

（1）准备姿势：两脚开立比肩稍宽。脚掌紧贴地面、脚趾与脚掌齐力。膝盖伸直，躯干收紧。

（2）搭箭：将箭杆压入制动片下，对位扣弦。

（3）举弓：左手持弓，右手勾弦头部自然转向靶面，眼睛平视前方，双臂举起。

（4）开弓：借助弓臂的伸展，把弓向后直线拉开，持弓臂对准靶心直推。弓平面始终与矢状面重合，柔和开弓、平滑靠弦。形成用力基线。右食指第一关节靠下颌右角。弦靠鼻翼、人中、下巴三处中点。

（5）撒放：指由推弓和拉弓产生的两个相反平衡的协调用力，以勾弦点为中心，左右均匀分开的过程。

（6）收势：保持撒放后的用力和姿势不变，目送箭至靶心。

（二）练习方法

（1）默念训练法。在身体放松基础上，按照射箭的动作程序与时间节奏，从站立开始、到搭箭、举弓、开弓、撒放和收势。

（2）拉弓练习。学习射箭动作，体会正确用力，建立正确动作记忆。

（3）近距离射箭练习。在一定目标的限制下，进行射箭训练。

思考题

1. 舞龙舞狮对于中国文化的传承与发展有哪些作用？

2. 你参与过划龙舟吗？谈谈你的体会。

3. 你的家乡是否有秧歌表演？现场气氛如何？

4. 你踢过毽球吗？谈谈你的体会。

参考文献

［1］王志刚，秦小平，夏青. 大学体育与健康教程［M］. 北京：现代教育出版社，2013.

［2］罗仁，赖名慧，戴红芳. 亚健康评估与干预［M］. 北京：人民军医出版社，2010.

［3］田桂菊，陈雁杨，廖培. 高职体育［M］. 北京：北京体育大学出版社，2010.

［4］李金梅，路志峻. 普通高校体育教程［M］. 北京：科学出版社，2010.

［5］龙亚军. 宋代田径运动的发展探要［J］. 兰台世界，2015（33）：143-144.

［6］孟刚. 田径［M］. 北京：北京师范大学出版社，2011.

［7］王卫星，韩春远. 实用体能训练指南［M］. 汕头：汕头大学出版社，2017.

［8］张文栋，杨则宜. 实用体能训练营养学［M］. 北京：人民体育出版社，2014.

［9］陈雁杨，田桂菊，廖培. 高职体育［M］. 北京：北京体育大学出版社，2018.

［10］王崇喜. 球类运动——足球［M］. 北京：高等教育出版社，2009.

［11］胡剑宏，徐海兴，屈建华. 球类运动［M］. 北京：高等教育出版社，2007.

［12］尹大川，刘军利，何金华. 体育健身——高职体育实践教程［M］. 第三版. 北京：高等教育出版社，2017.

［13］甘正永，叶江平，高灼荣. 高职体育与健康［M］. 第二版. 北京：高等教育出版社，2018.

［14］郑先红. 瑜伽教练［M］. 北京：高等教育出版社，2012.

［15］匡小红. 健美操［M］. 第2版. 北京：高等教育出版社，2019.

高职体育

GAOZHITIYU

梁培根　主编

内容提要／本书是"十四五"职业教育国家规划教材，也是高等职业教育新形态一体化公共体育教材，配以二维码数字化资源，将文字、图片、视频有机结合，使技术部分内容更加生动、形象，增强学生的学习体验。全书分为四篇十一章。第一篇运动与健康包括运动安全与健康生活、运动类型与运动处方；第二篇职业体能包括职业体能概述、基础体能训练、职业类型与体能训练；第三篇现代运动项目包括球类运动、健身健美运动、休闲运动；第四篇中国传统体育包括中国武术、健身气功、民间体育。

本书可作为高职院校体育课程教材，也可作为体育爱好者进行体育锻炼的参考书。

图书在版编目（CIP）数据

高职体育／梁培根主编. -- 北京：高等教育出版社，2021.9（2023.8 重印）
ISBN 978-7-04-056456-3

Ⅰ.①高… Ⅱ.①梁… Ⅲ.①体育–高等职业教育–教材 Ⅳ.① G807.4

中国版本图书馆CIP数据核字（2021）第140172号

读者意见反馈

为收集对教材的意见建议，进一步完善教材编写并做好服务工作，读者可将对本教材的意见建议通过如下渠道反馈至我社。
咨询电话　400-810-0598
反馈邮箱　zz_dzyj@pub.hep.cn
通信地址
北京市朝阳区惠新东街4号富盛大厦1座
高等教育出版社总编辑办公室
邮政编码　100029

策划编辑　陈　海　鲁　巍
责任编辑　陈　海　李伟楠
封面设计　贺雅馨
版式设计　于　婕
插图绘制　于　博
责任校对　吕红颖
责任印制　刘思涵

出版发行　高等教育出版社
社址　北京市西城区德外大街4号
邮政编码　100120
印刷　佳兴达印刷（天津）有限公司
开本　787mm×1092mm　1/16
印张　21.75
字数　380千字
购书热线　010-58581118
咨询电话　400-810-0598
网址
http://www.hep.edu.cn
http://www.hep.com.cn
网上订购
http://www.hepmall.com.cn
http://www.hepmall.com
http://www.hepmall.cn

版次　2021年9月第1版
印次　2023年8月第5次印刷
定价　48.00元

本书如有缺页、倒页、脱页等质量问题，请到所购图书销售部门联系调换

版权所有　侵权必究
物料号　56456-A0